西安交通大学 本科"十二五"规划教材

心理学基础

主编　倪晓莉

西安交通大学出版社　国家一级出版社
XI'AN JIAOTONG UNIVERSITY PRESS　全国百佳图书出版单位

图书在版编目(CIP)数据

心理学基础/倪晓莉主编. —西安:西安交通大学出版社,2018.12(2022.8重印)
ISBN 978-7-5693-0793-1

Ⅰ.①心… Ⅱ.①倪… Ⅲ.①心理学-教材 Ⅳ.①B84

中国版本图书馆 CIP 数据核字(2018)第 176390 号

书　　名	心理学基础
主　　编	倪晓莉
责任编辑	柳　晨
文字编辑	明政珠
出版发行	西安交通大学出版社 (西安市兴庆南路1号　邮政编码 710048)
网　　址	http://www.xjtupress.com
电　　话	(029)82668357　82667874(市场营销中心) (029)82668315(总编办)
传　　真	(029)82668280
印　　刷	西安日报社印务中心
开　　本	787 mm×1092 mm　1/16　印张 17.125　字数 427 千字
版次印次	2019 年 7 月第 1 版　2022 年 8 月第 3 次印刷
书　　号	ISBN 978-7-5693-0793-1
定　　价	60.00 元

如发现印装质量问题,请与本社市场营销中心联系。
订购热线:(029)82665248　(029)82667874
投稿热线:(029)82668133
读者信箱:xj_rwjg@126.com

版权所有　侵权必究

编 委 会

主　编：倪晓莉

副主编：钱玉燕　王瑜萍　王渭玲

参加编写人员（按姓氏笔画为序）：

　　王渭玲　王瑜萍　牛更枫　曲苒

　　邵潇怡　贾　锐　钱玉燕　倪晓莉

序

心理学是一门研究人类自身心理学问题的学科。人的心理既是自然的产物也是社会的产物,人的社会生活、社会关系以及诸种社会现象都会对人的心理产生影响,成为产生人心理的社会源泉。所有的社会现象中都包含有心理的问题,而人们一切心理活动又几乎都受到社会因素的影响。近年来,心理学已迅速发展并渗透到各个分支学科,社会生活中越来越多的领域要求运用心理学的基础理论知识去指导并解决其现实问题。当前,在社会、政治、文化以及生活各个领域中,心理学已日益显示出其自身的价值。许多大学的心理学系及其他许多有关科系都普遍开设心理学基础课程。自20世纪80年代以来,我国心理学界开始重视心理学,许多高校和科研单位设置了心理学的教学和科研机构,开设了心理学课程,翻译了诸多国外有名著作和教材,取得了不少令人鼓舞的研究成果。本教材在分析综合国内外一些原有教材特点的基础上,结合实际与教学实践,在原有的教材体系构架中,增加了符合非心理学专业的当代大学生需要的章节内容,使本教材在有益于大学生发展自我、适应社会能力方面培养学生理论联系实际的能力,做到学以致用。

本教材在每章后增加了相关延伸阅读资料,使学生能更好地了解心理学的基础理论研究背景;通过延伸阅读的学习,培养大学生自己驾驭材料,运用材料进行再创造的能力,在学习中发展智力,拓宽视野,善于思考,勇于探索。

本教材在系统介绍当代主要流派时,翔实提供一手研究资料,在问题探讨兼重理论实践的基础上,尽量实例举述,层次分明,既有利于学生对教材内容的理解,也使本教材更适合大学生阅读,特别是综合大学的非心理学专业大学生作为教材使用。

感谢参与本书编写的同仁的努力,各章协作分工为:

倪晓莉:第1章、第2章;

王渭玲:第4章、第7章以及第4、7章延伸阅读;

钱玉燕:第8章、第9章以及第5、6、9章延伸阅读;

王瑜萍:第3章、第10章以及第3、10章延伸阅读;

曲苒:第5章;

贾锐:第6章;

牛更枫:第1、2章延伸阅读;

邵潇怡:第8章延伸阅读。

最后,感谢西安交通大学教务处以及西安交通大学出版社的大力支持,才使得本书能与广大读者见面。由于我们的水平与时间有限,书中难免有疏漏缺失之处,恳请同仁与读者指点雅正。

编者
2019年1月

目 录

第一章 绪 论 (1)
- 第一节 心理学的产生 (1)
- 第二节 心理学的定义及其研究对象 (3)
- 第三节 心理学的理论与流派 (7)
- 第四节 心理学的研究方法 (13)
- 思考题 (19)

第二章 心理的神经生理基础 (20)
- 第一节 神经元与神经传导的基本原理 (21)
- 第二节 神经系统的基本结构及其功能 (27)
- 第三节 脑的基本结构及其功能 (31)
- 思考题 (40)

第三章 感 觉 (41)
- 第一节 感觉概述 (41)
- 第二节 感受性和感觉阈限 (44)
- 第三节 视 觉 (48)
- 第四节 听 觉 (55)
- 第五节 其他感觉 (58)
- 思考题 (64)

第四章 知 觉 (65)
- 第一节 知觉概述 (65)
- 第二节 知觉的基本特征 (68)
- 第三节 空间知觉 (74)

第四节　时间知觉 ………………………………………………………………… (79)
　　第五节　运动知觉 ………………………………………………………………… (83)
　　第六节　错　觉 …………………………………………………………………… (85)
　　思考题 ……………………………………………………………………………… (91)

第五章　记　忆 ……………………………………………………………………… (92)
　　第一节　记忆概述 ………………………………………………………………… (92)
　　第二节　感觉记忆 ………………………………………………………………… (98)
　　第三节　短时记忆 ………………………………………………………………… (100)
　　第四节　长时记忆 ………………………………………………………………… (104)
　　思考题 ……………………………………………………………………………… (122)

第六章　思　维 ……………………………………………………………………… (123)
　　第一节　思维概述 ………………………………………………………………… (123)
　　第二节　想　象 …………………………………………………………………… (131)
　　第三节　概念和推理 ……………………………………………………………… (134)
　　第四节　问题解决 ………………………………………………………………… (139)
　　思考题 ……………………………………………………………………………… (151)

第七章　动　机 ……………………………………………………………………… (152)
　　第一节　需　要 …………………………………………………………………… (152)
　　第二节　动　机 …………………………………………………………………… (159)
　　第三节　动机理论 ………………………………………………………………… (169)
　　思考题 ……………………………………………………………………………… (175)

第八章　情绪和情感 ………………………………………………………………… (176)
　　第一节　情绪和情感概述 ………………………………………………………… (176)
　　第二节　情绪、情感的外部表现和生理机制 …………………………………… (179)
　　第三节　情绪和情感的种类 ……………………………………………………… (184)
　　第四节　情绪的理论 ……………………………………………………………… (187)
　　第五节　情绪调节与心理健康 …………………………………………………… (191)
　　第六节　情　商 …………………………………………………………………… (197)
　　思考题 ……………………………………………………………………………… (203)

第九章 智力 (204)

- 第一节 智力概述 (204)
- 第二节 影响智力发展的因素 (208)
- 第三节 智力发展的个体差异 (213)
- 第四节 智力的测量 (217)
- 思考题 (229)

第十章 人格 (230)

- 第一节 人格概述 (230)
- 第二节 气质和性格 (231)
- 第三节 人格的成因 (234)
- 第四节 人格理论 (239)
- 第五节 人格评估 (250)
- 思考题 (257)

参考文献 (259)

第一章

绪　论

有史以来，人类本身一直是人类生活中最难解的谜。人的心理现象丰富多彩、纷繁多变。我们有时会发现，自己的思想、情绪、活动、行为和对个人经历的意识是那么不可思议。恩格斯曾说过，心理是"地球上最美的花朵"，人们在认识世界、改造世界方面所取得的一切成就，都是和人心理的存在和发展分不开的。何谓心理学？心理学的学科性质、研究对象、基本理论以及根本任务是什么？本章将引导学习者开启心理学的大门，步入心理学的科学世界。

第一节　心理学的产生

心理学有一个很长的过去和一个很短的历史。说它有一个很长的过去，是因为心理学的一部分源于哲学(philosophy)，而哲学作为一门研究知识、现实和人的本质的科学已经存在许多世纪了。说它有一个很短的历史，是因为心理学从开始成为一门独立科学至今不过百余年。与那些已经长为"成人"的学科相比，心理学只是一个"小孩子"，小到自心理学诞生以来在这个领域工作过的人都可以一一列举出来，因为其中许多人仍健在。由于心理学过去发展中的一些观点与现在的思想有着密切的联系，因此，简要地回顾一下心理学不长的历史，将能够使我们对心理学的现状有一个更为清楚的认识。

心理学作为一门科学诞生于1879年，由威廉·冯特(Wilhelm Wundt,1832—1920)(图1-1)在德国的莱比锡创建了第一个心理学实验室，研究人的有意识体验。从此，心理学从哲学中分离出来，成为一门独立的科学。

威廉·冯特出生于德国曼海姆城(Mannheim)附近的尼卡拉(Neckarau)地区，父亲是位牧师，潜心于宗教事业，把对冯特的教育全权托付给了一位叫做佛伦德里西(F. Muller)的老师。常年见不到父母，冯特养成了孤独和沉静的性格，并培养了一种深思熟虑的习惯。1851年，他前往德国杜平跟(Dubingen)大学学习医学，次年转往海德堡大学。在海德堡期间，他的父亲去世了，于是他不得不继续从事医学的学习与工作以便养活自己。大学毕业以后，他留在海德堡大学从事生理学的教学工作。1856年，冯特收到有着"实验生理学之父"之称的约翰内斯·缪勒教授的邀请，前往柏林大学缪勒的实验室研习高级生理学。从1857年开始，冯特在海德堡大学担任生理学讲师，第二年又担任了著名感官生理学家赫尔姆霍茨的实验助手。1864年升为副教授，开设了"自然科学的生理学"讲座，以后又更名为"生理心理学"讲座。1875年担

图1-1 威廉·冯特

任莱比锡大学哲学系的教授,1879年冯特建立了世界上第一个心理学实验室,1889年担任莱比锡大学的校长。冯特认为,一切科学都研究经验,不同之处在于心理学研究直接经验,而其他科学研究间接经验。冯特是学医出身,但是他对心理学非常感兴趣。冯特想知道人的感觉、表象、情感及其结合而生的个体经验是怎样形成的。为了寻找答案,他首先对光、声音和重量等不同种类的刺激进行了仔细观察和测量。刺激(stimulate)指任何一种作用于有机体并引起反应的物理能量。之后,冯特运用内省法(introspection)探查自己对不同刺激的反应。所谓内省即对自己体验的反思。比如,你现在可以在阅读中稍停片刻,探查一下自己的思想、情感和感觉,这就是内省。冯特把按训练要求做的内省与客观测量相结合的研究方法称之为实验的自我观察法(experimental self-observation)。多年中,他研究了视觉、听觉、味觉、触觉、反应时、时间知觉及其他许多课题。他主张把实验法和内省法结合起来,以实验条件控制内省,还为实施实验内省制定了四条规则。他清醒地认识到内省法的不足,基于此,他搜集了示波器、速示器、测时仪等工具,这些工具构成了冯特进行实验研究的基础。尽管冯特在一定程度上保留了内省法在心理学中的地位,但冯特更注重实验。他以实验条件控制内省,特别是注重利用各类仪器和工具等客观实验技术,使心理学的研究方法有了明显进展,对心理学的发展产生了深远的影响。

第一,由于冯特的努力,心理学成为一门独立的学科,这是冯特最大的贡献。西方心理学由古希腊、罗马时期至现代心理科学的创立,经历了两千五百多年的时间。在漫长的岁月里,西方心理学一直附庸于哲学,内省、思辨的方法使心理学一直处于默默无闻的状态。冯特全面总结了哲学心理学、生理学和心理物理学的研究成果,把哲学心理学的体系和自然科学的研究方法与心理学有关的研究课题结合起来,把实验法引入心理学研究领域,建立了世界上第一个心理学实验室,创办了第一种实验心理学刊物,确定了一批典型的心理学实验项目,使心理学成为一门实验科学和一个独立的研究领域。当然,社会生产的发展和科学的进步给冯特创立实验心理学奠定了基础。缺乏这个基础,心理学的独立也是不可能的。

第二,培养了一大批心理学家,为心理学在世界范围的发展奠定了基础。冯特建立心理学实验室以后,世界各国的青年学生纷纷来到莱比锡大学学习心理学和实验方法。这些学生学成回国以后,或者宣传冯特的心理学,或者创建实验室,建立自己的心理学体系,成为各国心理学发展的先驱人物。

第二节 心理学的定义及其研究对象

一、什么是心理学

(一)心理学的定义

"心理学"顾名思义,就是研究心理的科学,按照它的原名 psychology 一词,我们可以把它解释为"阐释心灵的学问",但是这样的解释只具有哲学意义,而不含科学概念,因此按照科学的解释我们将它定义为:心理学是研究人脑对外界信息的整合及其内隐、外显行为反应的一门科学。那么,心理学中的"行为"指什么?

我们做任何事都是一种行为,如吃饭、睡觉、讲话、思考、打喷嚏、做梦、赌博、看电视、学西班牙语、编筐、读这本书等,都是行为。当然,心理学研究的行为可分为两类,一类是可观察到的行为和反应,称为外显行为(overt behavior),另一类是内隐行为(covert behavior),比如思考和记忆等内部心理活动。外显行为可以通过直接观察来研究。但是,怎样研究内部的心理活动呢?心理学研究一般是通过技术性的探查方法,从我们能直接观察到的行为来推论内部的心理活动。例如,当人们被问到两个问题,第一个问题:马是不是比老鼠个儿大?第二个问题:苏格兰长毛牧羊犬是不是比德国牧羊犬个儿大?大多数人回答第一个问题比回答第二个问题快。为什么回答第一个问题比较快?这是因为多数人首先要在头脑中形成两个动物的表象,之后再比较他们的大小。所以,当两个动物大小难分时,人们需要花更长的时间进行比较。尽管我们不能真正地看到思维,但还是能够通过一些行为观察和研究了解其有趣的过程。当我们通过间接观察得到的许多结果都符合一个结论时,我们就有理由相信这个结论是对的。

(二)心理学定义解析

心理学作为一门科学以达到对行为的描述、了解、预测和控制为目标,而其最终目的是为人类积累知识。

上述定义可以从四个方面来领会:

1. 描述心理行为

心理学的第一个目标是对心理行为进行描述(description)。如:右脑损伤后会发生哪些行为变化?记忆有多少类型?创造性思维与一般思维有何差别?孤独症儿童对父母的反应是否异常?想要回答上述问题,首先必须对每一个问题中提到的每一种行为都有一个详细的描述。描述是在对典型行为的观察和详细记录的基础上,对行为进行的命名和分类。例如,观察发现了以下事实:企图自杀者多为女性,但实施自杀者却多为男性;当人感觉烦躁时会更具攻击性;旁观者在紧急情况下往往不愿出手救人。虽然此时我们还无法解释"为什么"会有如上行为,但重要的是,正确的解释始于准确的描述。

2. 了解心理行为

心理学的第二个目标是对心理行为的了解（understanding），这通常意味着我们要能说明一种行为的产生原因。例如：为什么旁观者在紧急情况下往往不愿出手救人？对旁观者这种冷漠态度的研究表明，当人们看到有其他人在场并可能去救助时，自己常常不去援助，原因是此时会出现一种"责任扩散"心理，没有人觉得一定需要自己出手。一般来说，现场中"潜在的救助者"人数越多，人们等着别人去救助的可能性就越大。至此，我们可以给这个令人困惑的现象一个解释。

3. 预测心理行为

心理学的第三个目标是对心理行为进行预测（prediction），即要有能力准确地预测行为。例如，如果我们的车子坏在一条繁忙的高速公路上，会不会很快有人施以援手？根据"旁观者冷漠"的研究结果进行预测，被援助的可能性是不容乐观的。事实上，任何一个曾有此亲身经历的人都知道，这一预测是准确的。对心理行为进行预测是可能也是可行的，这一预测常常通过心理测量（psychometrics）的方法来进行。心理专家可以通过心理测量来预测人们在学业、工作或职业生涯中能否成功。

4. 控制心理行为

心理学的第四个目标是对心理行为进行控制（control）。心理学中的所谓控制，指的是根据预期结果改变影响行为的条件，即可以通过运用心理学原理改变人的行为。例如，对教室的环境重新布置将有助于孩子们学习得更好。再如，在飞机的设计中也需要运用行为控制的原理，尽量避免驾驶中失误的发生。

心理学的误区

1. 你一定知道我在想什么

心理学是研究心理现象及其规律的学科，我们更关注人们思考的规律，而不是个体思考的具体内容。所以，你的内心戏是言情还是悬疑，你自己欣赏就好。我们尊重你保有自己想法的权利。

2. 你有空也帮我咨询一下吧

咨询是一种专业的技能，有特殊的方法去诊断问题，引导治疗。主要针对的是那些有心理症状的个体。所以，你真有问题需要咨询，需要治疗的话，我必然会先揭开你的伤疤，揭开了伤疤你会喊痛。大多数人都害怕被揭露，仅仅这一点，给熟悉的人做咨询都是困难的。

3. 你会算命吗？

如果你想问哪年哪月哪日会遇到什么事情，这个真不会。不排除世界上有能预知具体事件的神秘力量的可能。但心理学不会做这种预言。不过，如果你明白算命的原理，那它还真算是心理学的范畴。算得准的原因是，人们只关注到自己要关注到的信息，算命的说了很多模棱两可的语言，你抓住了一点，就会判断，真的被说中了。每个人都关注自己的点，所以对每个人都是准的。

你过去的积累，现在的选择和行动，决定了你未来的轨迹。你现在播下什么种子，决定你将来收获什么。你现在的用心程度，决定你将来的收获大小。命运就在你一次次的行动瞬间被改变了。这就是所谓的命运掌握在自己的手中。从这个角度说，通过你现在的状况去推测你的未来还是有可能的。

4. 学心理学的自己会有病吗?

这是一种思维的谬误。最关注"病"的一般是患者和医生。你能认为关注病就是因为有病吗,那医生也是有病的吗?

一个人去学习心理学专业的出发点:

1)学习心理学是为了解决自己的问题

这类人,可能是真的有问题,他们一般不会学得很投入,只关注自己想知道的领域。有可能最后他们仍然不能解决自己的问题,甚至走火入魔,更加严重。如果他们始终立足于自己,很难给予你什么帮助。

2)学习心理学是为了帮助他人

先帮助自己,再帮助他人。所以能帮助他人的人,拥有更强大的力量。这样的人学习心理学是本着对这门科学的热爱,是为了学有所成帮助更多的人。因为自己从中获得过力量,所以希望帮助别人也获得这种力量。所以,当你遇到学心理学的人,想要获得心理学的帮助应当去问后者。也不要因为看到前一种人而去片面地判定所有心理学人。

3)学心理学也有学得好的,学得不好的

学任何学科的,都有当专家的,也有完全忘本的。学心理学的也一样,能力有高有低。你可以认为这个人心理学学得不好,但不要认为心理学不好。心理学是一门智慧的学科,被应用在各个行业,同时也在快速地发展。

5. 你学心理学也有情绪啊

1)每一个正常的个体,都有情绪

没有情绪的其实才是不正常的。我们也会因为遇到各种各样的事情,产生丰富的情绪体验。每个人有自己的个性,但不影响专业精神。

2)心理咨询的重要技能是共情

如果我没有情绪体验,我怎么能明白你伤心是什么感觉,你生气是什么意思?难过会哭,生气会怒,憋屈了需要发泄,再正常不过了。

3)情绪管理不是消除情绪、压制情绪

让情绪保持流通,不在一种负面情绪里停滞不前,不让情绪去制造不良的后果,懂得每一种情绪问题背后的正面意义。

二、心理学研究对象

(一)个体行为与心理现象

1. 个体行为

行为(behavior)指机体的任何外显的反应动作或活动,如讲话、读书、散步等。广义上的行为还包括机体的生理现象,如任何部位肌肉的活动,甚至神经系统的活动。有些行为很容易被观察到,如写字、驾车等,有些行为则需要很复杂的方法和装置才能被观察,如通过脑电仪观察脑电波等。人的行为是受其内隐心理活动支配的,而心理活动是在头脑内部进行的,不能加以直接观察或度量,但往往有一定的外部表现。例如,一个人的哭或笑的行为是由其悲伤或快乐的心理活动支配产生的。所以,通过对人的行为的观察和描述,我们可能探讨其内部心理活动。反过来,人的心理活动是在行为中产生,又在行为中得到表现的。一个人哭,也许是因为受到了打击或失去了所爱而产生了悲伤心理;一个人笑,可能是因为他在学习中取得了成功或得到了满足而产生了快乐心理。所以通过一定条件下对人的行为的系统观察和分析,我们可以探讨人的心理活动。

2. 心理现象

1)心理过程

人是作为个体而存在的,个人所具有的心理现象称为个体心理,个体心理现象异常复杂,心理学通常从两个方面加以研究。一是共同的心理过程,即个体心理活动形成及其行为表现的一般过程;二是个性差异,即人与人之间在心理活动倾向性与稳定的心理活动特性上的差异。

个体心理过程包括认知过程、情感过程与意志过程三个方面。当我们与一位同学初次见面时,认知过程就是我们在认识该同学的过程中的心理活动。我们对该同学的认识过程开始于对他(她)的感觉和知觉,感觉是对该同学个别特性(如肤色、声音、胖瘦、高矮等)的认识,知觉是对该同学的诸多个别特性之间关系的整体认识,即他(她)是一个什么样的人。通过感知觉所获得的经验在该同学离开以后并没有马上消失,还停留在我们的头脑中,并在需要时能再现出来,这种累积并保存个体经验的心理过程就叫记忆。我们还可能会根据自己听他(她)说的话、看他(她)的举止行为,推想他(她)的兴趣爱好、过去的经历等。像这样在感知觉与记忆的基础上,间接、概括性地认识客观对象,进行推理和判断,解决面临的各种问题的过程,就是思维。人非草木,孰能无情,我们在认识客观对象的过程中,还会产生对其满意或不满意、喜欢或厌恶、愿意接近或者避之唯恐不及等主观体验,这就是情绪或情感过程。而且,对于认识的客观对象,我们通常并不只是停留在认识和感受体验上,还会根据自己的认识和体验,拟定是否会有进一步的行动目的等,这些心理活动就是意志过程。由此可见,认知过程、情感过程和意志过程相互联系、相互影响,并构成了我们的整个心理过程。

2)人格特征

人格特征是指个体在心理过程的发展与进程中经常表现出来的比较稳定的心理活动倾向与心理过程特点。在复杂的现实生活中,由于环境和所受教育背景等差异,以及自身各种因素的不同,人们在形成需要、动机、兴趣、信念、理想和价值观等方面,总会有这样或那样的差异,这些方面的差异表现为不同的心理活动倾向,会影响人们的决策和行为。学习同样一门课,有人记得快,有人记得慢;有人擅长想象,有人擅长思考……像这些表现在认知及其活动效率方面的不同特点就是能力的差异。有人性情暴躁、易于激动,有人性情温和、不易动怒;有人情感深沉,有人心境易变……像这些表现在情感、情绪等心理活动动力方面的不同特点就是气质的差异。有人主动进取,有人被动不前;有人机智果断,有人优柔寡断……像这些表现在态度和行为方式上的不同特点就是性格的差异。个体的心理活动倾向性与心理过程特性综合在一起,构成了个体完整的个性心理,即人格(personality)。

心理过程与人格特征这两个方面是相互制约、相互影响的,人格特征在心理过程的基础上逐渐形成和发展,并总是在各种心理过程中表现出来;反过来,已形成的个性心理又影响着心理过程,使个体的心理过程总是带有个性色彩。

(二)个体心理与社会行为

人的心理活动可以分为个体心理与社会行为两个方面。

1. 个体心理

人的行为是非常复杂的,人的行为的复杂性正是由于其心理活动的复杂性引起的。具有不同生理条件和社会条件的人,其心理活动有很大的不同,对同一件事情的行为反应也就不一样。例如,两个学生面对桌上的 2 张试卷,一人说:"只有 2 张!"另一人却说:"还有 2 张!"显然,前者心理具有乐观倾向,后者心理具有悲观倾向。即使是同一个人在不同的时间对同一件事情的行为反应也可能不同。例如,同一个人,无论其一贯是悲观的或乐观的,在不同时机对桌上的 2 张试卷也可能做出不同反应。如果他情绪、状态良好,面对 2 张试卷,他可能会说:"只有 2 张!"从而会轻松完成任务。但是,如果他心情沮丧状态不佳,他可能会认为:"还有 2 张!"可见个体的心理活动及其外显行为都受多种因素共同制约,即使存在相同的对试卷以及情境的感知、理解过程,情绪体验的引发过程。由于人的内在心理与外显行为之间存在相互依存、相互影响的关系,所以通过对人的外显行为进行系统地观察、描述、测量以及分析,我们可以揭示人的心理活动的规律。在这个意义上,心理学有时也被认为是研究行为的科学。

2. 社会行为

"社会行为是生活在特定社会生活条件下,具有独特的文化和完整的人格结构的人对各种简单与复杂的社会刺激所做的反应",是对包括他人行为在内的社会刺激的反应,同时又能够成为他人行为的刺激。换言之,社会行为既具有主动性又具有受动性,并且也因此在社会生活中具有互动性。人是社会关系的总和,个人作为社会的成员,总是生活在各种社会团体之中,并与其他人结成各种关系,如亲属关系、朋友关系、师生关系、民族关系、国家关系等,正如马克思所说:"人的本质并不是单个人所固有的抽象物,在其现实性上,它是一切社会关系的总和。"有关人际关系、人际互动、团体的动力与特征、个体社会化等方面的心理现象称为社会心理。社会心理包括群体共同的心理现象和个体独特的社会心理现象。但是,社会心理不是个体心理的简单相加,它是人们在共同生活环境中产生的,是社会群体内个体心理的典型表现。因此,社会心理及其与个体心理的关系,也是心理学的研究对象。

心理学是介于自然科学和社会科学之间的中间科学这一性质已成为心理学界的共识,我们在实践中应正确理解并加以运用。其一,心理学的范畴和学科性质决定了它的研究领域既有属于自然科学方面的,也有属于社会科学方面的。传统的观点侧重于强调心理学的自然科学方面。其二,科学地理解和对待人类心理的实质,是正确认识和把握心理学的性质的关键。人的心理、意识不是与生俱来的,而是人们在生活实践中获得的。人是社会化的自然实体,人的本质是一切社会关系的总和。即使从自然科学角度对人的心理、意识进行研究,也不可能脱离其社会性方面。其三,心理学的自然科学研究与社会科学研究是相辅相成、相互促进的。

第三节 心理学的理论与流派

一、构造主义

构造主义心理学是 19 世纪末心理学成为一门独立的实验科学以后,出现于欧美的第一个心理学学派,其主要代表是冯特和铁钦纳(Edward Bradford Tichener,1867—1927)(图 1-2)。

该学派受英国经验主义和德国实验生理学的影响,认为心理学的研究对象是意识经验,主张心理学应该采用实验内省法分析意识的内容或构造,并找出意识的组成部分以及它们如何联结成各种复杂心理过程的规律。例如,研究者控制节拍器发出有节律的嘀嗒声,并使其做出快慢、强弱等方面的系统变化,让被试根据节拍器的变化说出自己的主观感受来,如愉快/不愉快、紧张/轻松、兴奋/抑郁。经过研究,他们把人的经验分为感觉、意象和激情三种元素。感觉是知觉的元素,意象是观念的元素,激情是情绪的元素。这些元素通过联想和统觉就构成了所有复杂的意识经验。心理学的目的就是通过内省了解在不同刺激情境下各种元素之间的结构。

图1-2 铁钦纳

构造主义心理学是心理学史上第一个应用实验方法系统研究心理问题的派别。在他们的示范和倡导下,当时西方心理学实验研究得到了迅速传播和发展。由于构造心理学为心理学所确定的研究对象过于狭窄和脱离生活实际,同时又把内省法看作心理学的主要方法,因而遭到欧美许多心理学家的反对。在铁钦纳离世前的最后岁月,构造心理学便已逐渐削弱,最后在20世纪20年代随着铁钦纳的去世而趋于瓦解。虽然构造主义心理学对后来的心理学的发展影响不大,但是它从反面推动了其他心理学派的兴起和发展,其他一些学派正是以它为攻击标靶而兴起的。因此,它在心理学发展史上功不可没。

二、功能主义

功能主义(functionalism)是由美国著名心理学家詹姆斯(William James,1842—1910)(图1-3)在20世纪初创立的。詹姆斯在其极有影响的《心理学原理》中指责构造主义学说,认为意识是不能还原为元素的,相反,意识作为一个整体起作用,其目的在于使有机体适应其环境。功能主义强调意识是流通的,是一个持续不断的、川流不息的过程,认为意识不是个别心理元素的集合,而构造主义则强调人的心理活动都是由激情、感觉和意象这三种基本元素构成。功能主义强调意识的作用和功能,构造主义强调意识的结构。詹姆斯受达尔文进化论思想的影响,提出任何物种的特性必定是为某种目的服务的。人类的意识是人类最重要的一个特性,只有通过研究它的功能才能了解它。因此,心理学应该研究意识的功能和目的,而不是它的结构。以思维为例,构造主义关心什么是思维,而功能主义则关心思维在人类适应行为中的作用。詹姆斯批评构造主义只静态地研究意识的元素,而忽视了意识像流水一样有其动态的连续性,即他所谓的意识流。此外,詹姆斯认为心理学的研究工作不应局限在实验室内,还可采用观察、测验以及问卷调查等方法,考察人是如何调整行为以适应环境不断提出的要求。

图1-3 詹姆斯

功能主义的主张推动了美国心理学面向实际生活的发展进程。20世纪以来,美国心理学一直比较重视其在教育领域和其他领域的应用,这和功能主义的思潮是分不开的。

三、格式塔心理学

格式塔心理学(gestalt psychology),又叫完形心理学,是西方现代心理学的主要学派之一,诞生于德国,后来在美国得到进一步发展。该学派既反对美国构造主义心理学的元素主义,也反对行为主义心理学的刺激-反应公式,主张研究直接经验(即意识)和行为,强调经验和行为的整体性,认为整体不等于并且大于部分之和,主张以整体的动力结构观来研究心理现象。"格式塔"是德文"gestalt"的音译,其含义是整体或完形。构造主义被铁钦纳带到美国去发展的同时,在自己的发源地——德国却受到一定的批判。1912年在德国出现了另一个心理学派别,称为"格式塔心理学"或"完形心理学",主要研究知觉和意识的组织过程。其主要代表人物有韦特海默(Max Wertheimer,1880—1943)(图1-4)、苛勒(Wolfgang Kohler,1887—1967)和考夫卡(Kurt Koffka,1886—1941)。1912年,德国心理学家韦特海默在法兰克福大学做了似动现象(aparent movement)的实验研究,并发表了文章《移动知觉的实验研究》来描述这种现象。这一般被认为是格式塔心理学学派创立的标志。格式塔心理学明确指出构造主义把心理活动分割成一个个独立的元素进行研究并不合理,因为人对事物的认识具有整体性。人的知觉经验虽然起源于分离零散的外在刺激,但人所得到的知觉却是有组织的。以四条直线构成的矩形为例,人对它的知觉不是对边相等的两条横线和两条竖线,而是一个完整的矩形,这是因为人在集四条直线而成意识时另加了一层——完形心理组织。这说明,人的知觉和意识不等于,也不能还原为感觉元素的机械总和。整体大于部分之和,先于部分而存在,并制约着部分的性质和意义。

图1-4 韦特海默

格式塔心理学派还把人格看作是一个动态的整体,行为场有两极,即自我(人格)和环境。当一个人的目标(动机和需要)一经达成,紧张就会消失。场内的力处于不平衡状态时就会产生紧张。这种紧张既可以在自我和环境之间形成,从而加强极性(polarity),破坏两极的平衡,造成自我与环境之间的差异,使自我处于更加清醒的知觉状态,也可以在自我内部或在环境中形成,然后再导致不平衡。

格式塔心理学在知觉、学习、思维等方面开展了大量的实验研究,至今有关知觉的实验中还包括很多格式塔规律。格式塔心理学的研究为后来认知心理学的发展奠定了一定的基础。同时,该理论忽视发展的观点和历史因果的分析,也有其局限性。

四、行为主义

20世纪初,在美国正当构造主义学派与功能主义学派争论不休时,出现了另外一个学派——行为主义(behaviorism),从根本上改变了心理学的发展进程。1913年,美国心理学家华生(John Broadus Watson,1878—1958)(图1-5)发表了一篇题为《一个行为主义者眼中的心理学》的论文,宣告了行为主义的诞生。

华生认为,行为是有机体适应环境的全部活动。为了便于对行为进行客观的实验研究,他把行为和引起行为的环境影响分析为两个简单的要素,即刺激(stimulus)和反应(response)。刺激是指引起有机体行为的外部或内部的变化;而反应则是构成行为最基本成分的肌肉收缩和腺体分泌。这些全部行为,包括身体活动,也包括通常所说的心理活动,都不外乎是一些物理变化引起的另一些物理变化而已。行为主义反对研究意识,主张科学心理学应当研究可观察的外显行为,应当把人的意识当作一个黑箱,不管里面装的是什么,只需考察在刺激影响下的反应活动,人的行为就是由这些反应活动构成的。与此同时,该学派主张科学心理学应当采用实验法。此外,华生强调环境决定论,认为人的一切行为都是在后天环境影响下形成的,他曾经说过一段偏激的话:你给我一打儿童,在良好的、由我做主的环境中,不管他们的天资、能力、父母的职业和种族如何,我可以把他们培养成医生、律师、艺术家、大商人,甚至乞丐或

图 1-5 华生

小偷。

行为主义后期的另一著名代表人物是美国心理学家斯金纳(Burrhus Frederick Skinner, 1904—1990)(图 1-6),由于他发展了行为主义,被称为新行为主义。斯金纳坚持行为主义的基本宗旨,并明确指出,任何机体当前的行为结果会改变未来的行为。例如,当一个学生在课堂上积极举手发言,获得了老师的当众表扬,他以后积极举手发言的行为就越来越多了。这一原理不仅适于动物训练,也适于人类的各种行为包括社会行为的塑造和矫正。行为主义能够解决一些实际问题,因此在美国很快盛行起来,被广泛地应用于工厂、学校和医院,直到现在,在行为矫正、心理治疗以及教学设计方面仍然发挥着重要作用。行为主义在心理学的发展史上占有重要地位,其影响深远。但是,由于它窄化了心理学的内涵,因此又限制了心理学的发展,故在 20 世纪 50 年代逐渐衰落。

图 1-6 斯金纳

五、精神分析理论

精神分析理论(psychoanalysis)由奥地利精神病医生弗洛伊德(Sigmund Freud,1856—1939)(图1-7)于19世纪末20世纪初创立。他所创立的精神分析理论的主要基石是在《梦的解析》(1900)和《精神分析引论》(1917)等著作中提出的潜意识理论和人格三部结构说,他用潜意识、性欲、生之本能、死之本能等概念来解释人们行为的内驱力,认为人格是由本我(ego)、自我(self)、超我(superego)三个层次所组成,这三者的关系决定个体的行为,并以冲突、焦虑和各种防卫作用等概念来解释三者的复杂关系。弗洛伊德还强调儿童的早期经验在个性形成中的作用。该理论对人的社会化、挫折反应、侵犯行为等问题做了独特的分析。

图1-7 弗洛伊德

精神分析理论对心理学的影响很大,不仅在心理治疗中继续得到应用,而且对个性、动机心理学的研究也产生了积极作用,有些概念,如潜意识、自我等也都渗透到心理学研究的主流之中。但是,弗洛伊德是根据自己多年对患者的观察和记录而对正常人的心理进行推论、解释的,难免以偏概全。值得一提的是,精神分析理论不仅是当时心理学领域内影响最大的理论之一,也是20世纪影响人类文化最大的理论之一,对哲学、文学以及其他社会科学都产生了重要影响。

六、人本主义心理学

人本主义心理学(humanistic psychology)是由美国心理学家马斯洛(Abraham Harold Maslow,1908—1970)(图1-8)和罗杰斯(Carl Ranson Rogers,1902—1987)在20世纪50年代创立的。因为人本主义心理学兴起的年代较精神分析理论与行为主义晚,故而被称为现代心理学上的第三思潮。

人本主义心理学反对精神分析理论与行为主义的偏激观点和决定论,它批评精神分析理论只是以精神患者的心理现象为基础,抨击其有关行为受原始性冲动支配的观点;批评行为主义只是以动物和儿童的心理现象为基础,指责行为主义只研究由零碎的、片面的反应构成的行

图 1-8　马斯洛

为,而不是整个人的表现行为,抨击其环境决定论。在人本主义心理学看来,精神分析理论和行为主义都没有把人看作是自己命运的主人,失掉了人的最重要特性。

人本主义心理学主张,心理学的研究应当以正常人为对象,研究人类有别于动物的一些复杂的经验——诸如动机、需要、价值观、情感、生活责任、自我意识等真正属于人性各种层面的问题。人本主义注重人的独特性和社会性,强调人是一种自由的、有理想的生物,具有个人发展的潜能和自我成长的需要,其行为主要受自我意识支配。人本主义心理学的研究不只是了解人的这些本性,而且要寻求改善环境以利于人性的充分发展,使其达到自我实现(self-actualization)的境界。人本主义学派强调人的尊严、价值、创造力和自我实现,把人的本性的自我实现归结为潜能的发挥,而潜能是一种类似本能的性质。该学派最大的贡献是看到了人的心理与人的本质的一致性,主张心理学必须从人的本性出发研究人的心理。

尽管人本主义心理学有其不足之处,但它探讨了人的本性和价值,并试图提供心理学的证明,不仅扩大了心理学的领域,丰富了人的精神生活的研究,而且加强了实证科学和规范科学的联系,也促进了心理学向高级发展。人本主义心理学为我们开创了认识人生、改善人生的新天地,它研究的问题与社会生活紧密相联,提出引人深思的社会问题,虽然不够尽善尽美,但这是积极的,对社会的个体、民族乃至人类整体的生活提高都是有益的。

第四节　心理学的研究方法

心理学在其方法论原则指导下,研究发展了许多具体方法和技术,主要有观察法、实验研究法、调查法和心理测验等。

一、观察法(observation)

心理学运用科学方法解释行为问题,这就使心理学有别于对行为的其他解释方法。真正的科学观察方法(scientific observation)必须是以探索世界奥秘为目标的结构化观察方法。进行科学观察事先必须有认真的计划,观察中有详细的记录。以观察汽车鸣笛为例,如果我们只是开着车在城里转,随意地对汽车鸣笛进行观察,没有明确的观察目的和计划,以及详细的记录,那么必然会一无所获。

观察法通常是在自然条件下采用的一种研究方法。它常常是在所研究的题目不适合在实验室内,以人为方式控制条件下进行时使用的。如对灵长类动物行为和它们的社会群居组织方式的研究,通过有计划的自然现场观察,可以得到珍贵的资料,这些资料是无法在实验室安排的条件下进行的。观察法的运用不只在于记录事实,而是在于客观地解释这些事实以及它们产生的条件和原因。解释要避免观察者的主观推测或偏见,必须依赖科学研究的客观化原则来进行。

心理学中所使用的观察法是由研究者观察记录个体或团体的心理及行为活动,是有目的、有计划地观察被试在一定条件下心理行为的变化,进行分析判断其心理活动的研究方法。这一方法的优点在于保持了心理表现的自然性而不附加人为的影响,因而作为心理学研究的基础方法被广泛应用。

二、实验研究法(experimentation)

实验研究旨在控制一切可能会干扰实验结果的因素,有目的、有组织地操纵某个因素,查明该因素对于被实验者的心理效果和影响。实验研究之所以不同于其他研究,完全在控制(control)这一概念。有控制的实验类似于自然科学中的实验。在心理学研究中,信度(reliability)和效度(validity)是通过运用有控制的实验设计所包含的重要特点才获得的。

实验研究既有优点,也有缺点,许多学者作了不同评价,下面列举几种代表性的评价。弗里德曼(Freedman)指出,实验研究的最大优点是通过实验可以证明实验组与对照组两者出现的不同结果,并且是由于实验因素操作所引起的,从而揭示实验因素与被实验者反应之间内在的因果关系。但是,它并不适用于研究自然性偶发事件的影响,空袭、水灾、火灾、疾病等均属于偶然事件,不能作为随意安排的实验因素。除此之外,实验法也不能有效地大量收集许多资料,一次实验中研究者只能关注一两个因素。

巴-塔尔(Bar-Tal)指出,实验研究是有缺陷的:一是它无法形成心理行为的普遍规律,心理学规律受时间的限制,而实验研究发现不了可以持久的因素;二是人的心理行为与文化广泛联系着,一般都用规范、角色、价值观等术语来描绘人们观察世界的方式;三是实验研究无法完全控制生活中影响他们行为的全部因素。

实验研究可以分为实验室实验、现场实验(或自然实验)、模拟实验三种,分述如下:

(一)实验室实验(laboratory experiment)

实验室实验一般是指研究者在严格地控制诸种外部变量的情况下,使被试集中注意力于其所感兴趣的变量的一种方法。这一方法最重要的特征就是研究者能够控制自变量和因变量,通过这种控制可以消除许多外来因素的影响,这使得实验室实验具有较高的内在效度。

实验室实验法的优点是其控制条件严格,可以避免许多其他因素的干扰,其研究结果的说服力较强。事实上,西方20多年来,心理学的绝大部分研究都是在实验室内进行的。迈尔斯

(Myers)从建构理论的高度,充分肯定了实验室的作用,他指出,心理学家把观点和研究成果组织进理论体系中,一个好的理论可以把一连串事实提炼成简短的预见性原理,运用这些原理,我们可以证实或修改理论,引发出新的研究课题,或提出实际应用的建议。实验室可以使心理学家脱离生活经验,证实这些理论,然后回到真实世界中,应用这些原理或成果。可以认为,"建构理论"在心理学家研究方法中起着越来越重要的作用。这是美国心理学的一个趋势(Festinger,Schachter,Weiner,Latane)。

我们认为,心理学家不必完全否定实验室实验。有些较简单的心理现象,在实验室内布置起来与现实生活情境有较高的相似性,在实验室内进行研究是可行的。不仅如此,在极端情况下,有些心理现象的研究在实验室内进行更有必要。但是,我们不能不看到,实验室实验是关在实验室内进行的,脱离了活生生的社会生活,增添了人为因素,故其真实性较差。因此,对于实验室实验的结果不能迷信,对其实验结果的推广与应用,必须持慎重态度。此外,许多宏观的心理现象,如观众的情绪感染、冲突行为等,难以在实验室内进行实验。

(二)现场实验(field experiment)

现场实验,亦称自然实验(natural experiment),在实际的心理学研究中,有时会有这样的情况,即研究工作必须在自然环境中而不是在实验室中进行,但实验者可对自变量施行某些控制。在有的情况下,实验者可能有一个对照组,即使用不接受实验刺激的另一种自然环境。

这种方法在很大程度上可以推断出因果关系。但运用这种研究方法必须与有关方面建立协作关系。它与实验室实验法比较起来,控制条件与施加实验措施可能不如实验室实验法那样方便,但它更接近生活真实情况,故其实验结果较易于推广。巴朗(Baron)指出:"看来在今后的岁月里,心理学将会越来越频繁地将实验从实验室搬到自然的生活环境中去。"

(三)模拟实验(simulation experiment)

模拟实验是研究者设计的一种人为情境,是对真实生活情境的模拟,以期探求人们在特定情境下心理活动的发生与变化。例如,研究人们在什么样的情境下容易发生助人行为,研究者可设计不同的情境,请工作人员扮演醉汉、患者或残疾人,在公共场合中故意摔倒,观察周围的过路人是否进行帮助,对哪些困难者帮助得最多(Latane et al.)。许多心理学的研究课题都能采用模拟实验。

这种方法虽然是人为地设计情境以模拟生活,但对被研究者来说,如果未觉察人为因素,则其反应是真实的,也是可信的。所以模拟生活情境必须逼真,不被人识破。

三、调查法(investigation method)

调查法是研究者根据所研究问题的性质进行实地调查,收集材料,然后作统计分析,最后得出结果。这种调查研究的问题早已存在于生活之中,并不是研究者事先安排好的,只是研究者认为现实生活中所存在的某些问题值得加以深入地探讨。

心理学中使用的调查法按不同的标准可以分为不同的类型,其中最主要的有:典型调查、个案调查和抽样调查。

调查法是心理学家在心理行为研究中常用的收集、分析资料的方法。调查法的特点如下:

首先，调查法适合于大样本的研究；

其次，比之于实验法，调查法显得简单、具体；

再次，调查法还避免了实验条件下被测试者不自然的行为反应和故意迎合实验者而做出的表现，同时也避免了在实验中研究者的主观倾向影响对于研究对象行为活动的解释。

问卷调查是心理学研究运用最广的一种方法。调查的对象可以十分广泛，方式也可以十分简便，在很短时间内即可获得丰富的第一手资料，以便节省大量的人力、财力与时间。但问卷调查也有不足之处。主要是被调查者填写的调查问卷可能会发生某种偏差，产生虚假性。人们回答问题时往往有他人取向(other-directed)的倾向，他们为了求得某种安全感，按社会的准则，而不是根据自己的内心标准，因此所获得的结果的可靠性可能要打折扣，为此，问卷的拟订要讲究策略。另外，由于问卷调查涉及的面广、人多，分析问题不够深入，因此必须选择典型作重点访谈，加强研究的深度。

四、心理测验 (psychological testing)

在心理学研究中，经常采用心理测验的方法来揭示某些心理特点。所谓心理测验，乃是一种引起行为的工具。如果在测验中所表现出来的行为很恰当地反映了它所要测量的东西，那么这个测验就能给研究者提供可靠的信息。即如果要进行心理测验，以获得被研究者的有关智力、态度等心理特点的数据，就必须制订一个客观的工具。而且，进行测验还有一系列的技术要求，不能忽视，否则会产生各种误差，从而影响测验结果的科学性与可靠性。

心理测验所包含的范围非常广泛，不仅包含对情绪、认知、应对等心理过程的测量，也包含对个体人格和智力等心理特性的评估。例如，贝克抑郁量表(Beck Depression Inventory)、贝克焦虑量表(Beck Anxiety Inventory)、应对方式问卷(Coping Style Questionnaire)、艾森克人格问卷(Eysenck Personality Questionnaire)、韦氏智力测验(Wechsler Intelligence Scale)等。

【延伸阅读】

历史上首次心理学实验/冯特 1879

1879年12月的某一天，在德国莱比锡大学一栋叫做孔维特(寄宿招待所)的破旧建筑三楼的一个小房间里，一位中年教授和两位年轻人正张罗器具，准备一个实验。他们在桌子上安装一台微时测定器(铜制的像座钟一样的机械装置，上吊一重物及两个圆盘)、发声器(一金属架，上面升起一只长臂，一只球将从臂上落下，掉在一平台上)、报务员的发报键盘、电池及一个变阻器。然后，他们把五件东西用电线连接起来。这套电路还没有今天电气培训的初学者所使用的东西复杂。中年教授是47岁的冯特，长脸，胡须浓密，衣着简朴；两个年轻人则是他的学生：德国人弗里德里奇(M. Friedrich)和美国人霍尔(G. S. Hall)。这套摆设是为弗里德里奇设置的，他要用这套东西收集博士论文所需要的数据。他的博士论文题目是"统觉的时间长度"，即被试从感知球落在平台到其按动发报键之间的时间。随着那只球砰的一声落在平台上，随着发报键嗒的一响，随着微时测定器记录下所耗费的时间，科学心理学的时代正式来到了。

也许，人们可以反对这个说法，认为现代心理学开始于1830年，即韦伯(E. H. Weber)进行最小可觉差的研究之时;或开始于 1850 年,也即赫尔姆霍兹(H. Helmholtz)对神经传递的速度进行测量与费希纳(G. T. Fechner)进行第一次心理物理学实验之时。但大多数权威认可的则是 1879 年,而且理由非常充分。因为在这一年,在孔维特的房间里进行了心理学的第一次实验,冯特自此把这间屋子叫"私人研究所"(在德国大学里,正规组织起来的实验室才叫研究所)。几年之后,这个地方则成为未来心理学家的朝圣之地,不但得到大规模的扩建,而且还被正式定为莱比锡大学的心理研究所(附图 1-1)。

附图 1-1 德国莱比锡大学心理实验室

在很大程度上,也正是因为这个研究所,冯特才被认定为现代心理学的奠基人之一,而且是其最主要的创始人。正是在这里,他进行了自己的心理学研究,并以他的实验方法和理论培训了许多研究生。他从这里送出许多新的心理学骨干(他亲自指导近 200 篇论文),送往欧洲和美国的各个大学机构,另外,他还写出一系列学术论文和浩繁的专著,从而使心理学在科学领域里占据一席之地。他可称得上是第一位名副其实的心理学家,而不只是对心理学感兴趣的生理学家、物理学家或哲学家。

最为重要的是,冯特把意识的心理过程带到了心理学实验之中。从希腊哲学家到英国联想主义者,这些过程一直是心理学思想的核心问题。虽然费希纳等人也曾利用过实验方法以测量某些心理反应,然而,完整地开发出这些方法,并极力倡导心理学的心理过程可以用实验方法进行研究的却是冯特。事实上,早在 1862 年,他就开始思考这个观点,在《感官知觉理论文集》的序言中他写道:"实验方法最终将在心理学中起着重要作用,尽管这一点目前还没有为人们所全盘认识。常见的观点是,感觉和知觉是唯一可以利用实验方法的领域⋯⋯显而易见,这是一种偏见。一旦心灵被视作一种自然现象,心理学也被看作一门自然科学,实验的方法就一定能在这门科学中得到更广泛的利用。"他将心理学与化学进行比较。正如化学家不但可以通过实验得知一种物质受其他物质的影响,而且也可通过实验得知其本身的化学性质一样,心理学家走的也是同一条道路⋯⋯如果说实验只能确定(刺激)对心灵产生的作用,那就大错特错了。心灵对外部影响的反应行为也是可以确定的,而且,我们可通过变更外部影响得出一些定律,诸如此类的心灵生活将受制于这些定律。简单地说,对于我们而言,感觉刺激只是实验的工具。在继续研究心灵现象的过程中,通过在感觉刺激里制造多重变化,我们就可以应用这个原则,因为它是实验方法的脊髓。早在冯特钻进实验室里做第一次实验之前,他就已经致力于将生理学和精神过程联结起来,并因此闻名遐迩,他的观点甚至传至美国。美国先驱心理学家詹姆斯(W. James)于1876年在给友人的信中曾经写道:"在我看来,心理学变成一门科学的时代已经到来,某些测量已经在神经的生理变化与意识的面貌(以感觉感知的形式)之间展开……赫尔姆霍兹和一位名叫冯特的人都在进行这项工作,而我希望……今年夏天去拜会他们。"(这年夏天他未能拜会冯特,不过,多年之后他去了,而彼时他自己也已成为心理学界的领袖人物。)

一些不喜欢"伟人"史观的现代史学家可能会说,心理学这门新科学不是由冯特创立的。它的创立,不仅得益于19世纪中期总体的社会和知识状况,而且得益于行为学和社会科学的发展状态。达尔文的《物种起源》及后来的《人类及动物的情感表达》中的动物心理学,孔德(A. Comte)的社会学研究,人类学家就生命、语言和无文字民族的观念等所作的越来越多的研究报告,以及其他一些相关因素,无不努力地创造出一种氛围。在这种氛围之下,人类的本质是有可能得到科学研究的。的确,如果在更早的时代,是不可能产生这么一个冯特及实验心理学的;没有电池,没有发报键,也没有微时测定器,极少有人将人类行为视作可以通过实验加以研究的现象。可是,在任何知识领域,就算是时间和地点恰到好处,脱颖而出的也绝不会是几千人、几百人,而只能是少数几个佼佼者,甚至只能是一个:一个伽利略、一个牛顿、一个达尔文,他们启发了数以千计的跟随者,并将他们的事业推向前进。也只有一个冯特,成了欧美心理学的指路明灯。

冯特的一切都令人吃惊。冯特1832年出生于德国的马登地区。在其童年和青年时代,他既没有活力,又缺乏才气,看上去完全不像个哪怕只有一点点出息的人。在孩提时代,他唯一的好友是一个智力有障碍的男孩。他更是个习惯性做白日梦者,一到课堂上就神情恍惚。读一年级时,有一天他的父亲来到学校,发现他在那里心不在焉,盛怒之下竟当着同学的面打了他几个耳光。这件事冯特日后记忆犹新,但在当时来说,似乎并没改变过什么。在许多年里,冯特一直没有显露出什么才气,对学习更是不感兴趣,继续在课堂里做着白日梦,脸上时常响起老师的耳光。直到他20岁那年,当他无所事事在外晃荡了整整一年后,回到家时惊讶地发现家中几乎无钱供他读完大学余下的学业。他决定痛改前非,到海德堡大学重开学业。他一头扎入学习之中,竟在三年时间内完成全部学业,并于1855年在医学全国会考中获得了第一名的骄人成绩。冯特学识渊博,著述丰富。其著作涉及心理学、生理学、物理学、哲学、逻辑学、伦理学、语言学、文化人类学等诸多领域。据冯特的女儿统计,冯特一生的著作有500余种,共计56735页;从1853年到1920年即冯特20岁到他去世这68年中,他平均每天要写2.2页文章。如果一个人以每天阅读60页的速度,大约要花30个月的时间才能读完。冯特的主要心理学著作有:《感官知觉理论文集》(1856—1862)、《关于人类和动物灵魂的讲演录》(1863)、《生理心理学原理》(1873—1874)、《心理学大纲》(1896)、《心理学导论》(1911)和《民族心理学》(10卷,1900—1920)。其中《生理心理学原理》一书被很多人誉为"心理学的独立宣言"。

可在今天,他好像成了一个奇怪而矛盾的人物。尽管他拥有着崇高的声望和长远的影响力,但他的名字却少有人知。很多人可以轻易地说出弗洛伊德、巴甫洛夫和皮亚杰,却不知道冯特是何许人。甚至那些知道其历史地位的人,也实在说不准他的观点究竟是什么;对于他的理论体系,不同的学者总能总结出不同的冯特。在某种程度上,造成对他难以理解的原因极有可能在于他身上拥有着太多的19世纪德国学者的品性:无所不晓、顽固、专横,而且自认为一贯正确。即使冯特最忠实的一位弟子铁钦纳(E. Titchener),也觉得自己的老师"毫无幽默感,不屈不挠,极具改进性"。由于冯特非常博学,他总是自视为权威。詹姆斯曾诙谐地对一位朋友写道:"因为这个世界上必须得有教授,冯特即成为最值得称赞和永不可能敬仰过分的那种人。他不是天才,而是教授——也即那种在自己的专业内无所不知、无所不言的那一类人。"冯特对于自己的毕业生,非常乐于给予帮助,对他们关怀备至,充满慈爱,但他也十分专横。在学年开始时,他常命令研究生班上的学生到研究所集合,他们要在他面前站成一个队列,由他宣读该年度他希望展开的一些研究项目的单子,并把第一个课题安排给站在队列边上的第一个学生,第二个课题交给第二位学生,以此类推。没有人胆敢对这些分配提出异议。学生们很有责任心去完成每一个任务,这些任务大都成为他们博士论文的题目。冯特有时也容许学生们在研究报告里表达他们自己的观点,但他却常常拿蓝笔在上面大肆批评。一位美国学生说:"在热烈地捍卫学术观点的基本原则方面,冯特表现出的是众所周知的德国人的品性。我的论文约有三分之一的内容未能支持冯特的同化观点,因此惨遭删除。"据说晚年的冯特已经变得心地柔顺、慈祥可亲了。他喜欢在书房里招待年轻的客人和听课者,回忆自己年轻时代的趣闻轶事。他教课、写作,还指导心理学研究,直到85岁退休为止。此后他还一直忙于著述,直到88岁高龄,临终前仍在奋笔疾书。

无论冯特的理念还是人格,在今天来说都有些难以理解。有那么一阵子,心理学家们大多感到冯特的心理学范围过于狭窄。但一些史学家最近重新估量了冯特的工作,宣称他是一位眼光远大、胸怀宽广的心理学家。

(亨特.心理学的故事[M].李斯,王月瑞,译.海口:海南出版社,1999.)

思考题

1. 什么是心理学?
2. 心理学的研究对象是什么?
3. 试述心理学产生的背景和发展。
4. 举例对复杂心理现象进行规律性描述。

第二章

心理的神经生理基础

心理是脑的功能，脑是心理的器官，人的一切心理活动都是通过脑和神经系统的活动来实现的。没有神经系统和脑功能整合活动，也就不可能有心理活动的实现。因此，了解心理产生的过程，就必须掌握神经系统及脑组织的结构与功能的一些基本知识。

1848年9月13日，在一个铁路建设工地上，一次爆破时发生了意外，一根钢钎从铁路工人Gage的脑袋上穿了过去，但Gage并没有死，他幸存了下来。这一事件成为著名脑损伤病例的原因是Gage活下来以后在心理和性情上发生了变化。他身边的朋友、同事和上司都对这种变化对比进行了详尽的描述。这一事件为"脑是心理的基础"这一观点提供了较早的证据，后来成为被经常引用的事件，人们甚至把那根肇事的钢钎和Gage的头骨保存了下来。

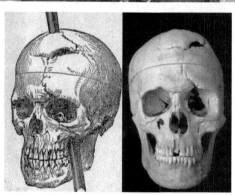

图2-1 肇事的钢钎和Gage的头骨（保存在美国哈佛大学医学院）

对于人类来说,遗传的过程是有性生殖过程中亲代的两性生殖细胞的结合。人类的正常体细胞的细胞核中具有46条决定细胞功能的染色体,而生殖细胞中则分别只有23条。在两性生殖细胞的结合过程中,分别具有的23条染色体携带了决定结合以后生殖细胞功能的遗传信息。人出生以后的各种生理性状就由这个结合过程中各23条染色体的相互作用结果所决定。遗传信息的单位称为基因,而两性生殖细胞结合后生殖细胞所具有的来自父母的遗传信息成为人发展的原型,这种原型称为基因型。但是人们同时也发现,实际上一代人和下一代之间仍然存在着明显的区别,这种区别不是简单的减半的相似。除了可以用父母遗传信息之间的相互作用来解释外,影响或决定下一代人的性状的因素是非常多样化的。而下一代人的性状表现就称之为表现型。

多年来,人们一直在研究基因型是如何形成的,基因型与表现型之间存在什么样的关系。在人的发展过程中是遗传重要还是环境重要,就是这种研究的一种表现形式,也是一个长期争论的重要问题。长期的知识积累以及不懈的研究表明,神经元及其构成的神经系统,尤其是神经系统的最高级构成——脑,是心理活动的重要基础。

第一节 神经元与神经传导的基本原理

你的喜悦、悲伤、记忆和抱负,你的本体感觉和自由意志,你的所有与心理有关的东西都只不过是一大群神经细胞及其相关分子的集体行为。

——弗朗西斯·克里克(Francis Crick,1916—2004)

一、神经元的结构和类型

(一)神经元的结构

神经元即神经细胞,是神经系统最基本的结构和功能单位。神经元虽然不尽相同、功能各异,但其结构主要由细胞体、轴突、树突三个部分组成(图2-2)。神经元具有接受刺激、传递信息和整合信息的功能。细胞体接受信息,对信息进行整合,并产生神经冲动。胞体(soma)即神经元或其他细胞的主要部分;胞体的中央有细胞核。细胞核是细胞遗传与代谢的调控中心。通过化学反应,胞体为神经活动提供能量,并大量制造用于传递信息的化学物质。自胞体伸出两种突起,呈树枝状的称为树突(dendrites),树突接受从其他神经元传入信息的神经纤维;另一根细长的突起称为轴突(axon),是从神经细胞体向外传导信息的纤维。髓鞘(myelin sheath)由胶质细胞构成,包裹在轴突上,起着绝缘作用。突触末梢(synaptic terminals)即轴突末端分支的纤维。

(二)神经元的类型

神经元根据其功能特性,可分为:感觉(传入)神经元,把外部环境刺激(光、声音、温度等)转换为神经电信号,传送到中枢神经系统的神经细胞;运动(传出)神经元,将从脊髓和大脑发出的信号传递到肌肉和内分泌腺的神经细胞;中间神经元(联络神经元),接受感觉信息,将神

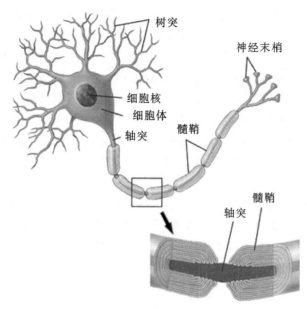

图 2-2 神经元的结构

经冲动传递到其他中间神经元或运动神经元的神经细胞。此外,还可以按神经元引起后继单位是兴奋还是抑制而分为兴奋性神经元和抑制性神经元。

二、神经冲动的产生与传导

(一)神经冲动的产生

当刺激作用于神经时,神经元就会由比较静息的状态转化为比较活跃的状态,这就是神经冲动。神经元受到刺激并产生兴奋是一种对刺激的反应能力,表现为神经冲动。神经元就如一节生物电池,在胞体内外存在着电位差,当接受到外界刺激或其他神经元传来的信息时,电位差会发生变化,这时称为发生了一次神经冲动,或称为动作电位。这个动作电位会沿着轴突进行传送,就如同电流一般,当电流达到轴突末端时,在突触部位引发化学电位变化,从而改变下一个神经元突触部位的电位变化。这种信息传递是通过突触前端释放相应的神经递质来引起下一个神经元的电位变化的。

神经元既是神经系统的导线,又是神经系统的电池。静息电位(resting potential)(图 2-3)是神经元在静息状态时细胞内外的电位差,约 -65 mV ~ -70 mV。

神经元胞内 K^+ 浓度高、胞外 Na^+ 浓度高,静息状态下钾离子可自由通过细胞膜,而钠离子通道关闭,形成内负外正的静息电位。静息状态的神经元,电位处于一种极化状态,即处于充电状态。当刺激强度未达到某一程度时,即无神经冲动发生。但当刺激强度大于某种程度而能引起冲动时,该神经冲动立即达到最大强度;此后刺激的强度纵使再继续加强或减弱,对已引起的冲动强度不再发生影响。

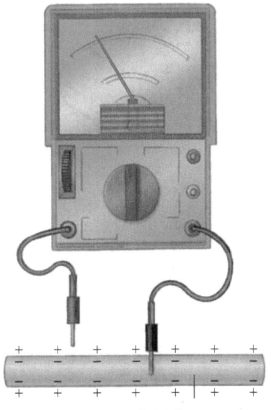

图 2-3 静息电位

(二)神经冲动的电传导

神经冲动的电传导,是指神经冲动在同一细胞内的传导,静息电位(外正内负)转化为动作电位(外负内正)(图 2-4)。当神经元(细胞膜)受到刺激时,细胞膜对离子的通透性迅速发生变化,钠离子通道临时打开,带正电荷的钠离子被泵入细胞膜内部,使膜内正电荷迅速上升,并高于膜外电位,这一电位变化过程叫动作电位。动作电位是神经受刺激时的电位变化。它代表着神经兴奋的产生。动作电位是一种全或无的现象(all-or-nothing),沿着轴突传递到下一级神经元,最快可达 90 m/s。

动作电位是当神经元因为其他神经输入,静息电位达到 -50 mV 的阈值时,神经元上的离子通道会发生一系列的开关动作,造成膜电位的快速上升之后又快速恢复的过程。

三、神经元的联系

(一)突触与神经递质

突触(synapse) 突触是指一个神经的冲动传到另一个神经元间的相互接触的结构部位。一般的突触是由一个神经元的轴突末梢与另一个神经元的胞体(轴胞突触)或与其树突(轴树

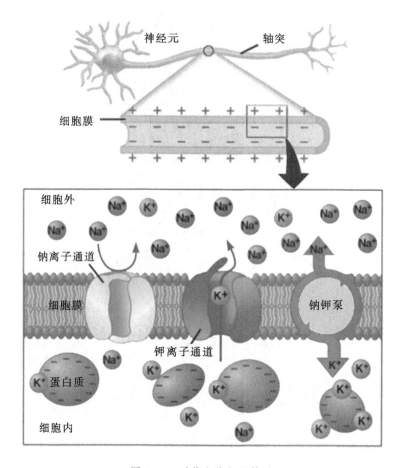

图 2-4 动作电位与电传导

突触)相接触所构成。此外,还有少数轴轴突触和树树突触。突触包括突触前膜和突触后膜,以及在它们之间有宽约 20 nm($1\ nm=10^{-9}\ m$)的突触间隙。突触前膜属于突触小体,突触后膜属于突触后神经元。在突触小体内有许多线粒体和突触小泡。线粒体内有合成递质的酶类,突触小泡内含有神经递质。

当神经冲动传至轴突末端时,引起它释放某些化学物质。突触前膜通过释放神经递质作用于突触后膜上的特异性蛋白质受体,就实现了神经冲动从一个神经元向另一个神经元的传递。每一个神经元的胞体和树突表面,都附着有许多来自不同神经元的轴突末梢。这些突触可能具有不同的生理作用,有的是兴奋性突触,即突触前神经末梢兴奋,释放兴奋性神经介质,如乙酰胆碱、5-羟色胺、去甲肾上腺素等,引起突触后膜去极化,使突触后神经元兴奋;有的为抑制性突触,即突触前神经末梢兴奋,释放抑制性神经介质,如 γ-氨基丁酸、甘氨酸等,引起突触后膜超极化,使突触后神经元抑制。

两个神经元之间有一定的间隙,叫突触间隙(synaptic cleft)。信息必须通过这个间隙才能保证两个神经元之间的通信。轴突末梢是一丛终扣(terminal buttons),它们分泌一种叫作神经递质的化学物质。当一个动作电位到达突触终扣时,会使神经递质得到释放,神经递质通过突触间隙到达突触后细胞膜,并与受体结合,这样信息便得到了传递(图 2-5)。

神经递质(neurotransmitter) 神经递质是神经系统和行为之间尤为重要的联络物质。它

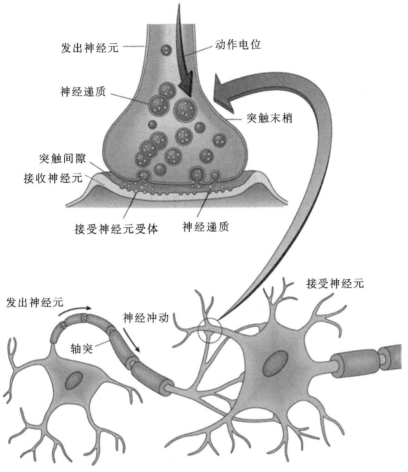

图 2-5 突触间隙与神经递质

们不仅对于维持脑和身体的重要功能起着重要作用,而且某种神经递质过少或过多都会造成严重的行为障碍。神经递质有多种,但不是所有接受细胞都能利用某特定神经递质所携带的化学信息。如同拼图游戏中各块只能放到某特定位置一样,每种神经递质所独有的特定结构形态使它只适合于接受神经元上的某种特定受点。只有当一种神经递质完全适合某受点时,才可能进行成功的联络。如果一种神经递质适于接受细胞上的某个部位,那么它传递的信息大致属于以下两种之一:兴奋的或抑制的。兴奋信息使接受神经元更可能放电并使动作电位沿轴突传导。与此相反,抑制信息起到相反作用,它们提供的化学信息阻止或降低了接受神经元放电的可能性。

几种主要的神经递质与行为的关系:

γ-氨基丁酸(GABA) 一种抑制神经发放的神经递质,也可能参与人对焦虑的调节。

乙酰胆碱(ACh) 能够兴奋神经元并刺激它们放电,是一种活跃运动神经产生骨骼肌收缩的神经递质,与调节注意、唤起记忆有关。有些 ACh 的受体受尼古丁刺激。

去甲肾上腺素(NE) 抑制脑和脊椎神经发放的神经递质,但兴奋心肌、肠。NE 含量过低与抑郁症有关,而 NE 含量过高与高焦虑和躁狂状态有关。

多巴胺(DA) 一种与精神健康有关的神经递质。脑内神经元突触内 DA 含量低与帕金森症有关,DA含量过高则与精神分裂症有关。

5-羟色氨(5-HT) 参与调节睡眠与觉醒的神经递质,水平不正常时,导致抑郁症和强迫症等心理障碍。

内腓肽(endorphin) 内腓肽指所有在结构和作用上与使人上瘾的物质相类似的化学物质。内腓肽有助于解痛,也可能与某些愉快情绪有关。

(二)反射弧

神经系统的一切活动都是以反射方式实现的。反射就是有机体借助于神经系统对刺激做出及时适当的反应。执行反射的全部结构称为反射弧(图2-6)。反射弧一般包括五个部分:①感受器,如眼、耳、鼻、舌、皮肤、黏膜等器官和位于内脏、肌肉的内部感受器等,它们接受体内、外各种刺激,并转换成神经冲动;②感觉神经元(传入神经元),把神经冲动传向中枢(脊髓和脑),其细胞体在脑、脊神经节中;③联络神经元,其树突较短,紧靠细胞体反复分支,其轴突较长;④运动神经元(传出神经元),它发出轴突到达效应器,把神经冲动传到效应器;⑤效应器,最终产生反应的部分,如肌肉(产生收缩)、腺体(产生分泌)。构成反射弧的这五个部分中,如果有任何一部分受到损伤,反射活动就不能完成。

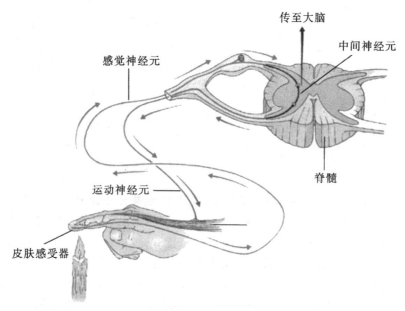

图2-6 反射弧

人的效应器官又都有各种感受器能感受活动变化的情况,并将信息传向中枢。因此,在人的实际活动中,执行活动的结构装置是反射环,不可能是简单的反射弧。

(三)神经网络

脑的神经元数目约为 10^{11} 个,它们之间的突触约为 10^{15} 个。据估计,脑中的每一个神经元有1000到10000个突触,可以接受来自1000个其他神经元的信息。因此,脑中的每一个神经元都是一个或多个复杂的相互交织的神经网络的一部分。各神经元之间形成的神经网络十分复杂,但主要有以下几种方式:

(1) 辐散式联系，即一个神经元的轴突末梢分支与许多神经元建立突触联系。这种联系方式可以使一个神经元的兴奋通过突触联系同时扩散到许多其他神经元，引起许多神经元同时兴奋或抑制，从而扩大了它的作用范围，这种现象称为扩散。

(2) 聚合式联系，即许多神经元都通过其轴突末梢，共同与同一个神经元建立突触联系。这种联系的方式有可能使许多神经元都共同作用于同一个神经元，来自许多不同神经元的兴奋和抑制作用，就会在同一个神经元上发生对抗和相互影响，从而使兴奋或抑制能在该神经元上发生聚和，而得到加强或减弱，并使中枢神经系统内的神经活动能够集中。

一般说来，传入神经元的神经纤维进入中枢神经系统后与其他神经元发生突触联系，以辐散式联系为主。传出神经元在中枢神经系统内接受不同轴突来源的突触联系，以聚合式联系为主。中枢神经系统内神经元的联系方式极为复杂，有的呈链锁状，有的呈环状。在这些联系形式中，辐散式与聚合式联系可能同时都有，兴奋通过中间神经元的链锁状接替联系，可以在空间上加强或扩大作用范围。兴奋通过中间神经元的环状接替联系时，由于这些神经元的性质种类不同而表现出不同的效应，如果环路内各个神经元的生理效应一致，则兴奋通过环路传递后将得到加强和延续，这属于正反馈作用。如果环路内某些中间神经元是抑制性的，并同它有返回联系的那个细胞体构成抑制性突触，则通过这类环状传递的结果，将使原来的神经元的活动减弱或者终止，这属于负反馈作用。神经活动的自我控制可能就是以这种负反馈为基础的。正是由于中枢神经系统内神经元的时间和强度上的恰当配合和互相制约，从而使各种神经元之间、神经系统各部分之间，以及各种反射之间的活动能够互相配合、相互协调，精确地实现神经系统的调节功能。

人一出生神经系统中就有许多牢固的神经联结，它们所构成的反射通路为婴儿提供了遗传的适应性反射。例如，刚出生一天的婴儿也会对舌头上的一滴酸溶液做出反应，撅起嘴并分泌唾液。神经网络的概念也为神经心理学家解释学习过程提供了一个模型。如果通过学习可以使一个网络中的联结变得更牢固或更有效，那么就会出现新的联想和适应性行为。关于脑功能的现代理论认为，高等动物的脑，本质上也是计算机许多元件的一个大网络，并力图揭示神经网络是如何识别熟悉情境、回忆过去行为等功能的。

第二节 神经系统的基本结构及其功能

人的神经系统可分为中枢神经系统和周围神经系统（图 2-7）。中枢神经系统由脑和脊髓组成，整合和协调全身功能，加工全部传入的神经信息，向身体不同部分发出命令。其主要功能是传递、储存和加工信息，产生各种心理活动，控制人的全部行为，从眨眼到解决复杂的逻辑问题。周围神经系统从中枢神经系统发出，导向人体各部分，担负着与身体各部分的联络工作，起传入和传出信息的作用。周围神经系统可分为躯体神经系统和植物神经系统。

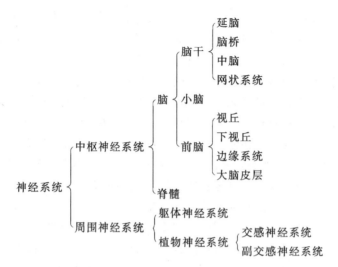

图 2-7 神经系统的基本结构

一、中枢神经系统的主要结构和功能

(一)脊髓主要结构和功能

脊髓是将脑与周围神经系统相连接的神经元干线,脊神经从脊髓发出,连接分布于全身的各种感受器、肌肉、腺体(图2-8),参与快速的简单动作反射,如疼痛反射。脊髓上接脑部,外连周围神经,31对脊神经分布于它的两侧。脊髓的活动受脑的控制,来自躯干、四肢的各种感觉信息,通过感觉神经传送至脑,进行高级的分析和综合;脑的活动也要通过运动神经传至效应器。脊髓本身也可以完成许多反射活动,如牵张反射、膀胱和肛门反射等。

(二)脑的主要结构和功能

人脑(图2-9)分为延脑、脑桥(背部为小脑)、中脑、间脑和大脑两半球五大部分。除大脑半球和小脑外,其他部分统称为脑干。它们在结构和功能上是不可分割的整体,但各个部分又有特定的功能。

延脑下接脊髓上接脑桥。来自头部皮肤与肌肉的感觉信息,来自味觉、听觉、平衡觉和躯干的感觉信息要传送到脑必先经过延脑。延脑还有许多对有机体生命十分重要的中枢,如控制肠胃蠕动、呼吸、心跳以及血管舒缩、唾液分泌、汗腺分泌等的神经中枢。所以,延脑也有"生命中枢"之称。

脑桥介于中脑和延脑之间,有许多传递信息的上行和下行传导神经束。它是维持机体平衡的初级中枢。

中脑连接脑桥与小脑并连于间脑,它也是上行和下行神经信息的主要通路。这里有视、听的反射中枢,凡是瞳孔、眼球肌肉、虹膜、睫状肌的调节均受中脑的控制。

小脑的主要功能是调节和校正肌肉的紧张度,以便维持姿势和平衡,顺利完成随意运动。小脑受损会导致运动失调。

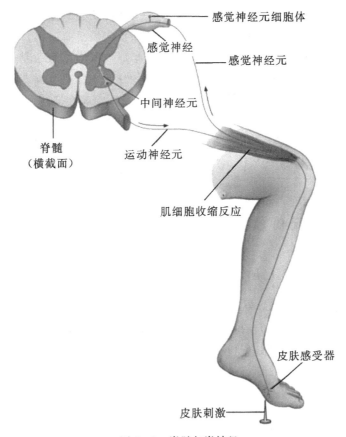

图 2-8 脊髓与脊神经

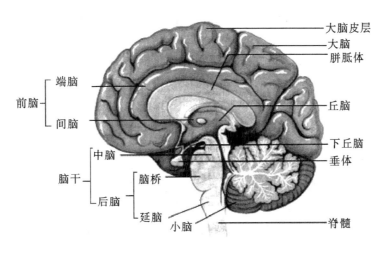

图 2-9 大脑结构

间脑位于大脑两半球之间,连接大脑半球和中脑,主要包括丘脑和丘脑下部(下丘脑)。丘脑是皮质下较高的感觉中枢,除嗅觉外,所有的感觉信息都先传送到丘脑,进行初步的分析综合,再由丘脑传送至大脑皮质的各感觉中枢。下丘脑是植物神经系统的主要控制中枢,它直接与大脑各中枢相联系,又与脑垂体和延脑相联系。它的主要功能是控制内分泌系统,维持正常的代谢,以及调节饥饿、渴、性等生理活动。它也是情绪反应的重要中枢。

大脑由对称的左右两个半球所组成,分隔左右两半球的深沟称为纵裂,纵裂底部由胼胝体相连。大脑半球外侧面,由顶端起与纵裂垂直的沟称为中央沟。在半球外侧面由前下方向后上方斜行的沟称为外侧裂。半球内侧面的后部有顶枕裂。中央沟之前为额叶。中央沟后方,顶枕裂前方,外侧裂上方为顶叶。外侧裂下方为颞叶。顶侧裂后方为枕叶。胼胝体周围为边缘叶,每叶都包含很多回。在中央沟的前方有中央前回,后方有中央后回。大脑半球深部是基底神经节,主要包括尾状核和豆状核,合称为纹状体,其功能主要是调节肌肉的张力来协调运动。

二、周围神经系统的种类和功能

(一)躯体神经系统及其功能

躯体神经系统包括脑神经和脊神经。脑神经共12对,主要分布于头面部;脊神经共31对,主要分布于躯干和四肢。它们的主要功能是在神经活动的反射过程中,一方面通过传入神经纤维把来自感受器的信息传向中枢神经系统,另一方面通过传出神经纤维把中枢神经系统的命令传向效应器官,从而导致骨骼肌的运动,它们起着使中枢神经系统与外部世界相联系的作用。通常认为,躯体神经系统是受意识调节控制的。

(二)植物神经系统及其功能

植物神经系统,也称自主神经系统,分布于内脏器官、心血管、腺体及其他平滑肌。它也包含感觉(传入)神经纤维和运动(传出)神经纤维。植物性传入纤维传导体内脏器的运动变化信息,这种刺激的感受对机体内环境的调节起着重要作用。而分布于各脏器的传出神经纤维,在正常情况下它们保持相对平衡和有节律性的内脏活动,如呼吸、心跳、消化、排泄、分泌等,以调节机体的新陈代谢;当环境发生紧急变化时,促使机体发生应付紧急情况的一系列内脏活动。内脏活动一般不由意识直接控制,并且也不在意识上发生清晰的感觉,因而,植物神经系统也叫"自主神经系统"。

植物神经系统可分为交感神经系统和副交感神经系统,这两类神经都几乎向所有的腺体和内脏发放神经冲动。交感神经的功能主要表现在当机体应付紧急情况时产生兴奋以适应环境的变化,如心跳加快、冠状血管血流量增加、血压增高、血糖升高、呼吸加深变快、瞳孔扩大、消化减慢等一系列反应。副交感神经的作用是保持身体安静时的生理平衡,如协助营养消化的进行、保存身体的能量、协助生殖活动等。这两种系统在许多活动中,既有拮抗作用,又是相辅相成的。例如,交感神经使心搏加快,而副交感神经则使之减慢;性兴奋是副交感神经的作用,而性欲高潮则是交感神经的一种反应。交感神经的兴奋用来应付紧急情况,如搏斗、对抗、挣扎、恐惧、愤怒时,交感神经马上兴奋,表现为心跳加快、血糖升高、减弱消化功能。副交感神经的作用相反,抑制体内各器官的过度兴奋。

第三节 脑的基本结构及其功能

人脑是一个极其复杂的功能系统,我们的一切心理活动都是脑的功能。那么脑究竟是怎样工作才产生心理活动的呢?脑的三个主要的功能系统:感觉功能系统、运动功能系统、联络功能系统,以及大脑两半球之间的分工和协作。

一、大脑皮层结构及其功能

(一)大脑皮层结构

在人的中枢神经系统中最重要的部分是脑,它拥有智慧,因此所有复杂的心理活动都与脑密切相关。大脑皮层是脑的最高级部位,是心理活动的最重要器官(图2-10)。大脑皮层表面有许多皱褶,并覆盖着由神经细胞组成的灰质,它的凹陷缝隙称为沟或裂,凸起的部分称为回。在解剖学上,一般把大脑半球分为左右对称的部分称为叶,分为额叶、顶叶、枕叶和颞叶。

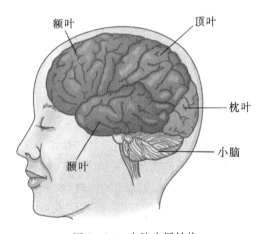

图2-10 大脑皮层结构

(二)大脑皮层功能系统

大脑皮层主要功能代表区有感觉区、运动区、联合区(图2-11)。中央沟是额叶和顶叶的分界,外侧裂是额叶和颞叶的分界,顶枕裂是顶叶和枕叶的分界。

1.感觉功能系统

1)体表感觉

体表感觉主要指皮肤上的触、冷、温、痛等感觉,其大脑皮质代表区在中央后回,这一区域的感觉投射如下:①感觉传入的皮质投射是交叉的,即一侧的躯体感觉投射到对侧的大脑皮质的相应代表区。②感觉传入的皮质投射是倒置的,即下肢的感觉投射于这一区域的顶部,上肢的感觉投射于这一区域的中部,头颈部的感觉投射于这一区域的下部。③大脑皮质代表区的

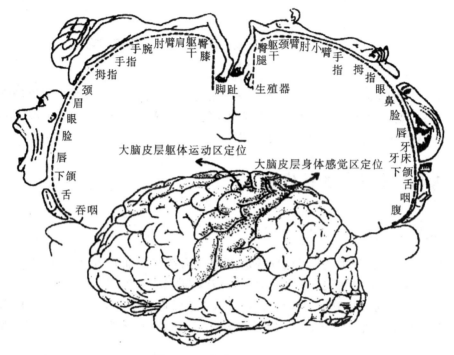

图 2-11 大脑皮层功能定位

大小与身体不同部位的感觉灵敏度有关。感觉灵敏的部位,所占的代表区域较大,如手、唇、口腔感觉的代表区域就特别大;感觉不灵敏的部位,如躯体的代表区域就很小。这种结构特点有利于人进行精细的感觉分析,它是人类长期进化的结果。

2)视觉

视觉在枕叶距状裂两侧。刺激该区域,可以使患者产生简单的主观光感觉,但不能引起完善的视觉形象。因为起源于鼻侧视网膜的传入纤维在视交叉处越至对侧,实行交叉,投射到对侧枕叶;而起源于颞侧的传入纤维并不交叉投射到同侧枕叶。这样,一侧枕叶皮质主要与两眼同侧的视网膜相联系,因而与两眼的对侧视野有关,即右侧枕叶主要与两眼的左侧视野有关,而左侧枕叶主要与两眼的右侧视野有关。临床实践证明,一侧枕叶皮质受损害造成对侧偏盲,双侧枕叶皮质受损害造成全盲。

3)听觉

听觉在颞叶的颞横回。电刺激该区可以使患者产生铃声样或风吹样的主观音觉。听觉冲动的投射是双侧性的,即一侧皮质代表区与两侧耳的感受器都有关。因此,一侧颞叶皮质受损害并不影响听觉,只有左右两侧听觉代表区同时受损害,才产生完全的耳聋。

4)嗅觉和味觉

一般认为嗅觉冲动主要投射于海马回沟和海马回前部一带。味觉冲动投射于中央后回的头面部感觉投射区的下侧。

5)内脏感觉

一般认为在边缘叶。大脑半球内侧面皮质与间脑交接处的边缘及胼胝体旁的环周结构,称为边缘叶。它与附近的皮质(额叶眶部、岛叶、颞极、海马及齿状回等)以及有关的皮质下结构(包括隔区、杏仁核、丘脑及中脑被盖等),在结构与功能上相互间有密切的联系,构成一个统一的功能系统,称为边缘系统。边缘系统不仅与内脏有关,还与嗅觉、情绪、记忆等心理活动有关。

2. 运动功能系统

人的一切随意活动,是由大脑皮质调节的。中央前回是躯体运动的皮质代表区(brodmann第4区)。大脑皮质运动区的功能特征是:①对侧支配,即一侧运动区主要支配对侧躯体肌肉,但对少数肌肉(如额肌等)是双侧支配的。②具有精细的定位,一定的区域支配身体一定部位的肌肉。支配下肢的区域位于中央前回的顶部,支配头面部的区域分布于接近外侧裂部分,支配上肢的区域则位于以上两部位之间。总的说来,近似倒立分布。③躯体不同部位在大脑皮质的代表区的大小和运动的精细复杂程度有关。运动精细复杂的部位,所占的皮质代表区大。例如手所占的区域相当于整个下肢所占的区域。④刺激该区引起的肌肉运动,主要是少数个别肌肉的收缩,甚至只引起某块肌肉的一部分发生收缩,不发生肌肉群的协同收缩。

3. 联络功能

在大脑皮质,除了特异感觉投射区和运动区之外,还有更广大的区域。这些区域一般称为联络区,主要有感觉联络区、运动联络区和前额联络区等。

1)感觉联络区

各感觉投射区的神经元严格保持着模式特异性,其邻近区域有大量的短轴突联络神经元。它们与各感觉区的特异神经元有着广泛的联系,其功能是组织进入感觉区的神经冲动,以便获得更精确的信息。这些区域称为感觉联络区。因此,感觉投射区只是一个入口,它所承担的工作仅是接受信息。例如,红色灯光刺激所引起的冲动,经视神经传至大脑的视区产生视觉。但红色除单纯的物理特性外,常含有一定的意义,可以表示"危险",也可以表示"停止"。"危险"与"停止"的意义是后天学习得来的经验,这种已学得的经验当以后同样刺激再出现时即可帮助人对刺激意义的进行识别。人学习到的经验以及必要时唤起经验等,都不是视觉区本身的功能,而是视觉区邻近的视觉联络区的功能。如果视觉联络区受损害,虽然患者不会全盲,但却影响对物体意义的认知和远近距离的判断,产生视而不见的现象。在听觉区附近是听觉联络区,它负责听觉刺激意义的学习,学得经验的储存以及唤起经验赋予听觉刺激意义等。如果听觉联络区受损伤,就失去对外部声音刺激的理解和判断。这时虽有声音刺激感觉,但却不能判断是一种什么样的声音,会产生听而不闻的现象。体表感觉区附近是体表感觉联络区,其功能为辅助体表感觉区对外界刺激的触觉、温觉、痛觉和动觉等,以获得更精确的理解。如果体表感觉联络区受损坏,人就不能理解体表感觉的意义。

2)运动联络区

在运动区附近是运动联络区。运动区是运动指令下达的"出口",它虽能直接支配某一部分肌肉的收缩,但人的运动是有意义的。运动的组织与意义性,则是在"出口"之前经由运动前区赋予的。例如,写字时所需要的手指和手臂肌肉的运动,是人对这种运动方式和程序经过多次练习而学得的,这种经验包括手与臂运动的方式与文字意义的关系。学习、保持及运用这种经验等,是与控制手指和手臂运动区有关的运动联络区的功能。如果这一运动联络区受损坏,患者虽仍能握笔做书写状运动,但却不能写出他以前所熟悉的文字。

3)前额联络区

在每一大脑半球额叶的最前端,各有一广大区域,称为前额联络区。鲁利亚把该区称为规划、调节和监督复杂活动形式的联合区。前额联络区在人形成意向,运筹规划,调节和监督自己的行动使之与目的、计划相适应的有意识活动中起决定性的作用。正常的动物为实现某一目的,能抑制对不重要的、附加刺激物的反应。而该区损坏的狗,对任何无关刺激都做出反应,例如偶尔看到一片落叶,它便去捕捉它,咀嚼着,又吐出来,有目的指向的行为遭到严重破坏。有人用猴子做实验,正常猴子能学习解决"延迟反应"之类的问题,但将前额区破坏后,此类能力即丧失。实验的方法是,在猴子的注视下,摆两个不同的盘子,在一个盘子中放置食物,另一个不放置,然后用同样的两个器皿把盘子盖上,并用幕布遮挡。经过一定的时间后将幕布拉开,允许猴子凭记忆去选择置有食物的杯子。正常猴子都能在数分钟后凭记忆正确地解决问题,但前额区破坏后即丧失此种能力。此类实验因不能使用于人类,但在病例中确曾有学者发现,前额区受伤害者虽仍能表现简单的智能活动,但不能从事综合性与推理性的思考活动,其情形颇与破坏前额区的猴子相似。

二、大脑的高级神经活动

(一)高级神经活动的基本过程

高级神经活动的基本过程就是兴奋过程和抑制过程,有机体的一切反射活动都是由这两种过程的相互关系决定的。

兴奋过程是同有机体的某些活动的发动或加强相联系的,抑制过程是同有机体的某些活动的停止或减弱相联系的。如在食物作用下有关控制唾液反射的中枢发生兴奋,就会引起或加强唾液腺的分泌;如控制唾液反射中枢发生抑制,则唾液分泌就会减少或停止。

兴奋和抑制虽然作用相反,但又相互依存、相互转化。某一部位有时兴奋占优势,有时抑制占优势。就整个大脑来说,清醒时兴奋占优势,睡眠时抑制占优势。

(二)人类高级神经活动的类型

巴甫洛夫学派从动物实验证明,高等动物个体间的行为差异,主要是由它们的高级神经活动的特征所决定的。根据皮质神经过程的基本特征,如强度、均衡性和灵活性等,他们把动物的高级神经活动分为几种类型,称为神经类型。

神经过程的强度系指皮质细胞的工作能力和这种能力的极限。在动物实验中,如用同一强度的刺激,可以对一只狗建立起阳性条件反射,而对另一只狗却可能引起超限抑制。这说明后者皮质细胞兴奋过程强度较弱。

均衡性是大脑皮质兴奋和抑制过程的强度对比关系。如果兴奋过程强,抑制过程也相应强,说明两个过程均衡;如果两个过程中的一个特别强,另一个相对弱,说明不均衡。

灵活性指从一个神经过程转变为其相反的神经过程的难易程度。如对一个阳性条件反射加以强化,使它转变成阴性,或对一个阴性条件反射加以强化,使它变为阳性。容易转变的,说明灵活性高,不易转变的,则为不灵活或惰性大。

人类大脑皮质的神经过程也具有上述基本特征,因此人类的神经类型也可基本上按上述特征来划分,但划分人类高级神经类型时应考虑到社会的因素和第二信号活动的特征。巴甫洛夫根据两种信号系统的对比关系,把人类的神经类型分成思想型、艺术型和中间型三种类型。

神经中枢的基本特征本来是生下来就有的,因而神经类型是由先天所决定的。但出生后环境的影响,也会使神经活动发生改变。

(三)高级神经活动的基本方式

生理学家兼心理学家巴甫洛夫指出大脑两半球的基本活动是信号活动。为了说明人脑的信号活动,需要从反射说起。

反射是指在中枢神经系统参与下,机体对内外环境刺激所发生的规律性反应。神经系统的基本活动方式是反射,人的一切心理活动按其产生方式来说,都是脑的反射活动。

刺激(如火)作用于感觉器官(如手的皮肤)引起神经兴奋,兴奋沿着传入神经,通过中枢神经,再经传出神经到达效应器官,引起效应器官的活动(如缩手)。这就是一个简单的反射模式。

引起反射的刺激可能是外部的,如食物、声、光、伤害等;也可能是内部的,如饥饿或疼痛,等等。对于刺激的回答,可能是肌肉的收缩从而产生身体的运动,也可能是腺体的活动从而导致分泌唾液、胃液、汗,等等。

实现反射的全部神经结构叫作反射弧。反射弧由感受器、传入神经、神经中枢、传出神经和效应器五个部分组成。反射分为无条件反射和条件反射两种。

三、大脑两半球功能的分工和协作

(一)大脑两半球之间的胼胝体

大脑两半球之间的神经纤维叫连合,其中最主要的连合是胼胝体。胼胝体内有 2×10^8 个神经纤维联系大脑两半球,往返频繁地传递大量的信息。如果单个神经纤维传递的冲动频率平均为 20 Hz,则在 1 秒钟时间内就有 4×10^9 个脉冲在两半球之间通过。因而,在正常情况下一侧大脑半球任何皮质区进行的活动都能非常迅速而有效地传至同侧半球皮质区和对侧大脑半球。整个大脑作为统一的整体十分有效地进行活动。

(二)裂脑人研究

为了治疗顽固性癫痫,医生用外科手术完全切断两半球之间的连合纤维(主要是胼胝体)。手术后,患者大脑两个半球各自关于对侧半球所进行的活动全无所知,因而称为割裂脑(split brain)。左侧视野内的传入、左侧肢体体表感觉的传入和运动支配以及右鼻嗅觉均与右侧大脑半球有关,左耳的听觉刺激也主要传至右侧半球。右侧视野,右侧肢体的感觉、运动,右耳听觉以及左鼻嗅觉则与左侧大脑半球有关。说话、阅读、书写和计算等活动,在左侧半球内进行而不传至右侧半球。右侧半球与空间概念、对言语的简单理解以及非词语性思维活动有关,这些活动的信息也不能传至左侧半球(图 2-12)。例如,让裂脑人左手握一把钥匙,用一块幕布挡住他的眼睛不让他看见自己的左手握着的是什么,然后问他手里拿着什么,他回答不出来;如果取掉幕布,看见手中的钥匙(优势半球获得了信息),便能正确回答(图 2-13)。又如,通过裂脑人的左耳要他指出天花板,通过他的右耳让他用手指在桌子上画圆圈,他都做了,但问

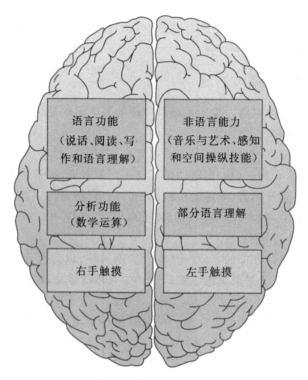

图 2-12 大脑两半球

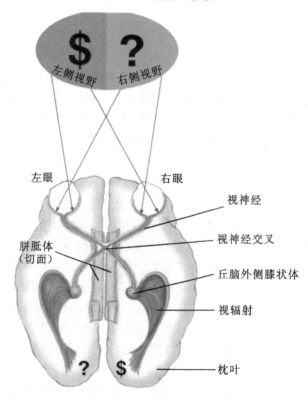

图 2-13 裂脑人研究

他做了什么,他只说画圆圈。

由于连合纤维被切断,左、右半球都独立地进行活动。每个半球各有其独自的感觉、知觉、思想和意念,对于对侧半球的这些相应活动则是隔绝的。它们各有其记忆和体验而不能为另一侧半球所利用。仅被患者左侧视野看到的事物、左手触及的东西、左耳听到的声响以及右鼻闻到的气息,均不为其左侧半球所知,且不能为其右侧视野、右手、右耳和左鼻辨认出,患者不能命名,不能以口语描述,不能以右手在一组事物、画片或词中指出相应的事物、画片和词。但是,在实际的日常生活中,通过眼球的搜索运动、手的交替运用以及听觉等两侧性投射的感觉传入,上述缺陷常得到补偿。只是在将感觉传入严格限于只能传递至一侧半球或要求患者以言语或书写(言语半球)做出反应的实验室条件下,才会出现脑的上述分裂现象。李心天等(1981)对一癫痫患者切除右半球14年后大脑工作的神经心理学检查结果表明,患者在非语言形式如线条、抽象图形的感知、认知和空间关系上遭到一定程度的破坏,但对颜色、音乐、具体人物和环境的认知和空间关系上没有明显障碍。左半球代偿了右半球的部分功能,患者能胜任一般工作,并愉快地过着正常生活。

(三)正常人的大脑两半球的功能分工

总之,正常人的大脑两半球既有特定的功能又是协同工作的。对于右利手的人来说,其情况大致是:①大脑两半球的功能,以左半球为主(言语半球),右半球为辅。②大脑左半球是意识活动的主宰者,右半球本身不产生意识活动,其意识反应来自左半球的辅助。③不但每半球上各中枢有联络的功能,而且两半球之间也有联络功能。④两半球之间的联络功能是借助连合(主要是胼胝体)来传递信息的。

两半球之间存在着既有独特功能,又各有侧重的分工合作,必要时还有代偿功能。

(四)脑功能的开发

1. 右脑开发

右利手型造成左脑满负荷运转。传统应试教育导致的形式逻辑思维使左脑满负荷运转,因此,提出右脑开发,通过音乐、催眠、形象学习班、图形空间记忆等,开发右脑。

2. 全脑革命(全脑开发)

学习健脑,经验塑造脑,运动练脑。尤其是复杂精巧运动,如人手可称为"第二大脑",在大脑皮层上所占面积是最大的,几乎可达到四分之一到三分之一。

据研究,手在做精巧动作时,脑血流量增加35%以上。动动你的手,练练你的脑("心灵手巧""得心应手")。

【延伸阅读】

Phineas Gage's Brain Injury
His Injury Led to New Discoveries in Neuroscience
By *Kendra Cherry*

Phineas Gage is often referred to as one of the most famous patients in neuroscience. He suffered a traumatic brain injury when an iron rod was driven through his entire skull, destroying much of his frontal lobe. Gage miraculously survived the accident but was so changed as a result that many of his friends described him as an almost different man entirely.

Phineas Gage's Accident

On September 13, 1848, the then 25-year-old Gage was working as the foreman of a crew preparing a railroad bed near Cavendish, Vermont.

He was using an iron tamping rod to pack explosive powder into a hole. Unfortunately, the powder detonated, sending the 43 inches long and 1.25-inch diameter rod hurtling upward. The rod penetrated Gage's left cheek, tore through his brain, and exited his skull before landing 80 feet away.

Gage not only survived the initial injury but was able to speak and walk to a nearby cart so he could be taken into town to be seen by a doctor. Dr. Edward H. Williams, the first physician to respond later described what he found:

"*I first noticed the wound upon the head before I alighted from my carriage, the pulsations of the brain being very distinct. Mr. Gage, during the time I was examining this wound, was relating the manner in which he was injured to the bystanders. I did not believe Mr. Gage's statement at that time, but thought he was deceived. Mr. Gage persisted in saying that the bar went through his head… Mr. G. got up and vomited; the effort of vomiting pressed out about half a teacupful of the brain, which fell upon the floor.*"

Soon after, Dr. John Martyn Harlow took over the case. It is through Harlow's observations of the injury and his later descriptions of Gage's mental changes that provide much of the primary information that we now know about the case. Harlow described the initial aftermath of the accident as "literally one gore of blood".

Later in a published description of the case, Harlow wrote that Gage was still conscious later that evening and was able to recount the names of his co-workers. Gage even suggested that he didn't wish to see his friends since he would be back to work in "a day or two" anyways.

After developing an infection, Gage then spent September 23 to October 3 in a semi-comatose state. On October 7, he took his first steps out of bed and by October 11 his intellectual functioning began to improve. Harlow noted that Gage knew how much time had passed since the accident and remembered clearly how the accident occurred, but had difficulty estimating size and amounts of money. Within a month, Gage was even venturing out of the house and into the street.

The Aftermath

In the months that followed, Gage returned to his parent's home in New Hampshire to recuperate. When Harlow saw Gage again the following year, the doctor noted that while Gage had lost vision in his eye and was left with obvious scars from the accident, he was in good physical health and appeared recovered.

Unable to return to his railroad job, Gage held a series of jobs including work in a livery stable, a stagecoach driver in Chile, and farm work in California.

Popular reports of Gage often depict him as a hardworking, pleasant man prior to the accident. Post-accident, these reports describe him as a changed man, suggesting that the injury had transformed him into a surly, aggressive drunkard who was unable to hold down a job.

So was Gage's personality as changed as some of the reports after his death have claimed? Evidence suggests that many of the supposed effects of the accident may have been exaggerated and that he was actually far more functional than previously reported.

Harlow presented the first account of the changes in Gage's behavior following the accident:

Previous to his injury, although untrained in the schools, he possessed a well-balanced mind, and was looked upon by those who knew him as a shrewd, smart businessman, very energetic and persistent in executing all his plans of operation. In this regard his mind was radically changed, so decidedly that his friends and acquaintances said he was "no longer Gage".

Since there is little direct evidence of the exact extent of Gage's injuries aside from Harlow's report, it is difficult to know exactly how severely his brain was damaged. Harlow's accounts suggest that the injury did lead to a loss of social inhibition, leading Gage to behave in ways that were seen as inappropriate.

How Severe Was Phineas Gage's Brain Damage?

In a 1994 study, researchers utilized neuroimaging techniques to reconstruct Gage's skull and determine the exact placement of the injury. Their findings indicate that he suffered injuries to both the left and right prefrontal cortices, which would result in problems with emotional processing and rational decision-making.

Another study conducted in 2004 that involved using three-dimensional, computer-aided reconstruction to analyze the extent of Gage's injury found that the effects were limited to the left frontal lobe.

In 2012, new research estimated that the iron rod destroyed approximately 11 percent of the white matter in Gage's frontal lobe and 4 percent of his cerebral cortex.

Gage's Influence on Psychology

Gage's case had a tremendous influence on early neurology. The specific changes observed in his behavior pointed to emerging theories about the localization of brain function, or the idea that certain functions are associated with specific areas of the brain.

Today, scientists better understand the role that the frontal cortex has to play in important higher order functions such as reasoning, language, and social cognition. In those years, while neurology was in its infancy, Gage's extraordinary story served as one of the first sources of evidence that the frontal lobe was involved in personality.

What Happened to Phineas Gage?

After the accident, Gage was unable to return to his previous job. According to Harlow, Gage spent some time traveling through New England and Europe with his tamping iron in order to earn money, supposedly even appearing in the Barnum American Museum in New York.

He worked briefly at a livery stable in New Hampshire and then spent seven years as a stagecoach driver in Chile. He eventually moved to San Francisco to live with his mother as his health deteriorated. After suffering a series of epileptic seizures, Gage died on May 20, 1860, almost 13 years after his accident.

Seven years later, Gage's body was exhumed and his skull and the tamping rod were taken to Dr. Harlow. Today, both can be seen at the Harvard University School of Medicine.

Sources

[1] COSTANDI M. Phineas Gage's connectome[N/OL]. The Guardian, 2012 – 05 – 16[2019 – 02 – 19]. http://www.theguardian.com/science/neurophilosophy/2012/may/16/neuroscience-psychology.

[2] HARLOW J M. Passage of an Iron Rod through the head[J]. Journal of Neuropsychiatry & Clinical Neurosciences, 1999, 11(2): 281 – 285.

[3] HARLOW J M. Recovery after sever injury to the head[J]. History of Psychiatry, 1868, 4(14): 274 – 281.

[4] TWOMEY S. Phineas Gage: Neuroscience's most famous patient[EB/OL]. Smithsonian Magazine. [2019 – 02 – 19]. https://www.smithsonian.com/history-archaeology/Phineas-gage-Neuroscience's-Most-Famous-Patient.html.

[5] VAN HORN J D, IRIMIA A, TORGERSON C M, et al. Mapping connectivity damage in the case of Phineas Gage[J]. PLoS ONE, 2012, 7(5): e37454.

思考题

1. 简述神经兴奋的产生和传导。
2. 简述突触的结构和功能。
3. 简述神经系统的基本结构及其功能。
4. 简述脑的基本结构及其功能。

第三章

感　觉

　　令人惊叹的日落景象，炎炎夏日里冰凉的柠檬水的滋味，撼动人心的交响乐的声音，蒸汽浴室里舒缓怡人的温暖……我们究竟是如何体验到这些事物的？为了回答这一问题，科学家们区分出两个重要的概念：感觉和知觉。与重点关注如何组织信息的知觉不同，感觉是刺激在感官内引起的神经冲动，由感觉神经传导至大脑皮层的一定部位进而产生的心理活动。从无机物到有机物，再到生命物质的出现，物质的反映形式也从单纯的机械、物理或化学的变化发展为对刺激的感应性，进一步逐渐发展为感觉。人类的感觉在复杂多变的自然条件和社会活动中得到高度发展，并与知觉紧密结合，为思维活动提供丰富的素材，成为一切知识的源泉。

第一节　感觉概述

　　人类想要生存，就必须相对准确地认识世间万物，而人们对世界的认识则是从感觉开始的。因此，感觉是认识的开端，是一切心理活动的基础。感觉为人类提供了个体内外环境的信息，保持着机体与环境的信息平衡，进而促进个体对环境的适应。

一、感觉的概念

　　人们对客观事物的认识首先是从其简单属性开始的，比如颜色、形状、音色、味道等。大脑接受并加工这些属性，进而认识了这些属性，这一过程就是感觉（sensation）。感觉是人脑对当前直接作用于感官的客观事物的个别属性的反映。如果眼前有一个苹果，我们就会看到它的颜色和形状，闻到它的香味，触摸到它光滑的表皮。苹果的这些个别属性通过感觉器官最终作用于人脑，在人脑中引起的心理活动就是感觉。

　　感觉的这一概念包含了四层含义：首先，感觉是客观存在的。感觉必须以客观事物为对象，没有客观对象，就不会产生感觉。如果在没有客观对象的情况下产生了感觉，这种感觉一定是错觉或者幻觉。其次，感觉是对直接作用于感觉器官的各种刺激的反应。感觉反应的直接性，意味着人对客观世界的认识和理解是以直观的感觉为基础和素材的。第三，感觉是脑的功能。客观刺激作用于人的感受器官，通过神经系统最终传递到大脑从而产生感觉。第四，感觉仅仅是对客观事物个别属性而非整体属性的反映。感觉只能反映事物的某一个属性，如声、色、形、味等,而并没有将这些个别属性整合起来用以反映事物的整体属性。对事物整体属性的反映是比感觉更加高级的一种心理现象。

二、感觉的机制

感觉的生理机制主要分为以下三部分:

①感觉器官。直接接受体内、体外的刺激(信息),将物理或化学的能量转化成生物的电能——神经冲动。感觉器官中的感受器(receptor)是接受信息并转换能量的核心装置,如眼球视网膜上的视细胞、舌头味蕾中的味细胞等。

②传入神经。传入神经负责将生物电能传向高级神经中枢(主要是大脑),并进行初步加工。

③大脑皮下和皮层中枢。大脑皮下和皮层中枢接受信息并负责解释,产生相应的感觉。信息到达该区域后,受到详细的分析和综合,在此基础上就产生了对外界刺激的觉察、分辨、确认等一系列心理活动,最后形成各种特定的感觉。

以上三个部分统称感觉的分析器。在感觉的过程中,感受器接受信息,转换能量;传入神经传递信息;高级神经中枢接受信息并对其进行分析和加工,产生感觉。

三、感觉的意义

感觉虽然是最简单和最基础的心理现象,但是对于人类的生存和发展来说却具有非常重要的意义。

1954年加拿大心理学家赫布(Donald Olding Hebb)和贝克斯顿(W. H. Bexton)进行了一项著名的实验研究——感觉剥夺实验(experiment of sensory deprivation)(图3-1)。该实验用以验证感觉获取一定信息对人类维持正常的心理活动的重要性。实验设置:在隔音和恒温的小房间,要求大学生志愿者戴眼罩、手套和护腕,即严格控制被试的视觉、听觉和触觉等主要感觉的输入;除了吃饭和上厕所外,要求被试尽可能长久地躺在床上。结果:尽管被试每天可

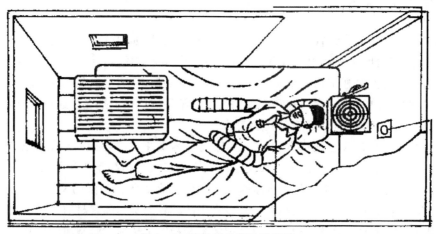

图 3-1 感觉剥夺实验示意图

以获得20美元的报酬(当时大学生打工一般每小时可以挣50美分),但是两三天后,被试感到难以忍受,部分被试退出了实验。在主试的鼓励下,有的被试勉强坚持了五天,但产生了不良反应,比如思维和语言混乱、情绪不稳定、产生幻觉等。这些不良反应需要很长时间才能恢复。由此可见,没有外界提供多种感觉的信息,人就很难正常生活。

这个实验说明,来自外界的刺激对维持人的正常生存是十分重要的。首先,感觉为我们提供了内外环境的众多信息。只有通过感觉,人才能认识到事物的特性,才有可能进一步了解事物的多种属性。其次,感觉保证了有机体与环境之间的信息平衡。人类依靠多种感觉从周围环境获得必要的信息,是保证机体正常生存所必需的。最后,感觉的意义还反映在为适应生存提供重要的线索和依据。通过感觉,人们及时把握客观环境,捕捉有利信息,警惕和探索危险信号,提高生存机遇,如痛觉便是起到一个报警系统的作用。

四、感觉的分类

(一)按照刺激的来源分类

按照刺激的来源,感觉可以笼统地区分为外部感觉和内部感觉。

外部感觉,直接接受外部刺激,反映外界事物个别属性的感觉,包括视觉、听觉、嗅觉、味觉、触觉等。感觉器官一般位于机体的体表,如眼睛、耳朵、鼻子等。

内部感觉,接受机体内部的刺激,并反映内部刺激属性的感觉,包括运动觉、平衡觉、内脏觉等。感觉器官一般位于机体的内部,如内脏、肌肉、关节等。

(二)按照感觉器官的不同分类

按照感觉器官的不同,分为以下类型,见表3-1。

表3-1 按照感觉器官的不同分类

感觉名称		感受器		适宜刺激
视觉		眼球视网膜上的视细胞		可见光(电磁波)
听觉		内耳耳蜗科蒂氏器官中的毛细胞		声音(机械振动)
嗅觉		鼻腔上部黏膜中的嗅细胞		气体(挥发性物质)
味觉		舌头味蕾中的味细胞		液体(水溶性物质)
肤觉	温觉	皮肤、黏膜中的游离神经末梢	温点	热(电磁波刺激)
	冷觉		冷点	冷(电磁波刺激)
	触觉		压点	压力(机械刺激)
	痛觉		痛点	伤害性刺激
平衡觉		内耳前庭管中的毛细胞		身体的位置变化和运动(机械刺激)
运动觉		肌、腱、关节中的神经末梢		身体的位置变化和运动(机械刺激)
内脏觉		内脏器官壁上的神经末梢		机械刺激、化学刺激

第二节 感受性和感觉阈限

虽然感觉是由刺激物直接作用于某种感官引起的,但是人的感官只能对一定范围内的刺激做出反应。感觉器官对适宜刺激的反应能力就是感受性(sensitivity),引起某种感觉的、持续了一定时间的刺激量就是感觉阈限(sensory threshold)。感受性的灵敏程度是用感觉阈限的大小来衡量的,它们之间是反比关系。感受性越敏感的人,其感觉阈限就越低;感受性越迟钝的人,其感觉阈限就越高。

一、绝对感受性和绝对感觉阈限

在房间洒多少香水才能闻到香味?一杯咖啡需要加入多少克糖才会感觉到甜?这些问题意味着只有刺激物达到一定强度才能引起人的感觉。刚刚能够引起感觉的最小刺激量,即从无感觉到产生感觉时的刺激量叫作绝对感觉阈限(absolute sensory threshold)。人的感觉器官觉察到这种微弱刺激的能力,叫绝对感受性(absolute sensitivity)。

绝对感受性可以用绝对感觉阈限来衡量。绝对感觉阈限越大,即能引起感觉所需要的刺激量越大,绝对感受性就越小。相反,绝对感觉阈限越低,即能引起感觉所需要的刺激量越小,绝对感受性就越高。因此,绝对感受性和绝对感觉阈限在数值上成反比关系。若绝对感觉阈限为 R,绝对感受性为 S,则二者关系用公式表示为:

$$S=1/R$$

在测量绝对感觉阈限时,常使用的最简单的方法是最小变化法(又叫限度法)。首先粗略测定取得阈限的中界点,然后逐渐增加刺激强度,直到被试明确感觉到该刺激的存在为止,这时刺激物的大小代表反应的"出现阈限",接着逐渐减小刺激的强度,直到被试完全感觉不到该刺激的存在为止,这时刺激物的大小代表反应的"消失阈限",最后计算"出现阈限"和"消失阈限"的算术平均值,即为绝对感觉阈限值。绝对感觉阈限并不是绝对不变的,刺激强度和持续时间、个体注意、态度、年龄都可能影响阈限的大小。人类感觉的绝对阈限如表 3-2 所示。

表 3-2 人类感觉的绝对阈限

感觉种类	绝对阈限
视觉	晴朗夜空 30 英里(48.28 千米)以外的烛光
听觉	安静房间 20 英尺(6.096 米)以外手表的滴答声
味觉	1 英制加仑水(4.546 升)加入一茶匙糖后有甜味
嗅觉	1 滴香水扩散至 3 个房间人都能嗅到
温度觉	人能觉察到皮肤表面 1℃ 之差的变化
触觉	可感到蜜蜂翅膀距脸颊 1 厘米处落下

二、差别感受性和差别感觉阈限

刚刚能觉察出两个同类刺激物之间的最小差别量,称为差别感觉阈限(difference threshold),又叫最小可觉差。刚刚能觉察出两个同类刺激物之间最小差异量的能力称为差别感受性(difference sensitivity)。

不论在哪种感觉通道上,能否辨认出两种刺激强度的差别,要看两种刺激强度差别是否达到一定的比值。1934年,德国物理学家韦伯(Wilhelm Eduard Weber)对此做了比较研究,结果发现:对刺激物的差别感觉,不取决于一个刺激增加的绝对数量,而取决于刺激的增加量与原刺激量的比值,例如:如果手上原来有100克重量,必须最少增加2克(至102克),人才能感觉到两个重量的差别;如果原来有200克,增加的量至少达到4克,人才能觉察出两个重量的差别,依此类推。若 I 为原刺激量,ΔI 为刺激的增加量,K 为常数(即韦伯分数,不同感觉通道的 K 值不同),则:

$$K = \Delta I / I$$

这一公式就是韦伯定律,是心理学中的第一个自然科学规律。韦伯定律揭示了感觉的一定规律,但它只适用于中等强度的刺激,即只有使用中等强度的刺激,韦伯分数才是一个常数。当刺激过强或过弱时,该比值可能发生改变,此时韦伯定律并不适用。各种感觉的差别阈限(韦伯分数)如表3-3所示。

表3-3 各种感觉的差别阈限(韦伯分数)

感觉	差别阈限
音高(2000 Hz)	0.003=1/333
重压(400 g)	0.013=1/77
视觉亮度(100 cd/m²)	0.016=1/62
响度(1000 Hz,100 dB)	0.088=1/11
皮肤压觉(5 g/mm²)	0.136=1/7
味觉(咸味:3 mol/kg)	0.200=1/5

三、感受性的变化规律

当个体对一定的刺激进行感觉时,我们将感觉器官对适宜刺激的感受能力称作感受性。感受性可以通过感觉阈限来衡量。一个人绝对感觉阈限越低,或者能够察觉出刺激变化的差别感觉阈限越小,就说明他的感受性越高,感受性与感觉阈限成反比例关系。在生活中,感受性并不是一个固定的状态,它会因为机体的内外环境变化而发生改变。

(一)同一感觉中的相互作用

同一感觉中的相互作用指同一感受器中的其他刺激对某种刺激的感受性的影响。比如,在黑暗中观察一小光点,若视野中没有其他发光体的干扰,则很容易看清,反之则产生干扰。

同一感觉相互作用的规律主要有适应和对比。

1. 适应(adaptation)

适应指在同一感受器内,由于刺激物对感受器的持续作用而使感受性发生了变化的现象。适应可能是感受性提高,也可能是感受性降低。比如,暗适应是人眼在暗处时对光线的感受性提高的过程;而古语"入芝兰之室,久而不闻其香;入鲍鱼之肆,久而不闻其臭",则是人的嗅觉因为受到刺激的持续作用而出现感受性降低的过程。

2. 对比(contrast)

对比指两种或多种不同的刺激物,同时或相继作用于某一感受器而使感受性发生变化的现象,包括同时对比和先后对比。同时对比,几个刺激物同时作用于同一感受器时产生的对比现象。比如相同大小的圆点分别放在大圆点和小圆点中间,人们感觉到它们的大小是不同的(图3-2)。先后对比也叫继时对比,指几个刺激物先后作用于同一感受器时产生的对比现象,比如人吃糖之后再吃苹果,感觉苹果没有原本那么甜。

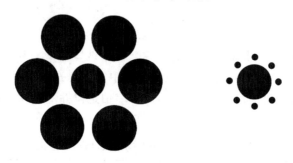

图3-2 视觉同时对比示意图

(二)不同感觉的相互作用

1. 不同感觉的相互影响

某种感觉器官受到刺激而对其他感官的感受性造成影响的现象。一般来说,弱的某种刺激往往能提高另一感觉的感受性,强的某种刺激则会使另一种感觉的感受性降低。比如微光刺激能提高听觉感受性,强光刺激则降低听觉感受性。

2. 不同感觉的补偿作用

某种感觉消失以后,可由其他感觉来弥补,这种现象就是不同感觉的代偿作用。例如,聋哑人"以目代耳";盲人"以耳代目",并可以通过触觉来阅读。

3. 联觉

一种感觉兼有或引起另一种感觉的现象。比如,颜色感觉的联觉,红、橙、黄为暖色,有接近感,又称前进色;蓝、青、绿色为冷色,带有疏远感,又称后退色。同时声音也可以产生联觉,欣赏音乐时会产生一定的视觉效果,似乎看到了高山、流水、花草、飞鸟等。

四、阈下刺激的心理效应

绝对感觉阈限与差别感觉阈限说明了感觉的敏锐程度,如果刺激强度低到阈限以下,我们能否感觉到刺激的存在,此时它是否可以对人的心理和行为产生影响呢?对于人是否能够感觉低于绝对阈限的刺激,如果从绝对阈限的研究来看,答案是肯定的(图 3-3)。所谓阈下刺激,即被觉察次数低于 50% 的刺激,虽然在感知次数上没有达到 50%,但仍可以被感觉。

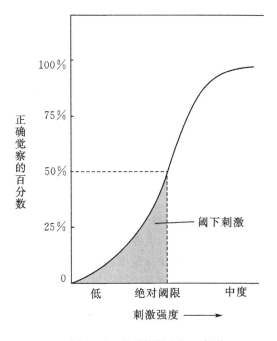

图 3-3 绝对阈限和阈下刺激

20 世纪 50 年代,一则报道引发了关于阈下刺激的争论。报道宣称人们购买可乐和爆米花的行为是由于在电影院中受到阈下刺激而产生的。

维卡瑞在美国新泽西北部的一家电影院做他的实验,他让老板准备了一部特别的放映机,在放 Picnic(《野餐》)电影时两部机器同时工作。在电影放映过程中,用很弱的强度在银幕上映出"喝可口可乐"或"请吃爆米花"字样,并每隔 5 秒钟以 1/3000 秒的速度插入。如此一来,有意识的眼睛虽然无法注意到叠印在电影情景上的这些广告信息,但无意识的眼睛却已经记忆并"读到"了这些信息。这一年的整个夏天,测试取得成功,可口可乐的消量因为潜意识广告而上升了六分之一,爆米花则超过了 50%。

虽然后经证实该报道的结果并不可信,但是很多人仍然相信阈下刺激会对个体产生有效的影响。那么,我们是否会被阈下刺激所影响?在某种程度上,答案也是肯定的。在一项实验中,被试被要求观看人物相片,并在此之前以阈下刺激的水平快速呈现积极情绪场面(温馨的画面)或消极情绪场面(恐怖的画面)。尽管被试对阈下刺激的感觉只是一道光,但是他们对伴随积极情绪场面的人物相片给予了更好的评价。实验证明,个体存在阈下启动现象,也有其他证据证明直觉的力量和危险性。但是,阈下感觉的事实并不能证明阈下刺激在广告中的作用,对阈下刺激进行研究的心理学家否定了阈下信息对消费者的影响,他们认为阈下广告词的作用仅仅与安慰剂的效用相当。

第三节 视 觉

光是来自太阳的能量,是维系生命物质生存的重要部分。人类拥有感受光刺激的重要器官:眼睛。眼睛不但能接受光能,而且能够把能量转化成神经信息,然后由大脑把它们加工成我们能够看到的东西。一方面视觉是个体收集外部信息的最重要的方式,视觉为人类提供的信息量大约占了人类所获得信息量的60%～70%,另一方面视觉器官眼睛的构造远较其他感官复杂。所以在人类的所有感觉中,视觉无疑是最重要的。

一、视觉的刺激

视觉(vision)是人眼辨别外界物体形状、明暗和颜色特性的感觉。视觉的适宜刺激是光,是由一种放射的电磁波而形成的(图3-4)。世界中充满了不同波长的电磁波,人眼看到的只是其中的一小部分光波。波长在380～760 nm范围内的光波称为可见光波,就是人眼所能看见的光波。而在这个范围之外的,人眼是无法看到的,如红外线和紫外线。生活中,构成视觉的光有两种,一种是由发光物体直接发射出的光,如阳光、灯光、火光等,另一种则是由物体反射出来的光,如月亮光以及各种物体反射的光。我们平常所接触的物体多属于反光体,如桌子、书本、房屋等,由于它们靠反光而构成视觉刺激,所以我们在黑暗中就看不见它们了。

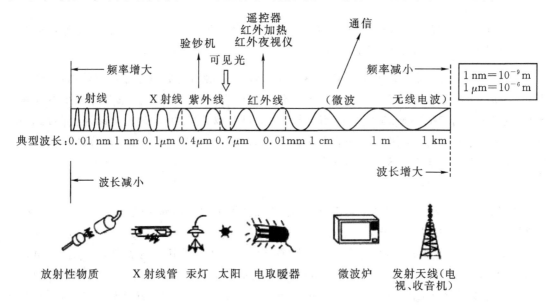

图3-4 电磁波谱图

由于物体本身的性质不同,再加上各种颜色的光波波长不等,物体对各种光波的反光程度不同,因而各个物体的颜色都由它们所反射的光波的波长来决定。例如,400 nm的光波会引起紫色感,480 nm的光波会引起蓝色感,520 nm的光波会引起绿色感等。由光波波长的长短所决定的色调,是颜色感觉的心理属性之一。

二、视觉的生理机制

视觉的生理机制包括折光机制、感觉机制、传导机制和中枢机制。首先,光线透过眼的折光系统到达视网膜,在视网膜中形成物像,同时兴奋视网膜的感光细胞,然后冲动沿视神经传导到大脑皮质的视觉中枢进而产生视觉。请扫描下面二维码查看图3-5所示视觉的生理机制示意图。

图3-5 视觉的生理机制示意图

(一)折光机制

眼球的瞳孔和水晶体构成了视觉的聚光器,光线透过角膜穿入瞳孔经过水晶体折射,最后聚焦在视网膜上。眼睛的折光系统由角膜、房水、晶状体和玻璃体组成,它们具有透光和折光作用。当眼睛注视外物时,由物体发出的光线通过上述折光装置使物像聚焦在视网膜的中央凹,形成清晰的物像。眼的折光机制与凸透镜相似,在视网膜上形成的物像是倒置的、左右换位的。由于大脑皮质的调节和习惯的形成,我们仍把外物感知为正立的。

(二)感觉机制

视网膜是眼睛最重要的部分,由感光细胞(视杆细胞和视锥细胞)、双极细胞和神经节细胞组成。感光细胞组成视网膜的最外层,离光源最远。视杆细胞约一亿两千万个,多分布于中央凹以外的整个视网膜上。视杆细胞对弱光很敏感,但不能感受颜色和物体的细节,主要在昏暗光线下起作用。视锥细胞约七百万个,多分布于视网膜中央凹。视锥细胞专门感受强光和颜色刺激,能分辨物体颜色和细节,主要在明亮光线下感受物体的细节和颜色。当光线作用于视网膜时,视杆细胞和视锥细胞中的某些化学物质的分子结构发生变化,它所释放的能量激发感受细胞发放神经冲动。这种将光能转化为神经电能的过程就是视觉感受器的换能作用。

(三)传导机制

经由视杆细胞和视锥细胞中某些化学物质分子结构的变化而释放的能量,激发感受细胞发放了神经冲动,光能从而转换为神经电信号。神经电信号通过三级神经元的传递最终到达大脑。第一级传递的神经元为视网膜的双极细胞,其周围支与形成视觉感受器的视锥细胞和视杆细胞形成突触,中枢支与节细胞形成突触;第二级传递的神经元为视神经节细胞,其发出的神经纤维在视交叉处进行部分交叉,于鼻侧处交叉至对侧,与颞侧束合并,传至丘脑外侧膝状体;第三级神经元从外侧膝状体出发,终止于大脑枕叶的纹状区。

(四)中枢机制

当视网膜的兴奋达到皮质后,枕叶区域的脑电便发生变化,产生带有断续频率的振动,这时便产生了视觉。视觉的直接投射区为大脑枕叶的纹状区(brodmann第17区)。在视觉过程中各级视觉中枢对视觉器官进行反馈性调节,比如瞳孔的变化、眼朝光源方向转动、晶状体曲度的改变等,以保证在视网膜上形成清晰的物像。

三、视觉的基本现象和规律

光有三个物理特征,即波长、振幅及纯度。波长决定了色调,振幅决定了明度,纯度则决定了饱和度。由于光的这些物理特性,从而产生了一系列的视觉现象。

(一)颜色

颜色(color)是光波作用于人眼而引起的视觉经验。颜色具有三个基本特性,分别是色调、明度和饱和度。

1. 色调(hue)

色调是彩色的最重要属性,它决定了颜色的重要特征。红、橙、黄、绿等颜色的区别就是色调。色调取决于光波的长度。对光源来说,占优势的波长不同,色调也就不同,比如,700 nm的波长占优势,光源看上去是红色;510 nm的波长占优势,则光源看上去是绿色。对物体表面来说,色调取决于物体表面对不同波长的光线的选择性反射。如果长波占优势,则物体呈现红色或橘黄色,如果短波占优势,则物体呈现蓝色或绿色。

2. 明度(brightness)

明度是眼睛对光源和物体表面的明暗程度的感觉,是由光波的振幅决定的一种视觉经验。光线强度越大,颜色越亮,最后接近白色;光线强度越小,颜色越暗,最后接近黑色。此外,明度还与物体表面的反射系数、周围环境以及可见光的波长有关。在可见光波范围内,人对不同波长的感受性有差别。在明视觉(昼视觉)时,人眼对波长 555 nm 的光最敏感;在暗视觉(夜视觉)时,人眼对波长 500 nm 的光最敏感。捷克学者普肯耶(J. E. Purkinje)发现,当人们从明视觉向暗视觉转变时,人眼对光谱的最大感受是向短波方向(紫光的一端)移动,因而出现了明度的变化,这个现象称为普肯耶现象。例如,在阳光照射下,红花与蓝花能显得同样亮,而当夜幕降临时,蓝花似乎比红花更亮些。

3. 饱和度(saturation)

饱和度是指彩色的纯洁度,它决定于光波的纯度。饱和度是指一种颜色所含的是单一波长还是两种波长以上的光。单一波长的颜色其饱和度最大,纯的颜色都是高饱和的,比如鲜红、鲜绿等。混上白色、灰色或其他色调的颜色是不饱和的,比如粉红、深蓝、酱紫等。

(二)颜色混合

只有一种波长形成的纯粹的单色光在自然界中是非常少见的,绝大多数情况下我们看到的都是不同波长组成的混合光。色光的混合造成的视觉现象具有一定的规律性。

1. 互补律

每种颜色都有另一种和它混合能产生白色或灰色的颜色,这两种颜色就互为补色。颜色环上任意两个经圆心相对应的颜色都互为补色,比如蓝色和黄色互为补色。

2. 间色律

混合两种非互补色,可以产生一种新的介于这两者之间的中间色。其色调由原来两种颜色的比例而定,哪种颜色的比例越大,中间色就越接近该种颜色。比如,将红色和黄色按照一定比例混合,就产生了橙色、橙黄、橙红等不同的中间色。

3. 代替律

不同颜色混合后产生的相同颜色,可以互相代替,而不受原来混合色中不同光谱成分的影响。比如黄色可以由红色和绿色的混合色所替代。

在色光中,有三种基本的色彩,对它们进行不同种类和比例的混合就可以得到所有的颜色,这三种颜色被称之为色光三原色,也称三原色光。值得注意的是,原色可以调制出绝大部分的其他色,而其他色却不能调制出原色。色光的三原色是红、绿、蓝。色光的混合是在视觉系统中进行的不同波长的光的混合,这种混合遵循"加法原则"。利用加法原则,色光三原色的不同组合可以得到所有颜色,例如,红+绿=黄,红+蓝=紫,绿+蓝=青,红+绿+蓝=白。

在颜料中也存在三原色,但是绘画中的三原色和色光三原色不同。绘画时用三种颜色:洋红色、黄色和青色,以不同的比例配合,会产生许多种颜色。颜料混合和色光混合的原理是不同的,它不是在视觉系统完成的混合,而是颜料自身的混合。光线照射颜料,某些波长的光被吸收,其他没有被吸收的光会反射出来,最后进入人的视野。决定颜料颜色的就是反射出来的光的波长,因此决定颜料颜色的是一个减法过程,颜料混合遵循"减法原则"。因此颜料的三原色就是能够吸收红绿蓝的颜色,即为青、洋红(品红)、黄,它们就是红绿蓝色光三原色的补色。例如,把黄色颜料和青色颜料混合起来,因为黄色颜料吸收蓝光,青色颜料吸收红光,因此只有绿色光反射出来,这就是黄色颜料加上青色颜料形成绿色的道理。请扫描图3-6中二维码查看色光混合与颜料混合图。

图3-6 色光混合与颜料混合

(三)色觉缺陷

色觉缺陷包括色弱和色盲。据统计,有5%~6%的男性和0.5%~0.8%的女性有某种形式的色盲或色弱。色弱主要表现为对光谱的红色区和绿色区的颜色分辨能力较差。色盲则是指丧失颜色感觉。扫描图3-7中二维码查看色觉缺陷检查图片。

色盲有全色盲和局部色盲之分。全色盲,又称视锥盲,是指丧失整个可见光谱上各种光的颜色感觉,其视觉所见的影像只有灰阶的色阶分布。全色盲的发生率极低,且多为先天性。全色盲患者眼睛视网膜上缺少视锥细胞或视锥细胞功能丧失,仅能依靠眼球中视杆细胞来感受

图 3-7 色觉缺陷检查图片

视觉影像光线的强弱,所以全色盲患者对亮度特别敏感。局部色盲又分为红-绿色盲和黄-蓝色盲两种,其中丧失的颜色都是成对出现的。红-绿色盲,又称道尔顿症,患者将整个光谱带看成是黄、蓝两色,没有红、绿色觉,这种色盲最为常见。黄-蓝色盲患者将整个光谱带看成是红、绿两色,没有黄、蓝色觉。

(四)其他视觉现象

1. 视觉适应

视觉适应是指由于光刺激的持续作用,视觉感受性发生变化的现象。视觉适应是为了满足环境中光强度不断变化的需要。视觉适应可以引起感受性的提高(刺激物由强向弱过渡),也可以引起感受性的降低(刺激物由弱向强过渡)。所以,视觉适应有明适应和暗适应两种。明适应是指从暗环境进入亮环境视觉感受性降低的现象。从黑暗的地方突然进入到光亮处,特别是在强光下时,最初一瞬间会感到光线刺眼,几乎什么也看不清,而几秒到几十秒后就会逐渐看清。而暗适应则是从亮环境进入暗环境,视觉感受性提高的现象,这是唯一一种感受性提高的适应。暗适应的时间要比明适应时间长,要 7~10 分钟。

2. 视觉后像

视觉后像是指刺激物对感受器的作用停止后,感觉现象并不立即消失,它能保留一个短暂的时间(图 3-8)。视觉后像分为正后像和负后像。正后像具有同刺激物相同的品质,而负后像的品质则与刺激物相反。

图 3-8 视觉后像

注意发光的灯泡几秒钟,再闭上眼,就会感到眼前有一个同灯泡差不多的光源出现在黑暗的背景上,这种现象叫正后像。正后像出现后,如果我们将视线转向白色的背景,就会感到在明亮的背景上有一个黑色的斑点,这就是负后像。如果光刺激是彩色的,当颜色刺激消失后,视觉后像的颜色与原刺激的颜色互为补色,这也是负后像。一般来讲,刺激的强度越大、时间越长,后像的持续时间也越长。

视觉后像是一种涉及中枢神经系统的生理现象,与临床病理有密切关系。慢性脑器质性疾病的患者常常没有或极难出现后像。近年有研究结果表明典型外倾性人格的被试视觉后像持续时间短,典型内倾性人格的被试视觉后像持续时间长。心理异常者的视觉后像持续时间明显短于正常人,抑制性药物也可以使视觉后像持续时间缩短。

3. 闪光融合

假如持续呈现多次闪光,并且间隔时间足够短,因为视觉后像的存在,人眼就不能再分辨一个个的单个闪光,而是把它们感觉为一个稳定的连续的光,这种现象叫闪光融合。闪烁刚达到融合时闪光的频率叫临界融合频率。日常生活中有很多闪光融合的例子,比如,日光灯每秒钟闪烁100次,但是我们却看不见它在闪烁;普通的电影每秒呈现24张静止的图片,但我们看到的却是连续的画面。

4. 视觉对比

视觉对比是由光刺激在空间上的不同分布引起的视觉经验,可分为明暗对比和颜色对比。明暗对比是由光强度在空间上的不同分布引起的。比如,同样的两个灰色正方形,一个放在白色背景上,一个放在黑色背景上,在白色背景上的正方形看起来就比黑色背景上的正方形要暗得多(图3-9)。

图 3-9 视觉对比:明暗对比

颜色对比是指物体的颜色会受到周围物体颜色的影响而使其色调发生变化。例如,将相同的绿色分别放置在鲜艳的橙色和浑浊的暗红色上,在鲜艳的底色上绿色会变得浑浊,而在浑浊的底色上绿色会变得更加鲜艳。扫描图3-10中二维码查看颜色对比图。

图 3-10 视觉对比:颜色对比

5. 马赫带效应

马赫带效应(Mach band effect)是指人们在明暗变化的边界,常常在亮区看到一条更亮的光带,而在暗区看到一条更暗的光带(图3-11)。马赫带效应的出现不是由于刺激能量的分布造成的,而是由于神经网络对视觉信息进行加工的结果。

图 3-11 马赫带效应

四、色觉理论

关于色觉的机制,学者们提出了各种理论,其中以杨-赫尔姆霍兹的三色说与赫林的四色说影响最大。

(一)三色说

英国物理学家杨(Thomas Young)于1801年首先提出了三色说,1856年生理学家赫尔姆霍兹(Helmholtz)对它进行了发展。因此,后人将他们的学说合称为杨-赫尔姆霍兹三色说。三色说假定在人的视网膜上存在着三种不同的感受器,分别含有对红、绿、蓝敏感的视色素。三种感受器对各种波长的光都有反应,但红色感受器对长波最敏感,绿色感受器对中波最敏感,蓝色感受器对短波最敏感。各种颜色感觉就是各感受器相应的有比例的活动的结果。如红色感受器活动占优势就产生红色感觉,而三个感受器兴奋程度相同时,则产生白色的感觉。三色说经过现代科技的证明,证实人的视网膜中确实含有三种不同波长敏感性的视色素,它不仅可以较好地解释颜色混合现象与负后像现象,而且也是彩色电视机设计的理论基础。但是三色说无法解释局部色盲和色觉信息的传递加工过程。

(二)四色说

四色说又称拮抗说,是由德国生理学家赫林(Ewald Hering)于1874年提出的。他假设视网膜中存在三对视素,即黑-白视素、红-绿视素、黄-蓝视素。光刺激时,黑-白视素分解,产生白色感觉;无光刺激时,黑-白视素合成,产生黑色感觉。同样,红光刺激时,红-绿视素异化,产生红色感觉;绿光刺激时,红-绿视素合成,产生绿色感觉。现代神经生理学研究发现,在视觉传导通路上有对白-黑、红-绿、黄-蓝三类反应起拮抗作用的神经细胞。四色说可以较好地解释色盲以及正负后像等现象,但却无法解释三原色混合可以产生光谱上一切颜色这一现象。

三色说与四色说在基本理论上并没有冲突,只不过四色说能够解释较多的视觉现象。以最近十年色觉理论的发展来看,色觉理论仍以三色说和四色说为基础,只不过有学者将色觉历程分为两个阶段,第一个阶段由三种锥体细胞感受刺激引起兴奋,第二个阶段由各种色光产生相混或相补作用,形成色觉。这种新的解释,称为二阶段色觉论。

第四节 听 觉

在人类的各种感觉中,听觉的重要性仅次于视觉。听觉能够收到的信息大约能占人类所接收到信息的30%~40%。即使在视觉受到阻碍时,听觉仍可以发挥作用。

一、听觉的适宜刺激

听觉的刺激是声音,它产生于物体的振动。物体振动时能量通过媒质传入人耳,就产生了听觉。人耳所能接受的振动频率为20~20000 Hz。低于20 Hz的振动叫次声波,高于20000 Hz的振动叫超声波,它们都是人耳所不能感受到的。

声波振动的三个物理属性:振幅、频率和波形,分别引起了听觉的三个心理感觉量:音强、音调和音色。振幅指振动物体偏离起始位置的大小。发声体振幅大,对空气压力大,听到的声音音强就强;振幅小,压力小,听到的声音音强就弱。频率指发声物体每秒振动的次数,单位是赫兹(Hz)。音调是一种心理量,它主要由声音的频率决定,同时也与声音强度有关。在1000 Hz以上,频率与音调几乎是线性的,音调的上升低于频率的上升;但在1000 Hz以下,频率与音调的关系不是线性的,音调的变化快于频率的变化。波形是指声波传递过程中的形状。声波最简单的形状是正弦波,由正弦波得到的声音叫纯音,决定音色。在日常生活中,我们听到的绝大部分的声音不是纯音,而是复合音。复合音是由不同频率和振幅的正弦波叠加而成的,所以听起来感觉也不同。音色是指由复合音各成分的不同频率和振幅决定的声音的听觉属性,比如,二胡和小提琴即使在演奏同一个音高时,其音色也是不同的。

根据发音体的振动是否有周期性,声音还可分为乐音和噪音。乐音是周期性的声波振动形成的,噪音是不规则的、无周期性的声波。乐音有助于人体的健康,能帮助人调节情绪、减轻疲劳、振奋精神等。而太强的噪音一般有损于人的健康,使人注意力分散,工作效率下降。

二、听觉的生理机制

(一)耳的构造

耳是人的听觉器官,它包括了外耳、中耳和内耳三个部分。听觉器官的最外周是外耳,包括了耳廓和外耳道,其主要功能就是收集声音;中耳包括鼓膜、三块听小骨(砧骨、锤骨和镫骨)、卵圆窗和正圆窗;内耳包括前庭器官和耳蜗(图3-12)。

(二)听觉的传导机制和神经传导机制

1. 听觉的传导机制

声波通过外耳道到达鼓膜,声波使鼓膜振动,鼓膜振动通过三块听小骨继续向内传递,达到镫骨所遮盖的通向内耳的卵圆窗,进而引起耳蜗中的淋巴液的振动,最后传向中耳的蜗窗。声音的这条传导途径被称为生理性传导。此外,声音的传导途径还有空气传导和骨传导。空

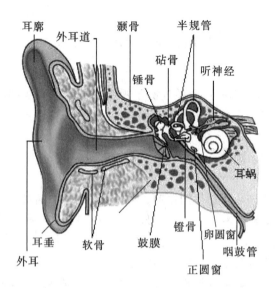

图 3-12 人耳的构造

气传导是鼓膜的振动引起中耳室内空气的振动,然后经由正圆窗将振动传至内耳。骨传导是指声波从颅骨传入内耳。

2. 神经传导机制

听觉的神经传导通路由三级神经元组成。第一级是螺旋神经节的双极细胞,双极细胞的一端在柯蒂氏器官中,另一端参与构成听神经,进入延脑的耳蜗神经核;第二级神经元在延脑、丘脑和中脑之间,将三者联系起来;第三级神经元由丘脑的内侧膝状体出发,将兴奋传至大脑皮层。处理听觉信息的中枢位于大脑皮层颞叶的颞上回。

三、听觉现象

(一)听觉感受性

人的听觉频率范围是 20～20000 Hz,其中 1000～4000 Hz 是人耳最敏感的区域。此外,对不同频率的声音,人的差别感受性不同,一般频率越低,差别感受性越高。人对音调的感受性受年龄的影响,随年龄的增长而降低。

(二)声音的响度

声音的响度是指人耳感觉到的声音的强弱,即声音响亮的程度。响度是人耳对声音的主观感受,其大小取决于音强、音高、音色、音长等条件。响度的计量单位是宋(sone),1 宋被定义为频率 1kHz,音强为 40dB 纯音的响度。其中音强是指声音的强度。它是一个客观的物理量,其常用计量单位是贝[尔](Bel)或分贝[尔](dB)。在其他条件相同的情况下,音强大,听起来声音就强;音强小,听起来声音就弱。对人来说,音强的下阈为 0 分贝,它的物理强度为 0.0002 达因/平方厘米。上阈约 130 分贝,它的物理强度约为下阈时物理强度的 100 万倍。声音响度自测表如表 3-4 所示。

表 3-4 声音响度自测表

1 dB	刚能听到的声音
15 dB 以下	感觉安静
30 dB	耳语的音量大小
40 dB	冰箱的嗡嗡声
60 dB	正常交谈的声音
70 dB	相当于走在闹市区
85 dB	汽车穿梭的马路上
95 dB	摩托车启动声音
100 dB	装修电钻的声音
110 dB	卡拉 OK、大声播放 MP3 的声音
120 dB	飞机起飞时的声音
150 dB	燃放烟花爆竹的声音

四、听 觉 理 论

(一)共鸣理论(resonance theory)

共鸣理论,也称位置理论(place theory),由赫尔姆霍兹(Hermann von Helmholtz)于 1863 年提出。他认为基底膜的纤维在感受声波振动时,由于它们长短不同,短纤维与高频率声音发生共鸣,而长纤维则与低频率声音发生共鸣,一条纤维只对一种频率的声音产生共鸣,因而长短纤维的振动所转化的神经兴奋传到神经中枢时便产生不同音高的听觉。听觉的共鸣理论在 1929 年由阿普顿(Morgan Upton)的实验获得证明。他用白鼠做实验,每天打击钢条发出频率很高的声音,经过 70 天,解剖白鼠的基底膜,发现短纤维完全损坏,不能听高音。共鸣理论在当时很好地解释了听觉产生的机理,是比较著名而又得到较多人支持的一种听觉学说。这一学说的局限性在于基底纤维很少是孤立活动的,并且人对声音的辨认与基底膜纤维的长短比例不相适应。共鸣理论受到批评最多的是只注意到听觉的感受器部分,却忽视了人类大脑听觉中枢的调节作用。

(二)行波理论(traveling wave theory)

匈牙利-美国物理学家和生理学家贝克西(Georg von Békésy)在 20 世纪 40 年代提出了行波理论。他认为基底膜的振动是以行波方式进行的。不同频率的声音引起的行波都从基底膜的底部即靠近卵圆窗处开始,而后沿基底膜向耳蜗的顶部方向传播。频率越低,传播越远,最大行波振幅出现的部位越靠近基底膜顶部;而高频率的声音引起的基底膜振动只局限于卵圆窗附近。最大振幅所在的位置决定了音高。行波理论具有一定的科学性,但它无法解释 500 Hz 以下的声音在基底膜的各个部位引起的反应相同,而人却能辨识出他们具备不同的音高的现象。

(三)神经齐射理论(volley theory)

1937年韦弗尔(Ernest Glen Wever)提出神经齐射理论,认为当声音频率低于400 Hz时,听神经的单个神经纤维可以发放相应频率的神经冲动,而对频率高于400 Hz的声音,个别神经纤维无法对它们单独做出反应。在这种情况下,单个神经纤维则以轮班或接力的形式联合齐射,神经纤维发放冲动的总效应就能体现声波的频率。神经齐射理论对5000 Hz以下的声音的听觉都可以解释。

第五节 其他感觉

一、皮肤感觉

当刺激直接作用于皮肤表面时引起的感觉就是皮肤感觉,简称肤觉。包括触压觉、温度觉(冷、热觉)和痛觉。皮肤感觉对于人类的生活和工作具有重要意义,一方面,皮肤感觉可以帮助人们认识事物的空间特性,比如物体的形状、大小和软硬程度等;另一方面,皮肤感觉对维持机体与环境的平衡具有重要作用,如果人们没有痛觉、冷觉和温觉,就不能及时地回避各种伤害机体的危险,也不能实现机体对体温的调控。

(一)触压觉

触压觉是指由非均匀分布的压力在皮肤上引起的感觉,分为触觉和压觉两种。外界物体接触皮肤表面所引起的感觉叫触觉。稍增加一点力量就引起皮肤变形叫压觉。触压觉的感受器是位于真皮内的几种神经末梢。不同身体部位的触觉阈限不同。人的面部是人体对压力最敏感的部位,其次是躯干、手指和上下肢。女性的感觉阈限分布与男性相似,但比男性略微敏感。

(二)温度觉

温度觉是指对接触皮肤表面物体冷热的感觉。皮肤表面的温度被称为生理零度。当外界物体温度高于皮肤表面0.4 ℃时,即产生温觉;当外界物体温度低于皮肤表面0.15 ℃时,即产生冷觉。当皮肤受到冷与温两种刺激时,两种神经元同时兴奋,产生灼热感。人身体不同部位的生理零度是不同的,因而对温度刺激的敏感程度也不同。身体裸露部位的生理零度是28 ℃,衣服内大致为36 ℃~37 ℃。游泳时,用手试水温觉得不凉,但到泳池里就觉得太凉了。这是因为手部的生理零度较低,而躯干的生理零度较高造成的。

(三)痛觉

任何一种能对有机体造成损伤或者破坏的刺激,都能引起痛觉。痛觉有保护有机体的作用。痛觉的感受器是皮肤下各层的自由神经末梢。与其他感觉相比,痛觉具有以下特征:①痛觉感受器分布广泛。人体多数组织,如皮肤表层、血管的结缔组织、腹膜、黏膜下层都分布着痛觉感受器,所以痛觉的种类很多,有表皮痛、深部痛、内脏痛等。②痛觉不存在适宜刺激,所有引起痛觉的刺激都是不适宜的,是有机体对躯体某部位的损伤或强烈的不舒适的反应,一般可以理解为由于感觉信息的超限输入所引起,因而个体的痛觉反应能够反映他对整个感觉环境反应的特点,对人类机体起着报警系统的作用,可以防止机体进一步受到损害,确保机体的健康与完整。③痛觉的适应很差,不会因为疼痛的长时间作用就适应其存在,在致痛因素去除之前痛觉很难缓解或消失。④一般情况下,痛觉与情绪的联系是单极的,痛觉会给个体带来消极的情绪体验。

人对疼痛的忍耐是有一定限度的,由于痛觉没有适宜刺激,故可用多种方法测量痛觉阈限。虽然伴随着人的疼痛,有相应的躯体运动反应、植物神经反应、诱发电位等生理和生化指标,但在临床上和实验中仍以语言报告最为直接和有价值。人对痛觉的感知除了受到生理因素影响外,还受到心理因素的影响,比如个体过去经验、注意、暗示、情绪和个性特点等。因此,临床上可以用心理干预的手段来控制和消除疼痛。

二、嗅觉和味觉

(一)嗅觉

嗅觉是由挥发性物质的分子作用于嗅觉器官的感受细胞而引起的一种感觉。有气味的物质引起鼻腔上部黏膜嗅细胞的兴奋,传递到嗅觉的皮层部位,因而产生嗅觉。嗅觉的感受性受许多因素的影响,比如刺激物的性质、环境、机体健康状态等。嗅觉适应会使其感受性显著下降。"入芝兰之室,久而不闻其香;入鲍鱼之肆,久而不闻其臭。"说的就是由于刺激物的持续作用而致嗅觉感受性下降。

(二)味觉

味觉是指能溶于水的物质刺激味蕾(味觉细胞)而引起的感觉。人的味觉有甜、苦、酸、咸四种。味觉的感受器主要分布在舌面乳突内的味蕾上。舌尖对甜味最敏感,舌中部对咸味最敏感,舌两侧对酸味最敏感,而舌根对苦味最敏感。温度对味觉感受性和感觉阈限有明显影响。温度升高,人对甜、咸的感受性会降低,而对苦味的感受性会升高。同时,味觉的适应和对比现象也非常明显。比如,厨师做菜会越做越咸,这是味觉适应的结果;而吃过糖之后,再吃苹果就会觉得苹果不甜了,这是味觉对比的作用。

三、内部感觉

(一)动觉

动觉是指身体各部分的位置、运动以及肌肉的紧张程度的感觉。动觉感受器在肌肉组织、肌腱、韧带和关节中,它们能觉察身体位置和运动,并自动调节肌肉的活动。动觉对人们的生活和学习具有重要意义。首先,动觉是随意运动的重要基础。人们因为具有高度精确的动觉,才能实现运动协调,完成各种复杂的运动。其次,动觉能够使我们更加准确地认识客观事物。

动觉是主动触摸的重要成分,当我们的手沿物体轮廓运动时,动觉和触觉结合,为我们提供了物体形状和大小等方面的信息。第三,动觉还与人类的语言学习密切相关。言语器官的动觉刺激是第二信号的基本成分。如果没有舌头、声带和嘴唇参与的精确分化的运动,就不会有人类的言语活动。

(二)平衡觉

平衡觉也叫静觉。它是对人体做直线的加速或减速运动或做旋转运动进行反映的感觉,即反映头部运动速度和方向的感觉。平衡觉的感受器是位于内耳的前庭器官,它包括半规管和前庭两部分。半规管是反映身体旋转运动的器官。前庭是反映身体加速或减速的器官。平衡觉与视觉、内脏感觉都有联系。前庭器官兴奋时,视野中的物体似乎出现运动,消化系统也会出现恶心、呕吐等现象。因此,前庭感受性高的人易产生晕车、晕船等情况,经过练习可以改变前庭器官的感受性。

(三)内脏感觉

内脏感觉,又称机体觉,是反映内脏器官活动的感觉,如饥、渴、恶心等感觉。它是由内脏活动作用于脏器壁上的感受器所产生的。内脏感觉的性质不稳定,定位不准确,故又被称为"黑暗感觉"。有机体各内脏器官的周期节律是由自主神经系统支配的。在机体的生物节律正常的情况下,人的内脏器官一般不为人意识到,也不受人的意识支配。只有在生物节律超乎常态或者处于病态时,才能产生明显的内脏感觉,并且常常伴有不适。值得注意的是,在受到特殊训练的情况下,如生物反馈技术训练,某些生物节律,如血压、心率等,可以人为地引起变化,并能在一定程度上达到人为控制的程度。

【延伸阅读】

联觉:让你听见颜色的超能力

布雷克斯利捏制牛肉饼时,他的嘴里出现鲜明的苦味。琼斯听见钢琴弹出升 C 的音符时,她的眼前出现蓝色,其他的音符则引发不同的色调,因此钢琴的琴键就像是标上了颜色一样,让她容易记住以便弹奏音阶。还有,柯尔曼看着印在纸上的黑色数字时,他看到的是有颜色的字,每种有不同的色调。

布雷克斯利、琼斯及柯尔曼属于一小群具有"联觉"的人,除此之外一切正常。他们以非常的方式去经历平常的世界,对他们来说,触觉、味觉、听觉、视觉以及嗅觉等感觉都混合在一起,而非各自分离。

联觉(synesthesia),又译共感觉、通感或联感,单词源自古希腊语 σν(syn,共同)和 αsθησιs(aisthēsis,感觉)。本来是一种通道的刺激能引起该通道的感觉,现在这种刺激却同时引起了另一种通道的感觉,这种现象叫联觉。这是一种具有神经基础的感知状态,表示一种感官刺激或认知途径会自发且非主动地引起另一种感知或认识。具有联觉的人通常被称联觉人(synesthete)。

自 1880 年高尔顿(F. Galton)于《自然》发表了有关这种现象的文章起,现代的科学家就开始了联觉的寻根探源。最开始时多数人认为联觉是捏造的,是使用药物后的人为现象,例如迷幻药 LSD 及三甲氧苯乙胺均可产生类似的作用,或者就只当是奇闻轶事一桩。

为了检验联觉是否真实存在,心理学家使用一种常用的"凸显"或"区隔"实验来进行测验。如果你要在一整片垂直的线条中,找出散布在里头的一组倾斜线条,这些倾斜的线条会像鹤立鸡群一样明显。你可以在瞬间就将斜线从背景的直线中区隔出来,好比说斜线排成三角形,在脑子里形成独立的形状。同样,如果背景主要是由绿色的小点所组成,然后你去找寻其中红色的点,那么红点便会凸显出来。反之,一组黑色的数字 2 散布在同样颜色的数字 5 当中,就几乎可以隐身其中(如附图 3-1a)。除非你一个个数字检查,否则就难以分辨,就算每个数字 2 与其隔壁数字 5 之间的差异和斜线与垂直线的差异一样明显。因此我们得出这样的结论:只有某些根本或初级的特征,好比说颜色及线条走向,才能提供形成群组的基础;而较为复杂、带有意义的符号,像是数字,就不成了。

于是研究者设想,如果把混杂在一起的数字拿给具有联觉的人看,好比可以把数字 2 看成红色、把数字 5 看成绿色的人,会有什么样的结果。研究者把一组数字 2 排列成三角形,如果联觉是种真正的感觉,那么被测试者将很容易"看"出一个三角形来,因为对他们来说,数字应该是有颜色的(如附图 3-1b,扫二维码可见)。

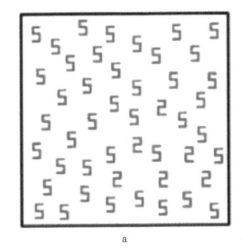

附图 3-1 凸显测验的实验材料

研究者在志愿受试中进行了凸显实验,结果显示:与正常人相比,具联觉者有高达 90%的正确率,可辨识出由成群的数字所形成的样式(这个概率与不具联觉者在字母颜色各异的情况下得出的结果正好是一样的)。这样的结果证明:由数字所引发的颜色感是真正的感觉,并非由联觉者所捏造,因为他们不可能靠造假而得到那么好的结果。在另一个令人印象深刻的例子中,研究者要求一位将数字 5 看成淡红色的联觉者看着计算机屏幕,随后偷偷把原本不带颜色的数字 5 逐渐加上红色,而他却毫无所觉,除非在红色变得相当深之后才会发现;如果研究者对 5 加上的是绿色,那么这名被试马上就能够看出。

科学研究发现,联觉现象具有明显的家族聚集性。此外,左撇子、方向感较差以及有过预知经历的人也通常会出现联觉现象。也有人认为,联觉能力与一个人的创造力有关,因为许多著名的科学家和艺术家都具备联觉能力。联觉现象几乎在任何两个感官或知觉模式中都可能发生。现有报道的联觉类型已超过 60 种,但仅有一小部分经过科学地研究。即使在某一特定联觉类型中,联觉感知也呈现出强烈的差异性,并且人们对自己是否具有联觉的认识也有不同。有的联觉者是能够将两种感官联系在一起,少数联觉者则可以把三种感官联系在一起。常见的两种感官联系在一起的有:字形→颜色联觉、数字→形式联觉、符号→味觉联觉、声音→颜色联觉、声音→味觉联觉。常见的三种感官联系在一起的是:时间→空间→情感联觉。拥有这种联觉能力的人对历史教科书等过目不忘。

联觉是一种随着人成长而丧失的能力。巴伦-科恩(S. Baron-Cohen)和他的研究小组已经发现,从出生到6个月大的婴儿会把各种感观混杂在一起,这是因为出生时他们的神经系统尚未成熟。在这一阶段,各神经元和大脑区域之间的互相联动非常旺盛,当功能逐步健全时,这种现象会逐渐消失。虽然联觉有明显的家族聚集现象,但目前,科学界还无法解释到底是哪种基因对联觉功能发挥了作用,以及其遗传构成。

如何解释这一现象,目前科学界存在多种理论,其中一种是在20世纪80年代由神经学家理查德·西托维奇(R. Cytowic)提出的。他认为,这种紊乱现象是由大脑中最原始的边缘系统,或者说主管情绪的大脑区域造成的异常活动。"这是一种所有人都会产生的现象,只不过一些人对此有意识。"

理查德·西托维奇的理论没有多少支持者。西班牙实验心理学研究员阿莉西亚·卡列哈斯(A. Callejas)认为:"建立在客观数据基础上的所有理论都认为,联觉现象是因大脑不同区域之间存在额外联系而造成的。"例如,当一个物体的反射光抵达眼部后,视网膜上的视觉神经脉冲就会一直作用到大脑后部,在这一区域会对物体的形状、颜色、厚度和运动产生图像。接下来,这些特性就会在大脑颞叶和顶叶的不同区域间分配,进而作进一步的处理分析。例如对于颜色的分析,有关信息会抵达大脑的V4区域,这是一个纺锤形的脑回区,该区域也对每个数字的形状产生概念。美国加州大学大脑和认知研究中心的两位研究人员认为,数字→色彩联觉现象可能是大脑V4区域与毗邻区域之间交叉活动的结果。

虽然一开始研究者认为联觉是由于实质线路的误植,但后来的研究发现同样的现象也可能出现在脑区之间的连结数目正常但脑区之间负责沟通的化学物质失去平衡的情况,即交错活化。举例来说,相邻的脑区通常会彼此抑制对方的活性,这有减少干扰的作用。如果有某种化学上的不平衡降低了这种抑制,好比说阻断了某个抑制性神经传递物的作用,或是不再制造该抑制性物质,就有可能使某区的活性引发其相邻脑区的活性。理论上,这种交错活化也可以发生在相隔甚远的区域之间,因此或可解释一些不那么常见的联觉型式发生的原因。

利用被称为"排挤效应"的视觉现象的实验不仅支持交错活化的理论,甚至还有助于解释不同联觉型式的产生原因。请注视影像当中一个小十字,一旁还有个数字5,你会发现,就算不直接注视该数字,你还是很容易就看到它(如附图3-2a)。但如果我们在数字5周围放上4个其他的数字,好比是3,这么一来,你就不再能认得出5来了,它看起来就像是失了焦(如附图3-2b)。

实验结果表明:具有正常感觉的自愿受试者,能够正确辨识出附图3-2b中间那个数字的能力,跟完全猜测的结果基本一致。这并不是因为5位于视野边缘而变得模糊所致,因为原来在没有3的环绕下,你可以把5看得清清楚楚。你未能辨识的原因,是由于注意力有限;位于旁边的一堆3,分散了你对于中央数字5的注意力,而让你看不到它。与正常被试不同,两位具有联觉者对该实验的说法是:"中间的数字看来很模糊,但好像带有红色,所以我猜那一定是数字5。"就算中间的数字未能由意识来辨认,但大脑某处仍然进行了信息的处理,因此,具有

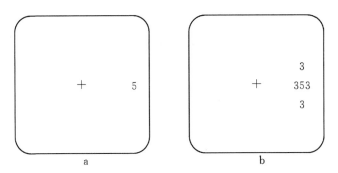

附图 3-2　排挤效应的实验材料

联觉者可根据颜色来推断出那是什么数字。如果我们的理论正确，那么这个发现显示数字的处理是在梭状回进行，并引发特别的颜色感，而不是在更后头发生排挤效应的脑区。有意思的是，就算这个数字根本就"看不见"，也能引发联觉。

最后还发现，若给具联觉者看罗马数字，譬如Ⅴ，他们就看不出颜色了。这样的结果显示，造成颜色感的并不是数字的概念（在此是数字5），而是数字的视觉形状。这项观察结果也显示，数字与颜色联觉的交错活化发生于梭状回之中，因为该区主要负责视讯中有关形状的分析，而非数字的高阶含义。另一个有趣的实验是：假定有个大型的数字5是由一些小型的数字3所组成（如附图3-3），你可以见"林"（5），也可以见"树"（3）。两位具有联觉者报告说，如果他们改变视线的焦点，就可以看见颜色的转换。这样的测验表明，就算联觉可以单单由视讯的外形所引发，不需要高阶的观念，但是根据注意力的不同而将视觉输入信号予以分类的方式，还是很重要的。

```
333333333333
3
3
3
333333333333
           3
           3
           3
           3
           3
333333333333
```

附图 3-3　实验材料

联觉现象对于人类认知和意识行为的研究具有特殊意义。许多专家指出，对联觉现象的研究为找到比喻和语言能力的神经学基础打开了大门，使声音和物体形状之间建立联系的能力可以成为语言和抽象思维发展的一粒种子。

（部分内容摘自《科学人杂志》，2003年6月，第16期）

思考题

1. 什么是感觉？感觉在人类生活和工作中有什么意义？
2. 试分析感觉阈限和感受性的相互关系。
3. 请简单说明视觉产生的生理过程。
4. 试说明明适应与暗适应的特点和机制，了解视觉适应在生活中的意义。
5. 试说明音调和频率的关系。
6. 皮肤觉在生活中有什么重要意义？
7. 痛觉具有哪些特性？哪些心理因素会影响痛觉的感受性？

第四章

知 觉

外部世界的大量刺激冲击着我们的感官,我们倾向于有选择地输入信息,把感觉信息整合、组织起来,形成稳定、清晰的完整印象,也就是知觉。

第一节 知觉概述

一、知觉的概念

知觉(perception)是人脑对直接作用于感觉器官的客观事物的整体属性的反映。

知觉是在感觉的基础上产生的,是对感觉信息的整合和解释。通过感觉的学习我们知道,在正常人的日常生活中,纯粹的感觉是不存在的,感觉信息一经感觉系统传达到脑,知觉便随之产生。以视觉为例,来自感觉器官的信息为我们提供了某种颜色、边界、线段等个别属性,经头脑的加工我们认出"这是一个苹果""那是一支粉笔"。这种把感觉信息转化为有意义的、可命名的经验过程就是知觉。知觉是个体借助于过去经验对来自感受器的信息进行组织和解释的过程。

知觉是个体对感觉信息的组织过程。在日常生活中,我们的头脑总是不断地对感觉信息加以组织。例如,一个复杂的听觉刺激序列,被我们知觉为言语,或流水声,或汽车声,即组织成有意义的声音。对于其他感觉信息,我们也是将其组织成有意义的事物。这种组织功能主要依靠于我们的过去经验。人类学家特恩布尔(C. M. Turnbull)曾调查过居住在刚果枝叶茂密热带森林中的俾格米人的生活方式,描述过一个实例。有些俾格米人从来没有离开过森林,没有开阔的视野。当特恩布尔带着一个名叫肯克的俾格米人第一次离开居住地大森林来到一片高原时,他看见远处的一群水牛时惊奇地问:"那些是什么虫子?"当告诉他是水牛时,他哈哈大笑,说不要说傻话。尽管他不相信,但还是仔细凝视着,说:"这是些什么水牛,会这样小。"当越走越近,这些"虫子"变得越来越大时,他感到不可理解,说这些不是真正的水牛。

感觉和知觉是两种既相同又相异的、紧密联系的心理活动过程。

感觉和知觉的相同点在于它们都是人脑对当前直接作用于感觉器官的客观事物的反映,

同属于对客观现实的感受性反映形式。如果没有客观事物对感官的直接刺激,既不能产生感觉,也不能产生知觉。

感觉与知觉的紧密联系表现在,感觉是知觉的基础,知觉是感觉的深入。通过感觉,我们只知道事物的属性,通过知觉,我们才对事物有一个完整的映像,从而知道它的意义。事物是由许多属性组成的,不知道事物的个别属性,就不可能知道这个事物是什么。对事物的属性感知得越丰富,才能对事物知觉得越完整、越正确。因此,在日常生活中,我们总是以知觉的形式直接反映事物,很少有孤立的感觉,但这种知觉是包括感觉并和感觉有机地融为一体的知觉。

感觉与知觉的相异点在于二者反映事物的深度不同。感觉是个别感官、单一分析器活动的结果,它所反映的只是事物的个别属性;知觉则是多种感官、多种分析器协同活动的结果,它反映事物的整体属性。感觉是知觉的基础,受感觉系统生理因素的影响;而知觉不仅受感觉系统生理因素的影响,而且极大地依赖于一个人过去的知识经验,受人的心理特点,如兴趣、需要、动机、情绪等制约。

总之,从感觉到知觉是一个连续的过程,但感觉与知觉在性质上有所不同。感觉是感性认识的初级阶段,各种感觉都是刺激作用于感受器所产生的神经冲动的表征。知觉虽然以感觉为基础,但不以现实的刺激为限,它还牵涉到记忆、思维等多种心理成分。知觉属于高于感觉的感性认识阶段。

二、知觉的信息加工机制

知觉使我们周围的世界变得有意义,它包含了若干相互联系的作用或过程,如检测(detection)、分辨(discrimination)和识别(identification)等。从信息加工的观点看,我们是如何将刺激的个别部分或属性组合在一起,形成特定知觉物的心理表征的呢?对这个问题的回答牵涉到自下而上的加工和自上而下的加工及其交互作用。

自下而上的加工(bottom-up processing)也称数据驱动加工(data-driven processing),是指知觉者从环境中一个个细小的感觉信息开始,将它们以各种方式加以组合便形成了知觉。持这种理论的心理学家认为,感受器所获得的感觉信息就是我们知觉所需要的一切,无须复杂的思维推理等高级认知过程的参与,我们就直接知觉到了周围环境。而这种直接知觉环境的能力是由人的生物性决定的,这可以由视崖(visual cliff)实验中很小的婴儿就能够形成深度知觉而知。这种直接知觉(direct perception)理论又如何解释我们对感觉环境的识别呢?主要有这样几种理论假说。

第一种假说称为模板论,认为人们在头脑中储存着无数的模板集,这些模板非常详细,从而使我们有可能辨认出各种客体。也就是说,把观察到的客体模式与头脑中的模板集进行比较并选出与之匹配的最佳模板,我们就识别了该客体。但是模板匹配理论难以解释字母知觉中的问题。我们能辨认一个字母在大小、方向和形式上的种种变化,很难想象在我们头脑里会储存有那么多的模板而不感到累赘!这个假设显然是很不经济的。第二种假说称为原型论,认为原型不同于模板,它不是一个具体的特定样式,而是一类事物最典型(最常见)的例证。知觉的识别过程不是与模板精确、等同的匹配,而是与原型相一致。研究发现,即使人们从来没有见过完全与原型匹配的样例,人们也能够形成一种原型,识别出该客体。第三种假说称为特征论,认为人们对事物的知觉,就是把事物的特征与记忆中所储存的特征相匹配,而不是把整个事物与模板或原型相匹配。研究者不仅区分出不同的特征,还区分出不同类型的特征,如整体特征和局部特征等。在复杂三维物体和场景的表征中还可能包含局部特征的某种组合或结构。如成分再认理论(recognition by components theory)提出所谓几何子(geons)的概念,即所有物体都可以分解为诸如砖块体、圆柱体、楔形体、锥体等少量具有某种结构的几何子或部件。通过对少数的几何子的识别,就能够快速精确地再认出物体的一般分类而不必去识别局部细节。上述这些直接知觉的假说虽能解释知觉形成的部分机制,并且也有部分的研究证据,如业已发现在大脑皮质中有对特定的线段、颜色、形状、方向特别敏感的被称为特征检测器(feature detector)的神经元,但不能解释知觉形成的全部机制。

知觉表征的形成还包含自上而下的加工。自上而下的加工(top-down processing)也称概念驱动加工(conceptually driven processing),指知觉者的习得经验、期望、动机,引导着知觉者在知觉过程中的信息选择、整合和表征的建构,也称为建构知觉(constructive perception)理论。看图4-1a的上部,你把被遮住下部的这串符号认知成什么呢?可能你很容易就想到它是"科学"(SCIENCE)这个词,但实际上它是一串车牌号码。基于先前经验、假想和期望所做假设而产生的知觉定势有时会导致极大的偏差。知觉中的自上而下机制还可以用斯特拉顿(George Malcolm Stratton)的知觉适应实验来说明。实验中,他带上一个特制的左右调换、上下颠倒的眼镜,因而看到的世界是上下颠倒、左右反转的,开始时他连走路、吃饭和做最简单的事都很困难。但是戴上这种眼镜8天之后,他开始适应这种倒视,他看到的世界基本上像过去一样了。在知觉中我们快速形成并测试关于知觉对象的各种假设,这些都以所感觉到的(感觉数据)、所知道的(记忆中储存的知识)以及所能推断的(利用高级认知加工)为根据。但这种假设或推论往往是无意识的。自上而下的加工可以很好地解释图4-1b中所示的情境效应(context effect)。在不同情境中,同样的符号或被解释成字母H,或被解释为字母A(图4-1b上);字符串中的字母B放到数字串情境中就被知觉为13(图4-1b下)。

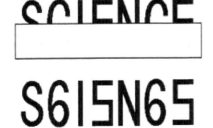

图4-1 自上而下的加工图示

总之,在知觉表征的形成中,既有自下而上的加工,又有自上而下的加工,这两种机制之间存在复杂的交互作用。知觉是一个积极主动的过程,知觉的印象并不总是客观地反映事物的本身,而往往带有主观性。

三、知觉的种类

根据知觉对象是人还是物,可以把知觉区分为社会知觉(social perception)和物体知觉

(object perception)。社会知觉是对人的知觉,涉及印象形成等问题;除了对人的知觉外,其他各种知觉都可称为物体知觉。

根据事物都有空间、时间和运动的特性,可以把知觉区分为空间知觉、时间知觉和运动知觉。空间知觉是指我们对物体的形状、大小、深度、方位等空间特性的知觉。时间知觉是指我们对客观现象的持续性和顺序性的知觉。运动知觉是指我们对物体的静止和运动以及运动速度的知觉。

另外,根据知觉中哪一种感受器的活动占主导地位,还可以把知觉分为视知觉、听知觉、嗅知觉以及视听知觉和触摸知觉等。

第二节　知觉的基本特征

人的知觉过程并不是对感觉材料的简单堆积,而是一个非常有组织、有规律的过程,并且具有某些特别的属性。这些规律和属性表现为知觉的整体性、选择性、理解性和恒常性,它们保证了人们对事物认识的相对可靠性、合理性等。

一、知觉的整体性

知觉的整体性是指人在过去经验的基础上把由多种属性构成的事物知觉为一个统一的整体的特性。

知觉的对象有不同的属性,由不同的部分组成,但我们并不把它感知为个别孤立的部分,而总是把它知觉为一个有组织的整体。甚至当某些部分被遮盖或抹去时,我们也能够将零散的部分组织成完整的对象。知觉的这种特性称为知觉的整体性或知觉的组织性。格式塔心理学家曾对知觉的整体性进行过许多研究,提出知觉是按照一定的规律形成和组织起来的,在知觉任何给定的刺激模式时,我们易于以稳定且连贯的形式把不同的元素简单地加以组织,而不是把这些元素当成不可理解的、孤立的一堆混乱感觉。格式塔心理学家和后来的研究者提出的知觉组织的主要原则如下。

(一)邻近性原则(law of proximity)

在空间上彼此接近的刺激物更容易被知觉为一个整体(见图4-2a)。因此,同样的六个点排成不同的空间模式,两个点一组更倾向于被知觉为三组,而三个点一组倾向于被知觉为两组。

(二)相似性原则(law of similarity)

在大小、形状、颜色或形式上相似的刺激物更容易被知觉为一个整体。同色的或同样形状的区域看起来更像一个整体(见图4-2b)。在这些不同属性中,颜色的作用又更加重要。

(三)连续性原则(law of continuity)

知觉的另一个原则是简单和连续性。我们一般会把图4-2c中的图形看成是一个圆圈和一个矩形重叠在一起,而不是看成更复杂的两个图形的拼接。知觉倾向于将刺激组织成我们

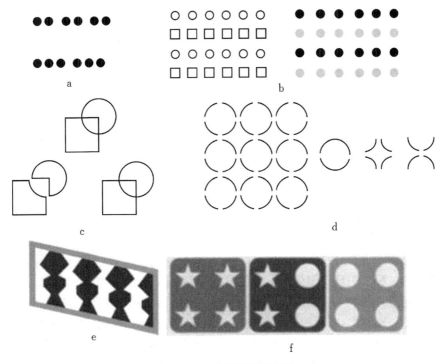

图 4-2 知觉组织原则图解

最熟悉的某种模式。

(四)闭合原则(law of closure)

乍看上去,我们会将图 4-2d 左边的图形看成是一组圆圈,尽管每个圆圈上都有缺口。这是因为知觉有将缺口加以"弥补"而成为一个连续的完整形状的倾向。

(五)好图形原则(law of good form)

单纯的、规则的、左右对称的图形容易被知觉为一个整体。图 4-2e 中,黑色区域更容易被看成一个整体,因为其对称性相比白色区域更好。同样,图 4-2d 中,完整的圆圈形状是大脑所熟悉的简单模式,也是符合好图形原则的图形。相比而言,圆圈比图 4-2d 最右边另外两个形状更易成为知觉的元素。

(六)同域原则(law of common region)

知觉的组织过程远不是上述规则的简单相加。在图 4-2f 中,如果根据经典的相似性原则和邻近原则,星形和圆形应各被视为一组,但是,背景着色后划分出三个区域,看起来更像是三组物体,中间一组由两个星和两个圆点组成。根据同域原则,处于同一地带或同一区域的刺激物更容易被视为一个整体,这是心理学家新近提出的一种知觉组织原则。

早期的格式塔心理学家强调,知觉的组织性是刺激本身的自然特点,是人的先天的完形倾向,与过去经验无关。的确,在双关图知觉中,我们大多能够很随意地以不同的方式形成我们的知觉形象组织。但是,大量的研究(包括一些跨文化研究)表明,知觉的组织性与人的知觉经验有直接的联系。知觉系统可以通过训练而日趋精细，从而完成通常情况下非常困难的物体识别和知觉组织任务。

二、知觉的选择性

我们每时每刻所接触的外部事物多不胜数，我们不可能把它们同时作为知觉对象，而总是根据当前的需要有选择地把其中一部分作为知觉对象，把它们构成一个整体，使之得到清晰的知觉。这就是知觉的选择性或对象性。

产生统一体的知觉，首先是要把知觉图形从背景中区分出来。当刺激物之间有某种差别时，刺激物中的一部分区域被组织成对应着某种对象或其部分的形状，即被知觉为图形（figure），而其他区域便成为背景（ground），从而使知觉图形从背景中分离出来。这是产生知觉的必要条件，其中的关键就是区分出边界。

大多数情况下，人们总能够在刺激模式中区分出特定的图形，这几乎是一种不依赖于自由意志的自动化的过程。一旦特定的图形知觉形成，它就会"突出"在背景的前面，而背景则好像退到它的后面，变得模糊不清。从背景中区分出知觉图形，依赖于图形与背景之间的差别。图形与背景之间的差别越大，将图形从背景中区分出来就越容易；反之，则越困难。在某些特殊情境下，我们也能体验到上述实验室中制造出的空虚视野效应。如飞行在海天一色的茫茫海洋上的战斗机飞行员在找不到地标的情况下有时会无法分辨出远处的天空和海洋的分界线，甚至会觉得是在头朝下飞行，即产生倒飞错觉。此外，对象知觉还依赖于下列两个条件：一是注意的选择作用。当注意指向某个事物时，该事物便成为知觉的图形，而其他事物便成为知觉的背景。当注意从一个图形转向另一个图形时，新的图形就会"突出"而成为前景，原来的知觉图形就退化成为背景。在第一次看图4-3a时，图形中部区域既可能被知觉为一群飞行中的大雁（黑色），也可能被知觉为一群鱼（白色）。这取决于你注意到的是图形上方还是下方的对象。因此，支配注意选择性的规律，也决定着知觉图形如何从背景中分离出来。二是有机体的早期感觉经验也会影响其对象知觉。对一些先天白内障患者的个案研究表明，从未有过具体的视觉经验的患者在"恢复"视觉后，甚至无法通过视觉辨认出曾经用触觉触摸过的熟悉物体。对幼年的猫、猴和人类的视觉经验的研究结果表明，正常感觉和知觉发展存在一个关键期。早期的感觉经验缺失或受限会导致难以弥补的损伤，而如果在成年之后再施加感觉限制，则不会造成持续性损害。

知觉的图形与背景相互依存、不可分离，但图形和背景的地位可以相互转化。在观看可逆图形（reversible figure）时很容易体验到这种图形和背景的相互转化。图4-3中的几幅图，不同区域可以被知觉为不同的对象：图4-3b既可以知觉为一位少妇，又可以知觉为一位老太婆；图4-3c这幅达利的名画中，拱门下的白色天空可以看成是伏尔泰的前额和头发，两位女士服装上白色的部分是他的两颊、鼻子和下巴。两个图形间的边界非常清晰，知觉到的不同对象也非常稳定，意义非常明确。因此，可逆图形也可称为两可图或双关图。

三、知觉的理解性

知觉的理解性是指人们在对现实事物的知觉中，需要以过去的经验、知识为基础的理解，

图 4-3 可逆图形

以便对知觉的对象做出最佳解释、说明。对事物的理解是知觉的必要条件。即便在非常困难的条件下,人也能够依据特别微小而零散的线索试图对刺激物命名,并把它归入熟悉的一类事物之中。请看图 4-4a 和图 4-4b,你如何知觉这些看似无规律的斑点?如果给你一点提示,图中所绘的是两种我们比较熟悉的动物,你能够分辨出它们吗?这就是过去经验参与知觉对象理解的结果。

(一)理解在知觉中的作用

1. 理解使知觉更深刻

知觉到的东西不一定都能理解,而对理解了的东西则知觉会更深刻。例如对某个新产品的鉴定,让真正的专家来评判,就能对该产品的性能做出客观的评价。

2. 理解使知觉更精确

"外行看热闹,内行看门道。"一个英语掌握得比较熟练的人,不仅能听出别人讲得是否正确,而且能听出对方的口音。

3. 理解提高了知觉的速度,扩大了知觉的广度

由于理解,即使不对事物进行详细的知觉,也能了解事物的完整意义。例如看到"虚心使人进步……"的条幅,后面的内容还未看清,就已经能了解条幅的完整意义了。

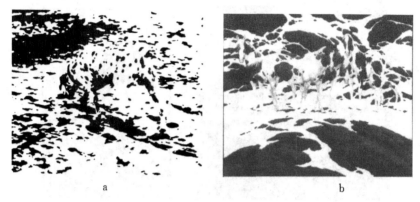

图 4-4　知觉的理解性图示

（二）影响知觉理解性的因素

1. 知觉经验

同一事物，由于个人知识经验的差异，人们对它的知觉内容可能不同，从而对同一事物的理解程度也就存在着差异。有关某一事物的知识经验越丰富，在知觉该事物时的知觉内容就会更深刻、更精确、更丰富，知觉的速度更快、广度更大。

2. 言语的指导作用

当环境比较凌乱，知觉对象的外部标志不太明显时，通过言语的指导，可以唤起人过去的经验，补充知觉的内容，减少不确定性，有助于对知觉的理解。例如游览广西石林，导游的作用就在于引导游人把似是而非、千奇百怪的石头，用丰富的想象力加以知觉。

3. 实践活动的任务

实践活动是知觉的基础，知觉服从于当前的活动任务。人们所从事的实践活动任务不同，对同一对象的理解也就可能不同。例如人们往往很难准确回答：你办公室的挂钟表盘上的数字是罗马数字还是阿拉伯数字？你到五楼一共要上多少级台阶？之所以回答不准确，就是因为当时活动任务并不要求人们去注意这些，因而印象就比较模糊。

此外，人当时的情绪状态，认识事物时所形成的定势等，也影响人们对知觉对象的理解。

四、知觉的恒常性

知觉的恒常性是指知觉系统能在一定范围内保持对客观事物的稳定的认识，而不随知觉条件或感觉映像模式的改变而改变。这一特性为知觉的恒常性（perceptual constancy）。例如，就视觉而言，随着观察的距离、角度和明暗条件不同，视网膜上的物像各不相同，但视觉系统发展出维持物体的知觉表征的倾向，从而使得我们能够根据不同的观察条件来校正信息的输入，不至于面对复杂多变的外部环境而疲于奔命。知觉恒常性现象在视知觉中表现得很明显、很普遍，主要表现为下列几种。

（一）大小恒常性

在一定的范围内不论观看距离如何，我们仍倾向于把物体看成特定的大小。从远处开来的一辆车很小，但大小恒常性仍然能够使我们知觉到它的大小足以载人。知觉物体的距离为我们提供它的大小线索；反过来，知道了它的大小，如一辆汽车，也为我们提供距离线索。大小和距离在知觉上的这种相互关系发生误用就可能会产生错觉。图 4-5a 中所示为埃姆斯房间错觉，房间被设计变形，但如果用单眼从窥孔往里看，它的形状是正常的。在近角的这个女孩大得有点儿不成比例，因为我们是按照她和远角女孩离我们同样远的假设进行判断的。

图 4-5 大小和形状恒常性图示

对象大小的视知觉，一方面取决于物体的大小，另一方面也取决于对象的距离。根据几何学的透视原理，对象在视网膜上的视像随着距离的增加而减小。如果要保持视网膜像的大小不变，随着距离的增加，对象本身的大小必须增加。这个关系称为欧几里德定律（Euclid's law），可用方程式 $a=A/D$ 表示，其中 a 为视网膜像的大小，A 为对象大小，D 为对象和眼睛的距离。这个公式也是计算大小知觉恒常性的基本公式。如果对被观察物体不熟悉，不知道其实际大小，也就难以依靠视网膜像大小来知觉其远近了。第一节所举的俾格米人的例子就是这个道理。计算大小知觉恒常性，还可以使用布伦斯维克比率（Brunswik Ratio，BR）：$BR=(R-S)/(A-S)$。其中，R 为物体的知觉大小，S 为 1 米远处的视网膜像大小，A 为物体的实际大小。BR 为 1 时表示完全恒常性，即知觉大小与物体实际大小相等。另一个和布伦斯维克比率相似的公式是索利斯比率（Thouless Ratio，TR），两者的区别是后者使用对数替代了布伦斯维克比率中的三个参数。

荆其诚等在利用偏振镜片改变两眼辐合角度的实验中，发现当刺激物的大小保持不变，只改变辐合角度时，知觉大小随辐合距离的改变而变化，即在视网膜像不变的情况下，辐合角度愈大（辐合距离愈小），对象的知觉大小愈小；辐合角度愈小（辐合距离愈远），对象的知觉大小愈大。在两眼辐合角度不变的情况下，刺激物移近，知觉大小按视网膜像的几何学规律增大。当知觉一定距离的刺激物时，视网膜上形成一定大小的视像，同时两眼视轴也辐合在该刺激物的距离上。当改变对象的距离时，视网膜像大小的变化与两眼辐合所引起的知觉大小变化相反。当刺激物的距离变近时，视像就增大，但是辐合距离的变近（辐合角度增大）使知觉大小缩小，二者的作用相互抵消了。这种调节作用基本上保持了知觉大小的恒常性。实验证明，大小恒常性是视网膜像和眼肌运动联合活动的结果，同时还与人对知觉对象的理解有关。

（二）形状恒常性

尽管观察物体的角度发生变化，但我们仍倾向于把它感知为一个标准形状。图 4-5b 中所绘的一扇门开闭状态不同，一扇门从关闭到打开的过程，其在视网膜上的视像发生了一系列的变化，但我们仍然能保持门是长方形的这一知觉效果，即保持了门的形状的恒常性，这是形状恒常性现象。

(三)明度恒常性

明度恒常性也称亮度恒常性。尽管照明的亮度改变,但我们仍倾向于把物体的表面亮度知觉为不变。白纸能够反射落在它上面的90%的光线,而黑纸只能反射10%。在太阳光下,黑纸反射光线是屋内白纸的100倍,但看上去黑纸仍然是暗的。

(四)颜色恒常性

当物体的色光照明条件在一定范围内改变时,知觉效果仍保持不变。物体本身有其固定的颜色,实际生活中我们能很好地保持这种恒常性。例如,戴着茶色太阳镜看周围的环境,所看到的物体都失去了原来的颜色;在荧光灯下看人的服装,蓝色衣服可能变成紫色。但是,以生理为基础的视觉效果是以心理的知觉经验为基础的,所以,人们仍能保留对物体原来颜色的知觉效果。当光线发生变化时,水果盘里的一个红苹果仍被知觉为原来的红色,因为大脑计算的任何物体的光线都是相对于周围物体而得到的。

(五)方向恒常性

方向恒常性是指不论视像方向如何而觉察客体实际方向的能力。例如,当我们转动头部的时候,虽然声音对听觉器官的作用条件发生了变化,但我们感到声音的方位并没有变化,这是方位知觉恒常性现象。同样是声源方位知觉,哈斯效应(Haas effect)认为若两个不同声源发出同样的声音,其中一个有5~35毫秒的延迟,则所有声音听起来似乎是来自未延迟声源。只有延迟时间超过50毫秒时,第二个声源才能被听到,像一个清晰的回声。音响系统中利用这一效应,能够产生更加丰富的立体声效果。

知觉的恒常性在人的生活实践中具有重大意义,它使人能在不同的情况下按照事物的实际面貌做出反应。

第三节 空间知觉

空间知觉是对物体的形状、大小、方位、距离等空间特性的知觉。空间知觉是多种分析器协同活动的产物,视觉、触觉、动觉等的经验及其相互联系,对空间知觉的获得起着重要的作用。空间知觉不是先天就有的,而是经过后天学习获得的。

你是否会在下楼梯时走着走着——咣当一声,毫无知觉地跨一大步便下到楼底?或者竟糊涂到想把杯子放到桌上,却反而把它甩到了空中?这样的经历是罕有所闻的。我们生活在三维空间里,必须具有了解自己与空间事物之间的关系及其变化的能力。视、听、嗅等各种感官为我们提供了来自空间的各个点的信息,如果不能把这些信息组织起来,在这个变幻莫测的世界里就无法适应生存。我们对自身和周围事物的空间关系的知觉以及对位置、方位、距离等各构成空间关系要素的觉察,即空间知觉(space perception)。空间知觉包括形状知觉、大小知觉、距离知觉和方位知觉等。空间知觉的主要信息来源是视觉和听觉。

一、距离知觉

关于物体远近距离或深度的知觉称为距离知觉,也叫深度知觉。由于人是生活在三维立体空间中的,需要判断相对于环境中各种客体的空间关系,因此,深度知觉对人来说很重要。在距离知觉的问题上,心理学家一直在探索下面两个问题:①我们的视网膜是二维的,同时我们又没有"距离感受器",那么在二维空间的视网膜上如何形成三维的视觉,我们又通过哪些线索来把握客体与客体、客体与主体之间在位置、方向、距离上的各种空间关系呢?②如果说距离知觉的获得是由于双眼协调并用的结果,那么为什么在很多时候使用单眼仍然可以获得准确的空间知觉?根据已有资料,空间知觉需要依靠许多客观条件和机体内部条件或线索并综合有机体的已有视觉经验而达到。有时我们甚至无法意识到这些线索的作用。概括起来,距离知觉的线索包括单眼线索和双眼线索。单眼线索主要强调视觉刺激本身的特点,双眼线索则强调双眼的协调活动所产生的反馈信息的作用。

(一) 单眼线索

单凭一只眼睛即可利用单眼线索(monocular cue)而相当好地感知深度,艺术家们特别擅长利用单眼线索制造作品中的深度等空间关系。单眼线索很多,其中主要的有如下几种:

1. 遮挡(occlusion)

如果一个物体被另一个物体遮挡,遮挡物看起来近些,而被遮挡物则知觉为远些。物体的遮挡是距离知觉的一个线索(见图4-6a)。如果没有物体遮挡,远处物体的距离就难以判断。例如,高空的飞机倘若不与云重叠,就很难看出飞机和云的相对高度。

2. 质地梯度(texture gradient)

视野中物体在视网膜上的投影大小及投影密度上的递增和递减,称为质地梯度。当你站在一条砖块铺的路上向远处观察,你就会看到越远的砖块越显得小,即远处部分每一单位面积砖块的数量在网膜上的像较多。图4-6b中的两个图形,上部质地密度较大,下部较小,于是产生了向远方伸延的距离知觉。

3. 明亮和阴影(light and shadow)

我们生活在一个光和阴影的世界里,光和阴影帮助我们感知体积、强度、质感和形状。黑暗、阴影仿佛后退,离我们远些;明亮和高光部分显得突出,离我们近些(见图4-6c)。在绘画艺术中,运用明暗色调,把远的部分画得灰暗些,把近的部分画得色调鲜明些,以造成远近的立体感。

4. 线条透视(linear perspective)

同样大小的物体,离我们近,在视角上所占的比例大,视像也大;离我们远,在视角上所占的比例小,视像也小。平行线,如火车轨道,会在远处汇聚。汇聚线越多,知觉的距离越远(见图4-6d)。

5. 空气透视(atmosphere perspective)

由于空气的散射,当我们观看远处物体时都会感受到:能看到的细节越来越少;物体的边缘越来越不清楚,越来越模糊;物体的颜色变淡,变得苍白,变得灰蒙蒙的。远处物体在细节、形状和色彩上的这些衰变现象,称为空气透视。当然,空气透视和天气的好坏有很大关系。天高气爽,空气透明度大,看到的物体就觉得近些;阴雾沉沉或风沙弥漫,空气透明度小,看到的物体就觉得远些。如图4-6e所绘的"布里斯托尔的宽码头",其中不仅利用了空气透视原理,还综合运用了质地梯度、遮挡、线条透视及相对大小和相对高度等线索。

6. 运动视差(motion parallax)

头只要稍微一转动,物体与视野的关系就变了。这种由于头和身体的活动所引起的视像中物体关系的变化,称为运动视差。当我们运动时,原来静止的物体看上去也在运动。坐过火车的人都有这样的经验:在火车上注视窗外的一个物体,如一座房子,那么,比房子近的物体向后运动,物体越近,运动得越快;而比房子远的物体则和观察者同时运动,物体越远,运动速度越慢。

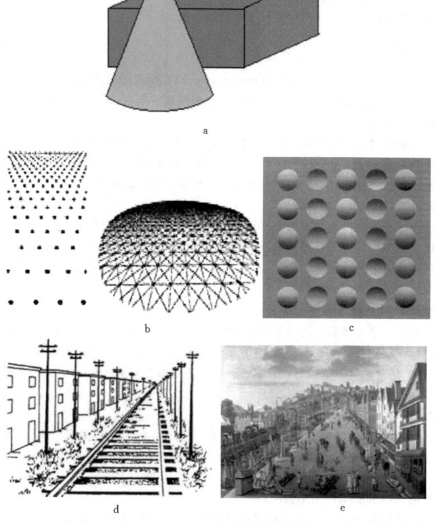

图4-6 深度知觉的几种重要线索

(二)非视觉线索

实际生活中,深度知觉除了依靠以上线索外还依赖于经验中的触觉、动觉等的验证。

1. 眼的调节

眼睛为使远近不同的物体能有清晰的视像而需要调节它的光学系统以便准确聚焦,这主要靠睫状肌调节水晶体的曲度来完成。人眼在观察对象时,为获得清晰的视像,水晶体的曲率在睫状肌的作用下调节、变化,这些变化是估计对象距离的依据之一:看近物时,水晶体较凸起;看远物时,水晶体比较扁平。睫状肌在调节时产生的动觉,给大脑提供了物体远近的信息。但眼睛的调节只在10米的距离范围内起作用,且不太精确,对于远距离的物体,调节作用就失效了。

2. 双眼视轴辐合

如果把眼的调节算作单眼的非视觉线索,那么,双眼视轴的辐合(convergence)就可算作双眼的非视觉线索。眼睛在看东西时,两眼的中央凹都会对准所看的对象,以保证对象能投射到视网膜感受性最高的区域,获得最清晰的视像。眼睛在对准视像的时候,双眼的视轴就完成了一定的辐合运动,即看近物时视轴趋于集中,看远物时视轴趋于分散,这样,控制大脑视轴辐合的眼肌运动就向大脑提供了关于对象距离的信号。视轴辐合只在几十米的距离范围内起作用,对于太远的物体,双眼视轴接近于平行,对估计距离就不起作用了。

(三)双眼视觉线索——双眼视差

双眼视差(binocular disparity)是一种双眼视觉线索,它是物体立体知觉的最重要的依据。

由于人的瞳距大约为6~7厘米,两眼是从不同的角度来看东西的,左眼看到左边的多一点,右眼看到右边的多一点,从而使两眼的视觉稍有不同,这种差异叫作双眼视差。这两个不同的视觉信息,最后在大脑皮层的整合作用下合二为一,就造成了对象的立体知觉或距离知觉。双眼视差是深度知觉的主要线索。

尝试一下将手指放在离鼻尖较近的位置,分别用两只单眼观看,会发现两眼的视像有明显差异,左眼看手指左边多些,右眼看手指右边多些。双眼视差在深度知觉中起着至关重要而又不为人所觉察的作用,由双眼视差来判断深度的过程即立体视觉。利用这一原理,人们可借助计算机制图或特制的实体镜(stereoscopes)观察三维实体图。图4-7a示意了双眼视差与深度知觉形成的原理。图4-7b是一个简单的立体图形,你可以尝试在放松状态下让视轴发散

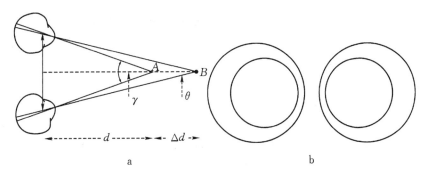

图4-7 双眼视觉线索图示

平行,仿佛在看一个远处的物体而一直保持对图形的注视。这时就能看到仿佛浮在背景圆圈上面的立体图。立体视觉的研究表明,在排除了其他所有深度线索的条件下,一组完全无意义的视觉刺激,只要具备视差条件,即能产生深度知觉。这在一定程度上验证了吉布森的直接知觉理论,并在艺术创作和计算机视觉领域得到广泛的应用。

二、方位知觉

方位知觉是人对空间方向、位置等属性的反映,它是人在三维空间中生存的重要手段。通常人是靠视觉、触觉、动觉、平衡觉以及听觉获得方位知觉。个体对外界事物的方位知觉是以自己为中心来定位的,前后左右的方向反映的就是外界物体与观察者的关系,而上下两个方向既以个体自身为标准,也以天地的位置为参照点。

(一)视觉的方位定向

人靠视觉从环境中捕捉各种参考信息,以确定客体及自身的位置关系,判断上下、左右、前后。一般情况下,人主要靠视觉来定位,即根据对象在视网膜上成像的位置而感知它的方向,触、动、平衡觉等起补充作用,定向时总以环境中某些熟悉的物体为参照点,否则无法完成定向。

对于知觉者自身与物体以及物体之间空间关系的判断,除以知觉者自身所建立的参照系外,也经常以自身以外的事物作为参照系。东、南、西、北的方向是以太阳出没的位置和地磁为参照系所建立的方位。日出处为东,日落处为西,地磁的南极为北,地磁的北极为南。有了这个参照系,我们就可以在此基础上,以环境中熟悉的物体为参照物进行定向。在特殊的条件下,没有熟悉的地面物作为定向的参照物,也可以用星象、罗盘或其他仪器来定向。对于大小、形状等空间知觉,我们也是使用某种参照系才能加以判断的。

(二)听觉的方位定向

听觉主要用于判断发声物体的方位。在很多情况下,人还靠听觉辨别声源的方向和判断发声体的位置,由于人的耳朵位于头的两侧,一侧声源发出的声音到达两耳所经的距离就不同,两耳的距离差就造成了音波对两耳的刺激强度的差别、时间的差别以及相位的差别,这些差别就形成了知觉声源方向的主要依据。

据研究,人耳对来自身体两侧的声音辨别最为准确;对来自前方和两耳水平面上的声音辨认也较准确(误差不超过3°);对来自上、下和前、后方向的声音容易混淆;对同侧耳朵圆锥底面上的声音容易相互混淆。

视觉线索有单眼和双眼的区别,听觉线索也有单耳和双耳的区别。

1. 单耳线索

由单耳所获得的线索,虽不能有效地判断声源的方位,却能有效地判断声源的距离。平时我们往往以声音的强弱来判断声源的近远:强觉得近,弱觉得远。特别是熟悉的声音(如汽车、火车的声音),按其强弱来判断声源远近较为准确。

2. 双耳线索

对声源远近和方向定位,靠双耳的协同合作才能获得准确的判断。关于空间知觉的双耳线索主要有以下三种。

1) 双耳间时间差(time difference of binaural)

从一侧来的声音,两耳感受声音刺激有时间上的差异(即一只耳朵早于另一只耳朵)。这种时间差是声源方向定位的主要线索,声源被定位于先接受到刺激的耳朵的一侧。人体头部近似球形,两耳间的距离约为15～18厘米,声音到达两耳的时差的最大值约为0.5毫秒。

2) 双耳间强度差(intensity difference of binaural)

声音的强度随传播远近而改变,即愈远愈弱。与声源同侧的耳朵获得的声音较强,对侧耳朵由于声波受头颅阻挡得到的声音较弱。这样,声源就被定位于较强的一侧。

3) 相位差

低频声音因波长较长,头颅的阻挡作用较小,两耳听到的强度差也较小。这时,判定方位主要靠两耳感受声音的相位差,即同一频率声波的波形的不同部位作用于两耳,因而内耳鼓膜所受声波的压力也就有了差别。虽然这种差别很小,但它是低频声源定位的主要线索。

高于3000 Hz的声音,两耳强度差较大,易于定位。两耳感受刺激的强度差是高频声音方向定位的主要线索。声速约为344米/秒,当声源从正中偏向3°时,刺激两耳的时间差仅为0.03毫秒,人便能感觉到声音偏向一侧。时间差越大,感到声音偏向侧面的角度越大。偏向身体左右两侧的声音,到达两耳强度差和时间差较大,易于辨别其方向;处于两耳轴线垂直平分面上的声音,到达两耳的强度差和时间差相等,难以分辨其方向。在听觉方向定位时,人经常转动身体和头部,使两耳的距离差不断变化,以便精确地判断声音的方向。这样,即使是一只耳朵,借助头部和身体转动的线索也能够确定声音的方位。

在通常的情况下,正常人的空间知觉主要依靠视觉和听觉,视觉观察对象的所在,听觉感知对象声音的方位。嗅觉也能起作用,由于气味到达两个鼻孔的时间、强度不同,也能分辨出气味的来源和位置。在特殊情况下,人还可以通过触摸觉、动觉和平衡觉探索自己身体与客体的空间关系,并将各种感知信息综合起来形成方位知觉。例如在黑暗中,人靠触摸觉和动觉来确定周围物体与人之间的方位关系等。

第四节 时间知觉

时间不像光和声那样有专门的感受器。时间知觉(time perception)实际上是对事件和运动的知觉。我们对时间的知觉是建立在对周期性和非周期性变化的经验基础之上的。

一、时间知觉的参照系

时间既没有开始也没有结束,从无穷的过去直到无穷的将来。要判断时间,就必须以某种客观现象作为参照。以下几个方面为我们提供了时间知觉主要的参照系。

(一)自然界的周期现象

太阳的东升西落,月亮的盈亏变化,星座的向西移动,季节的变化等,都可以成为我们感知、判断时间和调节活动的客观依据。从古至今,自然界的这些周期性现象对人测量时间和调节活动都起过积极的作用。古人根据自然界的周期性现象计算时间,制定历法,耕耘狩猎。现今我们对时间的不严格计量,如上午、下午、一天等,还是以太阳的位置为参照系来计量时间、安排生活的。

(二)计时工具

人类发明了钟表和日历等计时工具后,就以此来计量时间和调节活动。较长的时间,以年、月、日计量;较短的时间,以小时、分、秒计量。以生活中的重大事件进行时间定向也是以日历为参照系来计时的。

(三)人体本身的节律运动

科学家已经发现许多有机体内存在各个时间梯度上的周期性节律,即所谓的生物钟(biological clock)。这些生物钟控制着从季节性迁移、细胞增殖等长时间维度的生命活动到进食、睡眠、消化、排泄、心跳、呼吸等短时间维度的行为和生命过程,甚至还作用于毫秒级的神经活动。其作用范围从基因水平直到行为水平。以我们最熟悉的昼夜节律(circadian rhythm)来说,哺乳动物的生物钟位于大脑的下丘脑中,通过视网膜中的光感受器对光线做出反应以调谐生物钟维持 24 小时的周期。这种调谐甚至可以在少量或完全自然光暴露条件下顺利实施。尽管尚不能回答其中的缘由,但各种周期性节律为人类的活动提供了丰富的时间信息。

二、知觉到的"现在"

人对时间的估计有两种:一是直接靠知觉对"现在"时间间隔的判断,二是靠回忆对过去持续时间的估计。"现在"指主观意识到、感知到的一种心理上的时间。由于物理上继起的几个事件(如报时的钟声)可以在心理上被感知为是同时发生的,所以它们在心理上便被当作是现在发生的一个事物,这种心理体验上的时间就是心理上的"现在",其长度范围一般为 1/6 秒到 2/3 秒,短于 1/6 秒的时间人感知不到它,称为瞬间,长于 2/3 秒的时间仅靠直接知觉比较困难,一般要靠回忆来估计长短。

研究表明,对时间的估计受刺激的物理特性、主体态度、注意、情绪以及记忆中所保持的信息数量等的影响。例如,对估计时间越注意,就会使人感觉时间越长;越是紧张、感兴趣的工作,时间过得越快,但以后回忆起来却感到很长;越无聊、单调,越觉得时间过得慢,但以后回想起来却很短。

时间是瞬息即逝的,我们不能像空间知觉那样进行反复的感知。因此,真正意义上的时间知觉和时间记忆有所不同。时间知觉是对时间的"直接"反映,依赖于同质刺激的自发组织,即在大约几秒钟的限度内,把一些相继事件知觉为相对来说是同时的。这些事件排列有序并被知觉为一个单元,如一个电话号码、一个节律结构、一个曲调的主旋律、一个简单的句子等。可见,时间知觉的内涵和所谓"心理的现在"(psychological present)、"知觉到的现在"(perceived present)相同。通常,时间知觉包含对时间持续性和顺序性的知觉。超过了上述限度,我们对持续时间的认知就不是对现实的复制,而只能靠同长时记忆中的体验或钟表和日历所衡量的时间进行比较来加以认知,这是时间估计(time estimation)或时间记忆。实际上,不论时间知觉或时间估计,都不能理解成是对纯粹时间的加工,时间信息必然不能脱离非时间信息。

(一)知觉到的"现在"的限度

知觉到的"现在"的上限是按照一个刺激序列可以被知觉为整体所持续的时间来衡量的。因此,这个时限不仅取决于人的客观认知加工能力,也取决于刺激材料和环境的属性。早期的一些研究表明,知觉到的"现在"的上限是有差异的:对英语诗句的平均持续时间约为 3 秒,对光刺激的平均持续时间约为 6 秒,对乐音的平均持续时间为 2~5 秒。弗雷斯(Paul Fraisse)总结了这方面的研究,认为知觉到的"现在"可以持续 3~5 秒。波佩尔(Ernst Pöppel)甚至提出这个时限的内涵就是意识的限度,因为系列事件只有通过某种时间整合机制被整合成一个个单元或时间上的"格式塔",才能成为主观的"现在"的内容。作为意识内容维持时限的证据,在对双关图知觉、反应时分布甚至言语等基本动作作业中,先后发现了上限约为 3 秒的低频周期性振荡机制。对时间顺序阈限的研究则发现支持还存在另一个时距大约为 30 毫秒的高频加工系统。从功能上讲,后一个系统产生间隔 30 毫秒的时间量子,为离散事件的建立和识别提供可能,它不受感觉换能作用的影响,而只取决于脑的功能;前一个系统则产生持续 3 秒的时间整合窗口。

(二)顺序知觉和持续知觉

作为时间知觉的基本研究内容,顺序和持续并不能完整概括所有的时间经验。在弗雷斯(Paul Fraisse)建立的时间知觉研究框架中,从瞬时(instantaneity)体验过渡到持续(duration)体验的延续性组织和从同时(simultaneity)体验过渡到相继(succession)体验的顺序性组织是绵延事件的基本结构。对这两类组织中的时间知觉阈限的测定揭示出二者之间的分离:顺序阈限略高于持续阈限,但二者并非一个连续体;持续阈限在视觉通道上的阈限相对听觉高(视觉通道的换能速度慢于听觉),而顺序阈限则不受换能作用的影响,表现出跨通道的一致性。

相对而言,持续知觉即时距知觉得到了更多研究者的关注,大量研究都是围绕人或动物在时距估计作业中的准确性及其变异源来展开的,也发展出诸多的理论模型和研究范式。

(三)时距知觉的加工机制

日常经验告诉我们,绵延而连续的物理时间和离散、分段的心理时间往往存在很大的差异。概括而言,时距知觉的加工也可以用自上而下机制和自下而上机制及其交互作用来解释。就时间知觉而言,由于时间信息必然负载具体的非时间信息之上,则时间知觉中的自下而上机制主要指具体刺激的物理属性。注意等认知因素也会对时距知觉产生自上而下的影响。同时,有机体的生物属性等内部变量也会对时距知觉产生影响。

1. 刺激的物理性质

刺激的类型、复杂度、强度、呈现时间、感觉道类别和个数等刺激或情境性质会极大地影响时距知觉。已有的研究发现:较强的刺激比不太强的刺激显得时间长些;被分段的时距比空白的时距显得长些;延伸于两个空间上的时距比延伸于一个空间上的时距显得长些;信息编码复杂的时距比信息编码简单的时距显得长些;不熟悉刺激的时距比熟悉刺激的时距显得长些。

2. 内部变量

早期的时间知觉理论基于生物钟假设,将时距知觉解释为节拍器(生物钟)发放脉冲,累加器记录脉冲数量并通过比较机制得出时距估计的过程。吉本(John Gibbon)试图辨明刺激属性和心理反应间的一般联系,也尝试建立了类似于史蒂文斯定律、韦伯定律这样的心理物理法则,被认为是时间知觉研究的生物取向。其代表性成果——梯度期望理论(Scalar Expectancy Theory,SET)迄今仍有一定影响。根据该取向,凡可能对生物钟工作频率产生影响的机体变量都是时距知觉的变异源。例如,发现体温、年龄增加会导致高估时间;女性倾向于高估短时间和低估长时间,男性则相反;其他如药物注射、智商、疲劳、脑损伤、异常的精神状态都会对时距知觉产生影响。

3. 认知因素

随着认知科学的兴起,注意、记忆、情绪、动机和倾向、学习、认知能力、经验、社会环境甚至人格、文化等认知因素对时间知觉的影响日益成为研究的焦点。由此产生的研究取向被称为认知取向。布洛克等研究者(Richard Block & Dan Zakay)的代表性成果——注意闸门模型(attentional-gate model)强调注意在时间知觉任务中对时间信息和非时间信息起着分配资源的"开关"作用。该理论可以很好地解释时间错觉现象,即对持续时间的注意会使知觉到的时距变长。

三、时间知觉和空间事件

时间和空间之间是一种相互依赖的关系,彼此很难分割。时间对空间产生的影响如图4-8a所示,在被试的前臂安排了三个等距离的受刺激点,组成一个触觉的等边三角形。当刺激A点和B点之间的时间间隔大于刺激A点和C点的时间间隔时,被试觉得AB的距离似乎要大于AC的距离,即时距越长,知觉到的距离也越长。这被称为tau效应(tau effect)。tau效应在视觉领域也得到了证明。

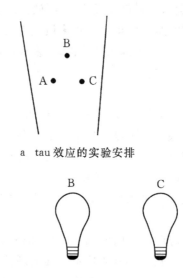

a tau效应的实验安排

b kappa效应的实验安排

图4-8 tau效应和kappa效应

反过来,时间知觉受空间事件的影响称为kappa效应(kappa effect)。在科恩(John Cohen)等人的实验中,将三个灯泡排成一行,如图 4-8b 所示。开 A 灯和 B 灯之间的时间间隔等于开 B 灯和 C 灯之间的时间间隔,但由于 A 灯与 B 灯的距离大于 B 灯与 C 灯,被试觉得开 A 灯和 B 灯之间的时间间隔要长些,表现出空间知觉对时间知觉的影响。kappa 效应只在特定的时间间隔条件下才会发生,在刺激难以区分时更容易发生。有实验表明,kappa 效应在儿童身上表现得特别明显。

对这类时空相互作用现象,安德森(John Robert Anderson)等用速度、时间和空间距离三者关系的整合在时间、空间判断中的作用来解释,即所谓归因的匀速假设(imputed constant velocity hypothesis),而琼斯和黄(Bill Jones & Yih Lehr Huang)则用背景性(context)错觉来解释。另一项研究(Fumiko Matsuda)发现,当被试形成利用时间间隔作为空间距离估计线索的定势时更容易发生 tau 效应,而当其形成利用图像运动的速度作为距离估计线索的定势时,则发生所谓的逆 tau 效应(anti-tau effect),即时距越长,距离估计越短。

第五节 运动知觉

运动知觉(motion perception)是对空间中物体运动特性的知觉。人生活在一个充满运动的世界。为了了解人和环境之间的相对关系的变化,就要了解客体的运动。运动知觉也就是对客体或客体的部分在空间上的位置变化以及变化速度的知觉,其对有机体的意义不言而喻。我们对客观事物位置变化及变化速度的知觉,是透过多种感官的协同活动而实现的。当物体通过我们的视野,视锥细胞和视杆细胞因被连续刺激而在视网膜上留下了一连串的物像,即运动知觉。如果盯住一个运动物体移动头和眼,那么反馈系统会把和眼、头的运动信息传递给大脑,我们仍知觉到物体在运动。如果听到火车的声音由弱变强或由强变弱,这告诉我们火车正由远及近或由近及远地运动。如果我们自己在行走,或用眼睛从一个固定的物体转移到其他固定的物体,虽然视网膜上留下了一连串的物像,但我们并不觉得外物在运动。这是因为身体的平衡觉、头部的动觉抵消了视网膜上连续刺激所产生的兴奋。我们时常会陶醉于技术娴熟的网球手、羽毛球手或乒乓球手对运动判断的速度和准确性,而其中的运动知觉是很复杂的。运动牵涉到时间和空间的交互作用,因此运动知觉与时间知觉和空间知觉密切相关。运动知觉包括真动知觉和似动知觉。

一、真动知觉

真动知觉(real motion perception)是对物体本身真正在空间发生的位移及移动速度的知觉。虽然事物都在不断变化,但并不是任何种类的运动变化都能被我们察觉到。有些运动太慢,如钟的时针和分针的移动、花的开放,我们无法看清;有些运动太快,如飞行中的子弹、白炽灯的闪烁,我们也看不出来。我们刚刚可以辨认出来的最慢的运动速度,便是运动知觉的下阈限;运动速度加快超过一定的限度,我们看到的只是弥漫性的闪烁,这种刚刚能看到闪烁时的速度,便是运动知觉的上阈限。据测定,距离为 2 米时,下阈限为 0.66 毫米/秒,上阈限为 605.22 毫米/秒。运动知觉的差别阈限符合韦伯定律,在速度为 200～400 毫米/秒的情况下韦伯常数约为 0.2。如同前面提到的专业球手例子,对运动的知觉受到经验和训练的影响。

在运动知觉的生理机制方面,现代神经成像研究表明大脑的某些区域可以对运动进行检测。对脑损伤患者的神经心理学研究也发现运动知觉损伤的个案,如有患者无法"看到"咖啡倒入杯子的连续过程,而只能知觉到一串静态图像。

二、似动知觉

似动知觉(apparent motion perception)是指在一定的条件下人们把客观上静止的物体看成是运动的,或把客观上不连续的位移看成是连续运动的。似动知觉主要有下列几种形式。

(一)动景运动(Stroboscope Motion)

动景运动又称 Φ 现象(phi phenomenon)。在格式塔心理学的创始人韦特海默(Max Wertheimer)的实验中,不同位置的 A、B 两条线段相继呈现,当时间间隔过短(低于 0.03 秒),看到的是 A、B 两线同时出现;而时间间隔过长(长于 1 秒),看到的是 A、B 两线先后出现;如果间隔时间适当(0.06 秒),便会看到 A 向 B 的运动。像这种物体本身并未移动而只是刺激在特定的时间间隔和空间间距条件下连续交替呈现所产生的运动知觉现象,称为动景运动。电影、卡通片的制作,都采用了这一原理。这是由于视觉后像的作用使我们把断续的刺激融合知觉为一个整体连续刺激。

(二)自主运动

在暗室中注视一个静止的亮点(如烟灰缸里一支点燃的香烟;一只不透光的盒子里放一个灯泡,在盒子壁上戳一个小孔),注视一段时间后,光点会古怪地动起来,此即自主运动。造成自主运动的原因并不完全清楚。一种观点认为,自主运动是由于人的眼睛总是不随意地运动着,即使在注视时仍有微弱的颤动,这些眼动信息的输入使人觉得亮点在运动。眼动引起的运动知觉可从图 4-9 中看出,注视这张图你会看到它在运动。另一种观点认为,自主运动是视

图 4-9 眼动引起的运动知觉

野中缺乏参照物之故,因为一旦视野里有某个参照物,自主运动随即消失。这两方面的原因都有可能。

(三)诱导运动

由于周围其他物体运动,使本来静止的物体看上去在运动的一种错觉叫作诱导运动。在没有更多的参照物的条件下,两个物体中的一个在运动,人可能把它们中的任何一个看成是运动的。我们可以把月亮看成是在云彩后面移动,也可以把云彩看成是在月亮前面移动。其实,相对于人来说月亮并没有移动,只是运动着的云彩"诱导"出静物月亮好像在运动。

(四)运动后效(motion aftereffect)

大多数运动都会产生朝相反方向的运动后效。典型的情况是,当我们注视瀑布一会儿后,将视线移至旁边的悬崖上时,悬崖看起来像是在往上运动似的,因而运动后效也称瀑布效应(waterfall effect)。此外,日常生活中,我们也可能有这样的经验,就是快速旋转的车轮或风扇在某个速度上会产生反转知觉。

第六节 错 觉

一、错觉及其种类

知觉系统仅根据输入刺激的部分属性就可以不断地根据记忆或经验创造出知觉形象,这种知觉形象往往是关于知觉物的某种最合理、最可能的解释。在特定条件下,这种解释产生偏差,就形成错觉(illusion)。错觉指在特定条件下对事物必然会产生的某种固有倾向的歪曲知觉。错觉不同于幻觉,它是在一定条件下必然产生的正常现象。严格来说,任何知觉都带有某种错觉,因为眼睛不同于照相机,耳朵不同于录音机,知觉是对客体再加工的心理历程,而不是机械的复制。错觉现象很早就被人们所认识,如我们熟悉的典籍《列子·汤问》中所载"两小儿辩日"的故事,所谓"日初出大如车盖,及日中则如盘盂",就是错觉的一例。日月错觉是一个十分常见而有趣的例子,太阳或月亮接近地平线时,看起来比其位于天空正中时要大50%左右,虽然在这两个位置时太阳或月亮的视网膜成像是一样大的。

错觉的种类很多。对错觉的研究可以追溯到19世纪中叶,早期研究侧重于黑白色调的视错觉(visual illusion),近来由于实验技术的发展特别是计算机制图技术的发展,颜色错觉(color illusion)和运动错觉(motion illusion)的研究成为焦点。错觉中研究得最多,也最具代表性的是几何错觉(geometric illusion),最经典的有以下几种(见图4-10)。

(一)方向错觉

一条直线的中部被遮盖住,看起来直线两端向外移动部分不再是直线了,也称为波根多夫(Poggendorff)错觉;由于背后倾斜线的影响,看起来棒似乎向相反方向转动了,也称为策尔纳(Zollner)错觉;画的是同心圆,看起来却是螺旋形了,也称为弗雷泽(Fraser)错觉。

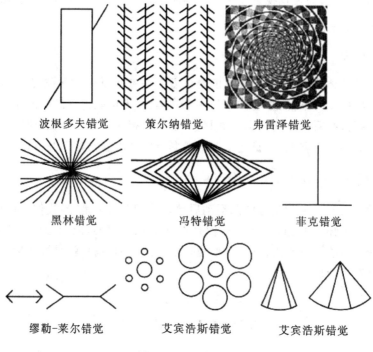

图 4-10 几何错觉

(二)线条弯曲错觉

两条平行线看起来中间部分凸了起来,也称为黑林(Hering)错觉;两条平行线看起来中间部分凹了下去,也称为冯特(Wundt)错觉。

(三)线条长短错觉

垂直线与水平线是等长的,但看起来垂直线比水平线长,也称为菲克(Fick)错觉;左边中间的线段与右边中间的线段是等长的,但看起来左边中间的线段比右边的要长,也称为缪勒-莱尔(Müller-Lyer)错觉。

(四)面积大小错觉

中间的两个圆面积相等,但看起来左边中间的圆大于右边中间的圆;中间的两个三角形面积相等,但看起来左边中间的三角形比右边中间的三角形大,也称为艾宾浩斯(Ebbinghaus)错觉。

随着计算机技术的发展,研究者不断发现新的错觉现象,许多至今仍无法成功地解释。因此,对错觉现象进行分类也似乎比较困难。通常,我们既可以按照感觉通道来进行划分,如视错觉、听错觉等,也可以按照知觉对象划分为平面几何、空间、时间、运动等错觉现象。巴赫(Michael Bach)等人将错觉主要分为六大类:①亮度和对比度错觉;②运动和时间错觉;③几何或角度错觉;④空间、大小恒常性和不可能图形错觉;⑤认知和格式塔效应错觉,如大家熟知的主观轮廓效应;⑥颜色错觉。

二、错觉产生的原因

关于错觉产生的原因虽有多种解释,但迄今都不能完全令人满意。这是一个相当复杂的问题。从现象上看,错觉的产生可能既有客观的原因,也有主观的原因。客观上,错觉的产生大多是在知觉对象所处的客观环境有了某种变化的情况下发生的。有的是对象的结构发生了某种变化,如垂直水平错觉,有的是对象处于某种背景之中,如太阳错觉等。知觉的情境已经发生了变化,人却以原先的知觉模式进行感知,这可能是错觉产生的原因之一。主观上,错觉的产生可能与过去经验有关。人对当前事物的感知总是受着过去经验的影响,因而错觉的产生也受到过去经验的影响。例如,我们生活在地球上,习惯地把小的对象看成在大的静止背景中运动,如人、车辆在静止的大地上运动。所以,月夜观月,也习惯地把大片白云看成是静止的,误以为月亮在云后移动。

情绪态度也会使人产生错觉。如时间错觉:焦急企盼、彻夜失眠、百无聊赖等都会使人感到时间过得很慢,有所谓"度日如年""一日三秋"之感;全神贯注于自己的事业或欢乐的活动,会使人感到时间过得很快,有所谓"光阴似箭""日月如梭"之感。再如,战败了的士兵由于恐惧而产生"风声鹤唳""草木皆兵"的错觉等。

错觉也可能是各种感觉相互作用的结果。例如,形重错觉的产生很可能是因为平常我们接受的视觉信息大大多于肌肉动觉信息,在提一定重量的物体时,我们首先倚重视觉提供的信息,会准备用大力气去提大物,用小一点儿的力气去提小物,结果便感到原本重量相同的两个物体重量不同,总觉得较小的物体重些。又如,听报告时声源移位的错觉可能是视觉和听觉相互作用的结果。总之,产生错觉的原因是多种多样的。既有客观的因素,也有主观的因素;既有生理的原因,也有心理的原因。对于各种错觉的产生,应具体地进行分析。

错觉现象通常反映了知觉系统对于标准知觉环境的某种特殊的适应性,这种适应性经过长期的进化根植于我们的大脑。可以说,让我们正确地感知周围世界的知觉机制同时就是导致知觉解释发生错误,产生错觉的机制。了解错觉对于我们解释知觉具有重要的意义。同时,错觉现象在艺术、工程设计以及军事上有着广泛的应用。

这里再给大家介绍一下月亮错觉(moon illusion),这是一种壮观而又迷惑人的错觉。月亮刚刚在地平线上升起时看起来比在天顶时要大!但实际上我们都知道,月亮还是同一个月亮,它并没有改变大小,也没有改变与地球之间的距离。如图 4-11 所示,不管月亮位于天空的哪个位置,它的大小都是相同的。该图是拍摄的一张时序影像,每隔 2.5 分钟对月亮进行一次短暂曝光,而最后一次的曝光时间较长,以带出西雅图市的美丽全景。从中可见,月亮的直径实际上未曾变化。如此说来,照相机做了忠实的记录,人眼却不能"眼见为实"了。那么,是什么导致了月亮错觉呢?自古以来人们就试图解释它,但至今仍无定论。心理学上最具代表性的有以下两种理论。

(一)表面距离假说(apparent distance hypothesis)

这是美国心理学家考夫曼等(Irvin Rock & Lloyd Kaufman)于 1962 年提出的月亮错觉理论。该假说认为,当远近不同的两个物体在视网膜上形成的像大小相同时,人们就会根据经验判断远者较大,近者较小(远处的牛和近处的羊看来一样高时,却知牛比羊大)。月亮接近地

图 4-11 月出西雅图

面时,由于空气透视等原因,在心理上就会觉得它比在当空时远。于是根据远者较大、近者较小的心理原则,自然就会判断当空的月亮较小。

(二)相对体积假说(relative size hypothesis)

这是美国心理学家罗斯特里(Frank Rostle)提出的月亮错觉理论。该假说认为,人所见到物体体积的大小,并不完全以视网膜上的像为根据,而是要同时参照物体周围环境中其他物体后才能做出判断。除了附近物体的大小外,物体本身所在地周围的空间大小也是重要的参照标准。月亮接近地面时,其周围空间小,就显得月亮特别大(形成对比);月亮当空时,因为周围空间开阔,相对地就显得月亮较小。

【延伸阅读】

察看运动

把眼睛当作照相机这个比喻的意思是,我们是以快门的方式来观察事物的,可是,我们的视觉经验是一种不间断运动的体验。的确,通过环境和环境中移动的物体来感知我们的运动,这是观察当中最为重要的一个方面。没有运动知觉的视力几乎是无价值的,也许比没有视力还要糟。这可以从1983年《大脑》期刊报道的一例罕见的个案中看出来。

患者是位妇女,因为严重的头疼、晕眩、恶心,最严重的是失去了运动感,这使她感觉处处不便,因而住院。做脑电图和其他体检显示,她主要的视觉接受区域外的大脑皮层的一个部分有损伤,这个区域已知是对运动感觉至关重要的。报告摘抄如下:

(她)失去了所有三个层面的运动视觉。比如,倒茶和咖啡时都有问题,因为这些液体看上去都像结了冰,就像一层冰块。另外,她也掌握不了倒水的时间,因为水快要倒满时,她不能够感知杯子(或壶)里面的运动……在有别人走动的屋子里,她感觉很不安全,很不舒服,而且很快就离开房间,因为"人们很快地走到这里或者那里,可是,我看不见他们的移动"……她不敢走过街道,因为她无法判断车辆的速度,可是,她可以很轻松地看到汽车本身。"当我首先看到车辆的时候,它好像在很远的地方。然后,当我准备穿过街道时,汽车突然就在很近的地方。"

哪怕没有这些证据,我们都可以判断出,运动视觉是极为重要的。我们对自身移动的感觉指导我们在环境中走动;对向我们移动而来的物体的感觉,使我们能够避开危险;我们对手的移动的感觉,给我们提供对何时伸向物体或者做一些精细手工活至关重要的数据;站着的时候,对我们身体精细运动的感觉使我们知道挥舞双手或者不要失去平衡。(如果你双脚并在一起站着,然后闭上眼睛,你会发现很难站得极稳。)

在过去的半个世纪里,很多对运动知觉的研究都是处理外部的变量的:移动物体的大小、速度、位置和其他特点是如何影响它们在我们看到时的样子的。这样一些研究与心理物理学是差不多的:它获取一些客观数据,但对于经验的内部过程却只字不提。尽管如此,它提供了这些过程的重要提示,一方面是天生的神经过程,另一方面是获取的认知过程。

一项有关天生的低水平过程的典型发现:研究者在婴儿面前把一个阴影或者盒子样的图像打在屏幕上,然后让阴影或者图像快速地扩张。当图像扩大时,婴儿朝后靠一靠,就好像要避免被撞上一样。这个反应不是经验的作用,一个从没有被快速接近的物体撞上过的新生儿会以这种方式做出反应,就跟许多没有经验和新生的动物一样。这种对"快速放大"的物体做出的避开姿势,很明显就是一种保护性的反射,它是通过进化传达给我们的;一个快速接近我们的物体的视觉图像会触发回避的行为,它不涉及任何更高的精神过程。

有关获取的高级过程的典型发现是:1974 年,心理学家戴维·李和埃里克·阿伦森做了一个没有地板的小房间,它可以通过一块不能移动的地板从这里或者那边溜过去。当他们把一个 13~16 个月大的、刚刚学会走路的婴儿放在里面,然后偷偷把这个房间朝着婴儿面对的方向溜过去时,也就是说,从孩子面前溜走——这个孩子会向前扑过去,或者跌倒;如果他们把房间朝另外一个方向溜过去,孩子会朝后跌倒。这个解释是,当墙壁移走时,孩子感觉到,好像他或者她在朝后倒,因此自动地通过向前倾倒而加以补偿,反过来亦是一样。这好像是一种获取的行为。孩子在开始走路时,会学会使用"光学流动"信息。(光学流动是我们移动时反映在我们视野范围内的任何东西的移动。比如,当我们走向某个点时,其周围的任何东西会向外扩大,直到视野的尽头。)

这些以及其他一些有成果的移动知觉研究,把长期以来认为眼睛是照相机的这个观点里更多的缺陷暴露了出来。其中一种缺陷是,尽管眼睛没有快门,可是,移动的物体并不会引起模糊,如我们在照相时,照相机在曝光时的移动并不会使我们看到一个模糊的东西。相应地,很多对移动感觉的研究已经在寻找发现为什么没有模糊的原因。一种不断得到认同的假设是以乌尔里克·赖塞尔和其他一些人的研究为基础的,即,当我们看到一个图像通过速转实体镜在屏幕上闪动哪怕多少分之一秒时,我们事后也可以在思想里面粗略地看到它。1967 年,赖塞尔使用"图标"这个词来形容这个非常短暂的视觉记忆,他测量它的持续约为半秒钟(后来的研究报告说只有 1/4 秒)到 2 秒,并发现,如果新的模式在它完全消失以前出现的话,它就会被擦掉。其他一些视觉研究者们因此认为,由于眼睛扫过视野或者以一系列叫作"飞速扫视"的跳跃方式跟踪物体,它在物体移动时什么也看不到,可是,在每一次短暂停留时,它会发出一个图标式的快照给大脑。这些快照都汇集在一起,变成了一种运动知觉,有点像看电影。

这种假设在 20 世纪 70 年代和 80 年代早期被广泛接受。可是,一些处于先进行列的调查者开始怀疑,图标只是在不自然的实验室条件下观察到的,它不一定存在于正常的知觉之中。若果真如此,有关移动知觉的飞速扫视——图标假设就会崩溃。拉尔夫·哈伯是这样看的:

在自然状态下是没有这样一些表现的,除非你想在闪电中阅读。不自然的一种情形是视网膜可以在约 1/4 秒的时间里受到静态刺激的,因为它的前后都是一片黑暗……从来没有一个固定的、像快照一样的视网膜图像固定在时空中,而只有持续变化着的图像……图标是在实验室里诞生的,且只存在于实验室,而不可能存在于别的任何地方。

眼睛的屏幕不是一种感光剂,它上面移动的图像并不是以静止物的形式被捕获而不模糊的。反过来,视网膜是一种由成百万接收器构成的组织,当受到刺激的时候,每一个接收器每一秒钟启动的次数有好多次。当一个图像在视网膜上通过时,从一连串接收器上产生的连续脉冲流会向前进入视觉皮层。没有模糊不清的地方,因为这个系统生成的不是一连串静止的东西,而是一种不间断的、不断变化的信息之流。

的确,仅只在 30 年前才有的一项有关移动知觉问题的戏剧性发现是,视网膜和视觉皮层里的有些神经元会对移动做出反应,可是,其他的许多神经元却不会有反应。移动的检测在单细胞水平上开始。这个古老的进化性发展有助于一些猎物避免被吃掉,也有助于一些捕食者发现和抓住猎物。一只青蛙会有效地捕捉住任何小的移动物体,不过,如果只给它喂死苍蝇或者死虫子,它就会饿死,因为它不会认为这些死东西是食物。其他许多简单动物显示了相类似的行为。青蛙的视网膜和大脑明显具有一些可以对移动(和大小)做出反应的神经元,这种能力具有比视觉方面意义更大的生存价值。

在 20 世纪 60 年代和 70 年代,胡贝尔和威塞尔及其他人都证明了移动知觉器的存在。他们证明,当他们利用电极法记录老鼠和猴子的单细胞的活动时,视网膜和视觉皮层中的某些细胞,而且只有这些细胞,会对移动做出强烈反应。事实上,有些只对一种方向上的移动做出反应,有些对另一方向上的移动做出反应。

其他一些调查者通过完全不同的方法确证了这一点。1963 年,罗伯特·塞库拉及一位同事将一只向上移动的栅栏投影,他们确立了人类受试者可以看见物体移动的临界值(最低速度),然后让每位受试者稳定地看着移动的物体。几分钟以后,受试者在栅栏以原来的临界速度慢慢走动时再也不能看见它移动了,不过,如果速度提高一倍,他们仍然能够看见它移动,而且还能够在更慢的速度上看见它向下移动。结果表明,有向上移动的检测器,它已经疲倦了,还有向下移动的检测器,而这些检测器却没有疲倦。比较结果以相反的方式得到,受试者这时候观察一个向下移动的栅栏有好几分钟。

我们大多数人都经历过移动检测器疲倦而不知道它的神经元基础。如果我们盯着一道瀑布长时间地看(或者其他长时间连续移动的物体,如生产流水线),然后扭过头去,我们会看见向相反方向的移动错觉。以高速对一个方向上的移动做出反应的细胞会暂时疲倦,而且不再产生反应,这时,对向另一个方向的移动产生反应的细胞却会不断地以其正常的低水平这样做,并以它们喜欢的方向临时产生一个移动感觉。

然而,这些都没有解释清楚其他两种移动知觉的未解之谜。如果我们移动眼睛或者头脑去追随一只飞鸟,或者其他移动的物体,我们会感觉到移动,哪怕这个图像在视网膜的中心保持不动。反过来,如果我们移动眼睛,虽然图像会扫过视网膜,可是我们会看到一个静止的世界。

那么,一定就是一些其他的信息来源在确认或者纠正来自视网膜的信息。自 20 世纪以来,已经提出了两种可能性:要么大脑向眼睛和头脑发出了移动命令,以便使一个移动物体的图像保持在视网膜中心位置;要么眼睛和头的移动本身延缓进入视觉皮层,并在那里被解释为这个物体的移动。同样，当我们扫描一个静止的背景时，要么是大脑的命令，要么是眼睛的移动在向视觉皮层发出信号，以使它把移动视网膜图像当作一个未移动场景的图像。

这个问题尚没有得到解决，用动物进行的实验室实验为每种理论提供了一些证据。通过一种或者另一种方法，眼睛和头移动会提供一部分对于移动知觉至关重要的信息。对余象的研究证明了这一点。如果受试者盯住一个明亮的光线看一会儿，当扭开头去看一个相对黑暗的地区时，他们会看到光线的余象。如果他们移动眼睛，余象会在同一个方向上移动，尽管视觉皮层接受到眼睛在动而图像并没有在视网膜上移动的信息，可是，它还是会解释它们，并把它们当作眼睛在跟踪一个移动图像来解释。

另一项实验也证明了这一点，是在20世纪50年代由一位名叫冯赫尔斯特的德国人进行的。他暂时使一位志愿者的眼肌瘫痪，这样，眼睛就不能向左移动，然后告诉这位志愿者，让他朝这个方向移动。眼睛并没有移动，可是，观察者却看见物体在朝这个方向移动。接下来，他机械地使眼睛向左移动，果如所料，观察者看见视野向右移动。最后，他告诉观察者将瘫痪的眼睛向左移动，同时机械地将它移向右边，志愿者完全看不到移动，因为两种影响互相抵消了。

（亨特.心理学的故事[M].李斯,王月瑞,译.海口:海南出版社,1999.）

思考题

1. 为什么说知觉是人对感觉信息的组织和解释的过程？
2. 概述知觉的信息加工原理。
3. 知觉有哪些基本特征？试举例说明。
4. 知觉的组织原则有哪些？
5. 双眼视差在空间知觉中起什么作用？
6. 双耳线索在空间知觉中起什么作用？
7. 如何看待心理时间与物理时间的不同？
8. 对象与背景的相互关系提供了物体运动的哪些信息？
9. 试分析错觉产生的原因。

第五章

记　忆

孩提时玩耍的伙伴,旅游时看过的风景,比赛获胜时的激动心情,这些源源不断进入大脑的信息都会在个体的大脑中保存下来,这种保存通常被称为记忆。记忆不仅能够将个体感知到的人和事物保持于头脑中,同时记忆还可以将思考过的问题,体验过的情绪情感,练习过的动作等保持在个体的头脑中。当这些记忆中的事物不在眼前时,个体能够回想起来,或者当它们再度出现时个体能够辨认出来,这个过程就是再现。如果个体经历过的事物不能再现,则称之为遗忘。人们总是希望能记住有用的和带来积极体验的事物,而忘记那些给个体带来消极体验的事物,但在现实生活中有时结果却与希望相悖。记忆是什么,它的具体过程是什么,如何提高自己的记忆能力从而有效减少遗忘,这些都是本章所要讲述的内容。

第一节　记忆概述

个体曾经感知过的、思考过的、体验过的和行动过的事物都能在其大脑中得到保存,成为个体记忆的一部分。记忆不仅仅是一个巨大的储存信息的仓库,更是一个复杂的动态系统,从事着接受、加工、储存、修改和提取信息的工作。

一、记忆的概念

记忆(memory)是人脑对过去经验的保持和提取,它是人脑积累知识经验的一种功能,有"心灵的仓库"之美称。从信息加工的观点看,记忆就是人脑对外界输入的信息进行编码、储存和提取的过程。

记忆是一个从"记"到"忆"的过程,即记忆可以分为识记、保持和再现三个基本过程。识记是记忆的初始阶段,是获得知识经验的记忆过程。识记具有选择性。环境中的各种刺激只有被个体注意才能识记住。从信息加工的观点来看,识记是信息的输入和编码过程。在编码时,人试图将当前经验同某一名称相联系,这一过程通常是自动的、迅速的,因而未被意识到。进一步的编码过程是使新输入的信息同已有的知识经验建立广泛的联系,从而形成知识网络。保持是识记过的经验在脑中的巩固过程。从信息加工观点来看,保持就是信息的储存。储存也是一个积极的过程,储存的信息在内容和数量上都会发生变化。再现包括回忆和再认。再现是在不同的情况下恢复既往经验的过程。经历过的事物不在眼前，能把它重新回想起来的过程，称为回忆。例如学过的诗歌，我们不看书而把它背出来，就是回忆。经历过的事物再度出现时，能把它认出来的过程，称为再认，比如从人群中认出你的一位朋友。从信息加工的观点来看，回忆和再认是提取信息的过程。记忆的三个基本过程之间是相互联系、相互制约的关系。识记和保持是再现的前提，再现是识记和保持的结果。没有识记，谈不上对经验的保持；没有识记和保持，也就不可能对经历过的事物回忆或再认。识记和保持是回忆和再认的前提，而回忆和再认则是识记和保持的结果，并进一步巩固和加强了识记和保持。

记忆的重要性是不言而喻的。我们能够与他人顺利地交流，不至于忘了别人对你说了什么话、问了什么问题；我们能够暂时记住一个电话号码，等到拨完电话又把它忘记；我们能够顺利地读完一篇文章，写下读后感想。我们的很多能力都是建立在记忆的基础之上的。记忆是心理过程在时间上的持续，人有了记忆，才能够积累经验扩大经验，才能将前后的经验联系起来，使心理活动成为一个发展的、统一的过程。记忆把人的过去、现在和未来连接为一个整体。没有记忆参与，知觉过程就不可能实现；没有记忆，也就不可能有思维活动；通过记忆，个体不断扩充和丰富自己头脑中的信息内容，最终形成独具魅力的个性。

二、记忆的分类

（一）按记忆内容分类

根据记忆的内容不同，记忆可以被分为以下几种：

1. 形象记忆（image memory）

以感知过的事物形象为主要内容的记忆，叫作形象记忆，又称为表象记忆。例如，我们看完一部电影后对主人公形象的记忆，就是形象记忆。这类记忆提取较慢，易受到干扰。

2. 逻辑记忆（logic memory）

以概念、公式和规律等逻辑思维过程为内容的记忆，叫作逻辑记忆。例如，我们对法则、定理或数学公式的记忆，就是逻辑记忆。这类记忆较为稳定，提取快。

3. 情绪记忆（emotional memory）

以体验过的某种情绪或情感为内容的记忆，叫作情绪记忆。例如，我们对受到别人辱骂的痛苦心情和对受到别人称赞的愉快心情的记忆，就是情绪记忆。这是与心理健康关系最为密切的记忆。

4. 运动记忆（motor memory）

以做过的运动或动作为内容的记忆，叫作运动记忆。例如，对于打乒乓球时一个接一个连贯动作的记忆，就是运动记忆。运动记忆提取容易且不易遗忘。

在实际生活中，这几种记忆并不是相互独立的，它们之间的联系非常紧密。按照不同记忆内容进行的分类并不是绝对判断，而是根据记忆内容中哪种成分更多做出的相对判断。

（二）按再认或回忆时的意识状态分类

1. 外显记忆（explicit memory）

外显记忆是指个体有意识地或主动地收集某些经验来完成当前作业的记忆，是有意识提取信息的记忆。例如,考试中按照题目要求写出某一理论的主要观点。

2. 内隐记忆(implicit memory)

内隐记忆指在无意识情况下,个体过去经验自动对当前作业产生影响的记忆。内隐记忆强调信息提取过程的无意识性。内隐记忆常常表现为先前识记过的内容会不知不觉地影响个体的行为,例如广告中的阈下广告,以及人际交往中的印象形成等都含有内隐记忆的影响。

(三)按信息加工处理的方式分类

1. 陈述性记忆(declarative memory)

陈述性记忆是对事实的记忆,例如人名、地名、名词解释以及定理定律等都属于陈述性记忆。陈述性记忆可以言传,需要时可以将记忆中的事实表述出来。

2. 程序性记忆(procedural memory)

程序性记忆是对具有先后顺序的活动的记忆,主要包括心智技能和动作技能两部分,它是个体由观察学习与实际操作练习而习得的记忆,如弹钢琴、做木工活等。程序记忆最显著的特点是不能用语言表述。

(四)闪光灯记忆、前瞻记忆与来源记忆

随着对记忆的研究,一些新的记忆种类逐渐涌现,它们代表了记忆研究新进展,也不断拓展着人类对记忆的理解。

1. 闪光灯记忆(flashbulb memory)

如果长时间不用,遗忘是不可避免的。但是,有些事情却是我们一辈子都不会忘记的,这些事情发生时你在干什么,你都记得一清二楚,甚至记得当时的情感,它就像是被永远定格了的照片一样,长久鲜明地保留在我们的脑海里。闪光灯记忆就是指对一个特殊、重要或令人吃惊的事件的记忆。例如,遭遇一场地震、高中毕业晚会、第一次见室友等都可能是闪光灯记忆。闪光灯记忆的特点是表象中的细节似乎非常清晰。当然,闪光灯记忆不会包括原始情境的每一个细节,所记住的细节也不一定完全准确。闪光灯记忆解释了一个常见的现象:比起对平常事件的记忆,特殊的记忆更容易提取。

2. 前瞻性记忆(prospective memory)

一般认为,记忆都是针对已经过去的事情,即回溯性记忆(retrospective memory)。然而在现实生活中,个体也需要对将来发生的事情进行记忆。比如,什么时候要给某人打个电话、几点必须吃药、几点开会、哪一天要考试等。我们把这种在未来某个特定时间要做某事的记忆称作前瞻性记忆。回溯性记忆和前瞻性记忆有很大的区别。回溯性记忆好的人,前瞻性记忆不一定好,反过来也是一样。过去发生的事情的记忆会随着时间的流逝而逐渐消退,但是对前瞻性记忆来说,并不是离现在越远的事情越容易忘记。心理学家发现,让一个人记住一个月后要寄一封信与让他两天后去寄一封信的记忆效果是差不多的。我们常常忘记的并不是什么时间,而是要做什么。在日常生活中我们常有这样的体验,你记得你要做一件事情,但就是想不起来要做什么事情。另外,这种现象也往往出现在你经常做的事情上。有人做了这样一个实验:让学生每星期寄一张贺卡,连续寄七周,一批学生每星期寄卡的时间都不同,另一批学生则是固定每个星期三寄卡。结果发现,要求每个星期三寄卡的学生更有可能忘了寄卡。

3. 来源记忆(source memory)

个体不仅能记忆事件主题(项目记忆,item memory),同时还能记忆事件发生的相关细节,这就是来源记忆。例如,我们不仅记得记忆的概念(项目记忆),还记得这个概念是在大二心理学课上学的,甚至记得学习时的情形(来源记忆);当然,我们也有可能记得一个人的长相(项目记忆),却不记得和他是在哪里、又是怎样认识的(来源记忆)。1911年,有研究者在一名酒精中毒的柯萨科夫综合征(Alcoholic Korsakoff's Syndrome)患者身上发现一种奇怪的现象:她有时能记住信息,但却不知道信息是如何获得的。如给她读一篇故事之后,她有时可以回忆出其中一些细节,但无法回忆出信息的正确来源,相反她却认为这些信息仅仅是头脑中偶然闪过的念头。

三、记忆系统

美国心理学家阿特金森和谢夫林(Richard Chatham Atkinson & Richard Shiffrin)于1968年提出记忆的多存储器模型(Atkinson-Shiffrin model 或 multi store model of memory),被称为记忆信息三级加工模型(图5-1)。该模型认为人的记忆系统中存在三个不同的记忆存储器,分别为:感觉登记器、短时存储器和长时存储器。不同存储器对应三个不同的储存子系统:即感觉记忆、短时记忆和长时记忆。它们是信息进行加工的不同阶段。

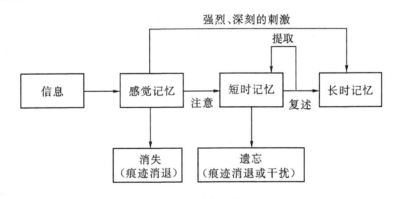

图5-1 记忆系统模式图

感觉记忆保持感觉刺激(光、声、气味和触压等)的瞬时映象,其保持时间很短,且不同感觉通道的记忆保持时间略有差异。例如,在视觉信息输入之后,视觉映像会保存十分之几秒。这种映像就是感觉记忆。虽然信息在感觉记忆中保存的时间很短,但却很有用。在看电影和电视时,由于有感觉记忆,眼动和眨眼的时间并不影响我们知觉的连贯性。在与他人交谈时,由于有感觉记忆,我们才能把别人的话语知觉成连贯的谈话。短时记忆保持的时间约为20秒,一般不超过1分钟,除非积极加以复述,否则信息会很快在短时间内消失。长时记忆保持信息的时间极长,从1分钟以上直至伴随人的终生。长时记忆中的信息构成了我们关于世界的各种知识。关于短时记忆和长时记忆我们都有类似这样的经验:从电话簿上找一个号码,用过之后,很快就忘掉了,这就是短时记忆;而孩提时代的某些经验我们至今记忆犹新,这就是长时记忆。

感觉记忆、短时记忆和长时记忆不是非此即彼的记忆种类。它们的区别不仅仅是信息保持时间的长短或信息保持量的多少,更重要的是它们在记忆系统的信息加工过程中处于不同的阶段。进入长时记忆的信息,首先必须经过感觉记忆和短时记忆的加工;进入短时记忆的信息则来自感觉记忆和长时记忆;长时记忆中的信息在需要的时候会被提取到短时记忆中。由于人是有主观能动性的,因此个体能够控制信息在这三个系统之间进行传输和加工。关于记忆系统的具体内容是本章的重点,将在以下各节进行详细论述。

四、记忆的生理机制

随着生理科学的发展,20世纪以来,记忆的神经生理机制研究有了很大的进展。生理学家们从脑定位、脑细胞及生物化学等角度对此提出了许多假说。

(一)记忆的脑定位说

法国医生布洛卡(Paul Broca)于1860年提出了脑功能定位的思想,即定位说。该学说认为脑的功能都是由大脑的一些特定区域负责的,记忆当然也不例外。

这种理论得到了一些研究的支持。潘菲尔德(Wilder Graves Penfield)在医治癫痫患者时,用电极刺激右侧颞叶,引起患者对往事的鲜明回忆。在科恩(Harry Cohen)等的研究中,给抑郁症患者脑的不同部位电击痉挛。被试分三组:一组只电击右脑,另一组只电击左脑,第三组电击脑的两侧。电击前所有患者都有言语记忆(有词的联想)和形象记忆。电击治疗后几小时,测验他们记忆保持的情况。结果表明,电击左脑损害言语记忆,但不损害形象记忆;电击右脑损害形象记忆,但不损害言语记忆;电击脑的两侧,形象记忆和言语记忆都受到损害。因此,可以推论,言语记忆可能储存在脑的左半球,形象记忆可能储存在脑的右半球。

(二)记忆的非定位说

不少学者对记忆定位说提出质疑。美国心理学家拉什里(Karl Spencer Lashley,1890—1958)最早提出记忆是整个大脑皮层活动的结果,它和脑的各个部分都有关系,而不是皮层上某个特殊部位的功能,这种主张被称为脑均势说。该学说得到了20世纪60年代兴起的"聚集场"假说的支持。这种假说认为,神经细胞之间形成一个庞大而复杂的通路系统,任何一个神经细胞都不能离开细胞群而单独活动。斯坦福医学院的研究者用全息照相的理论来解释记忆,记忆的信息储存在脑的各个部位,每一个部分都是一个全息图。该理论也支持了脑均势说。

(三)记忆的突触说

突触说认为人类长时记忆的神经基础包含着神经突触的持久性改变,这种变化往往是由特异的神经冲动导致的。突触说的代表人物是澳大利亚的神经生理学家艾克尔斯(John Carew Eccles,1903—1997),他用独到的实验技术对突触及单个脑细胞的电生理活动进行了大量研究,结果发现刺激的持续作用可使神经元的突触发生变化——神经元的轴突末梢增大,树突增多、变长,突触间隙变窄,突触间隙的生化变化使相邻的神经元易于相互影响,等等。

研究者将刚生下的一窝小白鼠分为两组,一组生活在内容丰富的环境,有各种设备和玩具;另一组生活在内容贫乏的环境,没有各种设备和玩具。30天后,第一组白鼠的大脑皮层重量、厚度高于第二组,学习行为也优于第二组。

(四)记忆的分子假说

随着分子生物学的兴起,记忆的神经细胞化学假说把核糖核酸(Ribonucleic Acid,RNA)看作是记忆分子,即记忆是由神经元内部的核糖核酸的分子结构来承担的。由学习引起的神经活动,可以改变与之有关的神经元内部的核糖核酸的细微的化学结构。

已有大量的行为证据支持该假说。例如,人脑细胞中 RNA 的浓度,跟人的学习能力一样,起先随年龄而增长,然后又随年老而下降。当神经细胞受到反复刺激时,RNA 在这些神经细胞中的浓度会增加(Hyden & Egyházi)。RNA 的合成被阻断,动物的记忆就遭到破坏。RNA 的分子相当长(可能有几千个单元),易变化,可能的各种特殊变化数目为 $10^{15} \sim 10^{20}$。这就是说,一个 RNA 分子可以潜在地编码极大量的信息。

但是,记忆信息是否确实在 RNA 中编码?是如何编码的?这种编码又是什么?至今仍是一个谜。因此,目前我们只能说 RNA 可能是记忆分子。

(五)记忆的神经元回路说

记忆的神经元回路说认为,一个记忆对应于一个伴随特定刺激传给脑的冲动的信息群,这些冲动的信息群沿着脑中的神经元依次传递就构成了特定的神经元回路群,特别是冲动碰巧返回到原来的神经元时,就形成了闭合回路。当外界刺激作用于神经环路的某一部分时,回路便产生神经冲动。刺激停止后,这种冲动并不立即停止,而是继续在回路中往返传递并持续一段短暂的时间。短时记忆就是神经系统反响回路中的反响效应。如果持续的反响活动引起某种比较持久的结构上的变化(如神经元树突数量的增多,突触间隙的变小、生化成分的改变等)便形成了长时记忆。

根据神经元回路说,识记是由电冲动在脑神经闭合回路中反复循环而引起的。如果在闭合回路内的突触及与此相联系的突触中,较短的时间内有很多信号反复流过,这样,闭合回路内的突触就比闭合回路外的突触更容易传递信息。前一种突触称为被易化了的突触,也就是形成了识记。如果被易化了的突触搁置不用,就会恢复到原来未易化状态,这时即使来了电信号也不能传递,也不能构成易化了的回路,这就是遗忘。因此,我们识记的事情越多、越复杂,脑内就形成越多、越复杂的神经网络。

长时记忆是神经系统中一种相对持久的结构上的变化,一般认为与神经元的结构变化有关。要使短时记忆转入长时记忆,有机体在获得一种经验之后需要持续一段时间对它编码,使神经系统结构上发生变化或使这种变化更加牢固,这种假设称为记忆"巩固"说。记忆"巩固"说的主要证据来自在经验登记之后立即对大脑进行干扰的研究。在索罗佛和席勒(Chorover & Schiller)的研究中,把白鼠置于栅极地板上的一个小平台上。一开始白鼠几秒钟内便跳下小平台。它跳下后便受到栅极地板的电击疼痛,之后第二次它便不会跳下平台了(即它学会了回避反应)。但是,在脚受到电击之后立即给予电痉挛休克,动物似乎"忘记了"电击疼痛,第二天仍很快跳下平台。实验表明,动物学习之后给予电痉挛休克的时间推迟 30 秒钟,电痉挛休克就不会引起遗忘,即动物"记住"不跳平台;延迟的时间越短(0.5 秒,2 秒,5 秒,10 秒),产生的遗忘效应越强。这说明记忆巩固有一个过程。

第二节 感觉记忆

一、感觉记忆的概念

感觉记忆(sensory memory),也叫感觉登记(sensory register),是指感觉刺激停止以后所保持的瞬间映像,它是人类记忆信息加工的第一个阶段。进入各种感觉器官的信息,首先被登记在感觉记忆中,例如,视觉信息通过眼睛最初被登记在图像记忆中;听觉信息经由耳朵被登记在声像记忆中。信息在感觉记忆中的保存时间很短,视觉刺激停止后,视觉映像的保存仅十分之几秒。

研究表明,感觉记忆具有以下一些特征:第一,具有鲜明的形象性,按刺激的物理特征编码。感觉记忆中的信息是未经任何加工的,感觉记忆就是将其原封不动地按刺激的物理特征加以登记。第二,感觉记忆中的信息保持时间极短。视觉信息约在1秒钟内衰退,听觉信息约在4秒钟内衰退。第三,感觉记忆容量较大。感觉记忆可以在瞬间储存大量的信息,进入感受器的信息几乎都被储存。第四,感觉记忆的信息容易衰退,信息的传输与衰变取决于注意。感觉记忆中的一部分信息由于模式识别而被传送到短时记忆中,并在那里被赋予意义。所谓模式识别就是从感觉记忆向短时记忆传递信息并赋予它意义的过程。确定选择哪些信息传输到短时记忆,而让哪些信息从感觉记忆中衰退,取决于注意的作用。注意使信息从感觉记忆传输到短时记忆,从而使信息得到进一步的加工。因此,感觉记忆中的信息是我们觉察不到的,一旦其中的信息被我们觉察,这些信息就已经被传送到短时记忆中了。

二、图像记忆与声像记忆

关于感觉记忆,研究得较多的是图像记忆和声像记忆。

(一)图像记忆(iconic memory)

视觉刺激停止后,视觉系统对信息的瞬间保持叫图像记忆。图像记忆是由斯波林(George Sperling)的首创性实验而被确定的。开始时,他用速示器以50毫秒的极短时间向被试呈现一套符号(字母或数字),要求被试把他看到的符号尽量多地报告出来(全部报告法),结果被试仅能回忆出4~5个符号。后来,斯波林修改了实验程序,给被试呈现12个符号,排成3行,每行4个符号(如图5-2),仍以50毫秒时间加以呈现,但在视觉呈现终止后,向被试发出3个不同音中的1个,通知被试:高音表示要回忆上面1行,中音回忆中间1行,低音回忆下面1行。这种实验程序叫部分报告法(如表5-1)。当符号呈现停止后,立即响起声音,被试回忆出的项目几乎完全正确。但当回忆开始时间稍微延迟一点就会严重影响回忆成绩。如果延迟300毫秒响起声音被试能正确回忆出任何1行符号中的75%,即12个符号中的9个符号。如果延迟1秒钟响起声音被试回忆的正确率便降到最低点——只能回忆出1行符号中的36%,12个符号中只能回忆出4~5个。如果再延迟一些时间,其结果与延迟1秒钟没有多大差异。根据这个实验结果,斯波林认为,人的记忆系统有一个感觉储存阶段。输入的信息这时是以感觉痕迹的形式被登记下来的,它的容量约为 9 个。

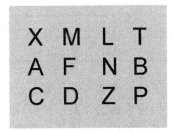

图 5-2 图像记忆部分报告法实验材料

表 5-1 斯波林部分报告法的实验程序

字母卡 (呈现 50 毫秒)	字母呈现后立即出现的音调	被试根据音调指示所报告 的字母位置
XMLT	高音调	第一行
AFNB	中音调	第二行
CDZP	低音调	第三行

图像记忆中所储存的信息大于被提取利用的信息。图像记忆中的信息保持的时间很短,介于 0.25~1 秒。如果超过 1 秒,信息会由强变弱并自动消失。图像记忆受到干扰或擦拭作用后,信息很快丧失而且不可恢复。图像记忆为大脑从输入的信息中选取必要的信息提供了时间,没有图像记忆就无法进行模式识别,不能认知视觉刺激的意义。图像记忆常被当作感觉记忆的典型。

(二)声像记忆(echoic memory)

听觉系统对刺激信息的瞬间保持叫声像记忆。声像记忆的存在是由莫里等人(Moray, Bates & Barnett)仿照斯波林的部分报告法实验程序,设计了"四耳人实验"(four-eared listening task)而被确定的。后来,达尔文等人(Darwin, Turvey & Crowder)进一步改进了实验方法,形成"三耳人实验"(three-eared listening task)。实验简便易行,让被试戴上立体声耳机,将预先录制在立体声录音带上的符号(其制作方法是:先把 3 个符号如 2,T,F 录在左声道上,把另 3 个符号如 M,5,3 录在右声道上,再把第 3 组 3 个符号如 X,4,5 录在左右两个声道上(如表 5-2)。在立体收录机上播放录音,调整平衡器,从被试左侧传出"2,T,F",从右侧传出"M,5,3",从头部正中传出"X,4,5"。当被试听完这 9 个符号录音后,以延迟 0~4 秒的时间呈现回忆信号,令其报告左声道、全声道或右声道的符号,回忆信号是投影在屏幕上的左、中、右的线条(部分报告法)。如果不呈现出指示信号就是要被试把听到的所有符号都报告出来(全部报告法)。结果发现,当听觉刺激呈现后 2 秒给予回忆信号,部分报告法的成绩仍优于全部报告法,而当延迟 4 秒钟给回忆信号时,这两种方法所得到的成绩就相同了。实验得出结论,声像记忆的消退时间约为 4 秒钟,声像记忆的容量约为 5 个项目。

表 5-2　声像记忆实验材料

左耳	双耳	右耳
2	X	M
T	4	5
F	5	3

声像记忆与人的生活、学习和工作有密切关系。如果没有声像记忆，人们就无法辨别各种声音信号，也无法听懂人的话语。因为人说话总是一个音一个音地发出的，如果不能把听到的每一个音暂时登记下来形成声像，就不能把一串声音连贯起来，也就不能理解它的意义。

第三节　短时记忆

一、短时记忆的概念

短时记忆(short term memory)又称工作记忆(working memory)，指信息一次呈现后，保持在一分钟以内的记忆。短时记忆是信息加工系统的核心。经过感觉记忆中编码的信息进入短时记忆后经过进一步的加工，再从这里进入长时记忆。有人把短时记忆比作电话号码式记忆，意思是说，人们在打电话时，先查找号码，查到后立刻拨号，通完话，号码也就随即忘掉。美国学者彼得森夫妇(Lloyd Peterson & Margaret Jean Peterson)的有关实验表明，信息在短时记忆中保持时间很短，约5~20秒，最长不超过1分钟。信息得不到复述，将迅速被遗忘。

与感觉记忆、长时记忆相比较，短时记忆具有一些有趣的特征。短时记忆的容量是有限的，较之记忆的其他两个阶段，它储存的信息要少得多。但是，短时记忆又是唯一对信息进行有意识加工的记忆阶段。如果加以注意，信息在短时记忆中的保持同注意的时间一样长，可以远远超过20秒钟。感觉记忆和长时记忆中的信息是我们意识不到的，这两种记忆中的信息只有被传送到短时记忆中才能被检测、组织和思维。所以短时记忆也叫工作记忆。所谓工作记忆是指个人当时注意着的信息，为现实进行加工、操作服务的记忆过程。

二、短时记忆的容量

1956年，美国心理学家米勒(George Miller)发表了一篇题为《神奇数7加减2：我们信息加工能力的某种限制》(*The Magical Number Seven, Plus or Minus Two: Some Limits on Our Capacity for Processing Information*)的论文，认为短时记忆的信息容量为7±2个组块(chunk)，这个数量是相对恒定的。这就是短时记忆的组块理论。信息在短时记忆中的主要加工方式是组块化和复述，从而使其有限的容量增加，保持时间延长，并使更多的信息转入长时记忆。

可以用下面的小实验来验证短时记忆的组块理论。请你读一遍下面的一行随机数字，然后合上书，按照原来的顺序，尽可能多地默写出来：

7 1 8 6 3 9 4 5 2 8 4

现在再读一遍下列随机字母,然后用上述相同的方法来测试自己的记忆:

H J M R O S F L B T W

假如你的短时记忆像一般人那样,你可能回忆出7个数字或字母,至少能回忆出5个,最多回忆出9个,即7±2个。

值得注意的是,短时记忆的信息容量是用"组块"作为单位来测量的。所谓组块是指人们在过去经验中已变为相当熟悉的一个刺激独立体,是信息的一种意义单位。它可以是一个字母、一个数字,也可以是由多个字母构成的一个单词、由一组数字组成的一个电话号码等。根据个人的经验将孤立的项目连接成更大单元的过程就是组块化。例如,这样一列数字:185119211839193719491935,如果把它看成孤立的数字来记,是24个组块,就超过了短时记忆的容量,但如果将它组块化为1851,1921,1839,1937,1949,1935,把它看成中国近代史上的重要年代,则只有6个组块,就容易记住。这样就扩大了短时记忆的容量。每个人都可以根据自己的经验对输入的信息组块化。例如也可以将上述一列数字看成是朋友的年龄、门牌号码或电话号码而加以组块化。又如,下列字母:ERATVCIAFBIGMGEUSA,如果孤立地记字母,显然超过了短时记忆容量;如果你懂英语,把它看成 ERA - TV - CIA - FBT - GM - GE - USA,就在短时记忆容量以内了。

许多研究支持米勒提出的组块理论。例如,西蒙(Simon)的研究表明,说英语的人阅读一些无关联的词一次后能正确回忆5~7个词,而与词的音节无关;对以短语和句子为组块的记忆容量略小于词的记忆容量。喻柏林等、张武田等对汉语语词短时记忆容量的研究结果也对组块理论提供了一定程度的支持。不过,组块的大小、复杂性和熟悉性等都会影响短时记忆的容量。对汉语语词的短时记忆广度的研究表明,双音合成词和四字成语的短时记忆容量不如单音词多,而四字成语又不如双音词多。随着组块复杂性的增加,短时记忆容量倾向于逐渐降低。高频词的短时记忆容量比低频词多。视听通道的短时记忆容量有差异,总的来看,视觉较听觉的短时记忆容量大。

三、短时记忆的编码

编码是指在记忆过程中,个体对外部刺激的物理信息进行转换,使之成为适合于记忆系统储存和加工的代码形式。记忆系统的代码主要有两类:感觉代码(如听觉代码与视觉代码)和语义代码。

储存在短时记忆中的信息,传统的观点认为主要是语音听觉编码。这是根据短时记忆中产生的错误与正确信息之间存在着语音听觉上的联系而推测出来的。康拉德(Conrad)在记忆广度实验中观察到回忆错误与正确反应之间有语音上的联系。他选用 B,C,P,T,V,F,M,N,S,X 等10个字母为材料,从中随机取出6个组成字母序列,用视觉方式一个个地呈现给被试,要求他们记住。然后让被试严格地按字母呈现的顺序进行回忆,并对回忆中出现的差错进行分析。其结果发现:回忆时出现的错误主要表现为声音混淆,即发音近似的字母混淆程度较高,如将 B 误为 P,将 S 误为 X,而形状相似但发音不相似的字母之间则较少发生混淆,如 E 和 F。这一结果表明,即使刺激以无声的视觉形式呈现,短时记忆的信息代码仍然具有听觉的性质。但是这个结论是否具有普遍性受到了怀疑。因为康拉德的实验是以英文字母作记忆材料,字母以拼读为主要职能,缺乏意义,虽然也有一定的形状,但对被试来说,读音应是它的最突出特征。后来波斯纳(Posner)的实验证实,短时记忆的信息加工可有视觉和听觉编码两个连续的阶段,即最初有一个短暂的视觉编码阶段,随即转化为听觉编码。我国研究者(莫雷)也发现,汉字的短时记忆以形状编码为主。对于绘画,脸和身体动作以及视觉观察事件所属范畴的短时记忆,倾向于用视觉编码和语义编码。因此,短时记忆的编码方式似乎还随记忆材料而相应变化。

早期研究认为语义编码是长时记忆的本质特征,但随着研究的深入,人们发现短时记忆也有语义编码,威肯斯(Wickens)采用前摄抑制设计,若前后识记材料有意义联系时(字母-字母),表现出前摄抑制的作用,而前后识记材料失去意义联系时(字母-数字),则出现前摄抑制的释放,这表明短时记忆与长时记忆一样,也有语义编码。我国袁文纲等人通过对聋人与听力正常人短时记忆比较研究,以汉字作为实验材料,分为"高频-复杂、高频-简单、低频-复杂、低频-简单"四类,实验结果显示:高频字中,聋人短时记忆编码以形码为主,义码次之,音码最弱;听力正常人则以音码为主,义码次之,形码作用最弱。而在低频字中,低频简单组中表现出与高频字相同的编码方式,低频复杂组中聋人与听力正常人均表现出形码、义码为主,音码作用弱的特点。由此可见,短时记忆的编码方式不只是听觉编码,还有视觉编码和语义编码。

四、短时记忆的提取

人们是怎样从短时记忆中提取信息的?斯滕伯格(Sternberg)的实验对这个问题进行了探讨。实验中向被试呈现在短时记忆容量以内的(1~6个)不同长度的数字系列(如,52946),接着呈现一个探查数字(如,4),要求被试回答在呈现的数字系列中是否有探查数字。如果数字系列中有探查数字,就按下"是"键;如果没有就按下"否"键。以反应时作指标分析短时记忆提取的特点。所谓反应时是指从个体接受刺激到做出回答反应所需的时间。可以想见:被试在做出"是"或"否"的反应前必须将探查数字与记忆中的数字系列进行比较。那么,这一比较过程是如何进行的呢?这里有三种可能:①平行扫描(parallel scanning),将探查数字同时与记忆中的所有项目相比较。如果用这种方法,则反应时将不会因数字系列的长短而变化(见图5-3a)。②系列自动中断扫描(serial self-terminating scanning),将探查数字逐个与记忆中的项目相比较,发现有与探查数字相同的就中断扫描。如果用这种方法扫描,则长数字系列的反应时就比短数字系列的要长;同时,做出"否"反应比做出"是"反应的反应时要长。因为做出了

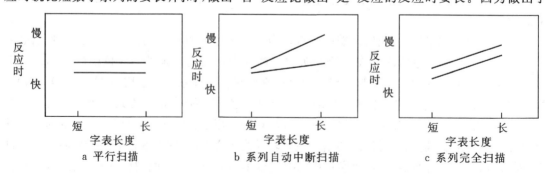

图5-3 短时记忆的信息提取

"是"反应被试即可停止扫描,但要做出"否"反应需扫描记忆中的所有项目(见图 5-3b)。③系列完全扫描(serial exhaustive scanning),将探查数字逐个与记忆中的所有项目都进行比较,不论记忆中有或没有探查数字。如果用这种方法,扫描长数字系列的反应时就比短数字系列的要长,并且做出"是"或"否"的反应时是相等的(见图 5-3c)。实验结果说明,短时记忆中信息的提取是以系列完全扫描方式进行的。

五、短时记忆的保持与遗忘

短时记忆中信息的保持离不开复述。复述就是出声或不出声的重复。复述具有两种不同的功能:①在复述期间将信息保持在短时记忆中;②作为信息的传输机构将信息从短时记忆送入长时记忆。对一个电话号码进行复述,只要没有其他干扰,它就可以保持在短时记忆中。不少实验证明,复述确有作为信息传输机构而起作用的功能。在朗杜斯(Rundus)的一系列实验中,向被试呈现单词的过程中要求他出声复述。主试用录音机记录,然后算出每个单词的复述次数。同时,根据自由回忆的结果算出各单词的正确回忆率。结果,复述次数越多,再认率越高。如果让被试记"XTC"三个辅音,20 秒后都能回忆出来,因为他们进行了复述。彼得森夫妇(L. R. Peterson & M. J. Peterson)改变了实验程序:给被试呈现由三个辅音字母组成的字母表后,立即让他作减 3 逆运算(例如 376,373,370,267,…)直到要求开始回忆的信号出现,被试才回忆这三个辅音。三个辅音听后立即回忆是准确无误的。随着保持时间的延长,回忆成绩急剧下降,当延长到 15 秒钟时,回忆率约为 10%;到 18 秒钟之后,记忆几乎完全消失(如图 5-4)。在无复述时,信息在短时记忆中将迅速消失。复述是使短时记忆中的信息转入长时记忆的关键。

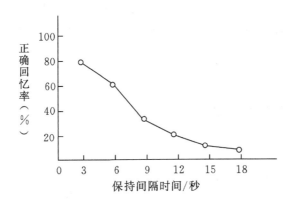

图 5-4 短时记忆的保持进程

但是,并非所有的复述都能把信息传送到长时记忆。在另一个实验(Craik & Watkins)中,由主试诵读一个相当长的单词词表给被试听,被试的任务是在主试诵读后报告出词表中最后一个以特定字母(如 P)开头的单词。由于被试不知道以特定单字母开头的单词在词表中有几个,所以他必须复述每一个以特定字母开头的单词,直到下一个以特定字母开头的单词出现为止。在词表结束时被试几乎都能正确回忆出词表中最后一个以特定字母开头的单词。但是在呈现 12 个词表后,出其不意让被试对词表进行自由回忆。结果表明,复述时间长短不等的单词其正确回忆率几乎没有什么差别,说明复述不能自动地把信息传送到长时记忆。

因此复述至少有两种主要类型:①维持性复述,即从感觉记忆中抽取某种信息并使该信息适应于短时记忆的编码方式,保持在短时记忆中。②精制性复述,即将接收到的信息进行精细结构的编码。所谓精细结构编码,是指联想编码、组织编码、心象编码,等等。这种编码能在长时记忆中稳定地储存,并在日后被提取出来使用。

复述有助于短时记忆信息的保持,而并不是所有的信息都能得到保持,这就产生了遗忘。关于短时记忆遗忘的原因,有两种说法。一为痕迹消退说,该假说认为,记忆痕迹得不到复述强化,其强度随时间的流逝而减弱,导致自然衰退。另一个为干扰说,即储存在短时记忆中的信息受其他信息的干扰而导致遗忘。此后更多的实验证据支持了干扰说(Waugh & Norman, Keppel & Underwood)。

第四节 长时记忆

人类可以把所有经历过的事件、情绪、语词、技能、思想、规则等大量信息永久或半永久地储存在长时记忆中。这些信息是怎样习得的,又是怎样被保持或被遗忘的?我们是怎样从长时记忆中提取信息的?下面将对这些问题进行论述。

一、长时记忆的概念与特点

长时记忆(long term memory)是指信息保持时间在1分钟以上乃至终生的记忆。长时记忆是一个真正的信息库,它的容量巨大,可以长期保持信息。长时记忆存储着我们关于世界的一切知识,为我们的一切活动提供必要的知识基础,使我们能识别各种模式,运用语言进行推理和解决各种问题。长时记忆将我们的过去、现在和将来连成了一个整体。记忆保持时间很长和记忆容量无限是长时记忆的主要特点。

二、长时记忆的编码与识记

(一)编码的种类

1969年加拿大心理学家佩维奥(Allan Paivio)提出长时记忆中的"双重编码理论"(dual-coding theory)。他认为长时记忆可分为两个系统,即表象系统和语义系统。表象和语义是两个既相平行又相联系的认知系统,表象系统以表象代码来储存信息,语义系统以语义代码来储存信息。人的视觉表象特别发达,他们可以分别由有关刺激所激活,主要用于加工处理非语言事件。语义代码是一种抽象的意义表征,它按照语言发生的顺序以系统方式来表征信息。两个系统彼此独立又相互联系。具体词(收音机、牛)可以由两种代码来进行信息加工,抽象词汇(荣誉、忠诚)则一般只能由语义代码来进行信息加工。

在人类的长时记忆中占支配地位的是能够储存抽象知识的语义编码。最初,研究者甚至认为语义编码是长时记忆唯一的编码形式。佩维奥1965年曾设计了精巧的实验,为双重编码说提供了证据。佩维奥提出了两个假设:第一,如果长时记忆只含有语义编码的信息,那么,对图画的判断要慢于对字词的判断,因为需要把图画转换成字词。如果长时记忆也有视觉表象,对图画的反应时就不会慢于对字词的反应时。第二,如果长时记忆存在表象代码,对不一致的图画的反应时应该会慢于一致的图画的反应时;字词则无此问题,因为字词是语言编码的。实验者给被试看了一些卡片,这些卡片上有一对图画或一对打印的字词(见图5-5),要求被试判定所画的一对东西或打印的字词所指代的一对东西之中,究竟哪一个在现实中的实际尺寸是较大的,记录其反应时。实验结果表明,被试对图画做出判定较字词更快,同时对不一致图对的反应时大于一致图对,但对字词的反应没有这种差别。这说明在长时记忆中确实存在表象编码。

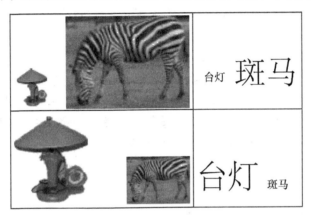

图 5-5 记忆的双重编码实验

(二)识记的种类

1. 有意识记和无意识记

根据学习者是否按预定的目的任务进行识记,可把识记分为有意识记和无意识记。在一个实验中,向两组被试呈现相同的材料,如用相同的时间播放一个单词词表的录音,要求有意识记组记住单词并告诉他们学习后要进行测验,要求无意识记组评价每个单词的发音(被试注意到词表,但没有记忆任务)。识记完后,两组都进行回忆测验,结果表明,有意识记组的回忆成绩明显优于无意识记组。这是因为学习动机使有意识记组被试对学习材料进行了复述并将它们构成较有意义的大组块。

在有意识记中,记忆的持久性也与识记任务对记忆保持时间的要求有关,例如,让被试记两段难易程度相同的材料,并要求第一段明天检查,第二段一周后检查,实际上都在两周后检查。结果学生对第二段材料识记的效果远比第一段好。这是因为需长久保持的识记任务,能引起更为复杂的智力活动和更高的活动积极性。

没有预定的目的,也不用专门方法的识记,称为无意识记。例如,在日常生活、学习和工作中,人们偶然感知过的事物,阅读过的小说,在一定情况下体验过的情绪,仓促间做过的动作,当时并没有预定的目的去记它,也没有考虑过如何去记住,只是自然而然地把它记住了。我们的不少知识经验是由无意识记积累起来的。因此,也不能完全否定无意识记的作用。无意识记有很大的选择性,与人的需要、兴趣密切联系的材料,往往容易被记住。

2. 机械识记和意义识记

根据材料的本身意义,或学习者是否了解其意义,可把识记分为机械识记和意义识记。机械识记是对材料或事物没有理解其意义的情况下,采用机械重复的方式进行的识记。机械识记是主要依靠机械重复而进行的识记。在机械识记时,学习者只按材料的表现形式去识记,而不了解材料的意义及其关系。意义识记是对材料或事物在理解其意义的基础上进行的识记。在意义识记时,学习者运用已有的知识经验,积极进行思维,弄清材料的意义及其内在联系,从而将它记住。例如,要记住 $s=vt$ 这个公式,必须搞清楚 s,v,t 各代表的意义,才能理解它、记住它。实践证明,以理解为基础的意义识记在全面、快速、精确和巩固等方面,都比机械识记好。

艾宾浩斯(Hermann Ebbinghaus)把学习无意义音节和有意义材料的结果进行了对比,无意义音节,如 DOQ,ZEH,XAB,能读出音,但不代表任何意义,可以少受经验的影响,常用作记忆实验的材料;有意义材料是拜伦的《唐璜》诗中的六节。实验结果:诗只需诵读 8 次就可正确背出,而对同样数量字音的无意义音节则需要近 80 次诵读,才能正确背出。

金斯利(Kingsley)的实验将识记材料分为三种:15 个无意义音节、15 个由三个字母组成的孤立英文单词和 15 个彼此意义相关联的英文单词,被试 348 人,每次测验呈现一个单词或音节,呈现 2 秒钟,练习一遍,要求被试默出,结果如表 5-3 所示。

表 5-3 材料的理解对记忆的影响

材料	默出的平均数
15 个无意义音节	4.47
15 个由三个字母组成的孤立英文单词	9.95
15 个彼此意义相关联的英文单词	13.55

可见,识记有意义的材料要比识记没有意义的材料容易很多。意义识记当中,材料的意义反映了事物的本质及其内在联系,也反映了识记材料和学习者的知识经验的联系。美国心理学家布鲁纳(Jerome Seymour Bruner,1915—2016)指出,在信息的任何组织中,如果信息嵌进了个体已经具备的认识结构之中,而减少了材料的极度复杂性,那就会使这类材料易于识记。

意义识记和机械识记是人们识记的两种基本方法,意义识记要有机械识记作基础,机械识记也要靠意义识记来帮助。

日常生活中,对一些较难记住的数字、英文单词等,我们可以找窍门,使它们和意义联系起来,这样既省力效果也好。因为将材料加以组织能使输入信息有效地储入长时记忆。把新材料纳入已有的知识框架之中或把材料作为合并单元而组合为某个新的知识框架,这些过程称为组织加工。对识记材料可以用多种方式组织加工。下面介绍几种加工方式。

1. 类别与联想

1)类别

我们在记一系列项目时总是倾向于将它们按一定的类别来记忆。在鲍斯菲尔德(Bousfield)的实验中,向被试呈现 60 个单词,它们分属于动物、人名、职业、蔬菜四个类别(不是按每种类别分别呈现,而是随机呈现),要求被试进行自由回忆。结果发现,被试很容易将属于同一类别的单词集中在一起回忆。词表中的单词如果是分属于几个类别,其回忆成绩远优于由无关联的单词所组成的词表。按一定的类别储存,更有助于信息的检索。

2)联想

建立联想,把孤立的识记材料建构为一个大的组块,有助于长时记忆。所谓联想就是由一种经验想起另一种经验,或由想起的一种经验又想起另一种经验。亚里士多德(Aristotle)曾指出,一种经验的发生必伴以与它一道出现的经验,或与它相似的,或与它相反的经验而发生。这就是被后人认为三条最主要的联想定律:接近律(由一种经验而想到在空间上或时间上与之接近的另一种经验);相似律(由一种经验想到在性质上与之相似的另一种经验);对比律(由一种经验想到在性质上或特点上与之相反的另一种经验)。在詹金斯(Jenkins et al.)的实验中,将桌子-椅子,男人-女人等词汇,无论怎样打乱呈现,被试仍出现按接近联想或对比联想等记忆的倾向。这说明联想群集是组织加工的一种方式。

2. 自然语言媒介法

自然语言媒介法是指把要记的材料同长时记忆中已有自然语言的某些成分(如词义、字形、音韵等)相联系以提高记忆的效率。例如,在记对偶的无意义的音节"PAB-LOM"时,把它读成"Pabulum"(食物),在学习"小狗-香烟",把它说成"小狗吃香烟",就很容易记住。甚至更加复杂的材料或一串单词,如果把它们编成有韵律的顺口溜或一个故事来记,也很有助于记忆。例如,孤立地去记12对脑神经的名称:第1对是嗅神经,第2对是视神经……,是相当困难的。但如果把它们编成有韵律的顺口溜:"一嗅二视三动眼,四滑五叉六外展,七面八听九舌咽,迷副舌下在后面。"就很容易记了。我国传统的乘法口诀、珠算口诀等都是借助于自然语言媒介法来帮助记忆的。

3. 意义编码

学习无意义的材料,如果赋予它一定的意义,进行意义编码,有助于长时记忆。例如,识记MER这个无意义音节,如果你想到它与 MARE(牝马)有些相似,并联系这个词义来记,就容易记住。又如,要记住下列数字:149162536496481。如果看不出这些数字间的意义联系,就很难记。如果看出了这些数字的一种意义结构:1,4,9,16,25,36,49,64,81,即"从1到9的整数的平方",那就太容易记了。总之,不要孤立地去记东西,而要找出事物之间的关系,赋予一定的意义,就容易记住。

4. 主观组织

学习无关联的材料,既不能分类也没有联想意义上的联系,这时被试倾向于主观的组织加工。在一个实验中,以很短的时间向被试呈现16个无关联的单词(如帽子、照片、羊、祖父……),让他们自由回忆,然后,令其再次学习相同的词表并再次回忆,如此反复多次。结果发现,随着重复次数增加,成绩逐渐上升。第1次学习词表后只能回忆出约6个单词,第16次学习后已能回忆出15个单词。同时还发现,被试在连续各次实验中有以相同顺序回忆单词的倾向。这种以相同顺序回忆单词的倾向就是被试在头脑中把词表中的单词进行主观组织的结果。例如,某个被试由于多次见过祖父的照片,在实验开始时把"祖父"与"照片"联系在一起,随着实验的进程,他不断地向这个基本组合体加进其他的单词,将它们构成一个有联系的整体来记忆,从而提高了记忆效率。

5. 视觉为表象的组织加工法

视觉为表象的组织加工法是指把要记的材料同视觉表象联系起来记忆,视觉表象越清晰,记忆效率越好。在一个实验中,向被试呈现10个无关联单词词表,要求实验组想出表象并编成故事来记(例如,在学习"桌子、电灯、烟灰盒、青蛙……"这一词表时,有些被试编成这样的故事:"厨房里有张桌子,桌子上放着电灯,还有烟灰缸,青蛙在电灯和烟灰缸之间跳来跳去……"),而控制组则按规定孤立地识记。结果发现,隔了一段时间进行回忆,实验组能平均回忆出93%的单词,而控制组只能平均回忆出13%,差异十分显著。

6. 地点法

地点法是指把要记的材料想象为放在自己熟悉地方的不同位置上,回忆时在头脑里对每一个位置逐个进行检索。例如,为记住某次开会遇见的几个人的姓名,可以在心里想着将他们按顺序放在卧室的各个位置:门口,左墙边,书桌……,回忆时想象着走进卧室的各处找出与之相联系的人的姓名。在一个实验中,对40名鸡尾酒女服务员和40名大学生记住7,11和15种鸡尾酒并将其分送到顾客面前的记忆效率的研究结果发现,分送7种鸡尾酒的记忆效率,两组间没有多大差别;分送11和15种鸡尾酒,女服务员的记忆效率明显高于大学生。究其原因是女服务员采用了将每种鸡尾酒同特殊的面孔和特殊的地点联系起来的方法。

识记一种材料,一般并不只限于用一种组织加工方式,而往往可以用多种方式进行组织加工。有时可以用材料的已有结构组织加工;有时也可以对材料进行圈点,划出重点和次重点,然后组织加工。对于难懂难记的部分,就要靠人的主观能动性了。

三、长时记忆的保持

(一)长时记忆信息的保持——一个动态的过程

保持指已经识记过的信息在头脑中的巩固过程。保持即信息存储,是把感知过的事物、体验过的情感、做过的动作、思考过的问题等,以一定的形式存储在人脑中的过程,即巩固知识经验的过程。从信息加工的角度讲,保持就是信息在人脑中的继续编码和储存,它是识记和回忆的中间环节,也是重要环节,不仅是巩固记忆,也是实现再认或回忆的重要保证。记忆中的保持是一个动态的过程,保持的信息是发展变化的,这种变化表现在质与量两个方面。

1. 量的变化

早在19世纪末,德国心理学家艾宾浩斯(Hermann Ebbinghaus,1850—1909)就对记忆的保持在量的变化方面进行了系统研究。他以自己为被试,以无意义音节为记忆材料,以再学法的节省率为保持量的指标。他先让自己把无意义音节字表学习到一个标准(如百分之百的正确),然后隔20分钟、1小时、9小时、1天、2天、6天、31天后,再学习该材料,并求出各阶段的节省率。结果发现,学习后的不同时间里保持量是不同的,刚学完时保持量最大,在学后的短时间内保持量急剧下降,然后保持量逐步下降,渐趋稳定。由此,艾宾浩斯认为,"保持和遗忘是时间的函数",他将实验结果按遗忘和时间的关系绘成曲线,即著名的"艾宾浩斯遗忘曲线",由于保持的反面是遗忘,因此这条曲线也称"艾宾浩斯保持曲线"(见图5-6)。

心理学家测量记忆的保持量常用的有四种方法:回忆法、再认法、再学法和重构法。这四种方法也是研究记忆的主要方法。

1. 回忆法

回忆法就是原来学习或识记过的材料不在面前,让被试把它们默写出来或说出来。保持量的计算是以正确回忆项目的百分数为指标。算式如下:

$$保持量=(正确回忆的项目量/原来识记的项目量)\times 100\%$$

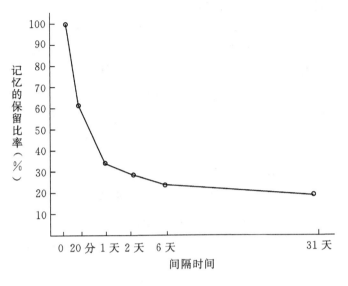

图 5-6 艾宾浩斯遗忘曲线

如果识记的标准不是全部记住,那么计算回忆的成绩时,应以识记时达到的标准为基础。

2. 再认法

再认法就是把识记过的材料和没有识记过的材料混在一起,要求被试把识记过的材料和没有识记过的材料区分开来。通常是识记过的旧项目和没有识记过的新项目的数量相等,然后向被试一一呈现,由被试报告每个项目是否识记过。保持量按下列公式计算:

保持量=(认对数-认错数)/呈现材料的总数×100%

3. 再学法

再学法也叫重学节省法,就是要求被试把原来学过的材料再学或再记,直至达到原来学会的标准。然后根据初学和再学所用的次数或时间来计算保持量,即以再学比初学所节省的次数或时间来计算保持量。计算公式如下:

保持量=(初学的次数或时间-再学的次数或时间)/初学的次数或时间×100%

4. 重构法

重构法也叫重建法,就是要求被试再现学习过的刺激次序。具体做法是,给被试呈现由一定顺序排列的若干刺激,呈现后把这些刺激打乱,置于被试前让其按原来次序重新建立起来。重构的成绩主要是以做对的顺序数记分的。

后来研究者发现,遗忘的进程不仅受时间因素的制约,也受到其他因素的制约。

1)用不同的测量方法和指标检查记忆的保持量,所得的结果会有所不同

在我国心理学家陆志韦的一个实验中,用再认、再学、重构材料和书写再现四种方法测量被试学习无意义音节后的保持量。结果显示,用再认法测定保持量,由于原先学过的材料重新出现在被试面前,有利于记忆的恢复,所以测得的保持量最多。用回忆法测定保持量,原先学习过的材料不在被试面前,记忆的恢复困难大,测得的保持量最少。但如果对材料进行再学或重构,这两种方法难度居中,因此,测得的保持量,也居再认法和回忆法之间。其他人的研究大多也得到类似的结果。

2) 学习的程度不同对保持进程也有影响

学习一种材料,达到一次完全正确背诵后仍继续学习,称为过度学习。过度学习有利于识记材料的保持。在克鲁格(Krueger)的实验中,让三组被试练习划手指迷宫,第一组被试练习到100%正确地划出手指迷宫,第二组被试多练习150%,第三组多练习200%。然后检查三组保持量,结果发现学习程度达200%,保持量最佳,其次是学习程度为150%的,最差的是刚刚达到100%正确的学习程度。后来克鲁格变化识记材料进一步实验,让被试识记12个名词,考察1~28天后的学习效果,结果发现学习程度为200%的效果最好,其次是150%,最后是100%。我国心理学工作者研究了被试对不同的无意义音节字表的不同程度的学习回忆,获得了类似的结果:学习程度越高,在4小时后的回忆百分数也越大,一般地说,学习程度在150%时,记忆效果最好;超过150%,效果不再有显著提高(见表5-4)。

表5-4 学习程度对记忆的影响

学习程度	4个小时后的回忆百分数
150%	81.9%
100%	64.8%
33%	42.7%

3) 识记材料的数量对遗忘进程的影响

识记材料的数量对于识记效果有很大影响。一般来说,要达到同样识记水平,材料越多,平均用时或诵读次数越多。艾宾浩斯的实验结果见表5-5。识记有意义的材料时,平均用时的增加不像无意义材料那样显著,但增加的趋势是一致的。里昂(Lyon)研究了记忆不同长度的课文所用的时间,结果见表5-6。

表5-5 无意义识记材料的数量对记忆的影响

无意义音节数	成诵所需读次数
12	16.5
24	44
36	55

表5-6 有意义识记材料的数量对记忆的影响

课文字数	识记用时/分	100字平均时间/分
100	9	9
200	24	12
500	65	13
1000	165	16.5
2000	350	17.5
5000	1625	32.5
10000	4200	42

4)识记材料的系列位置对遗忘进程的影响

一般情况,系列性材料开始部分最容易记住(首因效应,primacy effect),其次是末尾部分(尾因效应或近因效应,recency effect),中间偏后一点的项目则容易忘记(见图5-7)。国外学者研究指出,中间偏后一点的项目记忆效果最差,可能是因为这些项目受前面来的抑制较多,联系很弱,从而更容易受后面来的抑制的影响。干扰效果表现为前摄抑制(proactive inhibition)和倒摄抑制(retroactive inhibition)。

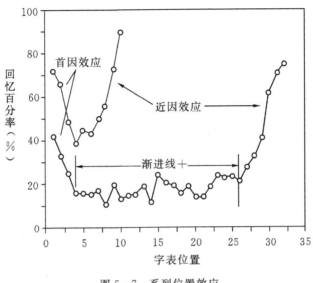

图5-7 系列位置效应

前摄抑制也称前摄干扰(proactive interference),指先学习的材料对识记和回忆后学习的材料所发生的干扰作用。在无意义材料中,前摄抑制是造成大量遗忘的重要原因之一。有意义的材料由于联系较多,较易分化,受前摄抑制的影响可能较少。安德沃德(Underwood)的实验中,要求两组被试学习字表,第一组在学习之前进行了大量的类似学习和练习,第二组没有进行这种练习,结果第一组只记住了字表的25%,第二组记住了70%。斯拉墨卡(Slamecka)以36名大学生为被试,让他们学习连贯意义的散文,材料是难度相当的4个句子,每句都由20个字组成,内容很相似,结果前摄抑制随先前学习数量的增加而增加,随先前学习内容的保持时间的增加而增加。

倒摄抑制也称倒摄干扰(retroactive interference),指后学习的材料对保持回忆先学习的材料的干扰作用。1900年德国学者穆勒等人(Georg Elias Müller)首先发现,被试在识记无意义音节之后,经过6分钟休息,可回忆起56%的音节;如在间隔时间内从事其他活动,只能回忆起26%。研究发现,睡眠导致的对于识记材料的遗忘很少。研究表明倒摄抑制受前后两种学习材料的类似程度、难度、时间安排以及识记的巩固程度等条件制约。从学习的两个材料的类似程度上说,完全相同,不产生倒摄抑制;完全不同,倒摄抑制作用最小;在两个材料从完全相同到完全不同的过渡中,相似度达到一定程度,倒摄抑制最明显。苏联心理学家斯米尔诺夫的研究表明,在学习两种难易不同的材料时,当被试熟记词之后去解答困难的算术题,对词的再现率降低16%,若进行较为容易的口算,则再现率降低4%。

5)记忆材料性质的不同对保持进程有很大影响

一般说来,熟练的动作保持得最好;记熟了的形象材料也比较能长久记住;有意义的语文材料,特别是诗歌,比无意义材料保持得更好些(见图5-8)。还有,人们最先遗忘的是对识记者来说没有重要意义的、不引起兴趣的、不符合需要的、在工作和学习中不占主要地位的那些材料。此外,一般情况下,熟练的动作遗忘得最慢。

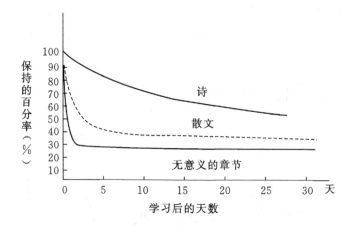

图5-8 记忆材料性质对记忆保持的影响

艾宾浩斯遗忘曲线显示,随着时间的进展,保持量逐渐减少。但在一定的条件下,也有例外的情况,学习后过1天测得的保持量比学习后立即测得的保持量要多,这种现象被称为"记忆恢复"或"记忆回涨"(memory recovery)。巴拉德(Ballard)让一组12岁的儿童学习诗歌,事先没有提醒,在学习后立即进行测验,之后,在1,2,3,4,5,6和7天后又进行重测,儿童在学习后的第2,3天的保持量比学习后立即测得的保持量高6%~9%(见图5-9)。继巴拉德之后,许多人重复了这类实验,都得到同样的结果,证明儿童在学习后的两三天保持会有所发展。保持的发展不是被试在这段时间进行复习的结果。在这类实验中这个条件是控制了的。记忆恢复现象,儿童比成人普遍,学习较难的材料比学习较易的材料更明显,学习程度较低的比学习纯熟的更容易看到。

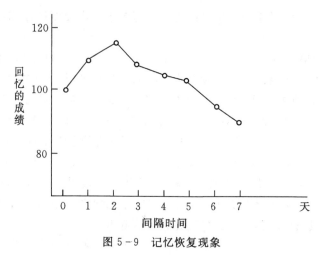

图5-9 记忆恢复现象

对记忆恢复现象的解释,有几种假设。一种观点认为,识记后立即进行回忆,学习者对学习材料还没有形成一个统一的整体的印象,对材料的储存是零散的,因而回忆成绩低;之后学习者采用了某种较为有效的解决问题的方法,把学习材料作为一个整体来考虑,这样回忆的内容就较详尽。另一种观点认为,由于识记时有累积抑制,影响了识记后的立即回忆成绩,过了一定的时间,抑制解除了,记忆的成绩也就可能提高。这些解释,都有待进一步的研究。

2. 保持中质的变化

长时记忆信息保持的过程中,信息不仅在数量上会发生变化,而且头脑中的信息还会逐渐变得简略、概括而合理,人们常常会为信息赋予意义,使其更"易于理解"。

英国心理学家巴特莱特(Frederic Charles Bartlett,1886—1969)采用图画复绘的方法来测验记忆质变的情形(见图5-10)。图中左边为刺激图形,先给第一个被试看,隔半个小时后要求他凭记忆将图绘出,将他绘出的图形给第二个被试看,隔半个小时后同样凭记忆绘出拿给第三名被试看,如此依次进行直到第18名被试,图中右侧为其中8名被试绘制的图形。

图 5-10 记忆过程中图形的变化

记忆内容质的变化,常常受到个人的经验、心向、动机等因素的影响。卡迈克尔(Carmichael)的实验显示:经验会影响保持的变化。实验中要求被试在短时间内看图5-11中间一系列图形。一组被试在看图形的同时会听到左边的命名,另一组听到的是右边的图形命名,图形呈现后要求两组被试绘出所看到的图形。结果表明,被试所画的图形与原来呈现的图形之间有很大的变化,大约有3/4的图形被歪曲了,而且歪曲的图形都相似于他们听过名称的事物的形状。

洛夫特斯(Loftus)认为人们对事件的回忆并不是准确地再现,而是一种对实际发生事件的重构,人们会用新信息和已有信息去填补在回忆某种经历或某事件时所出现的遗漏,而最终导致记忆发生调整和改变,这就是错误记忆。洛夫特斯更多地关注干扰性信息是如何改变人们对事件的记忆的。实验将受试者分为数组,先是让其同观看一段影片,该影片描述一场汽车相撞的意外事件。看完后,实验者以不同的语气向受试者提出问题。对其中一组问道:"据你们估计,两车撞毁的当时,其行车速度是多少英里?"对其中另一组则问道:"据你们估计,两车相撞的当时,其行车速度是多少英里?"两组的问题之间,虽只有一字之差,而受试者却是对同一事实的目击者,在理论上不应有所差异。结果显示:问题中用"撞毁"的一组,回答在每小时40英里以上,而问题中用"相撞"的一组,则回答在每小时30英里。经过一星期以后,所有看

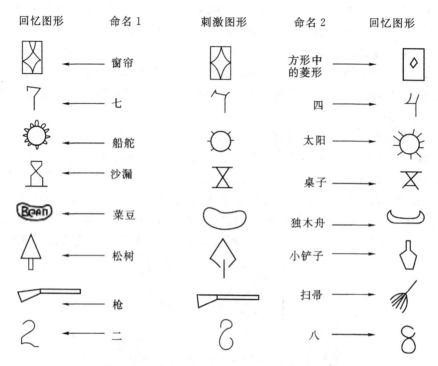

图 5-11 再现图形受左右两排定势词的影响

过影片的人,再回到实验室。这次不再分组,由实验者向他们问同样的问题:"根据你们的记忆,上次影片中的交通意外事件,汽车上有没有撞碎玻璃?"(看过的影片中,根本没有撞碎玻璃的事实)结果发现:在前次接受带"撞毁"二字问题的一组受试者之中,有30%以上回答有,而接受带"相撞"二字问题的受试者之中,做同样回答者,则只有14%。显然,实验者的提问,影响了目击者的回答。

针对同一事实,如发问者刻意误导,也会影响目击者的回忆。与上述研究同一系列的另一实验结果,更明确显示出此种趋势。让大学生们看一段影片,片中显示一辆疾驰在乡间公路上的白色跑车。对不同的目击者问两个大同小异的问题,对某些人问道:"经过谷仓旁边的白色车辆,大概时速多少英里?"(影片中根本没有谷仓)对另一些人则问道:"白色跑车大概时速多少英里?"几天后,再问他们一个同样问题:"你有没有看见公路旁边的谷仓?"前次问题中有"谷仓"二字者,有17%回答有;前次问题中无"谷仓"二字者,则只有3%回答有。

(二)长时记忆中的信息组织

信息在记忆中的保持,并不像光盘中的资料或是图书馆中的藏书那样原模原样,而是会进行进一步的加工与整理。保持中发生动态的变化并非人类记忆的"缺陷",恰恰相反,这显示了人类记忆智能的一面,概括化的知识要比细节保持得更多、时间更久。那么,长时记忆的信息是如何进行组织并存储的呢,主要有以下几种形式。

空间组织:以空间方式组织在头脑中,保存的信息主要是事物的空间特征,如头脑中的西瓜总比鸡蛋大。

系列组织:记忆信息是按一个特殊的、连续的顺序成系列地组织起来,例如,英文或拼音字母表,从 A-Z,如果反过来,困难就大。

联想组织:人对词的储存往往是一种联想的组织,按词与词之间的某种联系联想而成,如由"桌子"联想到"椅子",由"冷"联想到"热"。

层次组织:人对语义概念的记忆是按层次组织储存的。每一个层次或水平是按事物的特性和性质进行限定的,上一个层次的特征概括了下面层次的特征,下面层次的事物从属于上面的层次,如鸟和鱼从属于动物这个层次(见图 5-12)。

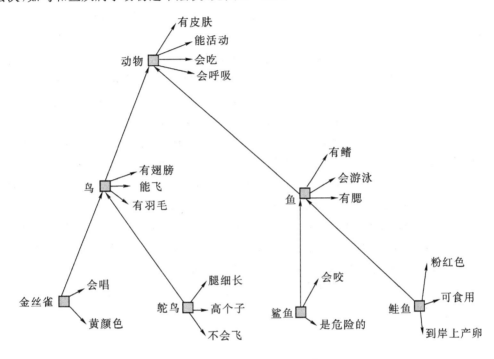

图 5-12 记忆的层次网络模型

更替组织:记忆材料的组织是相当灵活的,由于个人知识经验的不同,可能从不同的角度来组织同样的信息,组织形式变化多样。

以上这几种形式相互作用、相互影响,有时相互重叠,使人形成一个相当复杂的有结构的记忆库。

四、长时记忆的提取

长时记忆的提取过程一般由线索产生、搜寻、决定和做出反应四个子过程所组成。长时记忆的提取一般由某种线索所启动。这种线索可以是外部的,如某种视觉刺激或某人的谈话;也可以是内部的,如饥饿感使一个人想起自己还没有吃早饭。出现在提取始点的线索可以被加工,产生进一步的线索。因此,线索产生是提取的一个子过程。如果向你提供一个线索:"回想一下去年暑假同你一起旅游的同学",你可能会想到旅游的出发地、当时的气候、人们的穿着,这样就会产生进一步的线索。与储存信息发生关系的过程,通常称为搜寻。被提取出来的某种信息可能是当时提取的目标,也可能是非目标的其他信息。例如,让你回忆去年暑假与你一起旅游同学的名字,你还可能回忆起其他的同行者的名字。因此,还需要提取的另一子过程——决定,用决定过程来判定被提取的信息是否就是当时提取任务实际要求的东西。最后提取过程通常终止于某种言语反应,即说出什么东西被回忆起来。你可能说:"有同班同学张正、李平……,但有几个同学的名字想不起来了。"这就是说,你完成了部分提取,但有些仍未提取出来。

提取过程中的线索产生、搜寻、决定和做出反应四个子过程是密切联系的,而不是截然分开的。例如,线索产生往往难以和搜寻分开,因为搜寻记忆的活动可以提取到与待回忆事物有关的某些信息,而这些信息又可以作为进一步的线索。而搜寻到的某种信息可能是十分完整的并与命名直接相联系的,这时决定和做出反应也就很难分开了。此外,提取的这些子过程也不是完全以严格的时间顺序进行的。提取可以在这些子过程中来回循环,甚至有时能同时完成这些子过程。提取可能是成功的,也可能是失败的。提取的这些子过程中如果有一个出了毛病,会导致整个提取的失败。信息的组织、前后关系以及干扰等因素会影响提取进程。

提取的种类主要有以下几种:①接近联想,由某一事物想到在时空上与之接近的另一种事物;②相似联想,由某一事物想到形式或性质与之相似的另一事物;③对比联想,由某一事物想到在性质或特点上与之相反或排斥的另一种事物;④因果联想,由某一事物想到与之有因果关系的另一种事物,或者由原因想到结果,或者由结果想到原因。

从长时记忆中提取信息,包括再认和回忆两种过程。再认是指过去经历过的事物再次呈现时仍能被认识。回忆是指过去经历过的事物不在面前而在头脑中再次重现并加以确认的过程。再认测验和回忆测验的成绩是不同的,再认测验成绩优于回忆测验成绩,比如考试时是非题和选择题比问答题容易。那么,为什么再认成绩优于回忆成绩呢?这是因为再认和回忆在完成水平上是不同的,主要表现为以下三点。

(一)推测率

例如,让你回忆《水浒传》众将中绰号为病关索的人的姓名,恐怕你回答不出来。这样,在回忆测验中你的记忆成绩为零。但是,对于这一信息(绰号为病关索的水浒将姓名)的再认测验,情况便不同了。例如,给出下列选择题,水浒众将中绰号为病关索的人是:A. 杨雄;B. 杨虎。这里,推测的正确率至少是50%,因而再认就要容易些。以前学过的待再认的刺激,如果识记得不牢固,仅有似曾相识之感,那么就会产生犹豫不决,再认的速度慢且不确信;如果识记得牢固,那么再认速度就快,而且会确信无疑。

(二)整体信息和辨别信息

再认比回忆容易的第二个原因是,再认和回忆所依据的信息不同。实现回忆,必须或多或少记住有关刺激的"整体"信息,例如,要记住"病关索杨雄",只了解他是水浒众将之一是不行的,还必须了解杨雄的为人,他在梁山泊中的作用,他的绰号的来历、意思,等等,即掌握整体信息。而再认则不同,只要有能够辨别目标刺激(即以前学过的待再认的刺激)和干扰刺激的信息就可以了,例如,上例中只要知道水浒众将中没有一个叫杨虎的,那就可以确定"病关索"一定是"杨雄"了。

因此,目标刺激和干扰刺激相似程度愈高,则再认就愈困难,不仅速度慢而且可能认错。在一个实验中,向被试呈现一系列相关联的照片(全都是一个人买东西的照片)后,接着加入干扰刺激让他们再认,结果发现,如果加入的干扰刺激是该人买东西的其他照片,则认错率为30%;如果加入的是与该人买东西无关的照片,则认错率仅约1%。随着目标刺激与干扰刺激的相似性增大,再认成绩随之逐渐下降。

(三)操作过程

回忆某个信息,首先必须在识记中搜寻目标信息,然后再对目标信息加以确认。再认某个信息则不同,目标刺激是直接呈现给被试了的,因此就用不着在记忆中搜寻。总之,再认和回忆是两种不同的完成水平。

五、长时记忆的遗忘

如果长时记忆中的信息不能永久保存,出现信息痕迹的消失,或者长时记忆中的信息不能有效提取,就造成了遗忘。遗忘是信息保持的反面。

(一)遗忘理论

从理论上来说,长时记忆的信息可以保持很久,甚至终生。但现实中我们还是发现,即使是掌握得很好的材料也会随着时间的推移而产生遗忘。那么,为什么会产生遗忘?对于遗忘原因的解释,主要有以下几种不同的理论。

1. 衰退理论

衰退理论认为遗忘是记忆痕迹随着时间的推移而逐渐消退的结果。从信息加工心理学的观点来看,记忆痕迹是指记忆的编码。从巴甫洛夫(Ivan Petrovich Pavlov,1849—1936)条件反射理论来看,记忆痕迹是指在感知、思维、情绪和动作等活动时大脑皮质有关部位所形成的暂时神经联系。暂时神经联系的形成使经验得以识记和保持;暂时神经联系的恢复,使旧经验以回忆、再认等形式表现出来。可见,记忆痕迹只是一种形象的、比喻的说法。

记忆痕迹随时间的推移而消失的假说接近于常识,容易为人们所接受。因为某些物理的痕迹或化学的痕迹也是随着时间的推移而衰退的。

但是,要证明记忆痕迹的衰退是遗忘的原因,就必须证明:在初始学习之前或之后不能有其他心理活动产生,否则,这些心理活动就会对初始学习所留下的痕迹产生干扰;或者,神经组织中的记忆痕迹仅随着时间的推移而消退,且不受其他因素的影响,否则,这些痕迹就会产生新的神经联系。事实上,这是不可能的。虽然,衰退理论接近于常识,但目前我们只能肯定:衰退是感觉记忆和维持性复述被阻断时的短时记忆信息丧失的一个重要原因。至于长时记忆的遗忘,衰退理论还没有被科学实验所证明。

尽管不能用实验来证明衰退理论,但也难以驳倒这个理论。因为事物都有发生、发展和衰亡的过程。记忆痕迹可能也不例外,也有一个发生、发展和衰退的过程。记忆的恢复,可能是痕迹的生长过程;随着时间的流逝,回忆量减少或回忆内容愈来愈不确切,愈模糊,甚至彻底遗忘,也可能是痕迹衰退在起作用。

2. 干扰理论

干扰理论认为,遗忘是因为我们在学习和再现之间受到其他刺激的干扰。一旦排除了这些干扰,记忆就能够恢复。干扰理论的最早研究是睡眠对记忆的影响。在詹金斯和达伦巴赫

(Jenkins & Dallenbach)的实验中,让被试识记无意义音节字表,达到一次能正确背诵的标准。一种情况是识记后即行入睡,另一种情况是识记后继续日常工作。然后分别在1,2,4,8小时后,再让被试回忆学习过的材料。结果,日常工作干扰了对原先学习材料的回忆,其效果都低于睡眠的被试。

干扰理论最明显的证据是倒摄抑制和前摄抑制。后学习的材料对回忆先学习的材料的干扰作用,叫倒摄抑制。为了检验倒摄抑制的效果,通常采用的实验程序如下:

实验组:学习A 学习B 回忆A

控制组:学习A 休息 回忆A

如果实验组的保持量低于控制组,这就说明后学习的材料B对先学习的材料A的回忆产生了干扰。处理下述几种变量:A与B的相似性,对于A与B的学习程度、时间间隔以及B的难易程度,便可以检验在不同情况下倒摄抑制的效果。研究表明,先后两种学习材料相似又不相似,倒摄抑制的影响最大;先后两种学习的材料很相似或很不相似,倒摄抑制的影响较小;先学习的巩固程度愈低,倒摄抑制的影响愈大;先学习的巩固程度愈高,倒摄抑制的影响愈小;后学习的材料的难度愈大,倒摄抑制的影响愈大;后学习的材料越容易,倒摄抑制的影响愈小;恰在回忆A前学习B,倒摄抑制的影响最大;学习A后立即学习B,倒摄抑制的影响次之;在学习A后和回忆A前都有一定的时间间隔然后学习B,倒摄抑制的影响最小。

先学习的材料对回忆后学习的材料的干扰作用,叫前摄抑制。为了检验前摄制的干扰效果,通常采用的实验程序如下:

实验组:学习B 学习A 回忆A

控制组:休息   学习A 回忆A

如果实验组的保持量低于控制组,这说明先学习的材料B对后学习的材料A的回忆产生了干扰。识记无意义材料时,前摄抑制的影响大,因而造成大量的遗忘。识记有意义的材料或学习材料已经熟悉,前摄抑制的影响就不那么明显了。

在学习中,前摄抑制和倒摄抑制的影响是非常明显的。例如,学习一篇课文,一般总是开头和结尾部分容易记住,而中间部分则容易忘记。其原因是,课文的开始部分只受倒摄抑制的影响,不受前摄抑制的影响;结尾部分只受前摄抑制的影响,不受倒摄抑制的影响;中间部分则受两种抑制的影响,因而最易遗忘。

看来,干扰在遗忘中起着相当大的作用。那么,遗忘的原因究竟是始于衰退,还是源于干扰,多年来一直处在争议之中。不少的心理学家试图用实验的方法解决这一问题,但最终仍然没有一个明确的答案。

3. 提取失败理论

我们都有这样的经验:不能回忆起某件事,但又知道这件事是知道的。有时我们明明知道某人的姓名或某个字,可是就是想不起来,事后却能忆起;有时我们明明知道试题的答案,一时就是想不起来,事后正确的答案不假思索便脱口而出。这种明明知道某件事,但就是不能即刻回忆出来的现象称为"舌尖现象"(tip of tongue)。这种情况说明,遗忘只是暂时的,就像把物品放错了地方怎么也找不到一样。从信息加工的观点来看,遗忘是一时难以提取出所需的信息。一旦有了正确的线索,经过搜寻,所要的信息就能被提取出来。这就是遗忘的提取失败理论。

提取失败可能是因为失去了线索或线索错误所致。例如,黄昏时分,远处站着两个人,既看不清面貌也听不到谈话声,缺乏必要的线索,往往会发生再认错误。再比如回忆实验心理学产生的时代背景,如果误把冯特 1879 年在莱比锡大学创立第一个心理实验室的时间当作 1779 年,以这个线索去回忆实验心理学产生的时代背景,就会使回忆发生错误。因此,提供检索线索就能提高回忆成绩。在图尔文和皮尔斯顿(Tulving & Pearistone)的实验中,向被试呈现 48 个单词(它们分属于 12 类,每类有 4 个单词)让被试识记。提供线索组(提示类别名称)平均回忆出 30 个单词,无线索组(没有提示类别名称)平均回忆出 20 个单词。此后,向无线索组提示类别名称,这时他们的回忆数达 28 个单词。显然,这额外回忆出的 8 个词是储存在被试记忆中的,但要把它们提取出来就必须有检索线索。还有不少实验证明:即使记忆无意义音节,如果提供检索线索,回忆成绩也明显提高;有些人在催眠状态下能回忆起他们完全没有意识到的细节。所有这些事实都表明,被"遗忘了"的材料仍然被保持着,只是没有被提取出来。

我们的长时记忆像一个巨大的图书馆,储存着成千上万的图书,如果没有正确地加以储存,即使是最好的检索线索也没有用,很多遗忘很可能是编码不准确或缺乏检索线索造成的。

4. 动机性遗忘理论

这一理论认为,遗忘是因为我们不想记住,而将一些记忆推出意识之外,因为它们太可怕、太痛苦、太有损于自我。弗洛伊德(S. Freud)是第一个把记忆和遗忘看作是个体维护自我动态过程的心理学家。他在给精神患者施行催眠术时发现,许多人能回忆起早年生活中的许多琐事,而这些事情平时是回忆不起来的。它们大多与罪恶感、羞耻感相联系,因而不能为自我所接受,故不能回忆。也就是说,遗忘不是记忆保持的消失而是记忆被压抑。这种理论也叫压抑理论。

对成年人回忆儿童时代经验的研究发现,大多数原初经验的共同情绪是同高兴相联系(占 30%),其次是害怕(15%),再其次是愤怒、痛苦和激动。总之,不愉快的事件较愉快的事件更易于遗忘。另一个收集早期经验的研究表明,许多被研究者判断为创伤性记忆的被试往往将自己的经验有选择地重新编码为中性的甚至愉快的。显然,我们能重新组织自己的童年经验,以便记住过去的"美好时光"。但实际生活并非如此,只是"应当如此"而已。

在泽勒(Zeller)的实验中,让一组被试学习无意义字表后,立即给予经历不幸的"失败"。后来的测验表明,被试的回忆成绩比未经历失败遭遇的控制组要差得多。接着让这个"失败"组的被试学习新的字表但让其获得成功,结果发现,这个成功使他们的回忆成绩大为提高。这就是说,如果消除了压抑的原因,消除了记忆材料与消极情绪的联系,那么遗忘也就能克服了。

总之,遗忘的原因是多方面的。上述每一种理论都能解释遗忘的部分现象,但却不能解释所有的遗忘现象。因此,对于遗忘的原因,需要多种理论综合起来加以解释。

(二)如何提高记忆

1. 及时复习

由于遗忘一般是先快后慢地进行,因此复习必须及时,要在遗忘尚未大规模开始之前进行。斯皮泽(Spitzer)给两组被试学习一段文章,甲组在学习后不久进行一次复习,乙组不给予复习。结果:一天后,甲组保持 98%,乙组 56%;一周后,甲组保持 83%,乙组 33%,甲组的保持量均较乙组高。研究表明:识记后的两三天遗忘最多。外语学习最好在 24 小时内进行复习,如在晚上进行识记,第二天早晨复习效果较好。

2. 合理分配复习时间

复习时间的合理分配是复习获得良好效果的重要条件,比集中一段时间学习同一个内容识记的效果好。在苏联心理学家沙尔达科夫的实验中,甲乙两班学生学习自然科目,一学期内甲班在讲完教材内容后集中复习5节课,乙班则分4次进行复习,也用5节课,其他条件相同,结果见表5-7。

表5-7 集中复习与分散复习的记忆效果对比

复习方式	成绩			
	差	及格	良	优
集中复习	6.4%	47.4%	36.6%	9.6%
分散复习	—	31.6%	36.8%	31.6%

在复习时,时间过分集中易发生干扰;过分分散易发生遗忘,都不利于记忆的巩固。复习时间没有一个统一的模式,影响的因素较多。从识记和保持的一般关系来看,最初识记时,各次识记分布应该密一些,以后各次的间隔可以逐渐延长;机械识记材料和技能学习,分散练习优越性比较明显,学习复杂的、需要思考的材料,每次需要较长的时间;材料越容易、兴趣越浓、动机越强,越应该集中学习,相反,则以分散学习为宜。复习时间的安排还要考虑到年龄,年龄越小,每次学习时间应越短些。

3. 反复阅读和试图回忆相结合

在材料还没有完全记住前要积极地试图回忆,回忆不起来再阅读,这样容易记住,保持时间长,错误也少。盖兹(Arthur Gates)认为,最好的比例是20%阅读,80%背诵。盖兹的实验要求被试记住6个无意义音节和5段传记文章,各用9分钟,其中一部分时间用于试图回忆,诵读和回忆的时间分配不同,记忆的效果不同(见表5-8)。

表5-8 诵读时试图回忆的效果

时间分配	16个无意义音节回忆百分数(%)		5段传记文回忆百分数(%)	
	立刻	4小时后	立刻	4小时后
全部时间诵读	35%	15%	35%	16%
1/5用于试图回忆	50%	26%	37%	19%
2/5用于试图回忆	54%	28%	41%	25%
3/5用于试图回忆	57%	37%	42%	26%
4/5用于试图回忆	74%	48%	42%	26%

反复阅读与试图回忆相结合能提高记忆效果,是因为试图回忆是一种更积极的认知过程,要求大脑更积极地活动;它又是一种自我检查过程,让人集中精力学习不能回忆的部分和改正回忆中的错误。

4. 采用多样化的复习方法,动员多种感官参加复习

采用多样化、新颖的复习方法,能够引起和加强学习者的注意,激发他们的兴趣,调动积极性,提高复习效果。动员多种感官进行复习,是提高识记效果的一个重要条件。一般认为,

80%以上的信息是通过视觉识记的,10%以上的信息是通过听觉识记的,因此应动员多种感官进行复习。言语材料和视觉形象结合是存储大量信息的基础,巴拉诺夫指出,鲜明的形象是材料,特别是困难材料回忆的支柱。例如,在应用图片时外语词汇能识记92%,在翻译性解释情况下,同样的词汇只能识记76%。

5. 活动有助于记忆

把识记的对象作为活动的对象或活动的结果,记忆的效果会明显提高。苏联心理学家的实验:把学生分成两组,一组用准备好的圆规画画,用完后把圆规拆散,交给第二组,要求第二组同学把它们装配起来。完成后,叫两组同学尽量准确地画出他们刚才画过的画,结果第二组同学画得比较准确。

【延伸阅读】

我们的记忆可靠吗?——记忆错认与无意识转移

发生在20世纪50年代最著名的案例:一个大不列颠票务代理商,被一名持枪男子抢劫后,一名无辜的裁缝被误认为是抢劫犯。这名裁缝曾经向此代理商购买车票,结果却被误认为抢劫犯。在另一起事件中,受害者把心理学家多哈德·汤姆逊错认为强奸犯。然而哈德·汤姆逊有证明自己清白的证据,强奸案发生时,他正在电视直播现场(讽刺的是,当时他正在大谈特谈错误记忆)。受害者正是因为在电视上看到过他,所以将其错认为强奸犯。幸运的是,哈德·汤姆逊与大不列颠的裁缝都逃过了牢狱之灾。但是,到底有多少人,由于同样的目击证人的错误导致他们被判刑?没有人可以确切得知。但有两点可能确定,首先,根据估计,在20世纪80年代,美国每年有7.5万例案件是根据目击证人的回忆来定罪的;其次,最近对40例案件进行DNA检测时发现,其中的36例案件是由于目击证人的错认而导致无辜的人被错误判刑。毫无疑问,还有许多类似的错误至今仍没有被纠正过来。

最近的实验室研究也发现,当一个人记忆出现错认现象时,他并没有意识到他将先前遇到过的人错误地记忆到另一个场合中了。举个例子,观看一部抢劫影片,抢劫现场有一位旁观者,看影片的人们有时会将旁观者说成抢劫犯。错认发生的过程是无意识的,那些观看者错误地认为旁观者与抢劫犯是同一个人。

想一想到底是什么东西影响了记忆的有关细节,让人觉得在哪儿见过他。例如你到繁华商业区参加一个会议,并与两个执行经理进行谈判,其中一人叫托马斯·威尔森,他是公司的副总裁,长着一头银发,戴着一副金丝眼镜,穿着老式样的蓝色上衣;另一位叫费兰克·阿尔伯特,此人30岁左右,是财务分析家,戴着颜色鲜艳的蝴蝶结领带。下午晚些时候,你还必须前往郊区会见两名潜在的客户,他们刚刚成立了新公司,但业务范围不广。一个是程序设计员,名叫艾里克·默顿,穿着一身牛仔装,戴着银耳环,刚刚从大学毕业;另一位是公司经理艾兰妮·格林,她是一名严肃的中年妇女,穿着传统的公司服装。

一星期以后,我要你提供一份你上一个礼拜见到的人及去过的地方特征的准确报告。仅仅回忆出副总裁、财务分析家、程序设计员、公司经理、金丝眼镜、鲜艳的领带、蝴蝶结、银耳环、牛仔装、传统的公司服装以及威尔森先生、阿尔伯特先生、默顿先生与格林小姐是远远不够的。你还必须回忆起每个人的穿着,名字与面孔特征要对得上号,谁在郊区工作,谁在市中心工作,每个人的职位是什么。以便你能准确说出人们的衣着、工作职位及工作地点。

心理学家们把这种联系过程称为"记忆联结",即将某件事的多种成分归结为一个整体。如果能回忆起某件事的独立特征,却出现了记忆联结失败,那么就会发生类似于其他目击证人所犯的记忆错认差错。

记忆来源混乱有时能导致记忆联结失败,是因为当事情发生时,行为或行为对象并没有准确地与特定的时间和地点联系起来。记忆联结失败也可导致记忆混乱,使我们搞不清楚哪些事是确实发生过的,哪些又仅仅是想象中的。

(夏科特.记忆的七宗罪[M].北京:中国社会学出版社,2003.)

思考题

1. 什么是记忆,它分别包括哪些具体过程?
2. 记忆的多存储器模型是什么?其各个子系统之间是什么关系?
3. 什么是短时记忆,它的编码方式分别是什么?如何才能让短时记忆得到保持?
4. 长时记忆的保持会产生哪些变化?
5. 长时记忆的遗忘是由哪些因素造成的?谈谈如何让长时记忆中的信息得到保持。

第六章

思　维

美国著名的思想家爱默生(Ralph Waldo Emerson,1803—1882)曾说:"What is the most arduous mission in the world? It is thinking."(世上最艰巨的使命是什么?思考。)人们为什么要思考呢?首先,人类感觉器官的结构和功能均有局限性,例如人的眼睛只能看见波长在390~760 nm的可见光,耳朵只能听到频率在20~20000 Hz的声音;其次,个体生活的时间和空间是有限的,我们只能生活在当下的某地,既不能回到过去,也不能预演未来;最后,客观事物本质和规律带有蕴涵和内隐的特点,并且非常复杂,比如打雷和闪电是怎么回事,又是什么力量推动了四季的更迭。这些问题的解决都依赖于思维。

第一节　思维概述

一、思维的定义

思维(thinking)是人脑对客观现实概括的、间接的反映。

思维是一种高级的认识活动。只要把思维和感觉、知觉加以比较,就可以明显地看出思维的特点。感觉、知觉只能反映事物的个别属性或个别的事物;思维则能反映一类事物的本质和事物之间的规律性联系。例如,通过感觉和知觉,我们只能感知形形色色的具体的笔(铅笔、钢笔、毛笔、蜡笔,等等);通过思维,我们就能把所有笔的本质属性(写字的工具)概括出来。通过感觉、知觉,我们只能感知太阳和月亮每天从东方升起,又从西方落下;通过思维,我们则能揭示这种现象的规律性是由于地球自转的结果。因此,概括的反映,是指思维能够反映事物的本质,能够反映事物之间的本质联系和规律。

人的思维过程具有间接性和概括性的重要特征。

所谓间接性,就是通过其他事物的媒介来认识客观事物,即借助于已有的知识经验,来理解或把握那些没有直接感知过的,或根本不可能感知到的事物,以及预见和推知事物发展的进程。无论是实际生活还是任何一门科学都有许许多多说明人脑对客观事物间接反映的事例。早晨起来,推开窗户,看见屋顶潮湿,便推想到"夜里下过雨了"。这时,人并没有直接感知到下雨，而是通过屋顶潮湿这个媒介，用间接的方法推断出来的。医生能通过患者的体温、脉搏，视听患者身体的有关部位，化验患者的血液，判断患者身体内部某一器官的状态。生理学家能通过条件反射、脑电图间接地了解人脑的活动。同样，人不能直接感知到的运动速度，通过实验可以间接地推算出来，例如光速。

所谓概括性就是把同一类事物的共同特征和本质特征抽取出来加以概括，比如，客观事物中各种各样的山、川、树木、人，等等，都可以用概括的词为标志，得出"树为木本植物""船是水上的运输工具"等概念；或者将多次感知到的事物之间的联系和关系加以概括，得出有关事物之间内在联系的结论，例如，每次看到"月晕"要"刮风"，地砖"潮湿"要"下雨"，就能得出"月晕而风""础润而雨"的结论。思维的概括性不仅表现在它反映某一类客观事物共同的、本质的特征上，也表现在它反映了事物与事物之间的内在联系和规律上。一切科学的概念、定义、定理、规律、法则都是通过思维概括的结果，都是人对客观事物的概括的反映。

概括有不同的水平，有感性的概括，也有理性的概括。概括的水平，无论从个体发展来讲，还是从种族发展来看，都是随着言语的发展、经验的丰富、知识的增加，由低级向高级发展的。概括的水平越高，人就越深入地反映事物的本质特征和内在联系。一般地说，人对客观事物的概括的反映是借助于词来实现的。概括的水平是随着人类历史的发展而发展的。

虽然思维与感知觉有着本质的不同，但二者密不可分。思维是在感知的基础上产生和发展起来的。因此，正确的思想不但没有脱离客观事物，反而更加接近客观现实，使人更深刻、更正确地认识现实。反之，感性认识的材料，如不经过思维加工，就只能停留在对事物表面的、现象的认识上，而不能认识客观事物的规律和本质。

表 6-1 感知觉与思维的区别与联系

	认识阶段	反映内容	反应的特征	活动方式	关系
感知觉	低级阶段	事物的个别属性 具体事物 事物的外部联系	直接性 具体性	客观事物直接作用于感觉器官时产生的	感知觉是思维互动的基础；感知觉活动中有思维活动的参与，从而提高感知觉的质量
思维	高级阶段	事物的本质特征 一般事物 事物间规律性的联系	间接性 概括性	通过媒介物进行推断，通过分析、综合等过程认识一类事物的性质、事物与事物之间的各种关系	

思维问题是心理学中研究得较少的领域，心理学家们对于思维的定义看法不一。除了上面主要从哲学理论上去说明思维的本质外，有些心理学家从解决问题的角度，把思维看成是运用智能寻求问题的答案或寻求达到实际目的的手段。随着信息论和控制论的问世，近年来较流行的看法是，把人脑当作一个复杂的信息加工器官，认为思维就是人脑对信息的分析、综合、储存、检索并做出决定的过程。科技工作者在此基础上创制了电子计算机及人工智能设备，产生了模拟人的思维的机器人。就目前科技水平而言，电子计算机只是在模拟人的逻辑思维规律的基础上设计出来的，它对于人脑的形象思维的活动的模拟还存在很大的一段距离，因而还不能完全替代人的头脑。

二、思维的过程

人类思维活动的过程表现为分析、综合、比较、分类、抽象和概括等。其中,分析和综合是思维的基本过程,其他过程都是从分析、综合派生出来的,或者说是通过分析、综合来实现的。

(一)分析和综合

分析(analysis)是在认识上把事物的整体分解为各个部分、个别特性或个别方面的过程。综合(synthesis)是在认识上把事物的各个部分或不同特性、不同方面结合起来形成一个整体的过程。任何一个事物,不论是简单的还是复杂的,总是由各个部分组成,而且具有各种不同的特性。我们在认识某一事物时,就要不断地对它进行分析和综合。

分析和综合是方向相反而又紧密联系的过程,是同一思维过程中不可分割的两个方面。分析总是把部分作为整体的部分加以区分,从它们的相互联系上来分析,而综合则是对分析出的各个部分、各个特性的综合,是通过对各部分、各特性的分析而实现的。分析为了综合,分析才有意义;综合中有分析,综合才更完备。任何一个比较复杂的思维过程,既需要分析,也需要综合。例如,给被试提出如下问题:"用六根火柴做出四个等边三角形,使三角形每边都由一根火柴构成。"在解决这个问题时,由于一般三角形是平面的,材料也在平面上出现,大多数被试都在平面上做种种尝试,这是分析。在多次尝试失败以后,被试逐渐将分析与条件和要求相联系,有的被试发现:"三角形有三个边,四个三角形有十二个边。但火柴只有六根,这意味着每个边都是公共的。"这样一来,综合的分析就出现了。这个考虑方向促使被试从立体方面去寻找解决问题的办法,直至问题解决。

(二)比较和分类

比较(comparison)是在认识上确定事物之间共同点和差异点及其关系的过程。人们经过分析和综合,认识事物的许多特点和属性,为进一步认识和辨别某一事物,需要在分析、综合的基础上,对与这一事物相似或对立的事物进行比较。通过比较找出它们之间的共同点和差异点。比较可以是同中求异或异中求同,也可以是横向比较或纵向比较。

分类(classification)是按事物属性的异同,把事物分为不同种类的过程。分类以比较为基础,人们通过比较揭露事物之间的共同点和差异点,然后根据事物间的共同点将事物集合成一个较大的类,又根据事物间的差异点将较大的一类划分为几个较小的类。这样,就把众多事物区分为具有一定从属关系的大小类别,形成概念体系和合理的知识结构。

(三)抽象和概括

抽象(abstraction)是在认识上抽取同类事物的本质特征,舍弃非本质特征的过程。概括(generalization)是在认识上把同类事物的本质特征加以综合并推广到同类其他事物的思维过程。

抽象和概括是彼此紧密联系的,抽象是概括的基础,如果没有抽象就不可能进行概括;概括就是把分析、比较、抽象的结果加以综合,形成概念。概括的作用在于使人的认识由感性上升到理性,由特殊上升到一般。只有通过概括才能使认识深化,才能更正确、更完全、更本质地反映事物。任何一个概念、一条规律、一个公式或原则都是抽象和概括的结果。

图6-1中有20个图,每个图都有1个大圆和3个小圆,其中10个图3个小圆分布有规律,点①②在大圆内,另外10个图3个小圆分布不符合上述规律。要求以最快速度报告结果。

在这个过程中,第一步分析,分析圆的组成部分;第二步比较,找出异同;第三步综合,得出20个图的共同点是都有1个大圆和3个小圆。然后对20个图再次进行分析、比较、综合,抽象、概括出20个图可分为两大类,这就是思维的全过程。

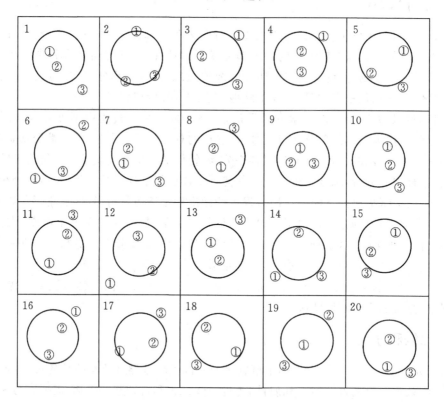

图6-1 抽象和概括思维过程图

三、思维的种类

(一)动作思维、形象思维和逻辑思维

根据思维活动凭借物的不同,将思维分为以下三种:

1. 动作思维(action thinking)

动作思维是在思维过程中以实际动作为支柱的思维,也称实践思维,其特点是:任务是直观的,以具体形式给予的,解决方式是实际动作。例如,3岁前的幼童只能在动作中思考,思维离不开触摸、摆弄物体的活动;聋哑人靠手势与表情进行交际;机修工人、家电修理人员一边操作、一边思维,来解决机器故障。需要指出的是,成人的动作思维以丰富的知识经验为中介,并在整个动作思维过程中由语言进行调节和控制,与幼儿不同,属于较高的思维水平。

如半导体收音机不响了,修理者打开它的匣子,用电表检查,看看是否电池已经用完了;电池还有电,再检查线路是否接触不良,三极管是否出毛病了……最后找出了收音机不响的原因。这种思维称为动作思维或直观动作思维,其特点是以实际操作来解决直观的、具体的问题。修理工人、工程师经常运用动作思维解决实践中遇到的问题。

2. 形象思维(imaginal thinking)

形象思维是用直观形象和表象为支柱的思维过程。形象思维中的基本单位是表象。学前儿童、小学低年级学生的思维主要是具体形象思维,具体形象思维是一般形象思维的初级形态,也是智慧发展必须经历的重要阶段。正常成人的思维主要借助概念来实现,但也不可能完全脱离形象思维,特别是解决比较复杂的问题时,鲜明、生动的客观形象有助于思维的顺利进行,画家、作家、诗人、工程师、设计师等更多地运用形象思维。但是,成人的形象思维与儿童的形象思维有着本质的不同,例如,画家所创作的鲜明而富于表现力的形象和音乐家所创作的音乐形象,都是"物质化了"的概念,是概括的形象思维。再如,在未动手重新布置房间前,我们想象着电视机应摆在哪里,写字台应摆在哪里,书柜应摆在哪里,墙壁的某处应张贴什么画……在思想上考虑着如何布置室内摆设的蓝图。这个任务的解决就运用了形象思维。文学家、艺术家经常用形象思维,通过形象来表达自己的思想和情感。

3. 逻辑思维(logical thinking)

逻辑思维,也称抽象思维、推理思维或词的思维,是运用抽象概念进行判断、推理,得出命题和规律,以概念、判断、推理的形式来反映客观事物的运动规律,是对事物的本质特征和内部联系的认识过程。词的思维是人类思维的核心形态,是人与动物思维的根本不同之处。学生运用数学符号和概念进行数学运算和推导,科学工作者根据实验材料进行推理和论证等,都属于抽象逻辑思维。从形式上讲,抽象逻辑思维包括普通逻辑思维(形式逻辑思维)和辩证逻辑思维,前者是初级阶段,后者是高级阶段,主要强调思维反映事物的内部矛盾,揭示事物对立统一、量变质变、否定之否定的发展规律。

在正常成年人身上,上述三种思维往往是互相联系、互相渗透的。只单独地使用一种思维来解决问题是极为罕见的。例如,司机用实际操作检查发动机出故障的原因时,必然与发动机正常运转时的形象相对照,同时还运用已有的知识经验(如汽车运行的原理)进行逻辑推论,只有这样才能找出发动机出故障的原因。从个体发育的角度来看,儿童的动作思维和形象思维先发展起来,抽象思维出现较晚。但是,成人中哪一种思维占优势却不表明思维发展水平上的差异。作家、诗人、艺术家、设计师主要运用的是形象思维,但他们的思维发展水平并不亚于主要运用抽象概念和理论知识的哲学家和数学家。

(二)指导性思维和创造性思维

根据思维活动面对的任务和目的,思维可分为以下两种:

1. 指导性思维(directed thinking)

指导性思维是指在一定任务或要解决的问题面前,思维过程的进行被所要达到的目的和所要解决的问题所指导。例如,数学题的每一步是为达到最后要求所指导着,这种由一定任务所指导而进行的思维过程为指导性思维。

2. 创造性思维(creative thinking)

创造性思维是多种思维的综合活动,也包括辐合思维和发散思维。

(三)辐合思维和发散思维

根据思维过程中的指向性不同,思维可分为以下两种:

1. 辐合思维(convergent thinking)

辐合思维是指思考中信息朝一个方向聚敛前进,从而形成单一的、确定的答案的认识过程,即利用已有的信息,达到某一正确结论。辐合集中思维的主要功能是求同。

2. 发散思维(divergent thinking)

发散思维是指思考问题时信息朝各种可能的方向扩散,并引出更多新信息,使思考者能从各种设想出发,不拘泥于一个途径,不局限于既定的理解,尽可能作出合乎条件的多种解答。其主要功能是求异与创新。

当然辐合式思维和发散式思维又是紧密联系的。当我们分析火灾发生的原因时产生了许多联想,做出种种假设,这是发散式思维;通过调查检验,并一一放弃这些假设,最后找到唯一正确的答案,这又是辐合式思维了。

四、语言及其与思维的关系

(一)语言和言语

语言(language)是人类最重要的交际工具,也是正常成人赖以进行思维的工具。语言是一种符号系统,它包括语音系统、词汇系统和语法系统,例如,汉语、英语、俄语、法语、土耳其语等。现在世界上使用的语言有 5500 多种。从表面上看,各种语言差异甚大,它们的发音不同,似乎还有不同的语法规则。有时候,从一个讲一种完全不熟悉的语言的人口中发出的言语,听上去简直像一阵阵连续的声音激流,而不像有独立的词汇。但是在这些表面差异之后,所有的语言都具有能产性、结构性、意义性和社会性等基本特征。

语言存在于人们的言语活动中。言语是人们在交际和活动中应用语言的过程和产物,例如,我们用汉语进行交谈、讲演、作报告、写文章等,都是不同方式的言语活动。言语交际总是在人与人之间进行的,交际双方的感受器、脑和效应器进行着不同的活动。说话的人或写作的人,通过发音器官或手的动作把语言说出来或写出来,这是言语的产生或表达;听话的人或读书的人理解着语言文字所表达的思想,这是对言语的感知和理解。在解决问题时,人还运用语言进行思维,思考时还伴随着不出声的内部言语。因此,语言和言语是有区别的:语言是工具(交际的工具、思维的工具);言语则是对这种工具的运用。语言是社会现象,语言的语音系统、词汇系统和语法系统是从全体社会成员的言语交际中抽象概括出来的,因而具有较大的稳定性;言语是心理物理现象,具有个体性和多变性,不仅每个人都有自己的言语风格,而且同一个人在不同的场合,其言语表达方式也不同。研究语言的科学是语言学,而言语活动则是心理学的研究对象。

语言和言语又是密切联系的。言语不可能离开语言而存在,离开语言这种工具,人就无法表达自己的思想或意见,也就无法进行交际活动;语言也离不开言语,因为任何一种语言都必须通过人们的言语活动才能发挥其交际工具的作用,一旦某种语言不再被人们用来进行交际,它终究要从社会上消失掉。总之,语言和言语是密切联系的但又是有区别的。

(二)言语的种类

可以以不同的标准对言语进行分类。在心理学上一般把言语分为两大类：外部言语和内部言语。外部言语又包括口头言语和书面言语。

1. 口头言语(oral language)

口头言语是指人凭借自己的发音器官发出语音，来表达思想和情感的言语。它具有下列特点：第一，词和句的发音必须在一定的时间里进行。每个语音一般经过不到一秒钟，就要为另一个语音所代替，这样才能组成整个的词。词的个别部分过于延长，句子中发音的间歇或迟滞不适当，都会使识别和理解感到困难。第二，说出整个句子前，必须对全句的结构进行综合，选出恰当的词连贯地加以表达。第三，句和句之间的联系也要在较短时间内进行预先考虑，使言语连贯流畅地进行。第四，言语的听觉反馈对口头言语的进行起着重要的作用。如果言语听觉反馈受阻或有意加以延迟，就引起口吃、说话不清楚等现象。生而聋者，虽然发音器官正常，由于言语听觉反馈受阻，因而失去了说话能力。口头言语又可以分为对话言语和独白言语两种形式，也各有其不同的特点。

2. 书面言语(written language)

书面言语是一个人用文字来表达思想、情感的言语。书面言语的产生晚于口头言语。它具有独白言语的性质，但也不同于独白言语。首先，书面言语无法借助于表情和动作来加强其表现力。作者的情感(激动、爱慕、仇恨等)是以充分展开的形式和适当的修辞来表达的，读者必须从上下文中才能体会到。其次，口头言语中的每一个词紧紧相连，在发出后面的一个词的声音时，发言者和听众就不能再感知前面的词。但在书面言语中作者和读者都可以重新返回到已经感知过的文字上进行细致的琢磨和推敲，从而使表达和感知更为精确。

3. 内部言语(inner speech)

内部言语是一种对自己发出的言语。内部言语的最大特点是言语发音的隐蔽性。默默思考时，我们听不到发音器官发出的声音，但言语器官的肌肉仍在活动着。这时，言语器官的动觉冲动执行着和出声说话时相同的信号功能，不断向大脑皮质发送信息。实验证明，当被试出声或不出声地解答简单的数学题和背诵诗篇时，用微电极从发音器官上记录到的动作电流的节律都是相同的。这说明，出声思考和默默思考都有言语器官的活动，并且性质是相同的。内部言语的另一个特点是片段性和压缩性。内部言语时，思想可以用一个词或一个短词组(它们只是一个主语或一个谓语)就代替了一系列完整的句子。

内部言语是在外部言语的基础上形成的，外部言语向内部言语的转化叫内化。这种转化可在3岁左右的儿童身上看到，这时，儿童开始对自己说话。这种自己对自己的说话既有外部言语的交际功能，又有内部言语的自我调节功能。随着儿童年龄的增长，这种自言自语的自我调节功能逐渐被内部言语所代替。内部言语向外部言语的转化叫外化。内部言语时，思想对于他本人来说是明白的，但他不一定能清楚地向别人讲述自己的思想。这是因为内部言语是片段的、压缩的，而外部言语则是展开的，文法和逻辑结构较严谨。因此，如果没有经过必要的训练，外化就会遇到困难。在教学中，既让学生默读课文也让学生朗读课文，既布置口头回答也布置书面作业，这样可以促进学生外化技能的形成。

(三)语言和思维的关系

在心理学上,语言与思维的关系是一个很具争议性的问题。我们认为,语言是正常人进行思维的工具。人在思考时,言语运动器官的活动受到抑制,起作用的是一种不出声的言语即内部言语,思维就是借助于这种内部言语来进行的。但是,思维与言语是不能等同的:其一,思维是一种认知过程,而言语却是一种交际过程;其二,思维并不必须以言语为工具;其三,言语也不必须有思维为内容支持。尽管如此,思维和语言是紧密联系在一起的,人在正常情况下是利用言语来进行思维活动的。可以说,词的抽象和概括的特性和语法规则,使语言适于充当思维的工具,从而使人的思维变得更有效。

五、思维的神经生理学说

思维是脑的功能。人脑平均重量的发展趋势是:新生儿为390克;8~9个月的乳儿为660克;2~3岁的婴儿为990~1000克;六七岁的幼儿为1280克;9岁的小学儿童为1350克;十二三岁的少年脑重已接近成人,达到1400克。林崇德对儿童数概念形成和运算能力发展的研究发现,儿童这方面能力的发展变化与脑重变化具有一致性。上述脑重量变化的转折期在8~9个月、2~3岁、9~10岁(小学三四年级),这也正是数学运算思维能力发展的加速期。刘世熠等对我国被试脑电波研究表明,5~6岁和十三四岁(初中二年级)是脑发展两个显著加速期,这正好与儿童、青少年思维发展,特别是逻辑思维发展的关键年龄相吻合。脑是思维的器官,这是无疑的。然而,思维时脑是如何工作的?这个谜至今还未揭开。

思维活动是复杂的,它是脑的三个功能系统整体性活动的结果。神经病理学的研究表明,左侧半球颞上回后部是司管词句记忆的,这一部位的损伤会导致言语听觉记忆障碍。这种患者记不住用口语表达的问题,因而连很简单的口头算题都很难解决。如果算题以书面方式呈现,情况稍微好些;但是由于在解决问题时仍然需要中间的言语环节,所以,患者要完成解题的整个推理过程非常困难。

左侧顶-枕区系统的损伤会引起同时性(空间的)综合的严重破坏,这既表现在直接的、直观的行为中,也表现在运用符号方面。患者虽然能记住算题并主动尝试解题的方法,但由于不能理解逻辑-语法结构(如不能理解"甲的苹果是乙的两倍"或"甲的苹果比乙多两个"等基本的逻辑条件),因而仍不能解答题目。

额叶损伤对解决问题的思维过程的影响是多方面的。这种患者意识不到解决问题的任务,没有解决问题的愿望。他们在复述题目时,或者把问题漏掉,或者用条件中的一个成分来取代问题。例如,算题:"在两个书架上共有18本书,但不是对半分,一个书架上的书是另一书架上的两倍,问每个书架上有多少书?"患者或者将它复述为:"在两个书架上有18本书,并且在第二个书架上有18本书……"这种复述完全丧失了智力问题的性质。他们或者复述为:"在两个书架上有18本书,一个书架上的书是另一个书架的两倍,问在两个书架上共有多少本书?"这种复述实际上不是问题而是已知条件的重复。额叶损伤的患者的另一特点是根本不考虑课题所提供的条件,就立即开始冲动性地寻找"答案",简单地把算题中所包含的数字结合起来。例如,患者对上题的解答是:"在两个书架上有18本书,……在第二个书架上是两倍,……就是36……而那里是两个书架,……就是说18+36=54……"这种患者也不会把计算得到的结果和问题所提出的条件进行核对,也意识不到答案有无意义。因此,额叶受损的患者虽然在逻辑-语法结构的理解和计算操作上都完整无损,但智力活动在整体上明显地受到破坏。

用微电极技术记录单个神经元活动的研究表明,在前额叶存在有与视觉暗示信息的识别、保持以及有目的的行为活动的发动和调节有密切关系的神经元以及与空间、时间信息处理有关的神经元。几乎各种感觉道(视、听、触、嗅、痛、温、冷等)的信息,都可以汇聚到前额叶,甚至可以会聚到同一个神经元上。但这些前额叶神经元与一般的感觉神经元不同,其反应的出现与否和反应的大小并不单纯取决于刺激物的物理属性、刺激强度和作用持续时间,而主要取决于该刺激物所具有的信号意义。同样物理特性的刺激,当它们被组织在课题中具有一定信号意义时,可以对前额叶神经元起激活或抑制作用。当它们没有组织在课题中从而不具有信号意义时,则对前额神经元不再有激活或抑制作用。同一个前额叶神经元,对于物理性质完全相同的刺激,因其所表示的信号意义不同,可以出现完全不同的反应。这种对刺激物信号意义的反应是思维活动的前提和基础。

割裂脑的研究表明,说话、阅读、书写和计算等活动,在左侧半球内进行而不传至右侧半球,左侧半球与词语性思维活动有关。右侧半球与空间概念、对言语的简单理解以及非词语性思维有关,这些活动内容也不能传至左侧半球。罗兰德(Roland)用不同问题测试时观察脑区血流量的变化,发现大脑左、右半球所激活的区域和程度是不对称的。解答言语性问题时,位于左半球脑区的血流量增多较明显;解答非言语性问题时,位于右半球脑区血流量增加更明显些。看来,大脑左右半球在言语性抽象思维与形象思维中所起的作用是不同的。

从上面的资料可以看出,思维是大脑皮质的整体性活动,大脑皮质某一部位的损伤都会对解决问题的思维过程产生明显的障碍,但障碍的性质可能是不同的,其中大脑额叶对于实现复杂的思维活动起着十分重要的作用。同时,不同的思维种类(如词语性思维和非词语性思维)可能与脑的不同部位有关。

巴甫洛夫学派通常以两种信号系统学说来解释思维的生理机制。第一信号系统是以具体的事物作为信号刺激而建立起来的暂时联系系统。巴甫洛夫学派认为,这些暂时神经联系就是我们关于周围世界的感觉、知觉、表象的生理基础,是人类和动物所共有的。第二信号系统是以词作为信号刺激所建立起来的暂时联系系统。这是人类所特有的现象。人有了第二信号系统,依靠第一和第二信号系统的协同活动,人脑就能对客观事物进行多阶段的分析综合活动,从而形成不同等级的概括了的暂时联系。例如,任何最简单的词:"鸟""牛""马"等,都不只是表示某一个别事物,而是表示属于同一类的许多事物。

第二节 想 象

想象(imagination)是人根据头脑中的已有表象经过思维加工建立新表象的过程。表象是感知观察之后在头脑里留下的有关事物的形象。作家创造人物形象、建筑工程师设计新楼蓝图等,都是运用旧表象建立新表象的过程,都是通过想象活动来完成的。想象在人类生活、学习、工作、创造活动中具有十分重要的作用。

一、想象的种类

根据是否有预定目的,可以把想象分为无意想象与有意想象两大类。

(一)无意想象(involuntary imagination)

无意想象也称不随意想象,是没有预定目的、不自觉产生的想象,如看到天上的云,会因云的形状而将其想象成各种动物。

梦,是不随意想象的极端形式。梦是人在睡眠时出现的一种正常的心理现象。梦对人们无害,做梦有助于恢复大脑细胞的功能,调节人的心理平衡,有时还可以帮助解决问题。

(二)有意想象(voluntary imagination)

有意想象也称随意想象,是有预定目的、自觉产生的想象。有意想象根据其创造水平和新颖程度,又可分为再造想象、创造想象和幻想。这些想象在某种意义上就是形象思维。

1. 再造想象(reproductive imagination)

再造想象是根据别人的描绘在头脑里构成相应新表象的过程。比如,人们看过《阿Q正传》之后,根据作者的语言描绘在头脑里可以想象出阿Q的形象;一个建筑工人根据平面图纸,可在头脑里再造出楼房的立体形象;演员根据剧本的描绘而在头脑里想象有关角色的生动形象。

再造想象对于学生掌握知识技能具有重要意义。学生学习的书本知识主要是前人积累的间接经验,有许多事情是没有亲身经历、感知过的。例如,学生没有目睹过太平天国运动,但根据历史资料的描绘,可以在头脑里想象出有关金田村起义这一历史事件的生动形象。学生阅读文学作品,也需要借助再造想象才能理解。学生在阅读诗词时必须经过再造想象的补充才能在头脑里衔接上跳跃的部分,建立起完整的表象,真正理解诗词的诗情画意,理解作者的情绪体验,产生情感上的共鸣,领略诗词的意境。

学生学习抽象的数理化概念和理论时,也需要想象活动的支持。例如,学习数学中有关点、线、面、轨迹等概念及几何图形时,必须通过再造想象才能理解;学习电势、电阻、光速和质量等抽象的物理概念以及许多理想化的物理模型,必须借助想象,在头脑里产生有关的表象才能真正理解。

再造想象的准确性和生动性取决于以下两个条件:①学生必须正确理解作者和教师使用的语言、符号的含义。②学生必须有足够的表象储备。已有表象越多,情节越细,想象的内容就越丰富、越具体。

2. 创造想象(creative imagination)

创造想象是根据一定目的在头脑里独立地构思新表象的过程。创造想象的特点是该新形象是从未出现的,如鲁迅创作《阿Q正传》中的阿Q就是创造想象的产物。作家在头脑里进行艺术构思和艺术表达的过程,就是创造想象的过程。科学家在头脑里形成新假设、建筑工程师在头脑里酝酿新大楼的内部结构和外部楼面等过程,也都是创造想象的过程。爱因斯坦说过:"想象力比知识更重要,因为知识是有限的,而想象力概括着世界上的一切,推动着进步,并且是知识进化的源泉。严格地说,想象力是科学研究中的实在因素。"这个想象力,指的就是创造想象的能力。可见,创造想象在发明创造中具有十分重要的意义。

创造想象对于学生的学习也有重要意义。学生在作文、绘画、解应用题和实践活动中,都有创造想象活动。教师用启发式教学法,不只满足于将知识和结论直接告诉学生,而是创造问题情境引导学生自己动脑去"发现"结论,这时学生的想象活动就是创造想象。

3. 幻想(fantasy)

幻想是个人渴望的、指向未来的想象。幻想与创造想象不同,如学生想要当教育家,这是个人渴望在未来实现的幻想(理想);而创造想象则不一定是个人渴望的,如鲁迅创造的阿Q形象是创造想象的结果,但绝不是鲁迅渴望将来成为阿Q式人物。幻想包括科学幻想、理想和空想。

1) 科学幻想(science fantasy)

科学幻想是有一定科学成分的幻想,例如人们幻想登上火星、在海底建立城市。科学幻想是与个人愿望相联系的,有一定科学成分,虽然目前不能实现,但未来是有可能实现的。

科学的幻想是科学预见的一种形式,是创造想象的准备阶段,可以鼓舞人们向科学进军,激励人们去发明创造。过去,有人曾幻想过能腾云驾雾、遨游太空,也幻想过拥有千里眼、顺风耳。这些幻想推动人们去发明创造,而且在今天已逐步变成了现实。

2) 理想(ideality)

理想是符合社会发展规律并可能实现的幻想。例如,青年学生将来想当教育家、科学家或艺术家,为实现现代化做贡献,这些就是符合社会发展规律、经个人努力可能实现的理想。

崇高的理想是符合人类社会发展规律的理想,是推动人们前进的精神力量,是激励青年学生努力学习的动力。因此,培养学生具有崇高的理想,把学生引向美好的未来是教育工作者义不容辞的责任。

3) 空想(daydreaming)

空想是违反客观规律的和不能实现的幻想。有人不干活却想发大财,有人想制造永动机,这些都是不切实际的、不可能实现的幻想。一个长期陷入空想的人,只能碌碌无为、一事无成。教师的责任是使有空想的学生,认识事物发展的规律,回到现实中来。

二、想象的功能

想象在人们的生活实际中具有十分重要的作用,主要表现为:

(一)预见功能

预见功能指想象能对客观现实进行超前的反映,如"居安思危""未雨绸缪"。人类进行实践活动,总是先在大脑中形成未来活动过程和期望结果的形象,并利用它指导和调节自己的活动,实现预定目的。任何发明创造、工程设计、艺术造型,都与想象的预见功能分不开。

(二)补充功能

补充功能指在超出人类认识活动之外进行的自动补充作用。如在实际生活中,人们无法感知四维空间,凭借想象的补充功能,人们可以实现对客观世界充分而全面的认识。

(三)替代功能

当人们的某些需求不能得到满足时,可以利用想象的方式得到满足。如炎炎夏日想象在海边,日常生活中的"望梅止渴",都是想象的替代功能效果。

(四)调节功能

想象对机体的生理活动过程有调节控制作用,能改变人体外周部分的机体活动过程。近年来的生物反馈研究证实了想象的这种调节作用。通过对冥想、静思、瑜伽、太极等古老运动的科学研究,发现人们可以通过想象,调节和控制身体生物反应。

第三节 概念和推理

概念和推理是思维的两种基本形式。前者是将事物的本质特征进行概括,而后者是对一个已知判断推进行新的推演。

一、概念

(一)概念及其结构

概念(concept)是人脑对客观事物的一般特征和本质特征的反映形式,是思维对外来信息进行加工的基本单元。概念是思维活动中抽象、概括的结果,是思维的产物。

概念和词紧密地联系着,词是概念的语言形式,概念是词的思想内容,任何概念都是通过词来表达的,不依赖于词的赤裸裸的概念是不存在的。但概念和词也不完全等同,一个词(多义词)可以代表不同的概念,如"杜鹃"既可以表示一种植物的概念,也可以表示一种鸟的概念。相同的概念也可以用不同的词来表示,如"目""眼睛"所表示的是同一个概念。有些词则不表示任何概念。

每个概念都有它的内涵和外延。内涵是指概念所包含的事物的本质属性,外延是指属于这一概念的一切事物。如"平面三角形"这个概念的内涵是,平面上三条直线围绕而成的封闭图形;外延是,有直角三角形、锐角三角形、钝角三角形等。

那么,概念是由哪些因素构成的以及这些因素的相互关系又是怎样的呢?关于概念的结构,目前心理学中主要有两种理论:特征表说和原型说。

1. 特征表说

特征表说认为概念是由定义特征和概念规则两个因素构成的。从语义记忆的角度可以认为,概念在记忆中是由几组信息或成分来表示的。在这些组中,有的组包含概念的实例,有的组包含概念的属性。以鸟的概念为例,一组可以包含鸟的概念的各种实例,例如,知更鸟、麻雀、企鹅等;另一组包含鸟的属性或特征,如鸟有羽毛、翅膀等。而概念的这些特征又可分为定义特征和特异特征。定义特征是概念的实例共同具有的特征,是概念的重要特征;而特异特征则是概念的次要特征。所谓概念规则是指一些定义特征之间的关系或整合这些定义特征的规则。概念规则有肯定、否定、合取、析取、关系等。肯定是指概念中具有某种特征,这类概念叫肯定概念,如"中产阶级"。否定是指概念中不具有某种特征,这类概念叫否定概念,如"非中产阶级"。合取是指概念中的每个特征必须同时具备,例如"毛笔"这个概念,只有"用毛制作的"和"写字的工具"这两个特征同时具备,才是完整概念,这两个特征是缺一不可的,这类概念称为合取概念。析取是指概念中的各个特征可能有两种组合方式,使用时可以两者选一,也可以两者兼具,例如"侵权行为"这个概念,"非法侵犯他人、社团的利益和权利的行为"是"侵权行为","非法侵犯国家的利益和权利的行为"也是"侵权行为",当然以上两种情况兼具时,也是"侵权行为",这类概念称为析取概念。根据事物或事物属性之间的关系,如"较大""较小""以前""以后""上方""下方"等所形成的概念,即称为关系概念。特征表说认为人们头脑里的概念就是由定义特征和概念规则有机结合而成的。

2. 原型说

原型说认为,概念主要以原型,即它的最佳实例来表示的,我们主要是从最能说明概念的一个典型实例来理解概念的。例如在思考涉及鸟的概念时,我们往往会想到麻雀,而不大会想到鸵鸟和企鹅,这说明麻雀和鸵鸟是不能在同等程度上表示鸟的概念的,但鸵鸟、企鹅毕竟也属于鸟类,因此,人对一个概念的理解不仅包含着原型,而且也包含范畴成员代表性的程度。所谓范畴成员代表性的程度是指属于同一概念的同类个体可容许的变异性,亦即其他实例偏离原型的容许距离。在一个实验(Rosch)中,向被试呈现属于不同语义概念的许多语词实例,要求他们就其代表相应概念的程度做出等级评定,从得到的结果可以看出几个概念的原型和范畴成员代表性的程度。例如,椅子和沙发是家具概念的原型(或最佳实例),而柜橱和床则是偏离原型较远的实例。当然,这里也有文化背景不同的影响。此外,从用反应时作指标的实验中还发现,被试对语句"椅子是家具"回答"对"所需的时间少于回答语句"床是家具"所需的时间。根据这类实验,可以认为,概念的原型是概念的这样一种实例,与同一概念的其他成员相比,它具有它们中更多的共同属性。概念容许其实例在一定范围内发生变异,但原型是核心,原型为这些各具特点的众多实例组成一个整体提供了基础。概念就是由原型和范畴成员代表性的程度这两个因素构成的。

概念是抽象的,但它又和人们的感性经验密切联系着。概念具有不同的结构,同时,不同性质的概念(如单独概念与普遍概念、集合概念与非集合概念等),其结构也是不同的。

(二)概念的形成与掌握

概念是在人类历史发展的过程中形成的,即对于概念的历史发展就是概念的形成。概念的掌握是人类个体通过语言工具,从前人那里继承由概念所负载的人类历史的知识和经验。个体学会这些历史成果的过程就是概念的掌握。

1. 概念的掌握

在人的成长过程中,主要通过概念形成和概念同化两种方式掌握概念。概念形成是在日常活动中,从大量具体实例出发,对得到肯定的一类实例加以概括,抽取共同的属性,最终形成一个概念。例如父母教儿童把"碗"拿来,若拿对就给予肯定,若拿错了就否定。儿童经过拿各种各样的碗(大碗、小碗、瓷碗、塑料碗等)并使用碗吃饭,最终掌握了碗的概念。概念同化是儿童随着知识的增加,利用头脑中已经掌握的概念及其相互间的关系去接受一个新概念。例如学生已经掌握"哺乳动物"的概念,再去学习新概念"鲸",鲸虽然生活在海洋中,形状像鱼,但是鲸具有哺乳动物的共同特性——胎生和哺乳,学生利用已掌握的概念进而接受一个新概念。

概念的掌握并不是通过一次学习完成,而是不断深化的过程。同时,概念并非孤立,而是成体系的。因此,只有形成体系的概念,才是真正掌握概念。

2. 概念掌握的途径

在个体发展过程中,概念的掌握主要通过两条途径:一是不经过专门的教学,而是在日常生活中通过辨别学习、积累经验而掌握概念。例如,在日常生活中,儿童看到麻雀、燕子、喜鹊、老鹰有某种共同性,而它们与闹钟、桌子有所不同,通过分析综合形成了"鸟"的概念,尽管他们对"鸟"不会下科学定义。成人也有这种情况,人们经常运用"动物""道德""桌子"等概念,却不一定知道其科学定义。这一类概念称为日常概念或前科学概念。二是在教学(包括自学)过程中,通过揭示概念的内涵而掌握概念。这类概念,一般属于科学的概念。

日常概念受个人经验的限制,常有错误和曲解,概念的内涵有时忽略了本质属性,而包括了非本质属性。例如,有些小学生认为鸟是"会飞的动物",因而把蝴蝶、蜜蜂都看成是鸟,而不同意鸭、鹅也是鸟。在黄翼的一个实验中,分别询问 40 个三岁半至八岁的儿童:"树、月亮等有没有生命,是不是活的?"结果,有半数以上儿童认为树不是活的,没有生命;有 70% 以上的儿童认为月亮是活的。只是随着儿童知识范围的扩大,主要是在教学的影响下,日常概念才会逐步提高到科学概念水平。

3. 影响教学条件下对概念掌握的因素

在教学过程中,学生掌握科学概念受多种因素的影响,其中最主要的有以下几种。

1)已有经验

过去经验,包括日常经验,对科学概念的形成有重大的影响,这种影响可能是积极的,也可能是消极的。当日常概念的含义与科学概念的内涵基本上一致时,日常概念会促进科学概念的掌握。例如学生有了对称现象的生活经验,他对几何中"对称"的概念就比较容易掌握。当日常概念的含义与科学概念的内涵不一致时,日常概念对科学概念会产生消极作用。例如,"垂直"在日常概念中总是下垂,是由上而下的。所以,当在几何课中接受"自线外一点向直线作垂线"时,一些学生就只能理解点在上方、线在下方的情况,而认为点在下方时作垂线是不可能的。要克服这种消极影响,必须专门组织新的经验,或演示直观材料,或让学生回忆过去的感性经验,对克服已有经验的消极作用有一定的效果。

2)变式

变式就是用以说明概念的例子。提供概念所包括的事物的变式,对概念的掌握也有显著的影响。不充分或不正确的变式,会引起缩小概念或扩大概念的错误。当概念的内涵不仅包含事物的本质特性也包括非本质特性时,就会不合理地缩小了概念。如,有的小学生认为昆虫不属于动物,蘑菇不属于植物,就是因为把非本质属性(动物要有大的躯体、植物要有绿色的叶子)包括到概念的内涵中。消除这种错误的有效方法是多提供包括非本质特性的变式。当概念的内涵中包含的不是事物的本质而是其他特征时,就有可能不合理地扩大概念。例如,有的儿童没有把鸟的本质特征(羽毛等)包括在鸟的概念的内涵中,认为鸟是会飞的动物,因而把蝙蝠、蝴蝶都看成是鸟。要消除这种错误,有效的办法是多提供具有本质特征的变式。

3)下定义

用准确的言语揭示事物的本质,给概念下定义有助于掌握科学概念。对掌握概念有积极作用的定义,必须以丰富的感性材料为基础。提出定义要根据不同的情况。关于具体概念,其定义可以在演示直观材料时提出,也可以在唤起相应的表象时提出。抽象的概念要有广泛的感性经验才能掌握,学生只能逐渐加以理解,因而这种概念形成的初期,不能提出定义,最好等学生积累了足够的知识经验后提出定义。例如,只有当学生了解了各种数(整数、分数和小数等)后,给数下定义,学生才能掌握数的概念。

4)实际运用

在实践中运用概念,学生对概念更加亲切,掌握概念的积极性就会提高,有助于深入地掌握概念。将概念运用于实际,是概念的具体化过程,而概念的每一次具体化,都会使概念进一步丰富和深化,对概念的理解就更加全面,更加深刻。

因此,科学概念主要是在有计划的教学过程中形成的。在这一过程中,儿童也不是消极地接纳成人传来的知识,他总是根据自己的理解把别人传授的知识纳入自己的经验系统中,从而按照自己的方式掌握概念。

二、推 理

(一)推理及其种类

推理(reasoning)是从一个或几个已知的判断出发推出另一个新判断的思维形式。在推理中,我们把由其出发进行推理的已知判断叫作前提,把已知判断所推出的判断叫作结论。要保证推出的结论正确,推理必须具备两个条件:一是前提要真实,即前提应是正确反映客观事实的真实判断;二是推理形式要符合逻辑规则,亦即推理的前提和结论间的关系应有一定的必然联系,而不应是偶然的凑合。

推理的种类很多,主要有演绎推理和归纳推理两种。演绎推理(deductive reasoning)是从一般性知识的前提到特殊性知识的结论的推理,其前提反映的是一般性知识、蕴涵着结论的知识,因而其结论所断定的知识范围不会超出前提所断定的知识范围,具有必然性。例如,从"知识分子都是应该受到尊重的""人民教师都是知识分子"这两个前提出发,推出"人民教师都是应该受到尊重的"结论。归纳推理(inductive reasoning)则是从特殊性知识的前提到一般性知识的结论的推理,其结论一般超出了前提所断定的范围,其前提和结论之间的联系具有或然性。例如,从"金、银、铜、铁、铝受热膨胀",得出结论"金属受热膨胀"的一般原理。归纳推理和演绎推理是相辅相成、相互联系的,归纳得出的结论可以用演绎去验证,演绎的前提是通过归纳得出的。在复杂的思维过程中,这两种推理经常紧密地交织在一起。

(二)影响推理的因素

推理的正确性除了受前提的真实性和是否符合逻辑规则的影响外,还受到其他许多因素的影响。与逻辑学不同,心理学特别关注人们出现的推理错误。下列因素已被证实影响推理的正确性。

1. 材料的性质

材料的性质会影响推理的正确性。推理的材料具体,推理就比较容易;对于抽象材料,推理比较困难。有人(Wilkins)用符号和语词名词所组成的逻辑上等值的三段论,对81名大学生的实验结果表明,对符号表达的三段论推理困难大,平均正确率为76%;对熟悉语词表达的三段论推理,平均正确率为84%,两者差异显著。

在一个有名的"四卡片选择作业"(Wason)实验中,把印有符号的四张卡片摆在被试的面前,告诉被试,每张卡片的正面印有英文字母,背面印有数字。要求被试从这四张卡片推论出"如果一张卡片的正面印有一个元音字母,则在背面印有一个偶数"这个命题是否有效。被试必须决定翻转哪些卡片才能推断命题是否有效(如图6-2)。

图6-2 四卡片选择作业实验(Wason)

结果发现,46%的被试错误翻看了E和4,E是必须翻看的,但4却不必翻看,因为它的背面不论是元音或是辅音,都不会使这一命题失效。只有4%的被试翻看了E和7,这是正确的选择,因为E的背面出现奇数,7的背面出现元音就会使这一命题失效。另外有33%的被试只翻看E。其余17%的被试则做了其他错误的选择。

后来,有人(Cox & Griggs)对Wason的实验做了变更,仍然使用四卡片(如图6-3),图片内容做了调整,命题是"如果有人喝啤酒,那么此人一定超过19岁"。结果被试正确率高达74.1%。这说明,与人的某种具体活动情景相联系的材料,推论的正确性就会大为提高。

图6-3 四卡片选择作业实验(Cox & Griggs)

2. 前提气氛效应

前提的气氛会促使人按照这个气氛来接受或推出不正确的结论,这种现象称为"前提气氛效应"(atmosphere effect)。例如,在一个实验(Woodworth & Sells)中,用下列一类习题:"如果所有的X都是Y,如果所有的Z都是Y,则所有的X都是Z。"让未受过形式逻辑训练的被试对题中的结论表示赞同或不赞同。结果有58%的被试表示赞同。稍微改变了习题的性质:"所有的X都是Y;所有的X都是Z;所以,____Y____Z。"让被试填出题中的结论,结果78%的被试得出的结论是"所有的Y都是Z"。前提中所使用的逻辑术语("有些""所有""没有""不")产生了一种前提气氛促使被试容易接受包含有同一术语的结论。

3. 题外知识、愿望或情感等的介入

题外知识的介入,往往会使人偏离逻辑规则产生不正确的推理。有人(Cole & Scribner)曾对非洲利比里亚的库贝勒族人的逻辑推理过程做过调查,他们设定下列课题让被试回答。

主试:弗鲁姆和雅可巴鲁两人中不管哪一个喝酒,村长就生气。弗鲁姆没有喝酒,雅可巴鲁正在喝酒,那么,村长会生气吗?

被试:没有对两个人都生气的那种人。

主试:(反复重述问题。)
被试:村长那天没有生气。
主试:村长没有生气吗？那理由是什么呢？
被试:因为村长不喜欢弗鲁姆。
主试:他不喜欢弗鲁姆吗？请继续说明理由。
被试:因为弗鲁姆一喝酒就给人添麻烦,这就是他一喝酒村长就生气的理由。但是即使有时雅可巴鲁也喝酒,但他不给别人添麻烦,喝了就睡了,因此周围的人并不生气。一喝了酒就到处寻衅闹事的人,村长是不喜欢这种人的。

如果你询问一些学习不努力的学生:这次考试得到好成绩的原因是什么？你得到的答案可能会是令人啼笑皆非的:是因为早晨吃了油条之故。于是他指望在考试期间早晨都吃油条,能顺利地通过各门功课的考试。这种推理以自己的愿望为出发点,把吃油条和能通过考试硬拉在一起,误认为其间有因果联系。此外,不能冷静地估量事实的结果,从数量过少的事例或不典型的情境中仓促下结论等,都有可能导致推理的错误。

第四节 问题解决

人在现实生活中会遇到各种各样的问题,它们横亘于人类社会之中,阻碍生产力的发展,影响社会的进步。人们通过思维,对现实世界的各类实际问题加以分析、比较,进行推理,解决了问题,推动社会发展。所以说,思维的最终目的就是问题解决。

一、什么是问题和问题解决

(一)问题

多数心理学家认为,所有的问题都含有三个基本成分:

1. 给定
即问题的起始状态,是已知的关于问题条件的描述。

2. 目标
即问题要求的答案或目标状态,是关于构成结论的描述。

3. 障碍
即问题的正确解决方法不是直接显而易见的,必须间接地通过一定的思维活动才能找到答案,达到目标状态。

(二)问题解决

问题解决(problem solving)是由一定的问题情境引起,经过一系列具有目标指向性的认知操作,使问题得以解决的心理历程。

这个定义包含三层含义。

1. 目标指向性

问题解决具有明确的目标,最终要达到一个特定的目标状态。

2. 操作系列性

问题解决从初始状态向目标状态的转化必须经过一系列的认知操作,只有单一的认知操作不能构成问题解决。

3. 操作认知性

问题解决必须进行认知操作,是头脑思维活动的产物。

二、问题解决的脑机制

问题解决是一个复杂的思维过程,涉及注意信息、选择策略、评定结果等十分广阔的活动范围。

大脑的额叶在问题解决之中起决定性作用。额叶是大脑最高级别的联合皮层,大脑皮层其他区域加工过的信息都要传递到额叶进行更复杂的加工和分析。额叶损伤往往造成只抓住问题的一个片段,意识不到问题中的条件,没有任何意图和计划,常表现为直接就问题的某些特点冲动的得出简单答案,不会把答案和条件进行比较,也不能对答案进行评估和调整。鲁利亚(Alexander Romanovich Luria)认为额叶的中间部分受损会影响一个人的"集中注意",即无法自动注意一个刺激并集中于这个刺激。额叶侧面区域受损患者不能运用策略,也不能完整地解决问题。密尔纳(Brenda Milner)发现,当额叶的背外侧区域受损时,问题解决能力丧失最严重。问题解决还与顶-枕叶和顶-枕-颞叶部关系密切。个体顶-枕叶受损时,会产生空间认知障碍;顶-枕-颞叶部受损时,无法对个别信息进行综合,进而很难理解信息的意义,使问题无法顺利解决。

三、问题解决的思维过程

(一)尝试错误说

美国行为主义心理学家桑代克(E. L. Thomdike)最早用实验方法研究问题解决。他设计了一个迷箱(见图6-4),把饥饿的猫放入箱中,食物放在箱外猫能看见但够不着的地方,实验目的是让猫学会打开箱门。起初,猫进入箱中后,毫无目的地乱抓乱碰想要出去,在偶然的尝试过程中,猫打开箱门,吃到了食物,以后再将它放入箱中,猫尝试的次数越来越少,最后便学会了开门。桑代克认为这是用错误尝试的方法来解决问题,动物是这样,人也是如此。

(二)顿悟说

格式塔心理学家苛勒(W. Kohler)对黑猩猩进行垒木取香蕉的实验。将香蕉挂在黑猩猩基加够不着的地方,但旁边有几个木箱,基加起初在箱上休息,毫无利用箱子的意思,另一名黑猩猩正躺在另一只箱子上,后来又跑开,基加立即搬起箱子,放在水果底下,站在箱子上取香蕉,但还是够不着。初试未成,基加无奈,只得坐在箱子上休息。突然间,基加跃起,搬着坐箱,垒在另一只箱上,急速地登上箱盖而取得香蕉。据此,苛勒认为,问题的解决就是通过顿悟来

图6-4 桑代克的迷箱示意图

实现的,人也依靠灵机一动的顿悟形式来解决问题,顿悟说强调了问题解决中思维过程的突发性特点。

(三)七阶段观点

美国心理学家斯腾伯格(R. J. Sternberg)等用问题解决循环法研究认为,问题解决过程可分为7个步骤:确定问题、定义问题、形成策略、组织信息、分配资源、监控和评估(见图6-5)。

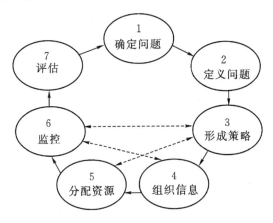

图6-5 斯腾伯格问题解决循环法的过程图

1. 确定问题

确定问题是解决问题的第一阶段,因为只有意识到问题的存在才能去解决问题。这个过程与个体的态度、兴趣和知识经验等多方面因素都有关。

2. 定义问题

这是解决问题的关键,即明确存在的问题是什么。

3. 形成策略

要选择合适的策略有效解决问题,否则会影响问题的顺利解决。

4. 组织信息

根据策略收集解决问题的资料,并进行有效的组织。有时候这一步并不是必需的,可以跳过,直接进入分配资源阶段。

5. 分配资源

对解决问题所需要的时间、精力、金钱等资源进行分配。这一步也是根据问题的难易程度而有区别,简单的问题可以跳过这一步,复杂的问题需要充分考虑各种资源。

6. 监控

监控是个体对自己在问题解决各个阶段所做的工作进行检查,判断自己是否一步步接近目标状态,并及时发现错误进行查漏补缺和调整。

7. 评估

对问题的答案进行评估,如果合理即问题得到解决,否则就需要重新返回前面的步骤开始新一轮的循环。事实上,有经验的问题解决者往往在整个过程中都可以进行有效的评估,及时修改和完善。

以上7个阶段不能截然分开,有时是交错进行的。

四、问题解决的策略方法

人在解决问题的时候,可以采取不同的策略方法,下面讨论其中的几种。

(一) 算法策略(algorithm Strategy)

算法策略是指在问题空间中随机搜索所有可能的解决问题的方法,直至选择一种有效的方法解决问题。算法策略能够保证问题的解决,但这种策略需要大量尝试,因此可能会比较费时费力。

比如,有人忘记了旅行箱密码锁的三位数密码,这时他会先尝试可能的一些数字组合,如果还是不行,就需要用到算法策略,将000到999的每一个密码都尝试一遍,最终一定可以找到正确的密码。

(二) 启发法(heuristic method)

在问题解决的过程中,如果事先能得到有关如何较好地到达目标的一些信息,人就会根据这些信息选择最有利于到达目标的方向进行搜索。这种方法称为启发法或称为探试搜索。

请解答下面的密码算题:

$$DONALD+GERALD=ROBERT$$

已知:$D=5$

任务要求:把字母换成数字,并使得等式成立。

如果采用算法策略,需要进行上万次的尝试,显然是不可取的,这时就要用到启发法来解决这一问题。首先从事先得到 $D=5$ 这一信息出发,找出可能性最小的一列,从中获得最多的信息,再利用加法中的某些规则进行推理,一步一步地找到正确答案。例如,可以这样思考:

已知 $D=5$,先从该题的右侧开始:

第一列:$T=D+D$,因为 $D=5$,所以 $T=0$,同时要进一位。

第二列:$R=2L+1$,根据奇数和偶数的知识,两个 L 相加必定是偶数,再加上进位的1,R 必为奇数。由于已知 $D=5$,因而 R 可能是 1,3,7 或 9。再加之第六列 $R\geqslant D+G$,可知 $R>5$,

所以，R 只可能是 7 或 9。

第三列：没有更多的信息，A 和 E 均为未知数。

第五列：有最大的限制性。因为 O+E=O，所以 E 只可能是 0 或 9。已知 T=0，所以 E=9。将式中所有的 E 都换成 9。在第二列已知 R 可能是 7 或 9，既然 E=9，所以 R=7。再回到第三列。

第三列：A+A=9，A+A 应是偶数，而 9 是奇数，这说明第二列必须进一位，这样就得出 A=4。

第二列：2L+1=17，故 L=8。

第六列：D+G=R，即 5+G 十进位 1=7，故 G=1。

第四列：现在只剩下 2、3、6 三个数字和 N、B、O 三个字母。因为 7+N=10+B，所以推出 N=6，B=3，故而 O=2。

最后结果变成：

$$526485+197485=723970$$

凡能够解答这一密码算题的被试都用了探试搜索法。解决这个问题时，被试的主要思路只有几条，只利用了 6 个可能性，而不是用上万次的盲目尝试。从限制性最多的一列开始，运用试探性的、逐步近似的解法，从而排除了大量的盲目尝试，使问题得以解决。

(三)爬山法

这是一个形象的比喻，即在问题解决的过程中，假定目标是山顶，人们不可能一下子爬到山顶，在探索到达山顶的路径时，只要遇到岔道，就需要看哪一条是向上延伸通向山顶的，这种方法也是局部最优选择法。

(四)手段目的分析

手段目的分析就是人认识到问题解决的目标与自己当前的状态之间存在着差别，于是进行分析，想出某种活动来缩小这种差异，从而达到目标的方法。这个目的分析的关键是把大目标分为下一级的子目标。这种分析有两种方式：一种方式是把当前状态转化为目标状态；另一种方式是找出消除差异的操作手段。手段目的分析是人类解决问题的一种常用方法。纽厄尔和西蒙(Allen Newell & Herbert Simon)编制的世界上第一个问题解决程序"通用问题解决者"(General Problem Solver, GPS)就是根据这个原理设计的。

(五)逆向搜索

逆向搜索就是从问题的目标状态开始搜索直至找到通往初始状态的通路或方法。

例如，三个人进行赌博，每一局的结果都是一个人输，其他两个人赢。输者必须支付给赢家当时他们所拥有钱的数目，例如，赢家 A 赢的时候有 3 元，那么输家就要付给他 3 元，而赢家 B 当时有 5 元，那么输家就要付给他 5 元。三个人一共赌了三局。在第三局结束后，每个人都各输了一局，且每个人所有的钱数都是 8 元。问每个人最初的赌注是多少？

首先，我们假设第三局中 A 输了，那第三局开始前(即第二局结束后)三个人的钱数分别为：16 元、4 元、4 元；然后，假设第二局中 B 输了，那第二局开始前(即第一局结束后)三人的钱分别是：8 元、14 元、2 元；最后，第一局中 C 输了，那第一局开始前三人的钱数分别为：4 元、7

元、13元。所以最初的赌注应该是13元、7元和4元。

总之,解决问题的思维是复杂的。人们在寻求解决问题的策略和途径时,未必是去寻求最优的方法,而只要求找到一个满意的途径。因为即使是解决最简单的问题,要想得到次数最少、效能最高的解决途径也是很困难的。

五、影响解决问题的心理障碍或心理因素

(一)迁移作用

迁移是已经学过的东西在新情境中的应用,也就是已有的经验对解决新课题的影响。正迁移是一种知识、技能的掌握促进另一种知识、技能的掌握。负迁移是一种知识、技能的掌握,干扰另一种知识、技能的掌握。一般来说,知识概括化的水平越高,迁移的范围和可能性越大;反之则越难,不容易举一反三、触类旁通。

(二)原型启发

启发是通过观察其他事物的发展、变化,找出解决问题的途径,它可以使人的认识发生飞跃。对解决问题起到启发作用的事物,叫作原型。启发对于新假设的提出、顺利解决问题起很大作用。解决问题者的思维活动处在一种积极而又不抑制其他思路的状态时,有利于原型启发发生作用。在紧张工作之后适当休息或转换活动,使思路开阔,对问题假设的提出往往是有利的。原型启发的例子很多,如瓦特发明蒸汽机、鲁班发明锯子等。原型的启发作用主要是因为原型与所要解决的问题有某些共同点或相似点,通过联想找到解决问题的方法,但有时原型也会限制人思维的广阔性。

(三)定势的作用

定势是指心理活动的一种准备状态,它影响着解决问题时的趋向性。这种趋向性,有时有助于问题的解决,有时会妨碍问题的解决。这种影响为美国心理学家陆钦斯(Abraham Luchins)的实验所证实。实验要求被试用大小不同的容器量出一定的水,用数字进行计算(见表6-2)。实验分为两组,实验组从第1题做到第8题,控制组只做6、7、8三题。结果实验组在解1—8题时,大多用B-A-2C的方法进行计算,称间接法。而控制组在解7、8题时,采用了简便的计算公式:A-C或A+C,称直接法。实验结果如表6-3所示,这说明实验组在做7、8题时,受到了前面定势的影响。

表6-2 定势对问题解决影响的实验材料

课题序列	容器容量			要求
	A	B	C	D
1	21	127	3	100
2	14	163	25	99
3	18	43	10	5
4	9	42	6	21

续表 6-2

课题序列	容器容量			要求
	A	B	C	D
5	20	59	4	31
6	23	49	3	20
7	15	39	3	18
8	28	76	3	25

表 6-3 定势对问题解决影响的实验结果

组别	人数	间接法解答(%)	直接法解答(%)	方法错误
实验组	79	81	17	2
控制组	57	0	100	0

(四)情绪、情感与动机的影响

当一个人面临问题时,必然会产生各式各样的情感和动机状态,而这些状态又必然会影响解决问题的效果。在解决问题时,紧张、惶恐、烦躁、压抑等消极情绪会影响问题解决的速度,而乐观平静的积极情绪将有助于问题的解决。另外,动机的强度也影响着解决问题的效率,心理学的实验结果表明,在一定限度内动机强度和解决问题的效率成正比,动机太强或太弱都会降低解决问题的效果。动机太强使人的情绪过于紧张,不易发现解决问题的重要因素。动机太弱容易被无关因素引到问题之外。只有在中等强度的动机下,人们的思维活动才有较大的灵活性,才能较好地解决问题。动机强度与解决问题的效率之间的关系可用一条"钟"形曲线来说明(如图6-6所示),它表明在一定范围内解决问题的效率,随动机强度的增高而上升,中等强度是解决问题的最佳水平。超过一定的限度,提高动机的水平,反而会降低解决问题的效率。

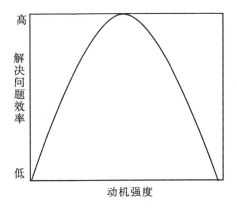

图 6-6 动机强度与解决问题效率的关系

(五)功能固着

"功能固着"这个概念是德国心理学家邓克(Karl Duncker)于1935年提出的,是指一个人看到某个物品有一种惯常的用途后,就很难看出它的其他新用途。如果初次看到的物品的用途越重要,也就越难看出它的其他用途。功能固着也是思维活动刻板化现象。在日常生活中经常碰到,硬币好像只有一种用途,很少想到它还能用于导电;衣服好像也只有一种用途,很少想到它可用于灭火。这类现象使我们趋向于以习惯的方式运用物品,从而妨碍以新的方式去运用它来解决问题。

(六)酝酿效应

有时人反复探索一个问题的解决而毫无结果时,把问题暂时搁置几小时、几天或几个星期,然后再回过头来解决,这时常常可能很快找到解决办法。美国化学家普拉特(Washington Platt)和贝克(Ross Baker)曾写道:"我摆脱了有关这个问题的一切思绪,快步走上街上,突然,在街上的一个地方——我至今还能指出这个地方——一个想法仿佛从天而降,来到脑中,其清晰明确犹如有一个声音在大声喊叫。我决心放下工作,放下有关工作的一切思想。第二天,我在做一件性质完全不同的事情时,好像电光一闪,突然在头脑中出现了一个思想,这就是解决的办法,……简单到使我奇怪怎么先前竟然没有想到。"这种现象称为酝酿效应(incubation effects),也称为直觉思维。

(七)个性

个性和问题解决能力的发展有密切的关系。研究证明,科学家、发明家、文学家、艺术家一般都具有强烈的解决问题的欲望,有好动脑筋的习惯,有积极的进取心、上进心,以及干什么事都坚持到底的毅力等个性特征。这些个性特征是解决问题的内部动因。

六、创造性思维

在解决问题的过程中,除了有常规性问题解决的策略,还有创造性问题解决的方法,我们常把这种思维形式称为创造性思维(创造思维)。

(一)什么是创造思维

创造思维就是创造活动中的一种思维。创造活动是一种提供独特的、具有社会价值产物的活动。科学中新概念、新理论的提出,新机器的发明,文学艺术作品的创作等,都是不同实践领域中的创造活动。所谓独特性是与众不同或前所未有的意思。但是,即使是独特性的产物也不一定都是创造。因为独特的东西也可能是毫无社会价值的、与客观规律相违背的。例如,精神患者的胡言乱语是独特的,却不能把这些东西说成是创造的。因此,某种产物是创造的,那么它不仅要具有独特性,而且必须符合客观规律,具有社会价值。

创造思维是多种思维的结晶。它既是发散式思维和聚合式思维的统一,也是形象思维和抽象思维的统一。例如,自然科学家提出新假设时,开始运用发散式思维提出各种各样的观点,然后用聚合式思维归纳成假设。形象思维对创造思维来说是非常重要的。例如,有些化学家想象自己变成了运动着的分子,自己亲身感受分子遇到的情况。美国科学家麦克林托克(Barbara McClintock)在获得诺贝尔生物学奖后谈到她的研究工作时说,她跟玉米的关系好像是朋友关系,通过跟玉米的对话,发现了染色体中遗传基因内的"转座因子"。这是形象思维。但创造活动中的形象思维还得通过抽象逻辑思维加以验证和确认。

(二)创造思维的过程

创造思维伴随着创造过程。对于创造过程的分析,最有影响的理论是沃拉斯(Graham Wallas)于1926年提出的四阶段理论,该理论认为创造思维大致经历准备期、酝酿期、豁朗期和验证期这四个阶段。

1. 准备期

创造思维从收集对创造活动的必需信息、掌握有关技术等准备工作开始。创造活动中的准备,分一般性的基础准备和为了某一特定目的的准备。为了发展创造性思维,不能将准备工作只局限于狭窄的专门领域,而应当有相当广博的知识和技术准备。这一阶段的时间往往是相当长的。

2. 酝酿期

这一阶段指准备期所收集到的资料经过深入的探索和思考难以产生有价值的想法之后,不是靠自己的努力,而是等待有价值的想法、心象的自然酝酿成熟,产生出来。例如,把对某问题的思考从心中抛开,转而想别的事情,或可以去散步、读其他的书、干别的事等。欧阳修说:"余平生所作文章,多在三上,乃马上、枕上、厕上也;盖惟此,尤可以属思尔。"(《归田录》)许多创造者也有类似的经验。这个阶段是摆脱了长期的精神紧张之后经验的再加工阶段。头脑中收集到的资料是不会消极地储存在那里的,它们也许按照一种我们所不知道的或很少意识到的方式进行着加工和重新组织,进而产生了新的思想、新的心象。

3. 豁朗期

豁朗期也称产生灵感阶段。在这一阶段中,由于某种机遇突然使新思想、新心象浮现了出来,使百思不得其解的问题,一下子便迎刃而解。这种现象称为灵感或直觉。许多科学家、文学家都谈到过灵感在创造性思维中的作用。高斯(Carl Friedrich Gauss)在谈到他求证数年未解的一个数学问题的一段经历时说:"终于在两天以前我成功了,……像闪电一样,谜一下子解开了。我自己也说不清楚是什么导线把我原先的知识和使我成功的东西连接了起来。"灵感有时出现在睡梦之中,德国化学家凯库勒(Friedrich August Kekulé)曾谈到过他在睡梦状态中得到灵感的情境:"但事情进行得不顺利,我的心想着别的事了。我把座椅转向炉边,进入半睡眠状态。原子在我眼前飞动:长长的队伍,变化多姿,靠近了,连结起来了,一个个扭动着,回转着,像蛇一样。看那是什么?一条蛇咬住了自己的尾巴,在我眼前轻蔑地旋转。我如从电掣中惊醒。那晚我为这个假设的结果工作了整夜。"这个蛇形结构被证实是苯的分子结构,梦中的心象为一个重要的科学难题提供了答案。

4. 验证期

直觉产生的新观念并不一定都是正确的,也可能是错误的。验证期就是对豁朗期提出的思想、心象进行评价、检验或修正。通过逻辑推理把提出的思想观点确定下来,完善假设,并通过实验或调查加以验证,或者根据这些思想观点,用绘画、音乐、小说、诗歌、发明等作品或产品的形式具体表现出来。在验证期,不仅要运用已有的信息,而且也需要获得新的信息。

(三)创造者的思维特点

1. 思维的流畅性

思维的流畅性,也叫思想的丰富性,是指在限定时间内产生观念数量的多少。在短时间内产生的观念多,思维流畅性大;反之,思维缺乏流畅性。吉尔福特(Joy Paul Guilford)把思维流畅性分为四种形式:①用词的流畅性,是指一定的时间内能产生含有规定的字母或字母组合的词汇量的多少;②联想的流畅性,是指在限定的时间内能够从一个指定的词当中产生同义词(或反义词)数量的多少;③表达的流畅性,是指按照句子结构要求能够排列词汇的数量的多少;④观念的流畅性,即能够在限定时间内产生满足一定要求的观念的多少,也就是提出解决问题答案的多少。前三种流畅必须依靠语言,后一种既可借助语言也可借助动作。

2. 思维的变通性

思维的变通性,也叫思维的灵活性,是指摒弃旧的习惯思维方法开创不同方向的那种能力。例如,让被试"尽可能举出报纸的用途",他会有"学习用""包东西""当坐垫""折玩具""剪成碎片扬着玩""裹在身上取暖""用来引火"等各种各样的答案。富有创造力的人比一般人的思维更广,而缺乏创造力的人的思维通常只想到一个方面而缺乏灵活性。

3. 思维的独特性

思维的独特性,是指产生不寻常的反应和不落常规的那种能力,此外还有重新定义或按新的方式对我们的所见所闻加以组织的能力。例如,在吉尔福特的"命题测验"中,向被试提出一般的故事情节,要求他们按照自己的意思给出一个适当的题目。富有创造力的人给出的题目更为独特,而缺乏创造力的人常常被禁锢在常规思维之中。

4. 思维的敏感性

思维的敏感性,是指及时把握住独特新颖观念的能力。创造性观念并不是处于我们随心所欲的控制之中,它要求我们有敏锐的感受性。独特新颖的观念就如歌德所说的那样,"像一位陌生的客人"来到思想者身边。思维的敏感性,就是这位"陌生的客人"对它的评价并及时加以把握的能力。富有创造力的人的思维具有高度的敏感性。

现代社会对创造思维越来越重视。心理学有关创造者的研究不仅集中在思维特点上,还对创造者的人格特点很感兴趣,但结果是颇为矛盾的。

【延伸阅读】

丰富的经历=更大的大脑?

今天,如果你进入一个典型的美国中产阶级家庭的婴儿房间,你可能会看到一张婴儿床,在婴儿伸手可及的上方悬挂着许多彩色玩具,其中一些玩具会发光、会活动、会演奏音乐,或者兼有上述三种功能。设想一下,人们为什么给婴儿准备这么多可看可玩的东西呢?除了婴儿喜欢这些东西并做出积极反应外,绝大部分父母都相信——无论这个观点是否得到公认——孩子们需要一个令他们兴奋的环境,以促进智力和大脑最大限度地发展。

某种经历是否会引起大脑形态变化的问题,是几个世纪以来哲学家和科学家一直在猜测和研究的话题。1785年,意大利解剖学家玛拉卡尼(Malacame)研究了同一胎产下的几只小狗和同一窝蛋孵出的几只小鸟。他有目的地长期训练每一对中的一只,而另外一只会得到同样良好的照料,但并不接受训练。然后,通过对动物的尸体进行解剖,他发现受过训练的动物的大脑表现得更为复杂,带有更多的褶皱和沟回。然而,这一研究不知由于什么原因没能继续下去。在19世纪后期,人们试图把一个人的学习量和他头部的周长联系起来。虽然一些早期的研究成果支持这种联系,但后来的研究成果则认为这并不是一种测量大脑发展的有效尺度。

直到20世纪60年代,新技术的发展使科学家们具备更精确地检测大脑变化的能力,他们运用高倍技术,对大脑内各种酶和神经递质水平进行评估。在加利福尼亚大学,马克·罗兹维格(M. Rosenzweig)和他的同事爱德华·本奈特(E. Bennett)以及玛丽安·戴蒙德(M. Diamond)采用这些技术,历时十余年,进行了由16项实验组成的系列研究,力图揭示经验对大脑的影响。

由于心理学家最终的兴趣在于人而不是老鼠,因而就必须指出这种不用人做被试的研究的合理性。在这些研究中,为什么选择老鼠做被试就成了研究理论基础的一部分。由于多种原因,使用啮齿类动物比使用高级的哺乳类动物(如食肉类或灵长类动物)更方便。这项研究的重点是脑部,老鼠的脑部是平滑的,并不像更高等的动物那样曲折而复杂。因此,对其大脑的检测和测量就更容易。此外,老鼠体型较小并且也不昂贵,在实验室的研究中,这是一个很重要的考虑因素(通常实验室的经费并不充足而且缺乏空间)。老鼠一胎多子,这就允许研究者将同一窝中的老鼠分配到不同的实验条件下。研究者培养了多种种系的老鼠,以便需要的时候把遗传作用考虑在内。

在罗兹维格的研究中隐含着一种想法,即将饲养在单调或贫乏环境中的动物与饲养在丰富环境中的动物相比,两者在大脑发育和化学物质等方面将表现出明显的不同。在他的实验报告所涉及的每次实验中,均采用了12组老鼠,每一组由取自同一胎的3只雄鼠组成。

3只雄鼠都是从一胎所生的老鼠中选择的,它们被随机分配到3种不同的实验条件中。一只老鼠仍旧与其他同伴待在实验室的笼子里,另一只被分派到罗兹维格称为"丰富环境"的笼子里,第3只被分派到"贫乏环境"的笼子里。在16次实验中,每次都有12只老鼠被安排在每一种实验条件中。

三种不同环境描述如下:

(1)在标准的实验室笼子中,有几只老鼠生活在足够大的空间里,笼子里总有适量的水和食物。

(2)贫乏的环境是一个略微小一些的笼子,老鼠被放置在单独隔离的空间里,笼子里总有适量的水和食物。

(3)丰富的环境几乎是一个老鼠的迪士尼乐园(并没有冒犯米老鼠的意思),6~8只老鼠生活在一个"带有各种可供玩耍的物品的大笼子里,每天从25种新玩具中选取一种放在笼子里"。

实验人员让老鼠在这些不同环境里生活的时间从4周到10周不等。经过这样不同阶段的实验处理之后,实验人员将人道地使这些用于实验的老鼠失去生命,通过对它们进行解剖以确定脑部是否有不同的发展。为了避免实验者偏见的影响,解剖按照编号的随机顺序进行,这就可以避免尸检人员知道老鼠是在哪种环境下成长的。研究者关注的是生活在丰富环境下的与生活在贫乏环境下的老鼠的大脑所出现的不同。

解剖老鼠的大脑后,对各个部分进行测量、称重和分析,以确定细胞生长的总和与神经递质活动的水平。在对后者的测量中,有一种叫作"乙酰胆碱"的脑酶引起了研究者特别的兴趣。

这种化学物质十分重要，因为它能使脑细胞中神经冲动传递得更快、更高效。罗兹维格和他的同事是否发现了老鼠的大脑因为在丰富环境下或贫乏环境下而有所不同呢？研究结果证实，在丰富环境中生活的老鼠的大脑和在贫乏环境中生活的老鼠的大脑在很多方面都有区别，在丰富环境中生活的老鼠其大脑皮层更重、更厚，并且这种差别具有显著意义。皮层是大脑对经验做出反应的部分，它负责行动、记忆、学习和所有感觉的输入（如视觉、听觉、触觉、味觉、嗅觉）。前面提到神经系统中存在的"乙酰胆碱"酶，在身处丰富环境的老鼠的大脑组织中，这种酶更具活性。

两组老鼠的脑细胞（又称为神经元）在数量上并没有显著性差别，但丰富的环境使老鼠的大脑神经元更大。与此相关，研究还发现 RNA 和 DNA——这两种对神经元生长起最重要作用的化学成分，其比率对于在丰富环境中长大的老鼠来说，也相对更高。这意味着在丰富环境里长大的老鼠，其大脑中有更高水平的化学活动。罗兹维格和他的同事解释说："虽然由环境引起的大脑变化并不很大，但我们确信这种变化是千真万确的。在重复实验的时候，上述结果仍能出现……我们发现，经验对大脑最一致的影响表现在大脑皮层与大脑的其余部分——皮层下部的重量之比上。具体表现为，经验使大脑皮层迅速地增重，但大脑其他部分变化很小。"这种对大脑皮层与大脑其余部分比率的测量是对大脑变化最精确的测量，这是因为每只动物的脑重量会随着动物体重的变化而变化。运用这个比率，可以消除个体的差异。

最后，是有关两组老鼠大脑的神经突触的发现。神经突触是指两个神经元相遇之处。大部分大脑活动发生在神经突触上，在这里，神经冲动有可能通过一个又一个神经元继续传递下去，也有可能被抑制或终止。在高倍电子显微镜下，能发现在丰富环境中长大的老鼠大脑中的神经突触比在贫乏环境中长大的老鼠的神经突触大50%。

经过近十年的研究，罗兹维格、本奈特和戴蒙德很有信心地指出："毫无疑问，大脑构造及其化学成分的很多方面可以被经验改变。"然而，他们也很快承认，当他们第一次公布研究结果时，许多科学家对此产生怀疑，因为像这样的结果在过去的研究中从未被清楚地证实过。有些批评意见认为，也许并不是丰富的生活环境使大脑产生了变化，而是由于老鼠接受了不同的实验处理，如纯粹的触摸或压力情境。这种批评是有根据的，在丰富环境的实验条件下，老鼠每天被触摸两次，即在换玩具时得将它们移开。而在贫乏环境的实验条件下，老鼠没有被触摸。因此，可能是触摸导致了这一结果，而不是丰富环境的实验条件所致。为了消除这一潜在的混淆因素，研究者每天抚摸一组老鼠，而不抚摸与它们同胎的另一组老鼠（这些老鼠都处在同一环境中）。结果，并没有发现这两组老鼠的大脑有什么不同。此外，在他们后来的研究中发现，同样抚摸在丰富环境与贫乏环境条件下的老鼠，结果与先前的实验结果一致。

至于压力情境，批评者认为，在贫乏环境中生活的老鼠因被隔离而产生压力，这是导致它们大脑欠发展的原因。罗兹维格等人引证了另一项研究，此项研究让老鼠暴露于日常的压力情境之中（旋转笼子或给予轻微电击），并没有发现仅因压力而使大脑改变的证据。

在实验室中进行的任何研究都存在人为性问题。罗兹维格和他的同事很想知道在自然的生长环境中，各种水平的刺激是如何影响动物的大脑发展的。他们指出，实验室中的老鼠常在人工环境中繁殖，且已经繁衍了100代，它们和野生鼠几乎没有相似的遗传基因。为了探索这种有趣的可能性，他们开始研究野生老鼠。把抓到的这种野生鼠随机地放在户外自然环境中或是实验室的丰富环境笼子里。四周后，发现户外老鼠的大脑比实验室老鼠的大脑发展得更好。这就表明，实验室中的丰富环境与自然环境相比，仍是相当贫乏的。

最后，涉及动物被试最主要的批评意见是它与人的关系问题。毫无疑问，这类研究永远不能用人来当被试，但是研究者仍有责任探讨此问题，并且这些科学家也这样做了。

罗兹维格解释说，很难把在一组老鼠身上的研究结果推到另一组老鼠身上，而要把用老鼠做研究的结果推到猴子或人的身上则更难。虽然他们宣布在几类啮齿类动物身上取得了相似的结果，但他们也承认，在得出经验对人脑产生影响的假设前，仍需要更多研究。然而，他们提出以动物为被试的这类研究的价值在于"允许我们对概念和技术进行检验，其中一部分可能对今后以人为被试的研究有所帮助"。

作者还提到这项研究几个潜在的好处，它可以用在对记忆的研究中。由于经验而使大脑产生的改变，可以使人更好地理解记忆是怎样被保存在大脑中的，从而导致一些新技术的产生以提高记忆并阻止因年龄增长而导致的记忆衰退。另一方面，这些研究也可以对解释营养不良与智力发展之间的关系有所帮助。作者的观点是：营养不良可以使一个人对环境的刺激反应迟钝，长期持续的营养不良可能限制大脑的发展。作者强调，一些同时进行的研究证明，营养不良对大脑发育的影响也会因环境的丰富而减轻，或因环境的恶劣而加重。

这项由罗兹维格、本奈特和戴蒙德所做的工作，对这一领域研究的持续发展起到了催化剂般的作用。他们论文发表后的25年来，这些科学家和其他科学家继续致力于巩固、改进、扩充他们的研究成果。例如，他们发现丰富环境的生活经历有助于提高学习本身，即使是在贫乏环境中长大的成年动物，当它被放在一个丰富环境中的时候，它的大脑发展也能获得提高。

现存的一些证据表明，经验确实改变了人类大脑的发展。通过对自然死亡的人的尸体解剖，研究者发现当一个人具有更多的技术和能力时，他的大脑确实变得更复杂也更重。在对那些没有某种特殊经历的人进行大脑解剖时，他们发现了另外一些结果。例如，与视觉正常的人相比，盲人大脑皮层的视觉部分没有明显的发展，沟回较少，皮层较薄。

玛丽安·戴蒙德在人类智力毕生发展的过程方面运用了这一研究成果。她说："在生活中，我想我们应该对大脑老化持一个更乐观的态度……主要因素是刺激，神经细胞因刺激而存在，所以我认为好奇心是一个关键因素。如果一个人在一生中始终充满好奇心，这将刺激他的神经组织和大脑皮层……我寻访在88岁以后还极有活力的人，我发现那些经常用脑的人大脑不易老化。事情就是这样简单。"

（哈克.改变心理学的40项研究[M].白军学,等译.北京：中国轻工业出版社,2004.）

思考题

1. 什么是思维？它有哪些特征？
2. 掌握概念的途径有哪些？掌握科学概念应注意哪些问题？
3. 演绎推理和归纳推理的区别是什么？影响推理的因素有哪些？
4. 试举例说明常用的解决问题的策略。
5. 举例说明影响问题解决的有关心理因素。

第七章

动　机

分析人们的行为，必须揭示其行为的动机。人的行为总是由一定的原因引起的，这些原因有外在的因素，也有内在的动力，而动机（motive 或 motivation）就是引起、维持和促进个体行动的内在力量。由于动机是一种内部心理过程，所以它无法观察，也不能直接测量。要了解人的动机，只能靠行为者自己进行内省，或者从其外部行为来推断。在日常生活中，我们常常会推断或猜测别人的动机是什么。例如，如果你在大街上看到一个熟人并向他招手，但是对方却没有反应，你可能就会判断他是怎么回事，是真的没有注意到你，还是故意装作没有看见，如果你认为他是故意的，你又会猜测他到底为什么这样做。由此可见，了解人类动机，是我们理解人类行为的一个重要途径。

第一节　需　要

人类行为的一切动机都起源于需要，需要是人类动机的源泉。所以要了解人类行为的动机必须从了解需要入手。

一、什么是需要

需要（need），是个体在生活中感到某种欠缺而力求获得满足的一种内心状态，它是人脑对生理和社会要求的反映。

需要的产生是有机体内部生理上或心理上的某种缺乏或不平衡状态。例如，血液中血糖的下降会产生饥饿求食的需要；水分的缺乏会产生口渴想喝水的需要；生命财产得不到保障会产生安全的需要；孤独会产生交往的需要等。一旦机体内部的某种缺乏或不平衡状态消除了，需要也就得到了满足。这时，有机体内部又会产生新的某种缺乏或不平衡状态，产生新的需要。

当人需要某种东西时，便把缺少的东西视为必需的东西。人既是生物有机体，又是社会成员。为了个体和社会的生存与发展，人对于外部环境必定有一定的需求。例如，食物、衣服、婚配、育幼等是维持个体生存和延续种族发展所必需的；从事劳动，在劳动中结成不同的社会关系，人们之间的交往活动是维持人类社会生存和发展所必需的。这种客观的必要性反映在人的头脑中并引起内部的某种缺乏或不平衡状态时就会产生某种需要。需要表现出有机体的生存和发展对于客观条件的依赖性。它总是指向能满足该需要的对象或条件,并从中获得满足。没有对象的需要,不指向任何事物的需要是不存在的。

需要是有机体活动的积极性源泉,是人进行活动的基本动力。人的各种活动,从饮食、学习、劳动到创造发明,都是在需要推动下进行的。需要激发人去行动,使人朝着一定的方向,追求一定的对象,以求得自身的满足。需要越强烈、越迫切,由它所引起的活动动机就越强烈。同时,人的需要也是在活动中不断产生和发展的。当人通过活动使原有的需要得到满足后,人和周围现实的关系就发生了变化,又会产生新的需要。这样,需要推动着人去从事某种活动,在活动中需要不断地得到满足又不断地产生新的需要,从而使人的活动不断地向前发展。需要是个性积极性的源泉,它常以意向、愿望、动机、抱负、兴趣、信念、价值观等形式表现出来。

虽然动物和人类有一些共同的需要,但人类的需要和动物的需要是有本质区别的。人类需要的对象和满足需要的方式,受具体的社会历史条件的制约,具有社会性;人具有意识能动性,能调节和控制自己的需要。

二、需要的种类

对需要种类的划分有不同的角度,通常从需要的起源和需要的对象两个角度进行分类。

(一)生理需要和社会需要

从需要的起源划分,需要包括生理需要(physiological need)和社会需要(social need)。

生理需要是为保存和维持有机体生命和种族延续所必需的。生理需要包括:维持有机体内不平衡的需要,如对饮食、运动、睡眠、排泄等需要;回避伤害的需要,如对有害或危险的情景的回避等;性的需要,如配偶、子嗣的需要。生理需要是生而有之的,人与动物都存在,但人与动物表现在生理上的需要是有本质区别的。马克思曾说过:"饥饿总是饥饿,但是用刀叉吃熟肉来解除的饥饿不同于用手、指甲和牙齿啃生肉来解除饥饿。"可见人的生理需要已被深深地烙上社会的痕迹,已不是纯粹的本能驱动。

社会需要使人们为了提高自己的物质和文化生活水平而产生社会性需要,包括对知识、劳动、艺术创作的需要,对人际交往、尊重、道德、名誉地位、友谊和爱情的需要,对娱乐消遣、享受的需要等。它是人特有的在社会生活实践中产生和发展起来的高级需要。人的社会需要因受社会的背景和文化意识形态的影响而有显著的个别差异。

(二)物质需要和精神需要

按需要的对象划分,需要包括物质需要(material need)和精神需要(spiritual need)。

物质需要是指人对物质对象的需求,包括对衣、食、住有关物品的需要,对工具和日常生活用品的需要。物质需要是一种反映人的活动对于物质文明产品的依赖性的心理状态,因此,物质需要既包括生理需要又包括社会需要。

精神需要是指人对社会精神生活及其产品的需求,包括对知识的需要、对文化艺术的需要、对审美与道德的需要等。这些需要既是精神需要又是社会需要。

对需要的分类,只具有相对的意义。如为了满足求知的精神需要就离不开对书、笔等学习工具的物质需要;对食物的需要虽然是生理需要,但其对象的性质又是物质的。因此不同种类的需要之间是既有区别又密切联系的。

三、马斯洛的需要层次论

美国人本主义心理学家马斯洛(Abraham Harold Maslow)的需要层次理论(theory of hierarchy of needs)是最为著名并广为流传的一种动机理论,其影响之深远,至今不衰。这一理论在许多领域得到广泛的运用,正如马斯洛自己所说:"特别是运用于教育、工业、宗教、组织与管理、治疗、自我改善等方面……"美国学术界的一些人甚至曾认为,到21世纪时,马斯洛将取代弗洛伊德、华生而成为心理学界最有影响的先驱人物。

(一)马斯洛理论的基本思想

马斯洛最早曾醉心于行为主义心理学,相信行为主义是可以改变人的本性的。事实表明,依靠行为主义无济于事,于是他转而探求人的内在力量,即人的价值与潜能。

1. 人的本性

马斯洛从认知观点出发,肯定人的行为的意识性、目的性与创造性,强调人与动物的差异,注重人的价值和人的特殊性。马斯洛的心理学是人本主义心理学(humanistic psychology)。马斯洛认为,社会文化对人有影响,但人本身的内在力量尤为重要,社会文化因素对人的价值体系起着一种促进作用。每个人都具有一定的内在价值,这种内在价值就是一种类似于本能的潜能(latent energy)或基本需要(basic need),人要求其潜能得到实现,这种内在价值就是马斯洛的自我实现论中的自觉、关心他人、好奇、不断成长、爱他人和被人爱等。每个人身上都有这些伟大的潜力。

马斯洛对弗洛伊德学派和行为主义学派的理论体系虽然并不赞成,但认为他们的"技术"还是有用的。马斯洛说:"机械论的科学(它在心理学上表现为行为主义)并非谬误,只是太狭隘,""弗洛伊德对人的描述显然是不恰当的……他为我们提供了心理的病态的那一半,而我们现在则必须把健康的另一半补上去。"

2. 研究人类的优秀者

马斯洛不同意弗洛伊德学派以研究精神不健康者为其研究起点,指出,如果一个人只潜心研究精神错乱者、神经症患者、心理变态者、罪犯、越轨者和精神脆弱的人,那么他对人类的信心势必越来越小,会变得越来越"现实",标准越放越低,对人的指望也越来越小……一个更普遍的心理科学应该建筑在对自我实现的人的研究上。

马斯洛也不同意行为主义研究普通人的倾向,认为研究普通人会导致人们形成关于"适应得好"的人的概念,而不是"发展得好"的人的概念。他更不同意对动物的研究,因为人类行为与动物行为有极大的区别,人的内在力量不同于动物的本能。他说:"用动物来研究,一开始就注定要忽视只有人类才有的那些能力,如殉道、自我牺牲、羞辱、爱情、幽默、艺术、美、良心、内疚、爱国、理想、诗情、哲学、音乐和科学。"

总之,马斯洛提出要研究格外健全成熟的人。他称这些人是人类的一部分,是"不断发展的少数"。马斯洛认为通过对这些人的研究,将有助于人们对于人及其潜力有更深刻地认识。马斯洛还强调要用更开阔的、更综合的、多学科的方法来研究人的问题,并且要遵守研究人的问题的伦理道德原则。马斯洛研究的思想方法博得了许多科学家的赞同。

(二)马斯洛的需要层次理论

马斯洛认为人有许多基本需要,并将这些需要排成一个系统。

1. 五种基本需要

马斯洛把人的需要分为五个层次,从生理的、安全的、归属和爱的、尊重的需要,一直到自我实现的需要。

1)生理的需要(physiological need)

生理的需要是人类最原始最基本的需要,指饮食需要等。马斯洛认为,在一切需要之中,生理需要是最优先产生的,但是有限度的,当需要被满足时,它就不再作为行为的动力而存在。

2)安全的需要(safety need)

安全的需要,例如,需要安全、稳定;免受恐吓、混乱的折磨;对体制、秩序、法律的需要;对保护者实力的要求等。安全的需要除了对此时此地的考虑以外,还要考虑今后。

3)归属和爱的需要(belongingness and love need)

归属的需要是指人们渴望同他人有一种充满深情的关系,渴望自己在所属群体和家庭中有一个位置。每一个人都愿意为达到这个目标而做出努力。关于爱的需要,马斯洛认为既包括给予他人的爱,也包括接受他人的爱。

4)尊重的需要(esteem need)

尊重的需要指自尊、自重和来自他人尊重的需要。这种需要可以分为两大类:一类是对于实力、成就、优秀、胜任、自信、独立和自由的欲望;另一类是对于名誉和威信的需要。来自他人对自己尊重的欲望,即要求自己有名誉、威望和地位。这些需要的满足可以增长人们的自信,觉得自己生活在这个世界上有价值、有用处,这些需要一旦受挫,就会使人产生自卑、软弱、无能等感情,从而失去信心。

5)自我实现的需要(self-actualization need)

自我实现的需要是要求实现个人聪明才智、理想与抱负,这是最高层次的一种需要。马斯洛把自我实现(self-actualization)一词加以限定:说到自我实现需要,就是指促使他的潜力得以实现的趋势,这种趋势可以说成是希望自己越来越成为自己所期望的人物,完成与自己能力相称的一切事情。他指出:自我实现需要被剥夺会引起"疾病"和萎缩,它们的"消化吸收"能促进和丰富人的成长,趋向更大的愉快和欢乐,趋向心理上的"成就",趋向更多的顶峰经验。

顶峰经验(或高峰经验)(peak experience)是马斯洛刻画自我实现者良好心理品质的专用词汇,他在许多场合作了解释。马斯洛指出,大部分人都曾有过顶峰经验,具有自我实现的人远比一般人有更多的顶峰经验。顶峰经验总是出现在美好的时刻,是在快活而略带神秘感的时刻,"是一生中唯一最欣喜、最幸福、最完美的时刻"。因此,顶峰经验是人的一生中最能发挥作用,感到坚强、自信、能完全支配自己的时刻。他说,可以把顶峰经验比作一台发动机,突然间所有的汽缸都工作起来了,它运转极好,产生了从未有过的力量。

2. 需要是有层次的

马斯洛认为,上述五种基本需要是逐级上升的,当较低级的需要满足以后,追求高一级的需要就成了驱动行为的动力。生理的需要和安全的需要属于低级需要,尊重的需要与自我实现的需要属于高级需要,归属和爱的需要为中间层次,基本上也属于高级需要。必须先满足低级的需要,这是基础,然后才能逐级上升(见图7-1)。我国古代思想家管仲早就指出:"仓廪实而知礼节,衣食足而知荣辱。"(《管子·牧民》)

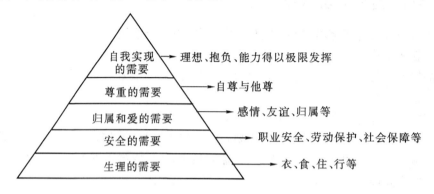

图7-1 马斯洛的需要层次排列

马斯洛认为,这个层次顺序并非很"刻板",而是有许多例外的,例如涉及理想、崇高的社会价值等,具有这样价值观的人会成为殉难者,他们为了某种理想或价值,将牺牲一切,他们是坚强的人。马斯洛的这一观点正如匈牙利爱国诗人裴多菲(Petöfi Sándor)的诗:"生命诚可贵,爱情价更高。若为自由故,两者皆可抛。"

3. 行为由优势需要所决定

马斯洛认为,在同一时间、地点、条件下,人存在多种需要,其中有一种占优势地位的需要决定着人们的行为。当一种需要满足以后,一般地说,它就不再是行为的积极推动力,于是,其他需要就开始发生作用。但不能认为某一层次的需要必须完全满足之后,下一层次的需要才会成为优势。实际上,优势需要满足以后出现的新需要,并不以突然的跳跃的形式出现,而是以缓慢的速度从无到有,由弱到强,逐步发生的。因此,马斯洛的层次理论并非是一种"有"或"无"的理论结构,它只不过是一种典型模式,这种需要分类只说明了一种基本的趋向,即需要具有不同层次,这种层次的优势又是不断变动的,当优势需要获得满足以后,它的动力作用随之减弱,高一级的需要才处于优势地位。这五种需要的关系可以用图7-2来表示。

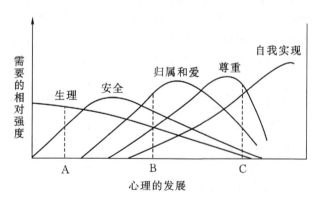

图7-2 五种需要的关系图

从图7-2心理发展横轴上任取一点,来分析了解个体结构的内容。如,在A点上,此人生理需要最为迫切,其次为安全需要,其他三种层次的需要尚未提到日程上,也就是说对于生活水平低下的人,生理需要与安全需要对个体行为具有明显的推动作用;在 B 点上,归属和爱的需要对其影响最大,其次是安全需要,生理需要已获相当的满足,而尊重与自我实现的需要已经开始发展,但对行为的推动作用尚微;在 C 点上,该人的行为主要由尊重需要所决定,自我实现的需要已有相当大的作用,而生理与安全的需要已退居下位。

传统心理学认为,人在满足需要之后,会达到体内平衡状态。马斯洛认为,这只适用于人的低级动机的追求,涉及人的高级动机则只能用"生长"概念来说明。所谓"生长",是指理想超越发展过程,它不在乎寻求紧张的缓解,而是相反,往往是自觉地保持紧张甚至制造紧张,以促进创造潜能的发挥和自我的实现。

4. 五种基本需要是人类的共性

马斯洛认为,人类的五种基本需要超越了不同文化的国家,超越了各种社会形态。对基本需要的分类,只是企图部分说明在不同文化中明显多样性背后的这种统一性。高级需要和低级需要尽管有不同的特征,但如果认为人只有低级动机而没有高级动机,就会认为社会的主要职能在于约束与抑制个人动机。如果认为人不仅有低级动机,而且有高级动机,就会认为社会的主要职能应该是促进人的动机的逐级实现。社会不仅要满足人们的需要,而且社会本身也是人类需要所创造的。

(三)马斯洛自我实现者的心理品质

1. 研究方法

自我实现的人被马斯洛称之为人类最好的范例,是"不断发展的一小部分人"的代表,是"精神健康"的人,是充分成熟的人。马斯洛在研究这些人的潜力时,抛弃了行为科学挑选一般对象进行研究的传统统计方法。

马斯洛把他的研究对象分为三类:第一类是极有成就的知名人士,如美国总统林肯、罗斯福及科学家爱因斯坦等;第二类虽然没有完全达到要求,但仍然可以作为研究对象,他们都是当代人;第三类包括一批朝着自我实现方向发展的年轻人。马斯洛认为,这三类自我实现的人,只占总人口中的极少数,大约 1%。

2. 自我实现者的心理品质

马斯洛通过对杰出人物的研究,发现这些优秀人物具有一系列共同的人格特征。归纳起来,主要有以下几点:①自我实现者有出色的认识能力;②致力于他们认为重要的工作、任务、责任或职业;③具有创造性;④具有统一、和谐的人格;⑤有一种健康的自尊;⑥有独处的欲望;⑦能够独立自主,不受文化和环境的束缚;⑧与能力、性格相当的人建立深厚的私人友谊;⑨乐于与他人相处;⑩善于自我控制;⑪具有一种民主型的性格结构;⑫相信永恒和神圣的东西;⑬富有一种哲理性、友善和幽默感;⑭具有惊人的不可思议的经验——顶峰经验。

(四)简短的评价

国内外心理学界对马斯洛的需要层次理论持肯定态度者比较多,虽然它也遭到另一些学者的批评。在这里,提出几点看法:

1. 合理的一面

马斯洛认为,人的需要从低级到高级有不同的层次,可以认为,这是合乎逻辑的,符合系统论原则的。系统论(systematization)强调结合性、层次性、整体性等要求,看来马斯洛的理论正符合了这些要求。有人批评他的需要层次太机械,这恐怕是误解。马斯洛指的是如果低级需要不能被充分满足,则高一级的需要也就不能充分发挥,不是说高级的需要不能产生。

马斯洛把千变万化的人类需要分为五类,可以认为,这也是合理的。尽管存在着不同的国家、地区,不同的社会形态以及不同的社会条件,但是应当承认,人们都会有共同的需要,当然,具体的需要结构并不是千篇一律的。

对需要层次的跨文化研究证实,低级的需要在高级的需要之前首先获得满足具有普遍性。无论在什么文化中,低级需要如吃、喝、安全等满足总是作为最优先满足而加以强调的,但高级需要的满足有跨文化的变化。霍夫斯特(Gerard Hendrik Hofstede)采用问卷法研究了40个国家的工人的行为。他首先研究归属需要。研究表明,权力集中于少数管理者的国家如菲律宾、墨西哥、印度,工人的归属需要受到压抑。而英格兰、荷兰、以色列和奥地利等国的工人经常参与决策,归属需要和自我实现的需要得到较多的满足。其次,霍夫斯特研究了工人的安全需要。研究结果表明,纪律严明、不易失业与对未来安全感之间有较高的相关性。日本、葡萄牙、希腊等国的工人有较多的安全感,不易冒险,而美国、新加坡等国的工人有较多的不安全感。最后,霍夫斯特研究了工人的自我实现的需要。对40个国家的跨文化研究表明,美国、加拿大、澳大利亚、英国等国的工人自我实现需要得到较多的满足,而秘鲁、巴基斯坦、哥伦比亚等国的工人在这方面的水平较低。

马斯洛把生理需要列为第一需要,这是正确的。人们为了要生存,要创造历史,必须能够生活,要生活就需衣、食、住以及其他东西;马斯洛把安全的需要、归属与爱的需要和尊重的需要都列为人的基本需要,这也是正确的。尤其是尊重的需要,人是有别于动物的,任何国家的公民,任何一个民族,都需要获得尊重。中国历史上记载着"士可杀不可辱"的事例很多。

马斯洛认为,人有内在价值、内在潜能,人要求发挥自己的潜能。这也符合社会生活的实际情况,并且有利于自身与社会的发展。马斯洛指出,具有自我实现需要的人具备一系列良好的心理品质。看来,这些品质在合理的社会条件下,是有利于社会的。

马斯洛强调要尊重人、关心人,这对我们的工作有启发,对我们做好企业管理及学校教育工作也有很大的参考价值。作为群体的领导人或学校的教师、家长,必须注意人们的需要结构,一味满足其生理需要,不一定能从根本上调动其积极性,也不可能产生持久的动力。而且,低层次需要往往容易发觉,而高层次需要却不易发觉,要细心观察,才能弄清楚。如果人们的需要结构发生了新的变化,则其措施也要紧紧跟上。

2. 局限性

马斯洛的研究方法固然有其独特性,但遭到实验社会心理学家的批评,认为其科学性不够。作为一种科学,必须经得起重复检验,而马斯洛研究的对象是经过挑选的特殊的个体,只有定性分析而缺乏定量分析,这可能会导致"随心所欲",在说服力方面尚有所欠缺,其科学性与可信性也不能认为绝对没有问题。

马斯洛过分强调人的价值,认为人的价值是一种先天潜能。可见,马斯洛过分强调遗传因素的作用,忽视了社会生活条件对先天的潜能的制约作用,从而导致他的理论具有一定的局限性。

第二节 动 机

我们常说,行为背后必有原因,这里所说的原因就是动机。动机与需要是紧密联系的。如果说需要是人类活动的动力源泉,那么,动机就是推动这种活动的直接力量。

一、什么是动机

(一)动机的概念

动机(motivation)是指引起和维持个体活动,并使活动朝向某一目标的内部动力。动机这一概念包含以下内容:①动机是一种内部刺激,是个人行为的直接原因;②动机为个人的行为提出目标;③动机为个人行为提供力量以达到体内平衡;④动机使个人明确其行为的意义。

在心理学和社会心理学的文献中,有很多名词用来表示与动机相似或相近的生理与心理现象,这些名词包括均衡作用、本能、诱因、内驱力,等等。为了把握动机的概念,我们有必要阐明这些概念及其与动机的关系。

在生理的意义上,均衡作用是指使人体保持体温、血糖水平、体液含量、酸碱比例等处于相对平衡状态的平衡机制。人体是一个组织系统,具有自动平衡的功能,当某些方面出现失衡时,就会产生恢复平衡的需要。在这种意义上,需求是指个体生理上的一种匮乏状态,它会导致个体产生内驱力,即一种驱动个体采取行动去补足需求、恢复平衡的内在力量。因此,需求、内驱力和均衡作用是动机的生理基础。在现代心理学中,人们已经将这三个概念由生理层面延伸到心理层面,用它们分别来描述人类心理上的平衡、心理上的匮乏状态和心理上的内在动力。除了均衡、需求、内驱力这些内在因素可以引发个体行为动机之外,外在刺激物也可以成为引发动机的原因。例如,让人们产生吃的动机的,可以是饥肠辘辘这种内在的匮乏状态,也可以是美味当前这种外在诱因。在心理学上,诱因就是指能够引起个体动机的外在刺激。

本能是个体天生的、由遗传因素决定的行为倾向。在心理学历史上,本能论曾经是一种影响颇大的动机理论,但是,现代心理学家已经认识到,本能只是人类简单行为的部分动因,不能用来解释人类的复杂行为。

(二)社会动机的概念

虽然一些学者认为动机就是内驱力,但是,严格来说,动机与内驱力是不同的。二者的主要不同在于:"动机是受社会个体生活经验和社会生活条件调节的,是带有社会内容的。"动机是社会化了的内驱力。例如,作为生理需要,饮食是没有特定条件的,各种各样的食物都可以用来满足生理需要;但是,饮食动机的发展方向和满足方式却会打上文化的烙印,如中餐、西餐,粤菜、川菜,等等。

在人类的各种动机中,有些动机是以生理内驱力为基础的,如饥渴动机与性动机,也有一些动机与生理内驱力没有什么直接联系,如追求成功的动机、帮助他人的动机等。在心理学上,前者往往被称为原始性动机、生物性动机、生理性动机等,后者往往被称为衍生性动机、社会性动机、习得性动机、心理性动机等。这种个体在社会生活环境中,通过学习和经验而获得的动机,就是社会动机。

(三)动机的功能

作为活动的一种动力,动机具有三种功能。

1. 激发功能

动功能激发机体产生某种活动。有动机的机体对某些刺激,特别是当这些刺激和当前的动机有关时,其反应更易受激发。例如,饥饿者对与食物有关的刺激、干渴者对与水有关的刺激反应特别敏感,易激起觅食活动。

2. 指向功能

动机使机体的活动针对一定的目标或对象。例如,在成就动机的支配下,人们可以放弃舒适的生活条件而到艰苦的地方去工作。动机不同,活动的方向和所追求的目标也不同。

3. 维持和调节功能

当活动产生以后,动机维持着这种活动,并调节着活动的强度和持续时间。如果活动达到了目标,动机会促使有机体终止这种活动;如果活动尚未达到目标,动机将驱使有机体维持(或加强)这种活动,或转换活动方向以达到某种目标。

在具体的活动中,动机的上述功能的表现是很复杂的。不同的动机可以通过相同的活动表现出来;不同的活动也可能由相同或相似的动机支配,并且人的一种活动还可以由多种动机支配。例如,学生按时复习功课、完成作业的活动,其学习动机可能是不同的:有的可能是理解到自己肩负的责任,有的可能是想考取好学校,有的可能是出于个人的物质要求,有的可能是怕老师的检查和父母的责骂等。又如,成就动机可以促使学生在不同的学习领域(学习、文娱、体育等)进行积极的活动。因此,在考察人的行为活动时,必须揭示其动机,才能对其行为作出准确的判断。

二、动机的种类

像需要一样,人的动机也是多种多样的。

(一)生理性动机和社会性动机

根据动机的起源,可把动机区分为生理性动机(或原发性动机)和社会性动机(也称为心理性动机或习得性动机)。前者与人的生理需要相联系,后者与人的社会需要相联系。

1. 生理性动机(physiological motive)

生理性动机是起源于有机体生理需要的动机。

1)饥饿动机

日常生活中,我们可能都有过这样的经历:如果错过了平时进食的时间,就会感到饥饿,饥饿达到一定程度就会产生进食动机。现已证实,引起饥饿的实际刺激来自胃肠的感受冲动(如空胃运动)和血糖水平的降低。在进食调节中扮演重要角色的是下丘脑。下丘脑的外侧核和腹内侧核负责调节有机体的摄食反应,被认为是饥饿、进食的生理机制。如果对动物的下丘脑外侧核给予弱电流刺激,即使刚刚吃饱,动物仍会继续进食;如果下丘脑外侧核遭到完全损坏,动物则出现无食欲、拒绝进食等症状，直至饿死。因此，下丘脑外侧核被看作摄食中枢(feeding center)。如果对动物的下丘脑腹内侧核用弱电流进行刺激，即使长时间不进食，动物也会从食物面前走开；如果下丘脑腹内侧核遭受损坏，动物就会产生旺盛的食欲，摄入更多的食物，从而使体重大增。因此，下丘脑腹内侧核被看作饱中枢(satiety center)。用埋藏在脑内的细小导管向下丘脑这两个部位注射化学物质——高浓度盐溶液(兴奋剂)，也产生同样的效应。人们根据这些结论提出了摄食中枢机制的双重中心模型学说。摄食中枢和饱中枢的作用是交互抑制的，其中摄食中枢是最基本的。

对摄食行为的控制可分为两种作用系统：短期控制和长期控制。短期控制是指控制每餐或每天的进食量，长期控制是指在相当长的时期内控制食量以保持体重的恒定。下丘脑对饮食的短期控制受多种因素的影响，其中血液中的血糖水平、胃充实与否以及体温是三个主要变量。现已发现，如果血糖浓度和大脑温度降低、胃壁运动增强，就会引起下丘脑外侧核细胞发生反应，产生进食行为；相反，如果血糖浓度和大脑温度升高、胃部膨胀，则会引起下丘脑腹内侧核细胞发生反应，促使进食行为停止。另外，为了保持恒定的体重，下丘脑腹内侧核和外侧核又承担着饮食的长期控制，但是它们对体重"标准点"的效应是相反的。腹内侧核受损坏会提高体重的标准点；外侧核受损坏会降低体重的标准点。因此，如果小心地同时损坏腹内侧核和外侧核的等量组织，那么动物既不会超食，也不会拒食，仍保持手术前的体重水平。但是，短期控制系统又受长期控制系统的调节，这样有机体的体重才能保持恒定。

饥饿动机的产生并不完全是由下丘脑和体内的血糖浓度、胃充实与否及体温等因素控制的。许多外部的因素也会影响食欲的产生和存在。例如，食物的色、香、味、形状，进食的习惯时间，对食物的喜好习惯以及社会文化等因素都会影响人们的进食需要。

2) 干渴动机

饮水是每天的生活必需。体内缺少水分，如果不及时补充，就会引起体液量减少，细胞外液的渗透压升高，这样，细胞内液的水分也会向外渗出而减少。由此产生的缺水信息通过两条路径到达控制饮水的中枢——该中枢的某些细胞直接感受和通过外周感受器(口腔及喉头)将信息传至中枢，并通过两种途径进行调节——增加饮水量和减少排尿量。

调节饮水行为的中枢在下丘脑。下丘脑中有两种特殊的神经细胞控制着饮水动机。一是渗透压感受器。它对细胞脱水反应敏感，细胞脱水后形状发生变化的物理信息所引发的神经冲动传至大脑皮质，就产生了饮水动机，同时它们也刺激脑垂体释放抗利尿激素(ADH)，迫使肾脏从尿液中重新吸收水分进入血管。二是测量容量感受器。它对血液容量减少起反应，血液容量减少会引起肾脏分泌高压蛋白酶原，该蛋白酶原能释放血管紧张素，到达下丘脑的血管紧张素引起测量容量感受器的兴奋，从而产生饮水动机。对饮水需要的控制除了下丘脑和内分泌之外，其他很多变量都会影响人们的饮水行为，如个人的饮食习惯、情绪和社会风俗等。

3) 睡眠和觉醒

睡眠和觉醒是生命活动所必需的两个相互转化的生理过程，也是人类最基本的生理需要。人只有在觉醒状态下才能与周围环境进行复杂的感觉运动联系，感受外界的各种刺激，并主动地寻求刺激，探索外界环境，操弄周围事物；人只有通过睡眠才能恢复精力和体力，使人保持良好的活动状态。当睡眠动机发生时个体就会瞌睡，迫使个体由活动趋向于休止。如果强行剥夺睡眠数天，就会严重影响人的健康，甚至导致疾病。

睡眠是中枢神经系统的一个主动过程。巴甫洛夫学派认为睡眠是抑制过程在大脑皮质的广泛扩散并扩布到皮质下中枢的结果。当代神经生理学的研究表明,睡眠与中枢神经系统内某些特定结构和递质作用密切相关。例如,如果在脑桥中部切断脑干,动物就处于长期的觉醒状态而很少睡眠。刺激动物颞叶梨状区、扣带回、视前区前部等边缘系统,可通过下行神经通路作用于低位脑干而诱发睡眠。参与睡眠与觉醒的中枢递质有多种,并且相互关系也较复杂。其中前脑中的去甲肾上腺素(NE)和5-羟色胺(5-HT)似乎是其中的一对主要矛盾。在脑内NE含量保持不变或增高的情况下,降低5-HT含量即产生失眠;在脑内5-HT含量正常或增高情况下,降低NE含量即产生多眠。脑内的NE、5-HT含量在睡眠和觉醒的生理调节中起着重要的作用。

4) 性动机

性动机与饮食、睡眠动机有许多不同之处。性动机不像饮食、睡眠动机那样是维持个体生存所必需的,它是维持种族延续所必需的;性动机也不像饮食、睡眠动机那样是由个体内部的某种缺乏所引起、是恢复能量的过程,而是消耗能量的过程。

性动机与性激素具有直接关系。性激素的作用表现为两个方面:一是激发性行为,在性成熟期,雄性个体的睾丸和雌性个体的卵巢都会分泌性激素,激发性动机和性行为。二是促进男性和女性第二性征(男性表现为胡须、突出的喉头、高大的体格和低沉的声音等,女性表现为发达的乳房、宽大的骨盆、丰富的皮下脂肪和高调的声音等)以及附性器官(雄性的附睾、输精管、前列腺、精囊等,雌性的输卵管、子宫、阴道等)的发育。如果个体在幼年时被阉割了睾丸,其附性器官就不能发育成熟,也不会出现第二性征,致使性动机和性行为丧失。但是,如果个体发育成熟后实施阉割,对其性行为的影响则视个体所属种群的不同而有所不同。例如,雄鼠被阉割后其性行为完全丧失;雄狗被阉割后其性行为仍能延续一段时期;大多数灵长类动物在阉割后性行为很少会受到影响。然而,性激素对雌性个体的性行为影响较大,除人类外,雌性动物的卵巢被切除后,性动机会完全丧失。对人类而言,由于受到情绪、社会等因素的影响,成年男性睾丸或者女性卵巢被切除后,其性动机并不会受到较大削弱。

2. 社会性动机(social motive)

社会性动机是起源于社会性需要的动机。在社会生活中,对人们的行为影响比较大的社会动机主要有成就动机、亲和动机、利他动机、侵犯动机、权力动机等。这里主要讨论成就动机、亲和动机与权力动机。

1) 成就动机

成就动机是个体为了取得较好的成就、达到既定目标而积极努力的动机。莫瑞(Henry Alexander Murray)是最早有系统地提出成就动机概念的学者。他认为,成就动机是指个人想要尽快地而且尽可能地把事情做好的一种欲望或倾向。他把成就动机定义为"个人为完成困难的工作,为操弄、控制或组织事物、人物或思想,为尽快独立地做好(事情),为克服障碍而达到高的标准,为超越自己,为超越或胜过别人,以及为使得个人的才能透过成功的学习而增进自我尊重的一种欲望"。麦克兰德(David Clarence McClelland)则认为,成就动机是"个人在做事时与自己所持有的良好或优秀标准相竞争的冲动或欲望"。

影响成就动机的因素很多,在宏观层面上,有社会文化因素;在微观层面上,有个人的成长经历、教育程度、个性特征等。麦克兰德探讨了基督教新教伦理对西方人成就动机的影响。他认为,新教伦理所代表的价值观,使得父母在教育子女时,非常注重训练他们的独立能力和克服困难的能力。这种教养方式使子女形成了很高的成就动机。由于大部分社会成员都努力工作,追求成就,乐于创业,社会的经济发展就获得了强劲的动力。麦克兰德还分析了中国人成就动机的特点。他认为,中国传统社会是以农业为主的社会,是一种静态的、权威式的社会。在这种社会里面,对儿童的教养方式强调顺从训练、依赖训练和合作训练,因此,与注重自立、追求财富和成功的美国人相比,中国儿童的成就动机普遍较低。但是,麦克兰德也指出,在现代化的过程中,中国人的成就动机有了普遍的提高。

对麦克兰德等人的观点,有不少学者提出批评。麦克兰德认为,父母亲的独立训练是使子女具有高度成就动机的必要条件之一,对此,一些学者提出了相反的证据。另外,更有一些学者指出,麦克兰德的理论模式,并非有关成就动机的唯一的普遍的模式。成就动机的本质与内涵具有浓厚的文化色彩。华人心理学家杨国枢认为,在其他社会文化中,其成员的成就动机可能与强调新教伦理的西方白人社会中的成就动机有着不同的面貌。他进一步指出,在西方社会,家庭教养强调独立性训练,因此西方人具有较强的"自我取向的成就动机";在东方社会中,家庭教养强调依赖性训练,因此东方人具有较强的"他人取向成就动机"。

根据中国社会文化的特点,余安邦与杨国枢建立了一个本土化的成就动机概念模式,并进行了实证研究的检验。他们把成就动机区分为社会取向成就动机和个人取向成就动机,认为这两种成就动机在"成就目标""成就行为""结果评价""最终结果"和"整体特征"五个方面都有其独特的内涵。按照他们的观点,"社会取向成就动机是指一种个人想要超越某种外在决定的目标或优秀标准的动态心理倾向,而该目标或优秀标准的选择主要取决于社会(例如父母、师长、家庭、团体或其他重要人物)。个人取向成就动机则是指一种个人想要超越某种内在决定的目标或优秀标准的动态心理倾向,而该目标或优秀标准的选择主要决定于个人自己"。

社会取向成就动机的特点:

第一,强调个人的成就目标和评价标准主要由他人或所属的团体来决定。例如,个人追求的可能是"不辜负组织的嘱托和人民的期望""光宗耀祖""为父母争气"等。

第二,选择以什么样的行为来达到成就目标,也是由重要他人或团体来决定的。在一些传统的家庭里,子女努力考大学是为了达成父母的心愿,如果能够上大学,到底读什么专业,也往往听从父母的安排。在这种情况下,个人在追求成就的过程中,会比较依赖他人或团体的协助,也可能比较需要他人的关注和督促。

第三,成就行为的效果如何,往往由他人或团体来评价,评价标准也是由他人或团体来制定的。

第四,从总体上来说,个人对成就的价值观念的内化程度比较弱,相应地,成就的社会工具性比较强,即追求成就是一种手段,是为了让他人或团体高兴。

个人取向成就动机的特点:

第一,成就目标和评价标准主要由个人自己来决定,例如,个人追求的是"实现自己的梦想""发挥自己的潜能"等。

第二,选择什么样的行为来达到成就目标,也是由个人自己来做主。在这种情况下,个人在追求成就的过程中,就不怎么需要他人的关注和督促,个人行为的变通性比较高。

第三,成就行为的效果如何,往往由个人自己来评价,评价标准也是由个人自己来制定的。

第四,从总体上来说,个人对成就的价值观念的内化程度比较高,相应地,成就的功能自主性比较强,即追求成就本身是一种目的。

需要注意的是,这两种取向的成就动机各有短长。在社会生活中,如果一个人的成就动机过于偏向某个极端，可能会有一些不良的后果。例如，研究发现，个人取向成就动机过高的人在许多组织中往往表现得并不很出色。由于强调个人取向，这些人用自己个人的业绩标准来衡量成就，也因为个人目标的实现而得到满足。因此，他们更愿意独立工作，因为这样做可以使得任务的完成完全取决他们自己的努力。这一特点可能会降低这些人在团队中的工作表现。在组织中，非常需要能够妥协、能够顺应、能够将自己的成就需求与组织目标结合起来的人。而这样的人正是社会取向成就动机比较高的人。另外，在不同的工作情境中，两种成就动机的作用可能不同。在工作目标和效果需要个别设定的环境中，个人取向成就动机高的人会表现得非常出色，例如，在一些学术研究中就是如此。但是，在诸如社会工作中则很难看出个人的具体工作结果，工作成效常依赖于其他人的情境中，个人取向成就动机高的人就可能表现平平，而社会取向成就动机高的人则可能表现出色。

研究还表明，个人的成就动机并不是与生俱来的，成人也可以习得。麦克兰德报告了许多研究实例，发现一些成就动机本来很低的个体，经过参加一系列旨在提高成就动机的课堂活动之后，成就动机明显提高。

2）亲和动机

亲和动机又称为结群动机，是指个人要与他人在一起，或者加入某个团体的需要。人是社会性的动物，每个人都会寻求得到他（她）所关心和重视的个人和群体的支持、喜爱和接纳。达尔文曾经指出：“谁都会承认人是一个社会性的生物。不说别的，单说他不喜欢过孤独的生活，而喜欢生活在比他自己的家庭更大的群体之中，就使我们看到了这一点。独自一个人的禁闭是可以施加于一个人的最为严厉的刑罚的一种。"

对于亲和动机的心理基础，学术界存在不同的看法。有些学者认为亲和或结群是人的一种本能。按照这种观点，结群是生物自然选择的结果：在远古时期独立的人类个体势单力薄，不足以对抗巨大凶狠的野兽，结群使人类祖先可以互相警戒、互相支援，提高了生存的能力。也有的学者认为，结群是后天学习的结果，是在社会化过程中通过模仿、强化而形成的。例如，在大多数社会文化中，亲和行为会得到奖赏，而"不合群"的人往往受到排斥。在现代心理学中，后者是占主流的观点。

在1959年出版的《亲和心理学》中，萨赫特（Stanley Schachter）提出了"焦虑-亲和"（anxiety-affiliation）假说，认为由焦虑导致的恐惧是促使人们结群的原因，经历过不安的人亲和倾向更强。按照这种观点，亲和动机不是一般地希望和他人在一起、建立友好的关系，而是在处于不安的恐惧状态时，希望同处境、地位或能力基本相当的人接近，以取得协作和友好的联系。因此，有学者认为，亲和动机事实上是指人们由于不安而接近、靠拢周围的人或群体的要求或愿望。这里的接近和靠拢包括空间距离上的靠近，也包括心理距离上的缩小。人们之所以倾向于和处境、地位、能力相当的人接近，原因之一在于相似性可以使人们容易产生共鸣和理解，所谓的同病相怜就是如此。需要注意的是，焦虑和恐惧并非人们产生结群动机的唯一原因，促使人们希望和他人相联系的因素还有很多。例如，享受交流的乐趣，找到自我评价的比较基准等。另外，结群也可能产生一些负面效果，如社会懈怠、屈从等。

3）权力动机

权力动机是一种控制、支配或影响的力量。学术界有关权力概念的观点可以总结为以下几点：第一，权力是一种互动关系，是某个人或某些人具有对其他人产生他或他们所希望的影响能力。在不同的情境、不同的关系中，人们拥有不同的权力。第二，权力一般与资源的控制和利用有关。权力资源是权力主体可以用来影响权力客体行为的基本手段,包括奖赏、惩罚、信息、专业知识等。权力资源的分配往往是由一定的社会关系结构决定的。例如,在工作上,上级比下级有更多的权力;在知识上,专业人士比非专业人士有更多的发言权;在学习上,教师比学生掌握更多的资源。第三,权力往往体现为一种价值控制,即一方通过控制他人认为有价值的事物,而控制他人的思想和行为。当对方不再认为那些事物有价值时,由此带来的权力就消失了。第四,权力的表现形式往往是命令与服从的关系,不管这种服从是自愿的,还是被迫的。

根据权力的来源,可以区分七种不同的权力类型。第一种是强迫性权力,是由优势力量或优势地位带来的惩罚的权力。第二种是合法性权力,是由法律或组织的规章制度所规定的,通过地位和正式的等级体现出来的权力,如上级指挥下级的权力。第三种是奖励性权力,以掌握有价值的资源,能够给予他人奖赏为基础。第四种是因为具有专门的知识和经验而形成的专家性权力。第五种是因为与他人有良好的个人关系,具有领导魅力而形成的关系性权力。在组织中,它是一种非职务的影响力。第六种是因为能够接触一般人不能获取的内部信息而产生的信息性权力。第七种是由于认识有权力的重要人物而产生的联系性权力。赢得权力的主要方法是掌握更多的权力来源,例如,可以通过拥有更多的金钱而设法提高奖励其他人的能力,可以努力成为某些重要领域的专家,也可以提升自己的个人魅力,扩大个人联系的网络。当然,权力的获取与使用,应该在合情合理合法的范围内进行,如果滥用权力,就可能害人害己。

权力动机是指个体要在某些方面取得一定的支配地位的需要。在人际关系中,权力动机会驱使一个人总是力图说服他人、支配他人。许诺、威胁、引用权威人物的话、要求他人干这干那、容易与人对抗等行为都是权力动机的表现。

(二)内在动机和外在动机

根据引起动机的原因,还可将动机分为外在动机和内在动机。在求学时,人们的动机往往是不一样的。一些人之所以努力学习,是为了增强自己的本领,将来能够找一个好工作;也有一些人之所以努力学习,是为了满足自己的求知欲。这两种人在学习时的表现可能有所不同。前者很关心什么样的专业比较热门、比较吃香,后者很关心什么样的知识比较有趣、比较具有智力上的挑战性。从心理学的观点来看,前者的学习动机来自学习活动以外的刺激的推动力,是一种外在动机,后者则来自学习活动本身,是一种内在动机。

1. 内在动机(intrinsic motivation)

内在动机是指人们对某些活动感兴趣,从活动中得到了满足,活动本身成为人们从事该活动的推动力。例如,一些人可能为求知而求知,为艺术而艺术,为工作而工作,对他们来说,学习、艺术创作和工作已经成为内在满足的一种来源。研究表明,老鼠也会有自发性的行为,例如在转动的轮子上奔跑,享受运动的乐趣,或者探索有趣的迷宫。布鲁纳(Jerome Bruner)认为,内在动机主要由三种内驱力引起:一是好奇心,即对于求知和探索的兴趣;二是好胜心,即胜任工作、表现能力的欲望;三是互惠的内驱力,即与他人和睦相处,相互协作的需求。

对于内在动机的研究具有很现实的意义,其结果可以帮助人们找到影响人的行为积极性的内在因素。例如,如果我们知道什么样的学习任务和学习材料能够激发学生的学习动机,什么特性的工作能够给员工带来内在的满足,那么,我们就可以发现调动学生学习积极性和员工工作积极性的有效途径。哈克曼(Richard Hackman)与奥尔德姆(Greg Oldham)认为,有五种工作特性能够引发人们的内在动机:

①技能多样性,即从事需要多种技能,有一定挑战性的工作;

②任务多样性,即工作内容比较丰富,而不是单调乏味;

③任务重要性,即工作有意义,有影响;

④自主性,即工作者在工作中能够自己做主,对工作结果负责;

⑤回馈性,即人们能够及时知晓工作的结果。

这些特性能够让人们感受到工作富有意义,带来内在的满足感,从而提高工作积极性。还有一些研究表明,强烈的内在动机会使人们更加关注工作本身,有利于创造力的发挥。

2. 外在动机(extrinsic motivation)

外在动机是相对于内在动机而言的。当个体参加某种活动的动力不是基于对此活动本身的兴趣,而是因为外在的奖赏或压力时,他就是被外在动机所驱使。例如,一些人之所以努力工作,或是为了赚钱,或是为了得到好评,或是为了避免挨批评,这时他们的工作动机就属于外在动机。

3. 内在动机与外在动机的关系

在人类的行为中,内在动机和外在动机都会起作用,但是,二者之间并不是一个简单相加的关系。让我们看一个例子。一个小学生本来很喜欢学习数学,也就是说他有学数学的内在动机,假设这种内在动功能够给他6个单位的动力。现在,他的父母为了鼓励他更加努力学习,采取物质刺激的办法,当他正确解答一道课外数学题时,给他奖励一元钱。奖金对这个学生是有吸引力的,因为有了钱他就可以去买自己喜欢的玩具和漫画书。所以,为了得到奖金,他会努力解题。在这里,获取奖金是一种外在动机。假设这种外在动功能够给他4个单位的动力,那么,现在他是否有了10个单位的动力呢?研究表明,事情没有这么简单。激发行为的外在动机可能会降低行为的内在动机。对这个小学生来说,物质刺激可能会改变他的心态,改变他对于自己的行为的知觉。在以前解数学题是因为自己喜欢,现在,解数学题是为了得到奖赏,当外在动机取代了内在动机时,他可能对自己原来喜欢的活动失去兴趣。这种现象被称为"过度辩护效应"(over-justification effect)——当人们认为自己的行为是由于很强的外在原因引起时,他们会低估内在原因对行为的影响程度。

"过度辩护效应"已经得到许多实验研究的证实。这里我们介绍一下格瑞(David Greene)等人的研究。他们以四五年级的小学生为实验对象,内容是玩数学游戏。老师向学生介绍了4种新的数学游戏。实验的第一阶段是基准期,即一个为期13天的基础练习时期,在没有奖赏的情况下,学生们来玩游戏。实验的第二阶段是为期13天的奖赏期,每个学生可以通过玩游戏获得奖赏(比萨饼的奖券),玩游戏的时间越长,奖励越多。第三阶段为后续期,也是13天,这时取消了奖励。每个阶段都由研究人员记录每位学生玩每种游戏的时间长短。实验发现,学生每天玩游戏的时间在三个阶段明显不同,基准期在15~26分钟;奖赏期在23~30分钟;在后续期的后半段,则由最高时的22分钟下降到5分钟。在基准期没有奖励,学生还是花了不少时间来玩游戏,这表明他们对这些具有智力挑战性的数学游戏有一定的内在兴趣。进入奖赏期后,学生玩游戏的时间明显增加,这说明奖赏很有作用,提供了有效的外在动机诱因。在后续期,与基准期一样没有奖励,如果学生们对游戏的内在兴趣保持不变的话,他们玩游戏的时间应该与基准期差不多,但是实验表明后续期的游戏时间明显减少。如何解释这种现象呢？一种可能性是时间因素的影响，即学生们玩了一段时间以后，没有了新鲜感，觉得无聊。格瑞等人的另外一个研究排除了这种可能性。他们认为这种现象是"过度辩护效应"的表现——奖赏期的体验，使学生们觉得自己之所以玩这些游戏，是为了得到奖励，这样一来就忽略了开始时的内在兴趣，因此到了后续期，学生们可能会想：我玩游戏已经不能得到奖励了，为什么还要玩呢？

这个实验表明，当外在动机凸显出来以后，内在动机可能因此而降低。这个发现很有现实意义。奖励是一个很有效的动机诱因，在实际生活中，它已经成为一种重要的普遍的社会机制。企业经常使用奖励来调动员工的工作积极性，也使用奖励来强化人的学习积极性，但是，奖励并不是万能的，而且，奖励也有一定的负面作用，即它可能降低人们对于活动本身的兴趣。在一个奖赏普遍存在而且具有许多正面功能的社会环境中，我们不可能消除奖赏，那么，有什么办法可以保护人们的内在动机，使之免受社会奖励机制的损害呢？在研究的基础上一些学者提出了几点看法。

奖励并非在所有的情况下都降低内在动机，只有内在动机本来就比较高的情况下，才有这种效果。如果内在动机本来就低，也就是说人们对于从事某项活动没有多少兴趣，那么，奖励就成为促使人们进行此活动的主要动力。例如，对于不爱学习的学生，奖励是一个促使他学习的好办法。在生活中，对于那些从事危险工作或工作环境恶劣的人，可以发给特殊的津贴，以弥补他们内在动机的不足。

不同的奖励类型有不同的效果。奖励可以区分为任务性奖励（task-contingent rewards）和表现性奖励（performance-contingent rewards），前者是指只要你做了事，不管干好干坏，都给奖励，后者是指根据完成任务的质量来决定奖励。由于表现性奖励与个人的内在特点（如能力和努力）有关，它可能增加人们对自己内在特性的关注，所以，这种奖励降低内在动机的可能性比较小，甚至可能增加内在动机。

适当的干预和培训可以减少直至避免奖励的负面作用。有学者研究发现，如果让小学生参加旨在让他们专注于内在动机、思想上远离外在诱因的训练，可以保持他们对活动的内在兴趣。

三、动机与活动效率

心理学中，关于动机和活动效率的关系有两种理论（见图7-3）：一是内驱力理论（drive theory），认为两者呈线性关系，即动机、内驱力、唤醒水平提高，活动效率也相应提高；另一种是倒U形理论（inverted-U theory），或称耶基斯-多德森定律（Yerkes-Dodson law），认为两者呈曲线性相关，即高动机或低动机与低水平活动效率联系，而中等动机水平与高活动效率相关。

研究发现，两种理论都相对正确，主要取决于活动的性质和类型，跑步等需要体力的活动，内驱力理论是正确的；智力活动需要复杂的、控制的、协调的活动，则倒U形理论适用。

一项关于激发学习动机的实验研究（时蓉华，1989）得出动机推动学生学习积极性的结论。实验研究由两个部分组成：一个部分采用单因子轮组实验法，比较两组儿童在竞赛与不竞赛（对照作业）两种不同条件下，解答应用题的成绩；另一部分采用重复练习法，比较儿童在激发动机前后计算练习的成绩。研究结果参看表7-1和表7-2。

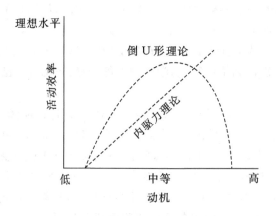

图 7-3　内驱力理论与倒 U 形理论的比较

表 7-1 表明，不管是什么难度的应用题，在竞赛的情境下，其错误率都比对照作业时要低；应用题难度越大，则两者的差距也越大。

表 7-1　激发动机研究结果 I ——错误率比较

项目	简单应用题	稍难应用题
对照作业	21.4%	34.3%
竞赛作业	14.3%	20.2%
成绩相差	7.1%	14.1%
显著性	$P>0.05$	$P<0.05$

表 7-2 表明，不管儿童原有的学习基础如何，激发动机以后的计算练习题正确率都远远优于个人原有水平，尤其是差等生，进步更快。

表 7-2　激发动机研究结果 II ——正确率比较

项目	激发动机后上升	显著性
优等生	28%	$P<0.01$
中等生	34%	$P<0.01$
差等生	65%	$P<0.01$

根据以上的研究事实，可以认为，在社会生活中激发人们的动机，还存在很大潜力。换言之，人们有许多潜在力量尚未被激发出来，这是一种人力资源的浪费。美国哈佛大学心理学家詹姆斯（William James）指出：普通人"只运用了头脑和身体资源中的极小一部分"。他还曾作了许多调查，积累了不少资料，发现按时计酬的职工，一般只发挥了20%～30%的能力，因为这些职工认为用这点能力就足以应付工作，詹姆斯所做的进一步研究显示，职工如果受到充分的激励，则其能力可以发挥80%～90%。这说明其中有50%～60%的能力是可以通过激发动机递增的。

上述调查研究的具体数据，由于各国的国情不同不能一概而论，但却有普遍性。我国实行经济体制改革，告别"大锅饭"，从社会心理学的角度看，正是能更好地激发动机，调动人们积极

第三节 动机理论

一、精神分析的动机理论

弗洛伊德(Sigmund Freud)认为,人有两大类本能。一种是生的本能(life instinct),他称之为力比多(Libido),并以此来概括一系列行为和动机现象。像饮食、性、自爱、他爱等个人所从事的任何愉快的活动,都是生的本能。另一种是死的本能(death instinct),他称之为塔纳托斯(Thanatos,希腊神话中的死神),像仇恨、侵犯和自杀等都是死的本能。由于这两种本能在现实生活中都不能自由发展,常常受到压抑而进入潜意识领域,并在潜意识中并立共存,驱使我们的行动。人的每一种动机都是潜意识的生的本能和死的本能的混合物。他把心理比作冰山,露出在水面的小部分为意识领域,水下的大部分为潜意识领域。这个潜意识的大部分是冲动、被压抑的愿望和情感。因此要了解人类行为背后潜藏的动机,如果只分析意识领域是不充分的,也是不恰当的。于是,弗洛伊德采用自由联想、释梦等方法来揭示潜意识的动机过程。

弗洛伊德及其后继者新精神分析学家们的观点各不相同,但他们都认为人类最基本的动机是潜意识的,人们有意识地压抑自己的本能冲动(特别是性冲动),但决不能消除,也不能完全加以控制,常以梦、失言、笔误等以及许多神经症状显现出来,也会以升华或其他文饰方式表现出来。

二、麦独孤本能论

麦独孤(William McDougall)是英国心理学家,1871年出生于英国的兰开夏,先后就读于曼彻斯特大学和剑桥大学,担任过伦敦大学、牛津大学、哈佛大学、杜克大学的教职。他是西方社会心理学的创始人之一,他于1908年出版的《社会心理学导论》与罗斯的《社会心理学》一起被当作社会心理学诞生的标志。

在《社会心理学导论》中,麦独孤构建了一套以遗传本能和相应的情绪以及后天形成的感情为基础的人类社会行为的学说。他认为,心理学应该以本能、情绪情操和意志作为主要研究对象。在他看来,本能不仅是天生的能力,而且是天生的行为推动力,是策动和维持人类行为的决定因素,而本能的核心是情绪体验,因此,各种本能都有相伴随的情绪。

在麦独孤提出本能论时,心理学刚刚诞生不久,今天意义上的动机概念还没有出现。麦独孤的著作引发了人们探讨人类行为动机的兴趣。但是,他的理论具有明显的缺陷,有不少难以自圆其说的地方,自1919年起,就受到了许多学者的批评。一些学者认为,本能论意味着无论什么行为都可以用本能去解释,这在一定程度上妨碍了理论的发展。行为主义的心理学家们批评本能论缺乏自然科学的根据,没有实验支持,是冥想的结果。有些行为主义的心理学家还通过实验来否定本能论。

中国心理学家郭任远在1930年做了一个很有趣的实验。他把小猫分成四组。第一组小猫出生后就与母猫隔离,不能看到母猫的捕鼠行为;第二组小猫与母猫一起生活,可以看到母猫的捕鼠行为;第三组小猫出生后与母猫隔离,而与老鼠一起生活;第四组小猫看到老鼠时就受到电击,形成了逃避老鼠的条件反射。这些小猫长大以后,见到老鼠时的反应很不一样:第一组无动于衷;第二组表现出捕鼠行为;第三组即使见到别的猫抓老鼠,也不会去模仿;第四组则是猫怕老鼠,见到老鼠就逃跑。这个实验表明:即使是低级动物的本能,也会因为后天的生活条件而改变,人类的本能就更不用说了。

三、劳伦兹的习性论

劳伦兹(Konrad Zacharias Lorenz)是奥地利动物行为学家,在研究动物的社会性行为的基础上,他于1963年发表了《论攻击》一书。他认为,攻击与食、性、逃跑一起构成动物的四种本能。在同类动物和异类动物之间都存在攻击,而且同类之间的攻击行为远远多于异类之间。攻击本能具有积极的作用:通过攻击,强者可以得到更多的异性,有利于种族的生存适应,同类之间的竞争可以使它们在空间上合理分布,不会因为动物密度太高而耗尽食物。

按照劳伦兹的观点,战争是人类攻击本能的表现。人类之所以在每个时代都有大规模的战争爆发,是人类攻击本能定期发泄的结果。在现代文明社会中,人们很难在日常生活中进行攻击,于是战争就成为发泄攻击本能的重要途径。他指出,通过开展冒险性的体育活动来耗散攻击本能,是避免战争的一种有效方式。

劳伦兹指出,每种动物都有该物种特有的行为,即其习性。例如,他发现幼鹅在其幼年的关键期,会跟随在它们所看到的任何移动的大物体后面,就像跟随母鹅一样。人们经常说,"猫改不了吃腥",也是指猫有这样一种习性。

劳伦兹对心理学的最大影响是提出了关键期这个概念。研究发现,动物行为的发育具有明显的阶段性,某些行为的发育需要在特定的时期完成。如果在特定时期之内,外在条件具备,该行为就会出现或比较容易出现,如果错过了这个时期,该行为就不会出现或者很难出现。一些学者提出,人类的某些行为也有其关键期,这种观点如果能够成立,对于儿童和青少年教育就具有重大的意义。但是这方面的研究还不成熟。

四、内驱力降低理论

内驱力降低理论(drivereduction theory)是美国心理学家赫尔(Clark Hull)于1943年提出的一种动机理论。他认为,机体的需要产生内驱力,内驱力激起有机体的行为。内驱力是一种中间变量,其力量大小可以根据剥夺时间的长短、引起行为的强度或能量的消耗,从经验上加以确定。但他认为,剥夺时间的长短是一个相当不完善的指标,因而强调用行为的强度来衡量。在赫尔的理论中,内驱力主要有两种:原始性内驱力和继发性内驱力。原始性内驱力同生物性需要状态相伴随,并与有机体的生存有密切的联系。这些内驱力产生于机体组织的需要状态,如饥、渴、空气、体温调节、大小便、睡眠、活动、性交、回避痛苦等。继发性内驱力是针对情境(或环境中的其他刺激)而言,这种情境伴随着原始性内驱力的降低,结果就成了一种内驱力。也就是说,以前的中性刺激由于能够引起类似于由原始性内驱力所引起的反应,而具有内驱力的性质。

赫尔认为：要形成学习行为，必须降低需要或由需要而产生的内驱力；为了使被强化的习惯产生行动，必须要有与之相适应的诱因，而且必须引起内驱力。因此，产生某种行为的反应潜能(sER)等于内驱力(D)、诱因(K)和习惯强度(sHR)的乘积。这样，赫尔的理论体系可用下列公式来表示：

$$sER = D \times K \times sHR$$

这个公式表明，反应潜能是由内驱力、诱因、习惯强度的多元乘积决定的。如果 $D=0$ 或 $K=0$，则 sER 也等于 0 而不发生反应。同时，不论驱力水平有多高，在未形成习惯的情况下也是没有行为反应的。相反，不论习惯强度多高，驱力水平低，反应潜能也低。由此，可以看出，赫尔的动机理论主要有两点：①有机体的活动在于降低或消除内驱力；②内驱力降低的同时，活动受到强化，因而是促使提高学习概率的基本条件。

五、期望理论

认知论的动机理论认为，人类的动机行为是以一系列的预期、判断、选择，并朝向目标的认知为基础的。主张认知论的早期代表人物是托尔曼(Dward Chace Tolman)和勒温(Kurt Lewin)。托尔曼通过对动物的实验提出行为的目的性，即行为的动机是期望得到某些东西，或企图避开某些讨厌的东西。这就是期望理论(expectancy theory)的原始形态。

期望理论必须解决动机的两个问题：期望什么，即实现目的的可能性有多大；目的的价值如何。为此，弗罗姆(Victor Vroom)用效价、期望和力三者来解释人类的动机作用。他认为，个人想要进行某种行为的动力是一切结果的效价，其行为由于达成这些结果而同时产生的期望强度的积的代数和的单调递增函数，用公式表示如下：

$$F_i = f_i \left[\sum_{j=i}^{n} (E_{ij} V_j) \right]$$

$$i = n + 1 \cdots\cdots m$$

$$f_i > 0$$

$$i \cap j = ?$$

其中，F_i 为进行 i 行为的力，E_{ij} 为 i 行为是由 j 结果所产生的期望强度($0 \leqslant E_{ij} \leqslant 1$)，$V_j$ 为 j 结果所具有的效价。

弗罗姆所说的效价是指个人对特定结果的情绪指向，即对特定结果的爱好强度。效价有正负之分。如果个人喜欢其可得的结果，则为正效价；如果个人漠视其结果，则为零值；如果不喜欢其可得的结果，则为负效价。弗罗姆曾举出多种测量效价的方法。例如，可以根据行为的选择方向进行推测，假如个人可以自由地选择 X 结果和 Y 结果的任一个，在相同的条件下：如果选择 X，即表示 X 比 Y 具有正效价；如果选择 Y，则表示 Y 比 X 具有正效价。也可以根据观察到的需求完成行为来推测。例如，吃喝的数量和质量可以表明需求完成的情况，如果吃得多、吃得快，说明食品具有正效价。效价值(V)可以从最喜爱的 +1，经过漠视的 0，到最不喜爱的 -1。

弗罗姆所说的期望是指个人预测特定行为在达到特定结果的可能性时的主观认知，而不是客观实在。期望可以用言语报告、实际选择和决定来推测。期望值(E)就是如果进行某种行为必定会达到某种结果的主观概率,其最大值为+1,最小值为0。行为的努力强度是由效价和期望相结合所决定的,其数值在+1到-1之间。由于效价与主观期望概率成反比,因此,主观期望概率等于0.5是最优的。

弗罗姆把期望达到的结果分为两个层次,由特定的努力导致特定的第一层次结果,从第一层次结果产生第二层次结果。管理者通过这种动机过程可以了解工人的生产标准,以改善管理。例如从组织目标(第一层次结果,如生产标准)达到个人目标(第二层次结果,如薪资、安全、认可),预测努力和能力以完成组织目标。如果生产低于标准,则可能工人没有看到第二层次结果的价值或不认为第一层次结果为第二层次结果的工具,或工人可能认为其努力未能达到第一层次结果。这些主观想法都会导致低动机。图7-4是弗罗姆的动机作用模式图。

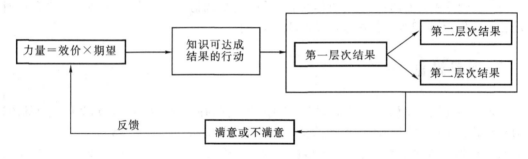

图7-4 弗罗姆动机作用模式图

人类的动机是很复杂的。心理学家对动机的理论探索也是多侧面的。上述各种动机理论都有一定的合理性,但又不能解释所有的动机现象,而都有其局限性。当代的动机理论研究已不再醉心于提出解释各种动机现象的大理论,而是侧重于探索各种活动领域中的动机作用规律,根据观察实验材料,建立各种小型的动机理论。

【延伸阅读】

需要层次——马斯洛1943

人类的动机是一个有机的系统。在这一点上,人本主义心理学家马斯洛(Maslow)提出的需要层次学说最为有名。该理论认为,人类动机的发展和需要的满足有密切的关系,需要的层次有高低的不同,低层次的需要是生理需要,向上依次是安全、爱与归属、尊重和自我实现的需要。其中,越是基础的需要对人的影响力越大,只有在基本动机被满足后,才能够出现更高层次的需要。"自我实现"是人的潜能充分发展的最高阶段,属于发展需要。

现在,你不妨结合马斯洛所划分的需要层次想一想:你自己的行为受哪个层次的动机影响最大?或者说,你的大部分时间和精力用来满足哪些需要?金字塔底层的生理需要是生存所必需的,所以它们的影响力最强,决定着其他高层次的需要。根据马斯洛的理论,人只有在占优势的生理需要得到满足后才会表现出更高层次的需要。以安全和安全感需要为例:如果社会没有基本秩序,不稳定,连生命安全都得不到保障,那么,人是不可能奢望得到别人尊重的。再如,当一个人饥渴难熬时,他不可能有兴趣去吟诗作画,或与人谈天说地。马斯洛把生理需要、安全和安全感、爱和归属感(包括对家庭、友谊和关怀的需要)及得到尊重和自尊等四个水

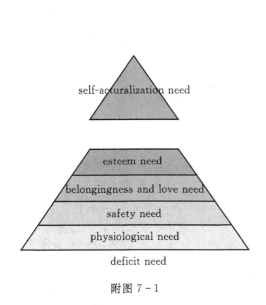

附图 7-1

附图 7-2 马斯洛

平的需要都划为基本需要。由基本需要产生的行为动机被称为"缺乏性动机",因为那些动机是由于对食物、水、安全、爱、尊重等的基本需要没有得到满足而被激发出来的。自我实现的需要性质不同,它们不是因为"缺乏"什么而产生的,而是一种积极的、使人的生命更有价值的发展动力。这些需要虽然生物性能量较小,但对于人类非常重要。根据马斯洛的观点,人有一种沿着需要层次的上升向自我实现发展的倾向。仅仅达到不愁吃不愁穿或小康生活的水平,还不是一种充实的、能够令人心满意足的生活,更高层次的追求能够促进人的进步。如果一个人的生存需要得到满足后没有更高层次的追求,就会出现"衰变综合征",最后陷入麻木、绝望和精神错乱。研究者发现,与那些更注重个人的外表及他人对自己的评价、希望自己将来能够挣大钱的学生相比,更关注社会变革和人类发展、追求自我实现的学生在考试中的平均分数更高。马斯洛估计,大部分人更注重安全、爱或尊重水平的需要,每 10 个人中最多只有 1 个人真正以追求自我实现作为生活的主导动机。这可能是因为我们的社会要求人们首先要考虑自己在学校、工作单位或人际关系中的安全性、确定性和一致性,而不是提倡和奖励自我实现的行为。自我实现指创造潜能的充分发挥,追求自我实现是人的最高动机,它的特征是对某一事业的忘我献身。高层次的自我实现具有超越自我的特征,具有很高的社会价值。健全社会的职能在于促进普遍的自我实现。他相信,生物进化所赋予人的本性基本上是好的,邪恶和神经症是由于环境所造成的。越是成熟的人,越富有创作的能力。

　　马斯洛提出需要层次学说及创立人本主义心理学,与其自身经历有很密切的关系。马斯洛 1908 年出生于纽约。作为犹太移民的后裔,他的童年生活似有诸多不幸。马斯洛最早的儿时记忆是关于他母亲的。他们之间相处得很不愉快。虽然家里没有什么要遵守的犹太人的宗教礼节,但他母亲是一个迷信的女人,经常为一些小小的过失就冲着孩子们说:"上帝将严厉惩罚你!"正是这种从幼年的心灵折磨到科学探索的发展中,年轻的马斯洛逐渐对宗教产生了一种强烈的怀疑和对无神论的尊重。马斯洛从 5 岁起就是一个读书迷,他经常到街区图书馆浏览书籍,一待就是几个小时,以此来躲避家中的紧张气氛。他后来回忆道:"那时,我经常比家里其他人起得更早，一出门就到图书馆去，站在门口等待开门。"当他在低年级学习美国历史时，托马斯·杰斐逊和亚伯拉罕·林肯就成了他心中的英雄。几十年后，当他开始发展自我实现理论时，这些人则成了他所研究的自我实现者的基本范例。像许多出身于经历过大屠杀和遭受过迫害的移民家庭的孩子一样，马斯洛对美国革命的奠基人，以及他们的梦想怀有深深的敬意。马斯洛的表妹贝莎·古德曼于1922年3月从俄国来到纽约，那时她13岁，比马斯洛小1岁。马斯洛被她的美貌所吸引，由于贝莎几乎不会讲英语，他就主动去做她的老师。从那时起，马斯洛几乎每周都要去拜访贝莎，同她聊天。在青少年时期，马斯洛从来不和其他同龄女孩交往，贝莎是唯一的例外。后来贝莎成为他的妻子。

1926年马斯洛进入纽约市立学院学习法律，但由于缺乏对法律的兴趣，不久便退学而进入威斯康星大学学习心理学，在26岁时取得哲学博士学位。在威斯康星学习期间，他最早接触到的是铁钦纳的构造主义心理学，但不久他就厌倦构造主义心理学的元素论方法。他发现华生的行为主义方法较之构造主义更合理一些，因此，他开始对华生的学说产生兴趣。但当他的第一个孩子出生后（这是一个非常愚笨的孩子），他用行为主义方法教育这个孩子，毫无成效，这样他就对行为主义感到失望，从而抛弃了行为主义理论。1943年马斯洛到布鲁克林学院任职，开始接触到霍妮（K. Horney）的社会文化精神分析理论、弗罗姆（E. Fromm）的人本主义精神分析理论以及韦特海默的格式塔心理学。这些理论对马斯洛的思想产生了深刻的影响，促使他彻底摒弃行为主义的简单化观点，而形成一种动力的、整体的人格观。

当美国介入第二次世界大战，国际局势日渐紧张、险恶时，马斯洛却看到了一条实现他的和平幻想的途径，那就是发展一个完整的人类动机理论。他觉得，关于人性的关键问题实际上并不多。人们在生活中到底想要什么？满足什么才能感到幸福？什么原因使人们要追求某种目标？1951年秋，马斯洛来到布兰迪斯大学，担任心理学系主任，并于1954年完成了《动机与人格》一书。该书最初的章节包括他的需要层次理论和自我实现理论的精华部分，特别是关于爱、认知、动机等的具体表现形式。最后几章则不仅形式新颖，内容也锐意革新。他提出了把传统心理学研究转变为兼有科学与伦理意义研究的令人振奋的设想。最使人感到鼓舞的大概就是这本书的附录"积极的心理学所要研究的问题"。在这一附录中，马斯洛提出了100多个人本心理学的研究项目，例如：人们怎样才能变得聪明、成熟、仁慈？人们怎样才能具有良好的趣味、性格以及创造力？人们怎样才能学会使自己适应新情况？人们怎样才能学会发现善、识别美、寻求真？《动机与人格》很快引起了人们的注意，使马斯洛一下子在全美国出了名。这部著作被公认为20世纪50年代心理学领域最重要的成就。更有意义的是，它富有说服力的思想开始渗透到其他领域，包括企业管理、市场销售、教育、心理辅导以及心理治疗等。对许多关注心理学以及心理学应用的人来说，马斯洛的名字开始成为一种深入探索人性的象征。他的心理学理论体现了一种独特的美国式的激进、创新和乐观。

1966年，马斯洛惊讶地获悉自己已被选为美国心理学会的主席，数以千计的同行们投了他的票。同年，马斯洛还赢得了前所未有的最高的赞誉，他被美国人道主义协会评选为这一年的"人道主义者"。他的《关于科学的心理学：一种探索》一书也在这一年出版了，此书成了扩大他的新影响的催化剂。这本书篇幅不长，却很有分量，极具启发性。他在书中以实验心理学为范例，对传统科学进行了有力的批评。他继续发展了以前在《动机与人格》等书中的观点，认为主流科学由于回避价值问题，对统计学和方法学过分依赖，使人性及其巨大的可能性以一种可怜的片面的形象出现。但是，马斯洛并不是一个以一厢情愿的主观善良愿望看待事物的人，在他生命的最后几个月里,他更加意识到,任何关于人性的理论都应该承认我们自身的不完善性,但也不要陷于绝望。马斯洛看到,即使是最优秀的人,包括他怀着崇敬的心情研究了很长时间的"自我实现的人",也同样是不完善的。

1970年6月8日,星期一,马斯洛像往常一样从房间出来,贝莎跟随在离他几尺远的地方。因为有心脏病,他小心翼翼地按照大夫对他的嘱咐,看着秒表开始跑步。突然,在加利福尼亚的阳光下,他倒下去了,没有一点儿声音。刚满62岁的马斯洛永远离开了这个世界。

马斯洛的需要层次理论并没有得到实验研究的充分证实。人们可以对他的观点提出很多疑问,例如,如何解释用绝食作为手段进行社会性抗议的行为?"追求公正"的需要是如何战胜更基本的对食物的生理需要的?尽管有反对的观点,但这一理论对于人们理解和预测人类动机之间的各种相互作用有着很大的影响。因此,马斯洛的需要层次学说更多地被视为一种哲学观点。尽管如此,如果要列举有史以来最著名的心理学家,马斯洛是绝对不能遗漏的。在今天,他的一些基本的理论不少人已耳熟能详,如需要层次、自我实现、高峰体验、潜能发挥,等等。他的有些思想已经成了当今世界公众意识的一部分。20世纪80年代的中国曾出现过"马斯洛热",它所表达的也许是正处在计划经济向市场经济模式转轨中的年轻一代渴望发挥自身潜能的意向。而今天,马斯洛的心理学不仅与科研或管理有关,它也将有助于每个普通人对自我的重新认识和定位。

(哈克.改变心理学的40项研究[M].白学军,等译.北京:中国轻工业出版社,2004.)

思考题

1. 需要和动机如何分类?
2. 动机强度与工作效率是何关系?
3. 生理性需要有哪些表现?
4. 社会性需要有哪些表现?
5. 简述马斯洛的需要层次理论。

第八章

情绪和情感

"人非草木,孰能无情?"在生活中的某一时刻,我们所有人可能都经历了伴随着非常愉快或非常消极的某种经历而产生的强烈的感受,也许是刺激的工作,被爱的愉悦,对某人死亡的悲伤,或者无意中伤害别人的痛苦,等等。尽管这些体验各不相同,但它们都代表情绪和情感。情绪和情感作为一种基本的心理过程,对人的生活、学习与工作有着十分重要的影响和作用。情绪和情感不同于感知、记忆、思维等反映事物或事物的属性及其联系和关系的认知活动,而是人对反映内容的一种特殊的态度,它具有独特的主观体验、外部表现,并且总是伴有植物神经系统的生理反应。情绪和情感有时极具创造力,有时却又极具破坏性,对我们的生活具有决定意义的影响。

第一节 情绪和情感概述

一、什么是情绪和情感

情绪和情感是人类生活的重要组成部分,长期以来,心理学家一直在对情绪和情感的实质进行深入的研究,但一直到20世纪,科学家们才找到研究情绪和情感的科学手段。由于情绪和情感的复杂性以及研究的角度和重点不同,迄今为止科学家们对情绪和情感的研究尚未得出一致的结论。当前比较流行的一种对情绪和情感的定义为:情绪和情感是人对客观事物的态度体验,是人的需要是否获得满足的反映,也是人对客观现实的一种反映形式。

在这一概念中,体验是人受到某种刺激所产生的一种身心激动状态,即某种刺激所引起的某种生理变化与行为反应,在这个过程中,我们会经历一些可识别的身体变化,如心率增加等。这些生理变化不易为个体所控制,所以对个体生活影响较大。体验是情绪和情感的基本特征,离开了体验,情绪和情感就无从谈起。因此,尽管科学家们对于情绪和情感有多少是天生的、有多少是习得的仍各执一词,但是大多数心理学家都同意以下结论,即情绪和情感包括4个组成要素。

(一)生理唤醒

生理唤醒即情绪和情感的生理反应,如心率加快、血压升高等,涉及大脑、神经系统和激素水平。强烈而持久的生理唤醒会导致个体适应不良而削弱机体对疾病的抵抗力。

(二)主观体验

主观体验指个体对不同情绪和情感状态的自我感受,如高兴、悲伤等,与个体的外部行为如手舞足蹈、泪如雨下等存在着固定的联系。

(三)认知过程

认知过程即在情绪和情感过程中涉及的记忆、知觉、期望等,如闻到花香回忆起童年经历而愉快或忧伤。

(四)行为反应

行为反应包括表达型和工具型,表达型包括我们的各种表情,如眉开眼笑;工具型则是指我们提高生存机会的适应性反应,如因为害怕而逃跑。

二、情绪和情感的功能

正如心理学家所研究的,情绪和情感不只是为了让我们的精神生活变得更加丰富多彩,它还能够帮助我们对重要的情境做出反应,并且帮助我们向他人传递信息,表达我们的意图,甚至在某些情况下充当动机发挥作用,引发和引导我们的行为。

(一)情绪和情感是适应生存的心理工具

情绪和情感是进化的产物,神经系统越高级,情绪和情感的反应就越复杂。无论是人还是动物,情绪和情感都是一种唤起状态,这种唤起状态能够帮助生物体应对再次发生的重要情境,因此情绪和情感是适应生存的心理工具。

(二)情绪和情感是激发心理活动和行为的动机

动机(motivation)和情绪(emotion)有一个共同的词根"mot-",这个词根来自拉丁语 motus,也就是"运动"的意思。有关动机和情绪的心理学保留了两者之间的关系,并把情绪和情感与动机视为互补的过程。情绪和情感强调生理和心理的唤醒,而动机强调这种唤醒如何变为行为。因此,从这个意义上来说,情绪构成一个基本的动机系统,驱使有机体发生反应、从事活动,在最广泛的领域里为人类的各种活动提供动机。例如,当我们看到一只愤怒的狗在朝我们狂吠,我们的情绪反应(害怕)会与生理唤醒相联结,让我们做好战斗或逃离的准备。

(三)情绪和情感对心理活动的增力和减力作用

由于情绪和情感具有与动机相关的心理过程,因此与动机一样,在不同的情绪和情感状态下,由于人的唤起水平不同,人的行为反应也不同,适度的情绪和情感可以促进行为的发生和效率的提高,而过度的情绪和情感则会抑制人的行为表现。

(四)情绪和情感是人际通信交流的重要信号传递系统

情绪和情感在人际传播之间具有传递信息、沟通交流的功能。我们经常通过言语和非言语行为传达我们所经历的情绪和情感体验,使我们对环境事件的认识、态度和观点更具表现力,从而更容易为他人感知和理解,使他们更好地了解我们正在经历什么,并预测我们的未来行为。因此,情绪和情感可以促进更有效和适当的社会互动,是人们进行人际交往的重要信号传递系统。

三、情绪和情感的区别和联系

虽然情绪和情感可以用一个概念表述,但是情绪和情感实际上是既有区别又有联系的两个概念。

(一)情绪和情感的区别

情绪是与生理需要满足与否相联系的心理活动,而情感则是与社会性需要满足与否相联系的心理活动,是在人类社会发展过程中产生的,具有一定的社会历史性。正如鲁迅先生所说:"自然,'喜怒哀乐,人之情也',然而穷人绝无开交易所折本的懊恼,煤油大王哪会知道北京捡煤渣老婆子身受的酸辛。灾区的饥民,大约总不去种兰花,像阔人的老太爷一样。贾府上的焦大,也不爱林妹妹的。"情绪是人和动物共有的,情感则是人所特有的。

在人类个体发展中,情绪发展在先,情感体验产生在后。情感体验是在情绪发生的基础上累积而成的,积极愉快的情绪产生正面的情感,消极痛苦的情绪产生负面的情感。

情绪主要是个体需要与情境相互作用的过程,因此具有较大的情境性、激动性和暂时性,往往随情境的变化而改变或消失;而情感则是具有较大稳定性、深刻性和持久性的心理体验。

情绪的表现形式有明显的冲动性和外部表现,与表情具有固定不变的先天一致性。而情感则比较内隐,多以内在体验的形式存在,具有全人类性。

(二)情绪和情感的联系

情绪和情感是同一类特殊的心理体验,虽有区别,但不可分离,情绪是情感的基础,情感是在情绪的稳定固着基础上发展起来的,情绪是情感的具体表现,情感的深度决定着情绪表现的强度,情感的性质决定了一定情境下情绪表现的形式。

四、基本情绪

情绪和情感是我们内心体验的晴雨表,常处于持续波动或变化的状态,既有基本情绪,也有主要情绪混合的次级情绪,因而种类复杂多样,很难准确划分,如果把表达情绪的词汇逐一列出的话,我们可以得到一个有500多个词汇的情绪列表,而心理学家所面临的一个挑战就是从这个列表中找出最重要、最基本的情绪。由于对情绪的概念定义不同,心理学家们在基本情绪的分类上也存在争议。有些人认为没有一套情绪是最基本的,而有些人则认为可以将情绪分为积极和消极的两类,然后再组织成越来越窄的子类别。而对于大多数心理学家来说,基本情绪至少包括以下几种:

(一)快乐

快乐一般是在所盼望的目的达到后紧张解除时产生的情绪体验。快乐的强度与目的达到的容易程度和突然性有关。例如，人的目的在意想不到的时候达到，带来的快乐更大。

(二)愤怒

愤怒是由于遇到与愿望违背的事或愿望不能达到，一再受阻碍时所引起紧张积累而产生的情绪体验。假若一个人看不出是什么事物阻碍他达到目的，他一般只有沮丧，而不会愤怒。

(三)恐惧

恐惧是个人企图摆脱、逃避某种情景时的情绪体验。当一个人不知如何击退威胁、摆脱危险时，就会感到恐惧，这种情况是由缺乏处理可怕情境的力量所引起的。熟悉的环境发生变化，也会引起恐惧，恐惧具有很强的感染力。

(四)悲哀

悲哀是人在失去某种他重视或追求的人或物时产生的情绪体验。它的强度取决于失去的人或物对主体价值的大小。悲哀从强度上分为：遗憾、失望、悲伤和哀痛。

(五)厌恶

厌恶是对于令人反感或使人不悦的事物所产生强烈嫌恶的一种情绪反应。对于厌恶的体验主要是在味觉感官方面的察觉或是想象，其次才会在嗅觉、触觉或视觉方面所引起类似的感受中体验到。

第二节 情绪、情感的外部表现和生理机制

一、情绪、情感的外部表现

表情动作是情绪、情感的表达方式之一，也就是个体将自己的情绪经验，通过行为活动表露出来，从而达到与外在沟通的目的。面部表情的喜怒哀乐、声音表情中音调的变化以及身体姿势都显示出主体的情绪状态。从他人这些情绪的外部表现中，就能得知他对一定事物的好恶态度，以及该事物本身的一些信息。例如，婴幼儿常常从周围成人的表情中了解哪些事情受鼓励、应该做，哪些事情受责备、不该做。又如，同样一句话用不同的语调讲出，带来的情绪色彩就不同，造成不同的理解。

(一)四种主要表情

1. 面部表情

面部表情是面部肌肉的一个或多个动作或状态的结果，是人类表达情绪的最主要的一种

表情(见图8-1)。研究者经过数十年的研究发现,通过面部表情可以识别不同种类的情感,来自不同文化的人会将某一特定的面部表情共同认定为某一情感。面部表情是非语言交际的一种形式。它是表达人类之间的社会信息的主要手段,由面部动作表达的情绪永远具有双向沟通作用,在我们描写情绪的成语中,眉飞色舞、眉目传情、愁眉苦脸、喜形于色等都是指的面部表情,它们不仅是具有情绪的当事人表达情绪的工具,也是其他人用来预测当事人行为的信号。人类的面部表情至少有21种,除了常见的高兴、吃惊、悲伤、愤怒、厌恶和恐惧6种,还有惊喜(高兴+吃惊)、悲愤(悲伤+愤怒)等15种可被区分的复合表情。

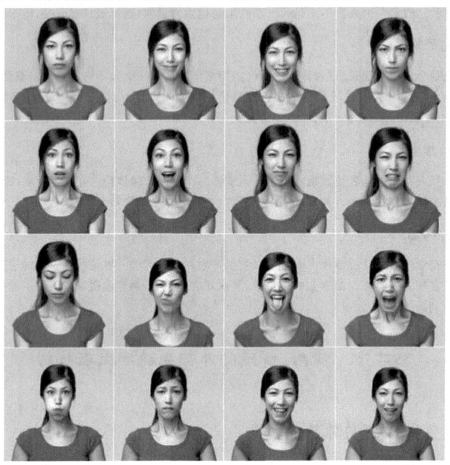

图8-1 面部表情

微表情是人类在试图隐藏某种情感时无意识做出的、短暂的面部表情,对应着七种通用的情感:厌恶、愤怒、恐惧、悲伤、快乐、惊讶和轻蔑。

20世纪60年代,康登(William Condon)率先进行了针对瞬间互动的研究。在他著名的研究项目中,他逐帧仔细地观察了一段四秒半的影片片段,每帧是二十五分之一秒。在对这段影片片段研究一年半之后,他已经可以明辨一些互动时的小动作,比如当丈夫把手伸过来的瞬间,妻子会以一种微弱的节奏移动她的肩膀。

美国心理学家高特曼(John Gottman)通过对情侣录像来分析两人间的互动。通过研究这些微动作,Gottman可以预言哪些情侣会继续恋情,而哪些将会分手。保罗·艾克曼(Paul

Ekman)和奥沙利文(Maureen O'Sullivan)等人通过短时间的表情可以识别难以发现的情感,进而识别谎言。大多数人都无法识别自己或者别人的微表情,只有占很小比例的人们拥有识别微表情的天赋。

2. 身段表情

身段表情是情绪在身体的姿态和动作方面的表现(见图 8-2)。头、手、脚是表达情绪的主要动作部位,如手舞足蹈、捶胸顿足等。在用动作表情来表现情绪时,当事人常常是不自觉的。

图 8-2 身段表情

3. 言语表情

言语表情指情绪发生时在言语的声调、节奏和速度方面的表现。高兴时语调轻快,悲哀时语调低沉缓慢,愤怒时声高而严厉。

4. 眼神

眼神(见图 8-3)是指情绪发生时瞳孔的变化,一般来说,喜悦高兴时瞳孔放大,愤怒悲哀时瞳孔缩小。

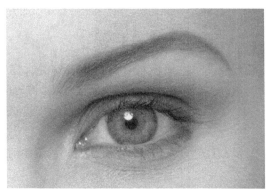

图 8-3 眼神

(二)表情的先天性和社会性

人类的表情既有先天的生物适应性的一面,又有环境影响的社会适应性的一面。

1. 表情的先天性

现代心理学的研究从三个方面证明了表情的先天性。

先天盲婴的自发表情反应与正常婴儿一致,并不会因为看不见别人的表情就"学不会"这些表情。

非洲的前文化部落中的原始人产生的表情能被文化人理解,世界上不同种族的人民对各种面部表情的判断也具有很高的一致性。

婴儿言语发生前的表情是先天的。

2. 表情的社会性

表情的复杂性提高。各种基本情绪的表情在快感度、激动度、紧张水平和强度上的区分越来越细,越来越复杂,由两种以上情绪复合而成的复杂表情也产生了。

表情的随意性在社会环境中学习提高。人们逐渐学会根据需要来控制自己的表情,掩盖、修饰或夸张,以改变内心体验,协调人际关系。另外,复杂的表情是在后天环境中习得的。如印度尼西亚的爪哇部落要求成员控制情绪不表露出来,因此爪哇部落的人的表情没有其他部落的人丰富。

二、情绪、情感的生理机制

从主观的角度来看,不同的情绪中似乎都包含着特定的身体变化。随着情绪体验的发生,有机体内部发生着一系列生理变化,如呼吸系统、循环系统、肌肉组织、外分泌腺、内分泌腺及其代谢过程。由此,人们对情绪的生理机制进行了大量的研究。生理心理学采用的研究方法基本有三种。

最普通的方法是对神经系统某些部位加以损伤,然后观察它在行为上产生的结果。

第二种方法是采用电的或化学的刺激。

最后一种方法是用诸如呼吸、心率等外周的生理测量去记录不断进行的变化。

(一)外周反应

1. 呼吸系统的活动变化

人在平静时一般每分钟呼吸 20 次,而愤怒时则为 40~50 次,惊惧时呼吸会临时中断,狂喜或悲痛时会有呼吸痉挛现象产生,笑的时候呼气快而吸气慢,惊讶时吸气时间则是呼气时间的 2~3 倍。

2. 血液循环

血液循环主要有三个维量:血压、心率、血管容积。愤怒或恐惧时,心跳加速、血糖增加、血液中含氧量发生改变。

3. 消化系统

愉快的情绪通常促使胃液、唾液、胆汁等的分泌,而当否定情绪发生时,多种消化腺的活动受到抑制,如恐惧或愤怒时,唾液常常停止分泌,因而感到口渴。悲哀时消化系统活动受到抑制,因而食欲减退。

4. 内外分泌腺的反应

在人体内有两种分泌腺体:汗腺、泪腺、唾液腺、消化腺等为外分泌腺,甲状腺、甲状旁腺、肾上腺、脑垂体和性腺等为内分泌腺。情绪状态的不同会引起各种腺体分泌的变化。例如,悲痛时会落泪;紧张时会出汗,唾液腺、消化腺的分泌活动受到抑制,会使人感到口干,食欲减退等;紧张焦虑还会使肾上腺素分泌增多。

(二)中枢神经机制

情绪是在大脑皮层的主导作用下,皮层和皮层下神经过程协同活动的结果。研究表明,情绪反应的特点在很大程度上取决于下丘脑、边缘系统和脑干网状结构的功能,大脑皮层则对中枢的活动起调节作用。

1. 下丘脑不仅是植物神经系统的皮层下中枢,而且与情绪反应关系密切

如果下丘脑被破坏,动物只能表现出零碎、片段的发怒反应,不能表现出充分协调的发怒反应。在下丘脑、边缘系统及其临近部位还存在着"快乐中枢"和"痛苦中枢",刺激这些部位,人和动物都会有愉快或不愉快的情绪反应。边缘系统是整合情绪体验的重要区域。医学临床观察表明:患者切除扣带回前部会失去恐惧的情绪表现,在社交活动中变得冷淡无情,有的患者本来经常激动、忧虑、不安定和有攻击性,切除扣带回后,忧虑、恐惧症状似乎消失。一些脑病变发生在边缘系统的杏仁核的患者平时常常表现有凶暴行为,因此切除或损坏双侧杏仁核可以抑制患者的凶暴行为。网状结构的作用则在于激活或唤醒,它是产生情绪的必要条件。虽然许多生理心理学家对此形成了不同的理论,但比较多的科学事实表明,下丘脑、隔区、杏仁核、海马体、边缘皮质、前额皮质和颞叶皮质等均是情绪过程的重要脑中枢。

2. 边缘系统在体内环境平衡和情绪活动中具有重要作用

切除扣带回皮质或切断嗅皮质与隔区、海马体的联系都会引发情感障碍。这类手术患者表现为抑郁状态或轻躁狂状态。皮质下的边缘结构,如杏仁核、隔区、海马体等在情绪控制中也有类似的特点,既有抑制性作用也有兴奋性作用。杏仁核对情绪性攻击行为具有兴奋作用,损毁杏仁核使凶猛的动物变得温顺。如领头猴的杏仁核受损后很快就失去它的特权地位。隔区对情绪反应具有明显的抑制调节作用,损毁隔区引起抑制的解除,动物变得异常凶猛、易激惹。而海马体损毁的动物和人则都变得无忧无虑,对周围的事物变得无所畏惧。苏联科学院生理学和高级神经活动研究所所长西蒙诺夫总结认为:额叶新皮质、杏仁核、海马体和下丘脑等4个关键脑结构间的功能关系决定着人类情感活动的特点。例如情感活动较强的人,其额叶新皮质与下丘脑的功能联系占优势;而情感脆弱的人,其杏仁核与海马体的功能联系占优势;情感外露者,其额叶新皮质与海马体的功能为主导。

(三)生物化学调节机制

在下丘脑内许多神经递质汇聚在一起,其中对情绪、情感调节发生重要作用的递质就是去甲肾上腺素、多巴胺、5-羟色胺和乙酰胆碱。

1. 去甲肾上腺素(NE)

当情绪改变较大时,无论是中枢、外周或肾上腺髓质,都会释放较多的去甲肾上腺素作为神经递质和激素,对情绪变化发挥调节作用。去甲肾上腺素和肾上腺素在血液中发挥激素的体液调节作用时,既作用于心血管系统使心率加快、血压升高,又作用于脂肪组织和存储的肌糖原和肝糖原,分别使它们转变为游离脂肪酸、甘油和葡萄糖,用于提高能量供应以满足情绪表现时对能量物质的需要。去甲肾上腺素抑制脑和脊椎神经释放的神经递质,但兴奋心肌、肠。去甲肾上腺素含量过低与抑郁症有关,而其含量过高与高焦虑和躁狂状态有关。

2. 乙酰胆碱(ACh)

乙酰胆碱是一种神经递质,能特异性作用于各类胆碱受体。研究发现,当人体需要对新刺激进行分析时,在学习与记忆、空间工作记忆、注意、自发运动和探索行为等认知活动中,基底前脑胆碱能神经元被激活,脑内乙酰胆碱的释放随之改变,脑内乙酰胆碱与认识过程密切相关。脑内有大量乙酰胆碱,但随着年龄的增长而下降。

3. 5-羟色胺(5-HT)

5-羟色胺是调节神经活动的一种重要物质。主要参与痛觉、睡眠和体温等生理功能的调节,中枢神经系统的 5-HT 含量及功能异常与精神病和偏头痛等多种疾病的发病有关。它不仅能够较大程度地影响睡眠和食欲,同时也对情绪起着很大的作用。如果大脑中这种物质含量较低,人就比较容易产生情绪上的冲动,做出一些不理智甚至是很危险的行为。通过提高含量能改善睡眠,让人镇静,减少急躁情绪,给人带来愉悦感和幸福感。

4. 多巴胺(DA)

多巴胺是行为的催化剂,它促使人们去寻求感到愉快的事情,而且当找到之后就会产生快感。多巴胺是大脑中一组名为"单胺"的化学成分中的一种,单胺又是神经递质家族中的一员,神经递质同人的很多情绪和行为相关,例如快乐、抑郁、攻击、进食和性,等等。多巴胺是在大脑中部的神经元细胞体内合成的,在大脑深处有一片被称为"伏隔核"的区域,该区域含有丰富的神经元,这些神经元产生多巴胺并且对其做出反应。伏隔核是大脑的兴奋区和快感中枢,在此区域中释放多巴胺就会使人感到极度快乐。

第三节 情绪和情感的种类

一、情绪的种类

(一)心境

心境是一种深入的、比较微弱而又持久的情绪状态,如忧郁、焦虑等。心境具有弥散性,它不是关于某一事物的特定体验,而是由一定情境唤起后在一段时间内影响各种事物的态度体验,使人的一切活动和体验都染上同样的情绪色彩。它与我们通常所说的"心情"比较一致。在日常行为中,心境以一种微妙的情绪流的方式影响我们。例如,在心烦意乱的心境状态下,别人说什么你都会感到不耐烦;而在轻松愉快的心境状态下,别人即使出言不逊,你也可能一笑了之。一般的情绪反应持续时间短则几秒钟,长则几小时,但一种心境可以持续很多个小时,甚至很多天。

人的心境跟生物节律有密切关系。当体温处于低点时,人也倾向于感到情绪"低落";当体温处于高峰时(病理状态除外),即使你一夜不睡觉,也可能有一个积极的心境。

有一种说法,叫作"黑色星期一",对于那些按照正常工作日上班或上学的人来说,星期一是他们心境的最低点。与周末相比,人们在每周工作日的心境的确要差一些。图 8-4 是测量一组大学生在5周内每天心境的平均数据曲线图。如图所示,人的心境表现出7天一个周期的起伏。对于大多数学生来说,最低点在星期一或星期二,而最高点在星期五或星期六。换言之,心境变化与一周的作息表有关。

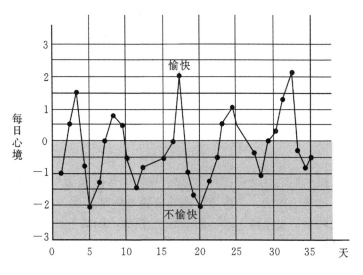

图8-4 心境随时间变化的过程

引起心境的原因很多,工作顺遂与否、事业成败、人际关系、健康状况、自然环境的舒适与否都可能引起人的某种心境。心境的持续时间可能是几小时,也可能是几周、几个月或更长时间,它依赖于引起这种心境的客观环境和个体的个性特点。

(二)激情

激情是一种强烈的、短暂的、爆发式的情绪状态。这种情绪状态往往是由一个人生活中具有重要意义的事件所引起的。激情有明显的外部表现,如面红耳赤、怒发冲冠、咬牙切齿、哭泣、呼号等。在激情状态下,认识范围缩小,自控能力减弱,不能约束自己,不能正确地评价自己行为的意义及后果。因此,对不良激情要有意识地加以控制,可采用转移注意、降低程度、延缓爆发时间等方法,把不良激情的危害减轻到最低限度。当然,良好的激情状态如正义感则会推动人的活动,对培养个性发展有好处。

(三)应激

应激是在出乎意料的紧张与危急情况下引起的情绪状态,是人对某种意外的环境刺激做出的适应性反应。产生应激状态的原因一方面是已有的知识经验与当前所面临的事件产生的新要求不一致。另外是已有的经验不足以使人对付当前的境遇而产生无能为力的压力感和紧张感。

应激的生理机制主要是大脑中枢接受刺激后,信息传至下丘脑,分泌一种物质叫促肾上腺激素释放因子,又激发脑垂体分泌促肾上腺皮质激素。这种激素分泌加强,使身体处于充分动员的状态,增加了活动力量,以应付突然遭遇。因此,应激状态引起的身心紧张有利于主体调动身心各个部分以解决当前的紧急问题,渡过难关,维持一定的紧张度,使人重视现状。

但是,长期的应激状态也会击溃人的生物化学保护机制,从而导致某些疾病的发生。研究证实,当人体处于应激状态时,血压升高,血液中的游离脂肪酸含量增加,可通过肝脏转化为甘油三酯,沉积在动脉壁上,形成动脉粥样硬化斑;另外,由于交感神经兴奋性增强,使血糖也升高,会加速动脉硬化和诱发心血管疾病。长期处于心理应激状态还会使人体免疫力降低,引发多种疾患,诸如紧张性头痛、多汗症、脱发症、神经性呕吐、神经性厌食、过敏性结肠炎等,对免疫性疾病、恶性肿瘤的发生发展也起着推波助澜的作用。

二、情感的种类

(一)道德感

道德感是个体根据一定的社会道德行为标准,在评价自己或他人的行为、举止、思想、言论和意图时所产生的一种情感体验。产生道德感的首要条件是形成一定的道德准则,而这种准则的形成是在一定的社会历史条件下进行的。因此,道德准则具有社会性、历史性、阶级性。

1. 直觉的情感体验

这是由对某种情境的直觉感知所引起的,它具有迅速而突然的特点。

直觉的情感体验一般缺乏明确的自觉意识,但仍然与人的过去经验有关。在过去经验中起重要作用的是周围舆论及个体对它们的态度。人在进行活动时,当这种与道德体验相联系的情感被突然唤起,人就会在此驱动下产生光荣、自豪等情感,推动或阻止行为的进行。

2. 与具体的道德形象相联系的情感体验

这是一种通过想象发生作用的道德情感。人在社会环境中会接触各种各样与道德有关的人和事,伴随着道德标准的形成,这些具体的人和事也印入脑海。符合或不符合道德标准的人物与事例,成为构成道德体系的形象内容。在一定的时候,这些形象被重新唤起,帮助人进行道德判断,产生一定的行为,榜样就是一种典型模范人物形象。

3. 意识到道德理论的情感体验

这是在青年期才开始产生并发挥重要作用的情感体验。从青年期开始,个体逐渐形成了一定的世界观,他们逐渐意识到一些重大的社会问题以及广泛流行的社会观念,并对人生理想也有了一定的理解。在这一过程中,青年们逐渐形成了概括的道德标准和观念,具备了一定的理论水平,并且产生了深挚而概括的道德感。这种道德感具有持久而强大的动力作用。至此,人的道德行为就开始具有较强的稳定性和灵活性,道德行为的控制力也增强了。

(二)理智感

理智感是人对认识活动成就进行评价时所产生的情感体验,是人在智力活动过程中认识、探求、维护真理的需要和意愿是否得到满足而产生的情感体验。

(三)美感

美感是对事物美的体验,它是人们根据美的需要,按照个人的审美标准对自然和社会生活中各种事物进行评价时所产生的情感体验。审美标准是美感产生的关键,美感的两个显著特点是:具有愉快的体验和带有倾向性。美感包括了快感的体验,但它比快感更为高级和丰富。

美感具有较强的直觉性,事物的外表形式对美感有很大的影响,但美感也同时依赖于事物的内容。因此,内在美是外在美的源泉。对内在美的追求是由更深刻的审美体验所引起的。

第四节　情绪的理论

一、情绪的早期理论

(一)詹姆士-兰格情绪学说(James-Lange theory of emotion)

19世纪美国心理学家詹姆士(William James)和丹麦生理学家兰格(Carl Lange)分别于1884年和1885年提出了相似的情绪理论,后被称为詹姆士-兰格情绪学说。这种学说认为情绪似乎只是被那些内脏器官的变化所引起的机体感觉的总和而已。詹姆士说:"常识告诉我们,我们失去财产,觉得难过并哭泣;我们碰上一只熊,觉得害怕而逃跑;我们受到一个敌手的污辱,觉得发怒而打起来。这里我们要为之辩护的假设是:这样的序列是不正确的,这一心理状态不是直接由另一状态引起的,在两者之间生理表现必须首先介入。更合理的说法是:我们觉得难过是因为我们哭泣;发怒是因为我们打人;害怕是因为我们发抖。而并不是因为我们难过、发怒或害怕,所以才哭、打人或发抖。没有随着知觉的生理状态,则知觉便纯粹是认知性的,是苍白无彩色的,缺少情绪温度的。于是,我们或许会看到熊而决定最好是逃跑,受了侮辱而认为去打击对手是对的,但我们却并不真正觉得害怕或发怒。"

兰格则认为:"血管运动的混乱,血管宽度的改变,以及与此同时各个器官中血液量的改变,乃是激情的真正的最初的原因。"他认为,随意神经支配加强和血管扩张的结果,是产生愉快;而随意神经支配减弱,血管收缩和气管肌肉痉挛的结果,是产生恐惧。兰格说:"假如把恐惧的人的身体症状除掉,让他的脉搏平稳,眼光坚定,脸色正常,动作迅速而稳定,语气强有力,思想清晰,那么,他的恐惧还剩下什么呢?"在兰格看来,情绪就是对机体状态变化的意识。

詹姆士和兰格的理论虽然在描述上略有不同,但是基本观点是一致的:物体会刺激一个感觉器官,经传入冲动使大脑皮层感知物体,接着电流流向肌肉和内脏,并使之发生复杂的变化,这些变化又形成传入冲动把信息传回大脑皮层,于是大脑皮层的意识从"单纯地知觉客体"变为了"情绪地感觉客体"。该理论的主要依据包括,我们能意识到紧张、脉搏、脸红、剧痛、窒息,倘若没有这些身体症状,情绪也就不复存在。换句话说,你在演讲时之所以感到害怕是因为你注意到你的心脏在狂跳,你的嘴很干。詹姆士和兰格在提出其理论之时,尚未有来自生理学研究的数据,因此许多心理学家接受了这一理论。但是,随着生理学研究的深入,这一理论受到越来越多的挑战,包括坎农(Walter Bradford Cannon)在内的研究者认为,这一理论起码有三方面的含义需要实验证明。

如果对外周生理反应的知觉就是情绪,那么每一种情绪都应有不同的生理唤醒模式。例如,愤怒的生理反应模式应当不同于惧怕的生理反应模式。因为如果生理反应模式无差别,那就无法区分两种情绪。1927年,坎农在《美国心理学杂志》上发表文章反对詹姆士-兰格的理论,他认为并没有出现各种情绪的不同生理唤醒模式。越来越多的研究资料表明,植物神经系统的生理反应模式有可能因不同情绪状态而异。愤怒和惧怕虽然都导致心率加快,但愤怒时手脚血流量增多,惧怕时手脚血流量减少;当人心理上"解除"不同的情绪体验时,植物神经系统的生理反应也不同(Ekman, et al.)。然而,反过来,对不同外周反应的有差异的知觉是否就导致人产生不同的情绪体验呢?这方面,西方心理学家曾做过许多实验,无法得到明确的结论。

如果对外周生理反应的知觉就是情绪,那么剥夺身体的外周生理反馈就不应该体验到情绪。坎农用外科手术切断动物视觉神经与脑的联系后,发现动物仍有情绪行为,并以此来反对詹姆士-兰格情绪理论。但坎农并没有回答一个重要问题:在手术后动物是否以同样方式体验到情绪?霍曼(Hohmann)通过对脊髓受损伤士兵的研究,回答了这一问题。脊髓被截断后,损伤点以下部位的感觉就不能传递到脑。因此,脊髓损伤部位越高,反馈感觉就越少。研究表明,脊髓受伤者仍有情绪体验,但强度降低了。损伤部位越高,情绪状态也越随着损伤而下降。脊髓高位损伤的那些患者说,他们能做出情绪行为,但感觉不到情绪。这一结果说明,没有外周的生理反应的广泛反馈,情绪照样出现,但反馈量与情绪强度密切相关。某种程度上,这也是詹姆士-兰格理论的一个证据。

如果对外周生理反应的知觉就是情绪,那么倘若有人有意识地控制外周生理反应的出现,则与这种反应相联系的情绪也应该出现。近来,关于面部反馈的研究对这一问题作了某些回答。"面部反馈假说"认为,面部的运动提供了情绪体验的信息。埃克曼等(Ekman, et al.)要求职业演员移动特定的面部肌肉或五官位置,结果发现,面部结构的不同形状导致和正常情绪反应相似的植物神经系统的生理反应,并且面部结构的不同形状导致不同的反应模式。在另一项研究中,90%的非演员被试也报告他们体验到了与面部表情相应的情绪。有趣的是,惧怕、愤怒、厌恶、悲伤的表情起作用,而笑容并不产生这种效应。或许这是因为人们平时经常把笑容作为社会交往的工具,与其他表情相比,较少和情绪体验相联系(Ekman)。这些研究看来是支持詹姆士-兰格理论的。但是,谁都知道,面部表情总是和以往的情绪体验相联系的,这些结果,很可能是通过记忆的激活来唤醒与此表情相联系的情绪的。再者,这类实验还缺乏进一步的重复验证。显然,事实并非像詹姆士-兰格理论所断言的,除去对外周生理反应的知觉,情绪就不会产生。外周生理反应显然不是情绪的唯一来源。

(二)坎农-巴德学说(Cannon-Bard theory of emotion)

坎农(Walter Bradford Cannon)对詹姆士-兰格理论提出了三点疑问:一是根据生理变化很难分辨各种不同的情绪;二是受植物神经系统支配的缓慢的生理变化不足以说明情绪瞬息变化的事实;三是药物可引起生理变化,但不能产生情绪。他认为情绪的中心不在外周神经系统,而在中枢神经系统的丘脑,情绪体验和生理变化同时发生。他的观点得到了巴德(Philip Bard)的支持和发展,因而被称为坎农-巴德情绪学说。

坎农-巴德理论强调大脑皮质解除丘脑抑制的机制,其意义在于把詹姆士-兰格对情绪的外周性研究推向对情绪中枢机制的研究。后来奥尔兹也确实发现下丘脑有所谓"快乐中枢"和"痛苦中枢"。但坎农-巴德的情绪理论也是不完善的。如前所述,虽然外周性生理反应不是情绪的唯一来源,但内脏反应和行为反应确实在一定程度上决定着我们的情绪体验。坎农-巴德完全否定外周生理反应在情绪产生中的作用,是不正确的。此外,坎农过分强调丘脑在情绪中的作用,而忽视大脑皮质对情绪的作用,也是不正确的。

二、情绪的认知评价理论

现代心理学理论从信息加工的观点分析情绪,强调了情绪的发生依赖于整个有机体过去和现在的认知经验,以及人对环境事件的评估、愿望、料想的性质。

(一)评定-兴奋说(appraisal theory of emotion)

美国心理学家阿诺德(Magda Blondiau Arnold)在20世纪50年代提出了情绪与个体对客观事物的评估相联系的情绪评定-兴奋学说。她认为我们直接地、自动地并且几乎不由自主地评价着所遇到的任何事情。只要没有其他评价的干扰,它就引导我们去接近我们认为"好的"事物,避免"坏的"事物,忽略"无关紧要的事物"。评价补充着知觉并产生去做某种事情的倾向,虽然所有的评价都有感情体验的成分,但只有当这种倾向很强烈时,它才被称之为情绪。

(二)两因素情绪理论(two-factor theory of emotion)

20世纪60年代初,美国心理学家沙赫特(Stanley Schachter)和辛格(Jerome Everett Singer)提出,对于特定的情绪学说,有两个因素是必不可少的。第一,个体必须体验到高度的生理唤醒,如心率加快、呼吸急促等;第二,个体必须对生理状态的变化进行认知性的唤醒。把自愿当被试的若干大学生分成三组,注射一种对情绪具有广泛影响的肾上腺素,告诉他们注射的是一种维生素。告诉第一组将会出现心悸、颤抖、发热等肾上腺素的反应,告诉第二组错误反应,对第三组不做任何说明。接着把他们各分两半,一半进入惹人发笑的愉快情境,一半进入惹人发怒的情境。根据主试的观察和被试的报告,第二组和第三组被试,在愉快情境中显示出愉快,在愤怒情境中显示出愤怒。而第一组则没有愉快或愤怒的反应。如果情绪由生理状态决定,三组反应应该相同;如果情绪由环境决定,三组都应有愉快或愤怒的反应。实验证明,情绪状态是由认知过程、生理状态、环境因素在大脑皮层中整合的结果。

该模式包括三个亚系统:

一是对来自环境的输入信息的知觉分析。

二是在长期生活经验中建立起来的对外部影响的内部模式,包括过去、现在和对将来的期望。

三是现实情景的知觉分析与基于过去经验的认知加工间的比较系统,即认知比较器。

该模型的核心成分是认知。根据沙赫特的理论,当人看见熊后,身体会被唤起,此时,如果发现熊对人的安全有威胁,这种唤起将被解释为"害怕";假如发现这只熊对人非常友好,不会伤人,这种唤起将被解释为"高兴"或"惊讶"。

研究者瓦伦斯(Stuart Valins)提出,同样的生理唤起可以引起不同的归因(attribution),而特定的归因过程本身也会影响对情绪的认知。瓦伦斯的研究为沙赫特的情绪理论增加了有趣的例证。为了证明归因的作用,瓦伦斯在实验中让一组男性大学生看一系列裸体女性的幻灯片。在放幻灯的过程中,每一个被试都会听到一种被放大了的心跳声,被试会认为这是自己心跳的声音,事实上,被试听到的是心跳声的录音。根据实验设计,这种录音的声音会在一些幻灯片出现时变得更大、更强,而在另一些幻灯片出现时变得较弱。在看完幻灯片后,每一个被试要回答哪一张幻灯片对其最有吸引力。大学生们都会根据自己的"心跳"反应,把"引起剧烈心跳"的那张幻灯片评价为最有吸引力者。换句话说,一个被试看到一张幻灯片并同时听到自己的心跳变得更响时,他会把生理唤起归因于这张幻灯片的作用,此时,被试会对自己说:"这位是我最喜欢的!"接着他又会问自己:"但为什么会是这个人?"研究结果表明,人们最终会根据那些生理反应说服自己,认为那个"最让自己心动的"人最有吸引力。

(三)认知-评价理论(cognitive appraisal theory)

拉扎劳斯(Richard Lazarus)认为情绪是人与环境相互作用的产物,人不仅反映环境中的刺激事件对自己的影响,同时要调节自己对于刺激的反应,即情绪活动必须有认知活动的指导。他认为,情绪是个体对环境事件知觉到有害或有益的反应。因此,在情绪活动中,人们需要不断地评价刺激事件与自身的关系。具体来讲,有三个层次的评价:初评价、次评价和再评价。

初评价(primary appraisal)是指人确认刺激事件与自己是否有利害关系,以及这种关系的程度。

次评价(secondary appraisal)是指人对自己反应行为的调节和控制,它主要涉及人们能否控制刺激事件,以及控制的程度,也就是一种控制判断。

再评价(reappraisal)是指人对自己的情绪和行为反应的有效性和适宜性的评价,实际上是一种反馈性行为。

拉扎劳斯还强调,个性心理结构(如信仰、态度、人格特征等)是认知因素的一个决定性条件。他认为,文化对情绪的影响有四种方式:①通过对情绪刺激的理解;②文化直接影响表情;③通过确定的社会关系和判断;④通过高度礼仪化的行为,如在丧礼上的悲哀。这一理论强调了文化因素对情绪的作用是复杂的。

三、当代情绪理论模型

现代观点认为,前述的每一种理论都有其合理和正确的部分。詹姆斯-兰格理论正确地指出了唤起和行为反馈对情绪体验的作用。坎农-巴德理论的合理部分在于提出丘脑和大脑皮层等在生理唤起中的先后顺序,后来的研究又发现,杏仁核为情绪的唤起提供了另一条快速信息通道。沙赫特的学说中指出了认知的重要性。当今的心理学家们越来越认识到,对一个情境的评价方式极大地影响着情绪的过程。情绪评价(emotional appraisal)是指估量一个刺激对个体的意义,如是好还是坏,是威胁还是支持,与己有关还是与己无关,等等。然而,沙赫特的理论中忽略了情绪的其他因素作用,例如,没有解释表情的作用。此外,这一理论似乎还缺乏在不同情境中的普遍适用性,例如,幼小的孩子还不会进行情绪评价,而我们又如何解释他们的情绪产生过程呢?

近年来出现了很多情绪理论,但很难说其中哪一个最好。因此,我们不妨把几种理论的要点放在一起,合成一个当代情绪理论模型(contemporary model of emotion),如图8-5所示。

让我们通过一个例子,对图8-5中的当代情绪观点做进一步说明。当一条恶狗咆哮着扑向你时,"狗"作为一个情绪刺激,被评价为威胁或者其他反应的根源。你的"情绪评价"引起的反应包括:①自主神经系统唤起,如心跳加快,身体进入反应准备状态;②内在的情绪表达模式,如:面部扭曲成恐惧的表情,摆出紧张的身体姿势;③适应性行为,如躲开狗;④意识上的变

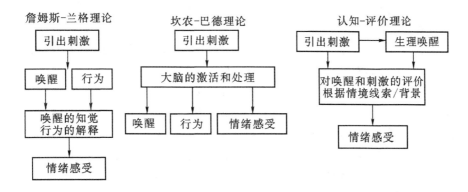

图 8-5 不同理论模型的比较图示

化,自己觉察到害怕的主观体验。此时,你所体验到的恐惧感的强度与自主神经系统唤起的程度有着直接关系。

自主神经系统的唤起、适应性行为、主观体验和情绪表现等每一部分的信息都将反馈到"情绪评价",并改变你的评价。换句话说,这些反馈信息可能改变你对情绪的想法、判断或认识。这些变化又进一步改变着其他反应,而反应的改变会再次使你改变对事件的评价或解释。因此,情绪会通过这一过程而发展、改变或消失。

日常生活中,我们的情绪在很大程度上受到自己对事件认识的影响。例如,当你开车时,如果另一个司机强行超车,你可能会非常生气。如果你真的动了气,那你就会给自己增加 5~10 分钟的烦恼。另一种方法是,你可以想那位司机只是年少气盛,自己一笑了之,从而减少对自己情绪的伤害。

还需要记住一点,情绪的初始诱因可以来自外部(如一条扑过来的狗),也可以来自内部(如过去被狗咬、被情人甩掉或被朋友夸奖的记忆)(如表 8-1 所示)。因此,当我们想到或记起某些过去的事情时,也会感到害怕、悲伤或愉快。

表 8-1 诱因与情绪

评价	情绪	评价	情绪
你受到轻视或侮辱	生气	你害怕面对最糟的局面并盼望事情好转	希望
你感到威胁	焦虑	你正接近渴望的目标	愉快
你失去亲人	悲伤	你获得了有价值的东西或取得了成就	骄傲
你违背了道德规范	内疚	你受到别人的款待	感谢
你未能达到期望的目标	惭愧	你渴望得到别人的感情	爱
你希望拥有别人的东西	嫉妒	你被他人的遭遇所感动	同情
你接近了某种你所排斥的东西	厌恶		

第五节 情绪调节与心理健康

情绪作为一种基本的心理过程,对人的生活、学习与工作有着十分重要的影响。适宜的情绪体验与表达是人与周围的人和环境进行交流和沟通的手段之一,对个体适应社会和环境的要求,对个体的成长与发展有着重要的价值。生活经验以及实验研究告诉我们:适宜的情绪能够激活人的觉醒状态,有助于我们更好地完成学习和工作任务,但过于强烈的情绪唤醒状态常常是破坏性的,导致个体有效活动能力的丧失;而长时间处于一种焦虑、紧张的情绪状态中则导致各种身心疾病。"笑一笑,十年少;愁一愁,白了头。"虽然这是一句艺术语言,带有某种艺术夸张,但却道出了一个深刻的科学道理:情绪和健康有着十分密切的关系。

现代医学已证明,大部分身心疾病都提到了情绪干扰的问题。国外有学者研究了 405 个癌症患者,发现其中 292 人(占 72%)有过早年的情绪危机,而正常人只有 10% 的人有过类似的情感上的创伤。因此有人说"不良情绪是癌细胞的活化剂"。当人们面对突如其来的灾难时,极度的恐惧感会使人变得呆若木鸡,暂时丧失求生自救的能力;有人中巨奖,喜从天降,极度兴奋后心脏病发作,倒地身亡,"乐极生悲";也有人像林黛玉一样长期郁郁寡欢,多愁善感,最终身亡,也是长期消极的情绪所致。实验研究和许多临床实践证明,各种身心疾病的症状虽然表现在身体上,但根本原因却是心理的,如胃溃疡、偏头疼、高血压等,都与情绪紧张有关。因此,学习情绪的调节不仅有助于我们自身的心理健康,也有助于我们的生理健康。

一、情绪、情感与心理健康

(一)不良情绪的消极影响

日常生活中,有一些常见的不良情绪对人的身心健康产生极大的负面影响。

1. 抑郁

抑郁是一种持续时间较长的低落消沉的情绪体验。处于抑郁状态中的人表现为:看到的一切仿佛笼罩着一层暗淡的灰色,对什么事情都提不起兴趣,常常感到精力不足,注意力难以集中,思维迟钝,同时伴有痛苦、羞愧、自怨自责、悲伤忧郁的情绪体验,自我评价偏低,对前途悲观失望。抑郁通常不会导致极端行为、人格解体以及严重的思维障碍,但常会使人处于一种消沉、沮丧、无助的状态之中,给人的生活带来极大的负面影响。持久的严重的抑郁情绪还可能导致抑郁性神经症、肿瘤、胃溃疡、结肠炎等多种身心疾病。如有的大学生个性和心理尚不完全成熟,因而在遭遇挫折(灾难、疾病、贫穷、压力等)时,往往一时难以接受,认为是不该发生但又落在自己头上的,看问题易片面化、极端化,凡事非黑即白、非好即坏,且多看其消极、黑暗面,因而极易陷入悲观沮丧、情绪低落的抑郁状态之中。

2. 焦虑

焦虑是一种紧张、害怕、担忧、焦急混合交织的情绪状态,当人在面临威胁或预料到某种不良后果时,便会产生这种体验。焦虑是人处于紧张刺激时的正常反应,适度的焦虑可以唤起人的警觉,集中注意力,激发斗志,是有利的。例如,考试时的焦虑对正常水平的发挥是有利的。研究表明,只有不适当的高焦虑才会影响人们的学习和生活,对身心健康造成不利影响。高度焦虑会扭曲我们的知觉和思维,被焦虑困扰的人总是不停地采取不必要的行动,导致精力被耗尽,因而内心感到紧张、着急、惶恐害怕、心烦意乱、注意力难以集中、思维迟钝、记忆力减退,同时伴有头痛、心律不齐、失眠、食欲不振及胃肠不适等身体反应。高度焦虑使我们变得非常紧张和疲惫,从而丧失很多生活乐趣。焦虑常与抑郁同时存在。

3. 冷漠

冷漠是一种对外界刺激漠不关心、冷淡、退让的消极情绪状态。大学生正是处在感情丰富、兴趣广泛、情感体验深刻强烈的时期。而情绪冷漠的学生，对外界刺激缺乏相应的情感反应，对学习应付了事、缺乏兴趣，对成绩好坏也无所谓，对集体和同学冷淡，对亲人朋友和生活中的悲欢离合无动于衷，内心孤独、压抑。冷漠者生活平淡无味，缺乏创造性，他们难以建立正常的人际关系，难以适应社会生活。情感冷漠的形成一般与儿童时期缺乏父母的爱有关，也可能与后天的习得性无助有关。

4. 恐惧

恐惧是一种对一类特定的物体、活动或情境产生持续紧张的、难以克服的害怕的情绪体验，并伴随着各种焦虑反应，如担忧、紧张、不安、逃避行为和植物神经系统的变化，如出冷汗、心慌和颤抖等。恐惧如果严重到影响学生正常的学习和生活，并持续一定的时间，就是恐怖症。恐怖症常常带有明显的强迫性特点，即自知这种恐惧是过分的、不必要的，但却难以抑制和克服。大学生中最常见的是社交恐怖，这是一种在人际交往中，尤其是与异性交往过程中产生的极度紧张、畏惧的情绪反应，主要表现为：赤面恐怖，即在别人面前害怕脸红；面部表情异样恐怖，即害怕自己的表情不自然、两眼发呆或出现其他令人厌恶的表情；视线恐怖，即不敢与别人对视，害怕别人会从自己的视线中看出内心的一些自己认为不健康的或不道德的想法。患社交恐怖的大学生也往往表现出焦虑和回避行为，如尽量不在公共场合出现，不敢去学校食堂吃饭，甚至不敢去教室上课。

5. 愤怒

愤怒，不仅仅指当愿望不能实现或为达到目的的行动受到挫折时引起的一种紧张而不愉快的情绪，也存在于对社会现象以及他人遭遇甚至与自己无关事项的极度反感，后者多发于社会性动物群体之中。愤怒被看作一种原始的情绪，在动物身上是与求生、争夺食物和配偶等行为相联系的。愤怒会增加心率、血压、肾上腺素和去甲肾上腺素，是一种消极的感觉状态，一般包括敌对的思想、生理反应和适应不良的行为。心理学家曾研究发泄怒气和压抑怒气对个体而言哪一种更有用，发现研究结果比较混杂，发泄愤怒会导致更多的愤怒的争执，但压抑愤怒也会带来疾病风险。有许多证据表明，我们能够学会有效地控制愤怒，更好的交流和解决问题的技巧以及对目标的共情都有助于减少愤怒。

6. 嫉妒

嫉妒是一种复杂的情绪，指人们为竞争一定的权益，对相应的幸运者或潜在的幸运者怀有的一种冷漠、贬低、排斥或者是敌视的心理状态。强烈的嫉妒可能会产生憎恨。容易嫉妒的人其特点是焦虑水平高，世界观消极，对生活的满意程度低，对生活的控制力弱，情绪唤醒的阈限低，并且对社会环境中的威胁性刺激更敏感(Bringle,Guererro & Anderson)。

(二)情绪、情感与心理健康研究

1. 情绪、情感与心理疾病

心理上的疾病往往由紧张情绪所引起。紧张产生的原因多种多样，如家庭生活中的争吵、经济问题、与邻居不和、交通困难以及孩子不听话，等等。研究表明，社会支持(social support)可减少或防止心理紧张所造成的心理伤害(见表8-2)。有些研究表明，社会支持与心理健康的联系是由于人际关系对心理健康发生了作用。在绝大多数场合下，社会支持和高度的自我尊重可以拥有一个健康的心理世界。

表 8-2 社会支持与抑郁症的关系(表中数字为抑郁症的百分比)

	高度社会支持	中度社会支持	低度社会支持
有紧张的生活事件	10%	26%	41%
无紧张的生活事件	1%	3%	4%

研究者在英国伦敦进行的一项调查表明,自评有一个"忠诚的非常亲切的人际关系"的妇女中,70%没有情感上的失调,而缺乏这种关系的妇女中,只有43%没有情感上的失调。布朗等人(Brown & Harris)调查了458名妇女,其中114名是抑郁症患者。研究者了解了她们在过去的岁月里所受到的生活事件的紧张体验和她们受到社会支持的程度,发现在经过生活事件的紧张刺激后,没有丈夫支持的妇女中,有41%得了抑郁症(depression),而有丈夫支持的妇女中,只有10%的患者有抑郁症。

2. 情绪、情感与健康

研究发现,以婚姻、朋友和其他的社会联系等情感为指标进行分析,在每一年龄组中,多种人际关系联系最大程度的人,其死亡率低于较少发生联系的人。最明显的是,在男性50~59岁这一年龄组,有亲密情感联系的人中,只有9.6%的人死亡,而较少亲密情感联系的人中,却有30.8%死亡(Berkmar & Syme)。

猝死都是副交感神经系统造成的吗?

对于老年人和心脏病患者来说,交感神经系统的直接作用足以引起心脏病突发和心力衰竭。例如,在1994年洛杉矶大地震发生的当天,死于心脏病突发的人数是平日的5倍。精神病学家乔治·恩格尔(George Engel)研究了数以百计的病例后得出一个结论,即大约半数的猝死都与亲密关系的结束有关,例如,许多猝死的病例发生在爱人的死亡纪念日。再如,在近期丧失配偶的男子中,发生猝死的人数比率高出配偶健在的同龄男子40%。显而易见,亲密关系的情感反应为最重要的因素之一。

二、情绪管理与调节

管理情绪的方法,就是要能清楚自己当时的感受,认清引发情绪的缘由,再找出适当的方法疏解或表达情绪。这可以归纳为3W理论(What,Why,How)。

首先是What,我现在有什么情绪?情绪管理的第一步就是要先能察觉自己的情绪,并且接纳情绪。只有当我们认清自己的情绪,才能掌握情绪,才能为自己的情绪负责,而不会被情绪所左右。

其次是Why,我为什么会有这种情绪?我为什么生气?我为什么难过?我为什么觉得无助?找出原因我们才能知道这样的反应是否正常,才能对症下药。

最后是How,如何有效处理情绪?想想看用什么方法来疏解自己的情绪呢?平常情绪不好的时候,都怎么办?什么方法对你比较有效?也许是通过运动、听音乐等来让情绪平静,也许是通过大哭一场、找人聊聊等来宣泄情绪,或换个乐观想法来改变情绪。

(一)察觉自己真正的情绪

1. 探索自己曾有的各种情绪

第一,在一个安全的空间觉察情绪。找一个独处的时间,找一个安全的空间,大声把任何感觉不加责备地说给自己听。添油加醋,把情感夸大,让它戏剧化到超出真实的感受。

第二,以艺术(如看电视、读书、看电影、欣赏音乐和绘画等)作为发泄媒介。可以回想一下:是什么情节、什么歌曲会让你黯然泪下?然后,你就能对引发自己情感的元素有越来越清楚的认识,你就能精确指出是什么导致自己的情绪,从而清楚情绪背后的意义。

第三,回到过去。探索过去的回忆可以更清楚自己独特的内在、反应模式及情绪反应的原因,所以我们可以选定某一种情绪主题,自由联想童年相关的记忆,然后把所想到的任何事情,不做筛选地大声讲出来,用来澄清自己内在的感受。

2. 增加对外在、内在与中间领域的觉察

根据完形治疗学派的观点,自我觉察可以包括外在、内在与中间三个领域。觉察这三个领域可以帮助我们更清楚自己当时的感受,也帮助我们了解情绪的缘由,所以要增加觉察力,就可从这三个领域着手。

首先是觉察外在领域。所谓外在领域就是身体的知觉,就是通过我们的视觉、听觉、味觉、触觉、嗅觉等,去观察外在环境,然后直接以"我觉察到……"的句子描述出来,不赋予任何的解释或说明。练习外在领域的觉察,有助于我们观察他人的状态,进一步将我们的觉察反映给对方,以有效解决问题。

其次是觉察内在领域。内在领域就是自己的身体和情感所感受的事物,是自己内在的经验,是此刻身体内部某些特定部分的感受。练习时用我们的视觉、听觉、味觉、触觉、嗅觉等,去觉察身体的各种感觉。内在领域的觉察,对于了解我们自己的情绪相当重要,因为情绪通常连接着身体反应。若我们能敏锐地觉察这些身体感受,就容易进一步觉察自己的情绪状态。

最后是觉察中间领域。中间领域不是来自感官信息,而是通过抽象化的过程来解释信息。中间领域为思考以及与其相关的一切,例如担心、判断、想象、计划、假设、分析等,这类描述常会包含"我想……""我猜……""我认为……""我相信……"等动词。中间领域的活动不一定与现在相关,而可能与过去或未来有关。例如,我们想着未来或过去的事情就是在中间领域活动。

3. 记录整理每天的情绪,增加对自己情绪的认识与觉察

增加觉察力还可以从撰写个人的心情日记着手。写下自己的心情日记,在日记中具体地描述事件的发生、觉察自己的情绪、了解自己的想法,并与过去经验做一些联结,看看是否受到过去经验的影响。这样撰写一段时间以后,就可以看出自己情绪的变化规律,进一步了解情绪的周期及情绪变化的原因。

(二)了解引发情绪的原因或信念

通常造成我们某种情绪的原因,主要来自我们对于事情的看法或想法,因此,当我们能洞悉究竟有哪些非理性想法在左右着我们的情绪时,就能根据这些想法加以应对。

非理性想法大致可以归纳为两种类型:一种是"夸大";另一种是"不切实际的要求"。此外,有的心理学家曾提出对人们生活影响较大的七种主要的非理性信念:

①一个人应该被周围所有的人喜欢和称赞。
②一个人必须无所不能,十全十美,才有价值。
③那些坏人都应该受到严格的法律惩罚。
④事情不能如愿以偿时,那将是可怕的伤害。
⑤一切不幸都是由外在因素造成的,个人无法控制。
⑥面对困难和责任很不容易,倒不如逃避较省事。
⑦过去的经验决定了现在,而且是永远无法改变的。

(三)缓和情绪的方法

1. 身心松弛法

身心松弛法是利用生理和心理交互影响,使生理和心理两方面同时达到松弛的效果。这些方法大致可以分为三类。

第一类是由身体至心理的放松方法。此类方法是先以身体或生理各部位的松弛,作为练习时的目标,而达到心理松弛的效果。具体方法包括"基本调节呼吸法"与"肌肉放松训练"等。

第二类是由心理至身体的放松方法。这种方法,就是把达到心理的松弛作为目标,通过练习的过程,让身体产生放松的效果。这类方法包括"自律松弛法"及"意象松弛法"。

第三类是身心连锁的放松方法。这种方法是利用人的意念力,来指示身体做出松弛的反应。具体方法如"意念调节体温法"。

2. 倾诉

在情绪不稳定的时候,找人谈一谈,具有缓和、抚慰、稳定情绪的作用。因此,建立个人的支持网络,在需要的时候,有家人、亲戚或好友可以向其倾诉,这是很重要的。另外,也可寻求心理咨询专业人员的协助。

3. 转移注意力

转移注意力非常有利于改变情绪。将注意力由原来的负面情绪和思绪中转移到其他的事情上,如出去旅游、做家事、看电视电影、听音乐或从事体育运动等,可以避免情绪继续恶化。

(四)积极自我暗示

自我暗示是运用内部语言或书面语言的形式来自我调节情绪的方法。暗示对人的情绪乃至行为有奇妙的影响,既可以用来松弛过分紧张的情绪,也可用来激励自己。此法适用于自卑感较强的人,或有焦虑、抑郁、恐惧、强迫观念的人。如,在学习成绩落后、恋爱失败、生理上有缺陷等情况下,要使自己振作起来,就要克服消极的心理定势,进行积极的自我调整和改变。此时,积极的心理暗示是很必要的,如在心中经常默念:"别人能行,我也一定能行。""我有信心能考好。"等等。

人的气愤、悲哀、怨恨、嫉妒等情绪,有时候是因为认为他人对己不公,理想与自己心中的期望不符,自己的欲望得不到满足而形成的。当现实对自己的满足一定时,人能否情绪高涨或感到快乐,就取决于自身对事物的期待或欲望。因此,若能降低一个人的欲望,就能消除或减弱不良情绪的影响。即对人、对事不要过分苛求,期望值不要太高。需要是情绪情感产生的基础。需要愈强烈,情绪情感反应也就愈强烈。在现实环境中,对他人、对自己、对事物所抱期望值过高,势必在需求难以满足时产生不好的情绪反应。因此,要在一定范围内学会知足。对自身的目标不要定得高不可攀,脱离实际;对人对事不要苛求十全十美,这样就不会因不满足而产生烦恼。

(五)合理释放不良情绪

人的情绪处于抑郁状态时,应加以合理宣泄,这样才能调节机体的平衡,缓解不良情绪的困扰,恢复正常的情绪情感状态。如果把不良情绪埋入心底,会影响人的身心健康。研究发现,在哭泣之后,心跳过速、血压偏高等状况,均有不同程度的减轻。原来,眼泪中含有一些生物化学物质,能引起血压升高、消化不良或心率加剧,把这些物质排出体外将有利于身体健康。因此,遇到挫折或不顺心的事情心情苦闷时,痛痛快快地哭一场,或找亲朋好友倾诉一番,或者以写日记的方式倾诉不快,或者去心理咨询机构加以宣泄等,非常有助于调节不良情绪。

(六)增强自信心与培养生活情趣

充分的自信是保持心情愉快的重要措施。要做到悦纳自己,不自怜、不自责、不自卑,充分全面正确地认识自己,对自我做出恰当的评价,特别是要善于发现自己的长处,肯定自己的成绩和优势,注意自我激励,学会保持积极乐观的生活态度,培养生活情趣。一个人如果缺乏生活情调,无所追求,就会感到生活空虚,容易产生不良情绪。反之,一个人如果充满了生活情趣,有追求、有理想,就不容易痛苦和沮丧。

第六节 情 商

一、情商的由来

"情商"(emotional intelligence)一词最早出现在1964年由贝尔多奇(Michael Beldoch)撰写的论文以及柳纳(Barbara Leuner)于1966年发表的题为《情绪智力和解放》的论文中。1983年,霍华德·加德纳(Howard Gardner)在他的"心智框架:多元智能理论"中提出传统智力类型,如智商,不能完全解释认知能力的观点,并提出了包括人际智能(理解他人的意图、动机和愿望的能力)和内省智能(了解自己,了解自己的感受、恐惧和动机的能力)的多元智能理念。1989年,斯坦利·格林斯潘提出了一个描述情商的模型,萨洛维(Peter Salovey)和梅耶(John Mayer)则在1990年发表了另一个模型。其后,情商一词随着戈尔曼(Daniel Goleman)所著的《情绪智力——为什么它比智商更重要》一书的出版畅销而广为人知,成为风靡世界的理论思潮。同时,针对情绪智力的概念界定、理论模型、量化研究等的批评和评论也蜂拥而至,引发了心理学界对这一理论的讨论、规范和修正。由于情绪智力研究的复杂性,截至目前,智力情绪的概念和理论仍存在争议,形成了多种智力情绪理论。

二、情商理论

虽然戈尔曼将情绪智力定义为能够监测自己和他人的情绪,区分不同的情绪并适当地标记它们,以及使用情绪信息指导思维和行为的能力,但是关于情绪智力的定义在术语和操作方面仍存在实质性的分歧,目前主要有三种情绪智力模型。

(一)能力模型

1990年,萨洛维(P. Salovey)和梅耶(J. Mayer)在其论文中首次提出"情绪智力"概念,即"觉察情绪的能力,运用并产生情绪以协助思维的能力,理解情绪和情绪知识的能力,以及调节情绪以促进情绪和智力的发展的能力"。萨洛维和梅耶力求在新智力的标准范围内定义情绪智力的概念,因此在继续研究之后,他们将情绪智力的最初定义修改为"感知情感,整合情绪以促进思考,理解情绪和调节情绪以促进个人成长的能力",之后又进一步演变为"对情绪进行推理以提升思维的能力,它包括准确地感知情绪,获取和产生情绪以帮助思考的能力,以理解情绪和情绪知识,反思调节情绪,促进情绪和智力的增长"。基于能力的情绪智力模型将情绪视为有助于理解和引导社会环境的有用的信息来源。该模型提出,个体处理情绪性信息的能力以及将情绪处理与更广泛的认知联系起来的能力各不相同。这种能力被认为表现在某些适应行为中。能力模型认为情绪智力包含四种类型的能力。

感知情绪——包括觉察和解读面部、图片、语言、声音、仪表和行为以及文化产品中的情绪的能力,从自己的生理状态、情绪体验和思绪中识别自己情绪的能力,能够准确表达情绪及与这些情绪相关的需要的能力以及区分情绪表达中的准确性和真实性的能力。感知情绪是情绪智能的基础,因为它使情绪信息的所有其他处理成为可能。

使用情绪——利用情绪促进各种认知活动(与情绪有关的判断和记忆,思考和解决问题等)的能力。情绪智能型的人可以充分利用变化的情绪以适应手头的任务。

理解情绪——理解情绪语言和体会情绪之间复杂关系的能力。例如,理解情绪包括灵敏感知情绪之间细微变化的能力,定义情绪、认识情绪本身与语言表达之间关系的能力,理解情绪所传达的意义的能力,理解复杂心情的能力,以及识别和描述情绪如何随着时间演变的能力。

管理情绪——调节自己和他人情绪的能力。具有情绪智力的人可以驾驭情绪,以开放的心情接受包括负面情绪在内的各种情绪,并管理它们来达到预期的目标。

萨洛维和梅耶根据他们的理论模型编制了第一个情绪智力量表——MSCEIT(Mayer-Salovey-Caruso Emotional Intelligence Tests)。尽管这一量表因在研究中缺乏职场的表面效度和预测效度而受到批评,然而就结构效度而言,该量表与情绪智力的自我报告量表相比具有更大的优势,因为它们将个人最大绩效与标准绩效量表进行比较,并且不依赖个人对自己的描述性陈述的认可。

(二)混合模型

在萨洛维和梅耶的理论基础上,丹尼尔·戈尔曼(D. Goleman)提出了与智商(intelligence quotient,IQ)相对应的情绪智力——情商(emotional quotient,EQ),即个体识别自己和他人情绪的能力,辨别不同感情并适当标记,使用情绪信息指导思想和行为,以及管理和(或)调整情绪以适应环境或实现个人目标。这一模型将情绪智力视为一系列能够提升领导绩效的能力和技能,主要包括:

1. 自我意识

能够了解自己的情绪、优势、劣势、动力、价值观和目标,并在使用直觉感受指导决策时识别其对他人的影响。自我意识是情绪智力的核心,是否具备心理领悟和自我理解的能力取决于是否能够时刻监控自我的情绪变化。个体只有感知到自己的真实感受,才能够对情绪进行调控,从而摆脱情绪对自我的控制。对自我的情绪有更大把握性的个体能够对生活有更好的掌控,从而更好地指导自己的人生,更准确地决策婚姻、职业等大事。

2. 自我调节

自我调节包括控制或重新定向自己的破坏性情绪和冲动,并适应不断变化的环境。人们一旦意识到自己产生了痛苦情绪,就需要进行主动调节,自我调节就是个体能够恰当处理情绪的能力。自我调节意味着调控自我的情绪,使之适时、适地、适度。这种能力具体表现在通过自我安慰和运动放松等减压途径,有效地摆脱焦虑、沮丧、愤怒、烦恼等因失败而产生的消极情绪的侵袭。自我调节能力高的人可以从人生挫折和失败中迅速跳出,重整旗鼓,迎头赶上。

3. 自我激励

自我激励指为了成就而驱使自我实现目标。这是指服从于某种目标而调动、指挥情绪,从而进行情绪控制的能力。要想集中注意力、自我激励、自我把握、发挥创造性,这一能力必不可少。任何方面的成功都必须有情绪的自我控制——延迟满足、控制冲动、统揽全局。能够自我激励,积极热情地投入,才能保证取得杰出的成就。

4. 同理心

同理心,指移情的能力,即考虑其他人的感受,尤其是在做出决定时。同理心是在情绪的自我意识的基础上发展起来的又一种能力,是最基本的人际关系能力。具有移情能力的人,能通过细微的社会信号敏锐地感受到他人的需要与欲望,能分享他人的情感,对他人处境感同身受,能客观理解他人情感,对社会信号更好地进行协调。

5. 社交技巧

管理人际关系,让人们朝着理想的方向前进。社交技巧就是调控与他人的情绪反应的技巧,包括展示情感、富于表现力与情绪感染力,以及社交能力(组织能力、谈判能力、冲突能力等)。社交技巧可以强化一个人的受欢迎程度、领导权威、人际互动的效能等。

戈尔曼提出每个情绪智力构架中包含一组情绪胜任力,这种情绪胜任力不是天生的才能,而是习得的能力,必须通过努力获得并且可以被发展以获得出色的成就。戈尔曼假设个体出生时就具有一般的情商,这决定了他们学习情绪胜任力的潜力。虽然戈尔曼的情绪智力模型在研究文献中被批评仅仅是"流行心理学"(Mayer,Roberts&Barsade),但是其著作的出版引发了风靡全球的情绪智力思潮,推动了情绪智力的研究,对情商成为心理学的研究热点功不可没。

(三)特质模型

佩特里迪斯(Konstantinos Vasilis Petrides)提出了情绪智力的能力模型和特质模型之间的概念差别,并且在许多出版物中多年来一直在发展特质模型。从根本上说,特质情绪智力指的是个体对其情绪能力的自我认知。情绪智力的这个定义包含行为倾向和自我感知能力,并且通过自我报告来衡量。特质情绪智力应该在个性框架内进行探讨,这种作为一种人格特质的概念化导致了一种不属于人类认知能力分类学的结构,其可替代标签是特质情绪自我效能。

特质情绪智力模型是通用的,并包含上面讨论的混合模型。

根据该模型编制的特质情绪智力量表(Trait Emotional Intelligence Questionnaire, TEIQue)包含15个分量表,分为四个因素:幸福感、自我控制、情绪和社交能力。据报道,TEIQue得分在全球范围内呈正态分布且可靠。

研究人员还发现,TEIQue得分与非言语推理(Raven的矩阵)无关,他们将其解释为支持情绪智力的人格特质观(而不是一种智能形式)。正如预期的那样,TEIQue得分与一些五大人格特质(外倾性、宜人性、开放性、责任心、情绪稳定性)呈正相关,而与其他特质(述情障碍、神经质)呈反向相关。在特质情绪智力模型中进行的大量定量遗传学研究揭示了所有特质情绪智力评分的显著遗传效应和遗传力。

三、情商的作用

通过对情绪智力研究的归纳发现,较高的情商与以下因素呈正相关:

更好的儿童社会关系。在儿童和青少年中,情商与良好的社交互动以及社会关系呈正相关,与偏离社会规范呈负相关。

更好的成人社交关系。成年人的高情商与更好的社交能力自我感知和更成功的人际关系相关,而低情商则与人际攻击和人际问题相关。

高情商的个体被他人认为更积极。其他个体认为高情商的个体更加愉快,具有社交技能和移情能力。

更好的家庭和亲密关系。高情商与家庭关系以及亲密伴侣之间的关系在许多方面都相关。

更好的学术成就。情商与教师报告的学生学术成就相关,但一旦智商因素得到考虑,情商通常不会得到较高评价。

在工作表现和谈判中更好的社会关系。高情商与工作中更好的社会动态以及更好的谈判能力相关。

更好的心理健康。情商与更高的生活满意度、自尊以及更低的不安全感或抑郁水平正相关,也与不良的健康选择和行为有负相关。

【延伸阅读】

The Science of Love: Harry Harlow and the Nature of Affection

How Harlow's research helped change views on the importance of affection

Harry Harlow was one of the first psychologists to scientifically investigate the nature of human love and affection. Through a series of controversial experiments, Harlow was able to demonstrate the importance of early attachments, affection, and emotional bonds on the course of healthy development.

A History of Research on Love and Affection

During the first half of the 20th century, many psychologists believed that showing affection towards children was merely a sentimental gesture that served no real purpose.

(By Kendra Cherry | Reviewed by Steven Gans, MD
Updated August 15, 2017
附图 8-1　Harlow's study-Affection

Behaviorist John B. Watson once even went so far as to warn parents, "When you are tempted to pet your child, remember that mother love is a dangerous instrument."

According to many thinkers of the day, affection would only spread diseases and lead to adult psychological problems.

During this time, psychologists were motivated to prove their field as a rigorous science. The behaviorist movement dominated psychology and urged researchers to study only observable and measurable behaviors.

An American psychologist named Harry Harlow, however, became interested in studying a topic that was not so easy to quantify and measure-love.

In a series of controversial experiments conducted during the 1960s, Harlow demonstrated the powerful effects of love and in particular, the absence of love. By showing the devastating effects of deprivation on young rhesus monkeys, Harlow revealed the importance of a caregiver's love for healthy childhood development.

His experiments were often unethical and shockingly cruel, yet they uncovered fundamental truths that have heavily influenced our understanding of child development.

The Wire Mother Experiment

Harlow noted that verylittle attention had been devoted to the experimental research of love.

"Because of the dearth of experimentation, theories about the fundamental nature of affection have evolved at the level of observation, intuition, and discerning guesswork, whether these have been proposed by psychologists, sociologists, anthropologists, physicians, or psychoanalysts." he noted.

Many of the existing theories of love centered on the idea that the earliest attachment between a mother and child was merely a means for the child to obtain food, relieve thirst, and avoid pain. Harlow, however, believed that this behavioral view of mother-child attachments was an inadequate explanation.

Harlow's most famous experiment involved giving young rhesus monkeys a choice between two different "mothers". One was made of soft terrycloth, but provided no food. The other was made of wire, but provided nourishment from an attached baby bottle.

Harlow removed young monkeys from their natural mothers a few hours after birth and left them to be "raised" by these mother surrogates. The experiment demonstrated that the baby monkeys spent significantly more time with their cloth mother than with their wire mother. In other words, the infant monkeys went to the wire mother only for food, but preferred to spend their time with the soft, comforting cloth mother when they were not eating.

"These data make it obvious that contact comfort is a variable of overwhelming importance in the development of affectional response, whereas lactation is a variable of negligible importance." Harlow explained.

Fear, Security, and Attachment

In a later experiment, Harlow demonstrated that young monkeys would also turn to their cloth surrogate mother for comfort and security. Using a "strange situation" technique similar to the one created by attachment researcher Mary Ainsworth, Harlow allowed the young monkeys to explore a room either in the presence of their surrogate mother or in her absence. Monkeys in the presence of their mother would use her as a secure base to explore the room.

When the surrogate mothers were removed from the room, the effects were dramatic. The young monkeys no longer had their secure base for exploration and would often freeze up, crouch, rock, scream, and cry.

The Impact of Harlow's Research

While many experts of the time derided the importance of parental love and affection, Harlow's experiments offered irrefutable proof that love is vital for normal childhood development. Additional experiments by Harlow revealed the long-term devastation caused by deprivation, leading to profound psychological and emotional distress and even death.

Harlow's work, as well as important research by psychologists John Bowlby and Mary Ainsworth, helped influence key changes in how orphanages, adoption agencies, social services groups, and child care providers approached the care of children.

While Harry Harlow's work led to acclaim and generated a wealth of research on love, affection, and interpersonal relationships, his own personal life soon began to crumble. After the terminal illness of his wife, he became engulfed by alcoholism and depression, eventually becoming estranged from his own children. Colleagues frequently described him as sarcastic, mean-spirited, misanthropic, chauvinistic, and cruel. Despite the turmoil that marked his later personal life, Harlow's enduring legacy reinforced the importance of emotional support, affection, and love in the development of children.

Harlow's work was controversial in his own time and continues to draw criticism today. While such experiments present major ethical dilemmas, his work helped inspire a shift in the way that we think about children and development and helped researchers better understand both the nature and importance of love.

(BLUM D. Love at Goon Park[M]. New York: Perseus Publishing, 2011.

OTTAVIANI J, MECONIS D. Wire Mothers: Harry Harlow and the Science of Love[M]. Ann Arbor, MI: G. T. Labs, 2007.)

思考题

1. 什么是情绪和情感？试说明它们的区别与联系。
2. 情绪和情感有哪些外部表现？其生理机制有哪些？
3. 情绪和情感有哪些种类？
4. 为什么要控制消极的激情？怎样控制？

第九章

智　力

在心理学研究中，智力一直是科学家们关注和争议的课题，这些备受争议的议题包括：心智量度理论以及如何看待智力的个体差异；智力在日常生活中的重要性；遗传因素和环境因素对人类智力的影响；不同种族及性别的智力差异，以及这些差异的来源和意义等。除了传统意义上的智力，对智力的新视角——智力不仅显示在认知活动，如思考、推理等活动中，也包含在有效地处理生活的情感方面——识别和管理自己以及他人情绪的能力，即情绪智力，也成为心理学家大量关注的研究主题。本章将为我们展示心理学家在智力研究中所取得的成果。

第一节　智力概述

一、智力的定义

心理学家一般都同意智力不是一种物质，而是一个概念，但是对这个概念的内涵心理学家们却争论不休：智力究竟是一种才能还是多种才能？是一种先天的心理能力，还是心智操作所达到的水平，或者是一种被赋予的品质？

居住在南太平洋小岛上的特鲁克人，当他们在开阔的海洋中航行时，可以不依靠指南针、计时表、六分仪或任何航海工具的帮助而准确地定位航海目的地。他们根本不清楚航行技术的导航理论，也无法解释为什么他们能够准确地定位航海目标。有人可能会说，特鲁克人无法用西方术语解释他们的航行技术是如何工作的，这是一个原始的甚至是非智能行为的标志。如果我们对他们进行一个航海知识和理论的标准化测试，或者一个传统的智力测试，他们可能做得不够好，但是在现实中，他们的能力绝对不能称之为"不聪明"。对于掌握现代航海技术的人来说，使用航海工具进行最直接和最快的直线旅行代表最"智能"，但是对于习惯于自己的导航系统的特鲁克人来说，使用复杂工具的现代导航员可能才是缺乏智力的人。事实上，在不同的文化中，智力可能是不同的才能，它可能是社交技能，也可能是认知任务中的优秀表现，或者是任何一种使一个个体在他所属的文化中能够成功的特质。这些智力的概念都是合理的，在不同的环境中，更聪明的人比不聪明的人更有效地使用他们环境中的资源，这一区别可能是任何智力定义的基础。因此，我们将智力定义为：包含学习能力、问题解决能力和社会适应能力的一种综合能力。

二、智力的理论

有人擅长写作,却不擅长数学;有人擅长物理,却缺乏音乐细胞;也有人觉得自己非常聪明,具有足以跨领域的智能。每个人看待自己的才能的方式反映出困扰心理学家的问题:智力是单一的一般能力,还是与多种特定能力有关?

对智力感兴趣的早期心理学家假设有一个单一的一般智力因素,称为 G 因素。这个一般智力因素被看作是智力的各个方面的基础,也是假定可以被测量的智力因子。斯皮尔曼(Charles Edward Spearman)是这一观点的代表,他认为认知任务的表现取决于一个主要的 G 因素和一个或多个与该特定任务相关的特殊因素——S 因素。他的观点建立在以下发现上:尽管智力测验经常设计不同的条目来测量智力的不同方面,但是这些条目的得分都高度相关。这一结果让斯皮尔曼认为无论一个人有多少特殊能力,他都有一个一般智力因素,即 G 因素。与这种观点相反,其他心理学家则把智力看作是一个包括不同类型的智能的多维概念,而不是将它视为一个单一的实体。这一理论的早期拥护者是瑟斯顿(Louis Leon Thurstone),他认为智力由多个不同的基本心理能力组成,包括语意——理解思想和词意、数字——数字处理速度和准确性、空间——对三维物体的视觉能力等。对于上述两种截然相反的智力观点,大多数现代智力理论提出了介于两者之间的观点:智力就如斯皮尔曼所提出的,可能包含了一个解决范围广泛的认知任务和问题的基本能力,但是智力以许多不同的方式表达,所以一个个体可能表现出某些能力较强,而某些能力较低。弗农继承和发展了斯皮尔曼的二因素说,将斯皮尔曼的 G 因素放在模型顶部,然后下面有两个主要的群因素:言语和教育方面的能力倾向以及操作和机械方面的能力倾向。这些能力可以分解为更小的因素形成第三层,包括言语、数量、机械、信息、空间信息、用手操作等。第四层为特殊因素,即各种各样的特殊能力。顶端的因素是更普遍的能力,影响了广泛的智能行为。由于弗农的理论模型中既有一般因素又有群体因素,因此它被看作是斯皮尔曼的双因素理论和瑟斯顿的多因素理论的结合。除上述理论外,加德纳的多元智力理论和斯滕伯格的三元理论也是现代智力理论中影响较大的两个理论。

(一)加德纳的多元智力理论

加德纳(Howard Earl Gardner)支持瑟斯顿的观点,认为的确存在多种智力。他通过对脑损伤患者和特殊智力群体的研究,提出以下观点:智力的内涵是多元的,每种智力都相对独立。加上他后来补充的一个,智力一共由九个相对独立的成分构成。

1. 言语智力

言语智力包括口头语言运用及文字书写的能力,把句法、音韵学、语义学、语言实用学结合并运用自如。具有言语智力的人在学习时擅长用语言及文字来思考,喜欢文字游戏、阅读、讨论和写作。

2. 数学智力

数学智力是指有效运用数字和推理的智能。具有逻辑数学智力的人学习时靠推理来进行思考,喜欢提出问题并执行实验以寻求答案,寻找事物的规律及逻辑顺序,对科学的新发展有兴趣。他人的言谈及行为也成了他们寻找逻辑缺陷的好地方,对可被测量、归类、分析的事物比较容易接受。

3. 空间智力

空间智力包括认识环境、辨别方向的能力。空间智力强的人对色彩、线条、形状、形式、空间及它们之间关系的敏感性很高,能准确地感觉视觉空间,并把所知觉到的表现出来。空间智力可以划分为形象的空间智力和抽象的空间智力两种能力。形象的空间智力为画家的特长,抽象的空间智力为几何学家特长,而建筑学家则两者兼备。

4. 身体智力

身体智力包括支配肢体完成精密作业的能力。具备该智力的人善于运用整个身体来表达想法和感觉,以及运用双手灵巧地生产或改造事物。这类人很难长时间坐着不动,喜欢动手建造东西,喜欢户外活动,与人谈话时常用手势或其他肢体语言。他们学习时是透过身体感觉来思考。

5. 音乐智力

音乐智力包括对声音的辨别和韵律表达的能力。音乐智力强的人能察觉、辨别、改变和表达音乐,对节奏、音调、旋律或音色较具敏感性。在学习时是透过节奏旋律来思考。

6. 人际智力

人际智力包括与人交往且能和睦相处的能力。具备人际智力的人对人的脸部表情、声音和动作较具敏感性,能察觉并区分他人的情绪、意向、动机及感觉,喜欢与人群互动,他们通常是团体中的领导者,靠他人的回馈来思考。

7. 自知智力

自知智力包括认识自己并选择自己生活方向的能力。自知智力强的人能自我了解,意识到自己内在情绪、意向、动机、脾气和欲求,具有自律、自知和自尊的能力。他们会从各种回馈管道中了解自己的优劣,常静思以规划自己的人生目标,爱独处,以深入自我的方式来思考。自知智力可以划分为两个层次:事件层次和价值层次。事件层次的自知指向对于事件成败的总结,价值层次的自知能将事件的成败和价值观联系起来自省。

8. 自然智力

自然智力是认识植物、动物和其他自然环境(如云和石头)的能力。自然智力强的人,在打猎、耕作、生物科学上的表现较为突出。自然探索智能应当进一步归结为探索智能,包括对于社会的探索和对于自然的探索两个方面。

9. 存在智力

存在智力指人们表现出的对生命、死亡和终极现实提出问题,并思考这些问题的倾向性。

尽管加德纳将智力成分划分得如此之细,但他强调自己的理论不应被用于限定人们为某一项智力类型,每一项智力成分都是一个单独的功能系统,各个系统之间可以相互作用,所以每个个体都拥有独特的一套智力组合体系。从这个意义上说,多元智能理论实际上是复合智能理论。

(二)斯腾伯格的三元理论

斯腾伯格(Robert Sternberg)一方面同意加德纳的观点,一方面更简洁地区分了智力的三个层面。他提出,人的智力由分析性智力、创造性智力和实践性智力组成。

分析性智力也叫成分智力,是指个人在问题情境中运用知识分析资料,用于计划、控制和决策的高级执行过程,包括批判性地、分析性地进行思考的能力。它包含三种功能成分。一是元成分(meta-components),是指人们决定智力问题性质、选择解决问题的策略以及分配资源的过程。二是执行成分(performance components),负责执行元成分的决策。三是知识习得成分(knowledge-acquisition components),是指获取和保存新信息的过程。具备这一智力的人通常在标准的学术潜力测验中表现优异。

创造性智力也叫经验智力,是指个人运用已有经验解决新问题时整合不同观念所形成的创造能力。这一智力强调洞察力和产生新想法的能力,具有这一智力的人擅长在某种给定的条件下发现关键信息,并且将看似无关的信息组合在一起,与无此智力的人相比能够更有效地适应新的环境。

实践性智力也叫背景智力,是指个人在日常生活中应用学得的知识经验解决生活实际问题的能力,具有这一智力的人在实践和适应的意义上是最聪明的。根据斯滕伯格的观点,解决实际问题需要不同的智力成分。他特别强调,解决学术问题需要个体具有成分智力,而解决生活问题则需要具有实践智力。

三元智力理论与当代认知心理学的发展相契合,在理论上已将传统智力理论中智力的观念扩大。按照三元理论的观点,传统智力测验所测的智商只是智力三元论中的分析性智力,只能预测学业成绩,不能预测职业成就。个体之所以有智力上的高低差异,并非智商不同导致,而是因其面对刺激情境时个人对信息处理的方式不同所致。因此,设法测量个体在认知情境中信息处理的方式,才能鉴别个体智力的高低。这一观点的提出显然已经将智商是否能够代表智力变成了心理学中新的争议,而智力测验的发展也必将受到影响。

虽然加德纳和斯腾伯格在某些观点上并不一致,但是他们都同意多种能力能助益个人成功。他们认为,天赋方面的多样性为生活增添了情趣,对教育提出了挑战。他们的理论在教育行业得到了广泛应用,许多教师正在学校教育中应用多元理论。

三、智力与知识、技能的关系

(一)三者的区别

从生理机制上看,智力不是知识、技能本身,而是那些在知识和技能的获得或形成中表现出来的心理特性。

从内涵上来看,知识是人脑对客观事物的主观表征,包含陈述性(是什么)和程序性(如何做)两种形式。知识是活动的自我调节机制中一个不可缺少的构成要素,也是智力基本结构中的一个不可缺少的组成成分。

技能是指人们通过练习而获得的动作方式和动作系统,活动方式有时表现为操作活动,有时表现为心智活动。

从形成和发展上来看,知识和技能是随着一个人的不断学习与实践日益增长而积累的,而智力在人的一生中则有其逐渐形成、发展和相对衰退或停滞的过程。

从迁移的特点上看,知识与技能的迁移范围都比较窄,它们只能在类似的活动、行为和情境中发生迁移作用。智力则不同,它有相当广泛的迁移范围,可以在很多场合间发生迁移。

从个体之间最简单的比较来看,即使人们的知识、技能相同,但智力却会不同,而智力大致相近的人,知识、技能也可能很不相同。智力、知识、技能三者是不等价的。

(二)三者的关系

知识、技能不等于智力,但有密切的关系。表现在:一是智力的形成与发展依赖于知识、技能的获得;二是智力是掌握知识和技能的必要前提,智力的高低会影响到掌握知识、技能的水平。

四、智力与素质

素质是有机体以遗传为基础的解剖和生理特点,主要是人的感觉器官、运动器官、神经系统特别是脑的构造与生理功能方面的特点。

19世纪早期,颅相学家弗朗兹·加尔(Franz Joseph Gall)认为,人类的智力之所以高于其他动物,是因为人类的大脑皮层更发达,他怀疑人类的智力差异与大脑的构造差异有关。虽然加尔最终并没有成功测量心理能力,但是越来越多的现代研究在某些方面揭示了大脑与智力之间的关系。有研究表明,脑的大小(与身体的相对大小)与智力之间存在0.44的相关(Rushton & Ankney),但随着年龄增长,非言语智力测验的结果与脑的大小之间就不再一致了(Bigler)。比较确定的研究结果是,经验会改变大脑,丰富的环境刺激会增加突触,从而促进智力发展,而高智力的人在神经可塑性方面存在差异(Garlick)。由于大脑构造与智力之间的相关并不能解释智力差异的问题,因此科学家们试图通过研究大脑的功能来寻找答案。研究者发现,认知加工速度可能与智力差异有关,但是由于智力的复杂性,科学家对一些问题尚未给出证据充分的解释。尽管如此,从神经科学的视角出发去理解智力(包括其他心理问题)的取向已经如日中天,而围绕其产生的争议也远远没有平息。

可以肯定的是,素质是智力的形成所必需的自然前提,是智力的物质基础。素质不是智力本身,不能直接决定智力,其决定智力的详细机制,有待科学研究的进一步发现。

五、智力与创造性

智力与创造性的研究表明,智力得分高的个体在创造性测验中的成绩也很好,但是超出一定水平(约为120)后,他们的智力分数并不比创造性得分低的个体高,因此一定的智力水平对创造性是必要但不充分的条件,创造性的特质并不等同于智力。

第二节 影响智力发展的因素

一、遗传的作用

遗传是指把生物具有的性状,相对稳定地传给后代的现象,它是通过遗传物质的载体——细胞内的染色体来实现的。人体细胞的染色体共23对,一半来自卵子,一半来自精子。遗传学上把染色体上的遗传因子叫作基因,基因决定着性状的遗传。遗传因素对智力的影响较大的研究既涉及动物,也涉及人。特赖恩(Robert Tryon)曾以大鼠为实验来证明智力是遗传的:

他把实验大鼠分成走迷宫学习快的"聪明鼠"和学习慢的"弱智鼠"两组分开饲养和繁殖,结果发现,"聪明鼠"的后代学习明显快于"弱智鼠",而且"聪明鼠"的后代即使是最慢的也要快于"弱智鼠"中学习成绩最好的。此实验证明了动物的一些行为特点受遗传的影响,但仅从动物的实验中不能得出人的智力是遗传的这一结论,因为实验后的分析查明,"聪明鼠"的快速学习与其寻觅食物的动机有强因果关系。关于遗传在人类智力发展和个别差异形成中的作用,心理学家曾从三个方面进行研究(如表9-1所示):一是研究血缘关系远近不同的人在智力上的类似程度。如果遗传影响智力的发展,那么血缘关系越近的人,智力发展水平的相关性越高。这种研究通常以同卵双生子和异卵双生子为研究对象。二是研究养子养女与亲生父母和养父母智力发展的关系。同样的原理,如果遗传对智力有影响,那么孩子与亲生父母智力的相关,应该高于与养父母智力的相关。三是对同卵双生子进行追踪研究。遗传特性高度相似的同卵双生子从小被抚养在不同的生活环境里,若干年后,将他们的发展状况进行比较。如果遗传影响智力,那么生活在不同环境中的同卵双生子的发展仍应保持较高的相关。

表9-1 血缘关系、环境与智力发展的相关

关系与类别	相关系数
无血缘关系而又生活在不同环境者	0.00
无血缘关系但自幼在同一环境长大者	0.20
养父母与养子女	0.30
亲生父母与亲生子女(生活在一起)	0.50
同胞兄弟姐妹生活在不同环境长大者	0.35
同胞兄弟姐妹生活在同一环境长大者	0.50
异卵双生子不同性别而在同一环境长大者	0.50
异卵双生子同性别而在同一环境长大者	0.60
同卵双生子生活在不同环境长大者	0.75
同卵双生子生活在同一环境长大者	0.88

科学家的研究结果证实了遗传的作用:血缘关系接近的人在智力发展水平上确实具有比血缘关系疏远的人更高的相关(见图9-1)。同卵双生子智力的相关高于异卵双生子和同胞兄弟姐妹,亲生父母与子女的智力相关高于养父母,无血缘关系的人的智力相关很低。相反,在不同环境下长大的同卵双生子,智力的相关仍很高。但同时,这些研究结果也从另一个方面证明了环境的影响,同一环境中生活的被试无论是否具有血缘关系,他们智力的相关都比在不同环境中生活者智力的相关要高一些。这说明在智力发展中,环境的作用也是很重要的。

正如前面所说,身体素质是智力发展的自然前提,但身体素质不等于智力本身。具有相同身体素质的人,可能发展多种不同的智力;而良好的素质由于没有良好的培养、训练,智力也可能得不到应有的发展。可见,否定遗传的作用是不科学的;同样,夸大遗传的作用,认为智力可以直接通过生物学的方式遗传给后代,也是不正确的。

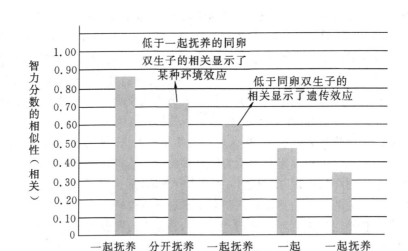

图 9-1　遗传与智力的关系

二、环境和教育对智力形成的影响

基因造成差异,但遗传不能决定一切。心理学家韦恩·丹尼斯(Wayne Dennis)在伊朗一家孤儿院里的研究发现,他们当中的大多数因为被冷落和没有人注意而在两岁时出现发育迟钝的问题,而且,这种迟钝一直持续到少年时代,这一研究说明了环境对智力的重要影响。环境对智力的影响是多方面的,具体来看包括以下内容。

(一)产前环境的影响

1. 母亲怀孕的年龄

母亲怀孕的年龄常常影响到儿童智力的正常发展。如唐氏综合征的发病率随着孕母年龄的升高而增加(见表 9-2),唐氏综合征的患儿脑袋小而圆,眼睛向外、向上斜,鼻梁翘,嘴巴小、嘴角向下,舌头突出在外,他们的智力大部分低下。这种病是母体内的卵子长期暴露在体内环境中,受到损害,因而出现额外染色体的结果。

表 9-2　唐氏综合征的发病率

母亲年龄	发病率
小于 29 岁	1/3000
30~34 岁	1/600
35~39 岁	1/280
40~44 岁	1/70
45~49 岁	1/40

2. 孕期营养

怀孕期间母体营养不良,不仅会严重影响胎儿脑细胞数量的增加,而且会造成流产、死胎等现象。孕早期的营养不良,会使胎儿脑细胞及神经系统发育障碍;孕晚期的营养不良,则会使胎儿脑细胞数量增长不足,脑皮质沟回发育障碍,从而影响胎儿的智力。针对3个月到3岁的婴儿进行智力测验结果显示,孕期严重营养不良的母亲生下的婴儿智商明显低于其他婴儿(见图9-2)。

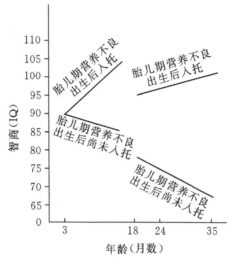

贝雷婴儿发展量表　斯坦福-比奈智力测验

图9-2 胎儿出生后两种智力测验的智商

3. 孕期服药、患病等因素

怀孕期间服药、照射X光,会导致染色体异常,使胎儿发育受到影响,影响智力的发展。孕期患病可能导致胎儿发育异常,如孕早期的病毒感染可使胎儿脑神经发育受损进而影响智力。而孕期服药导致胎儿发生不良反应的类型以及严重程度与服用的药物性质、用药时妊娠所处阶段、药物剂量及用药时间、基因结构和胎儿的感受性都有关系。一般来说由于胎儿的发育特征,药物对胎儿的影响在孕早期要更为显著。据流行病学报告,在妊娠头三个月服用水杨酸盐类药物的妇女,生育有缺陷的婴儿比未服用的妇女显著增多。

4. 孕期情绪

母亲在怀孕期间的情绪会影响胎儿的大脑发育,进而影响智力发展。有资料显示,1952年德国柏林及其他几区55个医院的新生儿畸形率,在1933年希特勒上台之前比率为1.25%,之后7年内上升到2.38%,1940—1945年二战期间上升到2.58%,1946—1950年上升到6.5%。

(二)产程的影响

产程过长或过短都会影响胎儿的发育。产程过长会导致婴儿缺氧,影响大脑的发育而导致智力受损;产程过短会造成颅内毛细血管破裂,影响大脑的发育而导致智力受损。

(三)产后的影响

产后发生的疾病或意外事故,如流行性脑炎、车祸等会造成神经中枢受损,而导致智力的损伤。

(四)早期经验的作用

人的智力发展的速度是不均衡的。布鲁姆(Bloom)曾提出一个重要假设,把5岁前视为智力发展最迅速的时期,如果17岁的智力水平为100%,那么从出生到4岁就获得50%的智力,其余30%是4～7岁获得的,另外20%是8～17岁获得的。从出生到青少年时期,是个人生长发育的时期,也是智力发展的重要时期。因此,早期教育对个体智力的发育具有重要的作用。研究表明,孤儿院两岁孩子的智力水平只相当于正常家庭长大的孩子10个月的智力水平。实验表明,丰富的环境刺激有利于儿童智力的发展。

(五)学校教育的作用

学校教育是对年轻一代施加有目的、有计划、有组织的影响,教育和教学不但使儿童获得前人的知识经验,而且促进儿童心理能力的发展。在学校,课堂教学的正确组织有利于学生智力的发展。例如教师在运用分析和概括的方法讲授课程内容时,不仅使学生获得有关的知识,还掌握了把这种方法作为思维的手段,如果把这种外部的教学方法和学习方法逐渐转化为内部概括的思维操作,这方面的能力便形成了。学校教育和智力互有贡献,学校教育促进智力发展,而高智力者更有可能延长求学经历。

虽然环境的影响至关重要,但是同遗传一样,过度地夸大环境的作用也是不明智的。事实上,正常和丰富的环境之间的差异影响不大,换句话说,为了培养优越才智而进行的额外教育对于本身处于良好环境的个体其实没有太大意义,但是对于处于不利环境中的个体却大有帮助。

三、实践活动的影响

人的智力是人在认识和改造客观世界的实践中逐渐发展起来的。社会实践不仅是学习知识的重要途径,也是智力发展的重要基础。我国古代思想家王充早就指出"施用累能",即智力是在使用中积累的。他说:齐的都城世代刺绣,那里的平常女子都能刺绣;襄地传统织锦,即使不聪明的女子也成了巧妇。这是因为天天看到,时时学习,手自然就熟练了。王充还提出"科用累能",即从事不同职业的活动就积累了不同的智力。

四、智力的发展和人的主观能动性

遗传素质、环境和教育只能机械、被动地影响能力的发展,要想把内部的遗传基础和外部的影响因素变为个体智力发展的助力,就必须依靠个人的主观努力和勤奋。一个人越刻苦越努力,智力就越有可能得到进一步发展。相反,一个人饱食终日、无所用心,他的智力就不可能有较好的发展。古人很早就意识到主观努力的重要性,王安石的《伤仲永》就讲述了一个叫方仲永的神童,由于后天父亲不让他学习和被父亲当作挣钱工具而沦落为一个普通人的事例,告诫人们决不可单纯依靠天资而不去学习新知识,必须注重后天的教育和学习,强调了教育和主观努力对成才的重要性。正如高尔基所说:才能不是别的什么东西,而是对事业的热爱。当人们迷恋自己的工作,对工作热情洋溢时,会给智力的发展提供巨大的动力。我国著名的数学家华罗庚先生也说过:根据我自己的体会,所谓天才就是坚持不懈地努力。世界上许多杰出的思想家、科学家、艺术家,无论他们所从事的事业多么不同,但他们都具有共同点,即醉心于自己的事业,长期坚持不懈,刻苦努力,顽强与困难做斗争。主观努力加速了智力的发展和提高,催化了智力的实践活动,离开了主观努力,智力水平再高的人最终也只能成为平庸的人,既不可能取得成就,能力的提高也无从谈起。

第三节 智力发展的个体差异

一、智力发展的一般趋势

人的一生大致可分为八个不同的时期,即乳儿期、婴儿期、幼儿期、童年期、少年期、青年期、成年期和老年期。在人的一生中,智力的发展趋势如下:

①童年期和少年期是某些智力发展最重要的时期。从三四岁到十二三岁,智力的发展与年龄的增长几乎等速。以后随着年龄的增长,智力的发展呈负加速变化:年龄增加,智力发展趋于缓和。

②人的智力在18~25岁达到顶峰(也有人说到40岁)。智力的不同成分达到顶峰的时间是不同的。

0~36岁智力发展曲线显示的是,在人的一生中,智力水平会随着年龄增长发生变化。这方面最著名的是美国心理学家贝利(Nancy Bayley)的研究。贝利跟踪同一组被试长达36年,在不同年龄进行测量,得到图9-3所示曲线。从图9-3可见,智力不是匀速发展的,早期发展非常迅速,后来速度减慢。11~12岁之前智力处于上升阶段,增长到20岁左右增速明显缓慢。

③根据对人的智力毕生发展的研究,人的流体智力在中年之后有下降的趋势,而人的晶体智力在人的一生中却是稳步上升的。

④成年期是人生最漫长的时期,也是智力发展最稳定的时期。成年期又是一个工作时期,在二十五六岁至四十岁,人们常出现富有创造性的活动。

⑤智力发展的趋势存在个体差异。智力高的发展快,达到高峰的时间晚;智力低的发展慢,达到高峰的时间早。

研究者对不同的智力成分的发展趋势也进行了研究。结果发现,不同的智力成分存在着不同的发展速度。总的来说,比较简单的智力成分发展较早,停止发展和衰退的时间也较早;比较复杂的智力成分起步较晚,衰退也较晚(图9-4分别是瑟斯顿和韦克斯勒的研究结果)。此外,不同的个体智力发展的趋势也不一样,智力发展的起步速度和时间,以及衰退时间和速度均存在着个体差异。

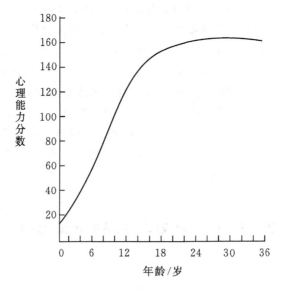

图9-3 智力发展的年龄趋势图

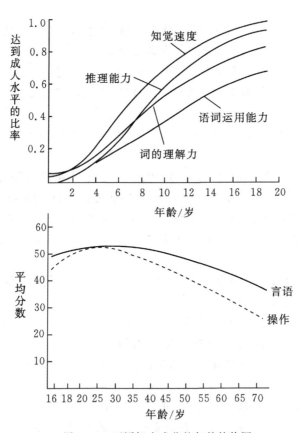

图9-4 不同智力成分的年龄趋势图

二、智力发展的个体差异

所谓个体差异是指个体在成长过程中因受遗传与环境的交互影响,使不同个体之间在身心特征上所显示的彼此不同的现象。

(一)发展水平上的差异

智力有高低差异。大致来说,智力在全人口中的表现为正态分布:两头小,中间大。如果我们用韦克斯勒量表(表9-3)来测量某一地区全部人口的智力,则智商在100±15范围内的人应占全人口的68.26%,智商在100±30以内的人应占全人口的95.44%。智商高于130或低于70的人在全人口中只有极少数。智商高于130的我们称之为智力超常或天才,智力发展低于70的我们称之为智力低下或智力落后,中间分成不同的层次。

表9-3 韦氏智力量表智商分布

IQ	名称	理论分布(%)	实际分布(%)
130及以上	极优等	2.2	2.3
120~129	优秀	6.7	7.4
110~119	中上	16.1	16.5
90~109	中等	50	49.4
80~89	中下	16.1	16.2
70~79	临界	6.7	6.0
69及以下	智力落后	2.2	2.2

1. 天才

智力的高度发展叫智力超常,也称天才,大约占总人口的2.1%。天才是人的各种能力的最完备的结合,表现在人能高效率地、创造性地完成某种或多种活动。天才人物,必定是在多种能力上都得到很好的发展,所以才能创造性地解决新问题。如我国汉代张衡,通晓天文、数学、史学、文学艺术。通过对超常儿童的测查和追踪研究发现,天才的智力结构包括以下几个方面:

观察问题的敏锐和机警的能力——能敏锐地注意到新鲜的事物,并能观察到细枝末节。

良好的记忆力——能较容易地记住对他们有用的东西。

优异的思维能力——具有高度发展的分析、概括能力及运用逻辑关系进行正确推理的能力。

创新能力——发散性思维能力发展较好,同时又能选出最佳的结果。

当然,天才身上这些能力的表现程度会有所不同,如有人擅长观察,有人擅长分析;除这些一般能力外,天才还具有从事某种活动所必需的高水平的特殊能力,如数学家的数学能力。

天才的形成有赖于优越的自然素质,理想的早期教育是超常儿童成长的重要条件。超常儿童能否在事业上做出成就,在很大程度上取决于社会生活条件和个体的人格特征。

2. 智能不足

智商在70以下者为智能不足,可分为三个等级:轻度,智商50～70,生活能自理,能从事简单劳动,但应付新奇复杂的环境有困难,学习有困难,很难领会学习中抽象的科目;中度,智商25～49,生活能半自理,动作基本或部分有障碍,只会说简单的字或极少的生活用语;重度,智商25以下,生活不能自理,动作、说话都有困难。智能不足并不是某一种心理过程的破坏,而是各种心理能力的低下,其明显的特征是智力低下和社会适应不良。

造成智能不足的原因很多,一部分是由于生理疾病和脑损伤所致,另一部分则与后天环境有关。由于后天环境造成的智能不足者智能低下的程度较轻微,他们的父母智力水平较低,家庭中往往缺乏良好的学习环境,或者在成长过程中营养条件较差,因而影响了智力发育。严重的智能不足大多数是疾病、中毒、内分泌失调和母体疾病所致,较典型的智力落后疾病如唐氏综合征、苯丙酮尿症等。

弱智天才综合征(savant syndrome)是智力不足者中的特殊群体,其个体表现为总体的智力水平低下,但在某一方面却表现出非凡的才能,即一个智力低于常态的人在某一个非常有限的领域表现出异常的心智才能,如在心算、日历计算、艺术或音乐方面的才能。因此,对智力不足的个体无论是在做出诊断时,还是在进行教育时,都应当综合考察和评价。

(二)表现早晚的差异

人才早熟:王勃十岁能赋;李白五岁通六甲,七岁观百家;莫扎特五岁作曲,八岁试作交响乐,十一岁创作歌剧。

中年成才:成年期是智力发展的稳定时期,常出现富有创造性的活动。

大器晚成:英国著名生理学家谢灵顿年轻时放荡不羁,连妻子都找不到,后来受到刺激,幡然悔悟,立志向学,终于获得巨大的成就。达尔文年轻时被认为是智力低下,以后成为进化论的创始人。

(三)结构的差异

智力含有各种不同的成分,可以按照不同的方式组合,而这种组合不同就构成了智力结构的不同。如有人思维能力高,有人记忆能力强,等等。

(四)性别差异

研究表明,智力的性别差异并非表现在一般智力因素上,而是表现在特殊智力因素中。

1. 数学智力的性别差异

数学智力是对数学原理和数学符号的理解与运用能力,这种能力主要表现在计算和问题解决上。有研究发现,女生在计算能力上具有一定优势,但只表现在中小学阶段;问题解决能力方面,中学时期女生优于男生,高中及大学阶段男生优于女生。另有研究证明,男生在竞争性数学活动中表现比女生好,女生在合作性数学活动中表现比男生好。

2. 言语智力的性别差异

言语智力是对语言符号的加工、提取、操作的能力,表现在听、说、读、写四个方面。研究发现,女生言语智力普遍优于男生。在各种言语智力中,以词的流畅性所显示的女性优势最为明显,而言语推理能力则显示了男性优势。但研究言语智力的性别差异并未得到一致的结论。

3. 空间智力的性别差异

空间智力是体现性别差异最明显的一种智力,也是较难描述和解释的一种智力。研究表明在空间知觉和心理旋转测验中,男性明显优于女性,而在空间想象力测验中,男女差异不显著。

第四节 智力的测量

测量智力的工具是按标准化的程序所编制的各种智力测验,智力测验是在一定的智力理论和测量理论指导下,通过测验的方法来衡量人的智力水平高低的一种科学方法。根据测验的方式可分为个人测验和团体测验;根据测验的内容可分为文字测验和非文字测验;根据智力的分类可分为一般智力测验、特殊智力测验和创造力测验。实施这些测验的目的是为了综合评定人的智力水平,把智力用数量化的方法精确地表示出来。

一、一般智力测验

一般智力测验即智力测验,是目前国际上普遍流行的一类测验。

(一)智力测验的由来

用一定的手段和工具来测定人的智力,古已有之。如分心测验、九连环、七巧板等。19世纪末,达尔文的表兄弟高尔顿(Francis Galton)最早进行了智力评估的尝试。高尔顿观察到,聪明人常常有聪明的亲戚,他相信智力主要是生物学或遗传决定的,而这是适者生存的结果。因此,他试着对一些人的脑袋大小和感觉敏感性进行测量,结果这些指数与学业成绩和聪明没有什么关系。虽然高尔顿失败了,但是他大胆地提出了一个构想:智力是可能通过数量化的方式测量的。他设计了高尔顿音笛和高尔顿棒,分别测定人的听觉和视觉辨别能力,试图通过感觉辨别力来估计人们智力的高低。

(二)斯坦福-比奈智力量表

系统采用测验方法来测量人的智力,是在20世纪初由法国心理学家比奈(Alfred Binet)和医生西蒙(Théodore Simon)提出来的。比奈早年就从事测验的研究,曾花费三年时间测验了自己的两个女儿,并于1903年出版了《智力的实验研究》一书。1904年,比奈受法国教育部委托,参加筹建智力障碍儿童教育委员会,并承担任务,研究一套筛查智力障碍儿童的量表,以便把他们从一般儿童中区分出来。1905年,比奈在西蒙的帮助下,编制了一个包括30个项目的正式测验,每个项目的难度逐渐上升。根据儿童通过项目的多少来评定他们智力的高低。这就是最早出现的一个量表:比奈-西蒙智力量表(Binet-Simon Test)。

1908年,比奈和西蒙对已编制好的量表进行了第一次修订。测验项目由30个增加到58个。测验的年龄从3~15岁,每个年龄组的测验项目为4~5个。1916年,美国斯坦福大学教授特曼将比奈-西蒙量表介绍到美国,并修订成为斯坦福-比奈智力量表(Stanford-Binet Intelligence Scales)(表9-4)。斯坦福-比奈智力量表是一种年龄量表,它以年龄作为测量智力的标尺,规定某个年龄应该达到的某一智力水平。智力测验的项目按年龄分组编制,每个年龄组的测验都由6个项目组成,内容包括绘画、折叠、给单词下定义、判断词义、回忆故事、进行推理等许多方面,随着年龄的上升,项目的难度也逐渐增加。

表9-4 斯坦福-比奈智力测验题目

年龄	测验题目
5岁组	1.画一张缺腿人的画 2.在测验者表演后,将一张方纸叠两层,成三角形 3.给下列单词下定义:球、帽子、炉子 4.描一个正方形 5.辨认两张画片的异同 6.把两个三角形组成一个正方形
8岁组	1.从一张标准词汇表上给8个单词下定义:桔子、稻草、顶上等 2.尽可能回忆一个简单故事的内容,发现故事表述上的荒唐、不合理,如一人得了两次感冒,第一次使他一命呜呼,第二次很快就好了 3.分辨以下单词:飞机与风筝;海洋与河流 4.知道轮船为什么会开动 5.如果见到一个迷了路的3岁儿童,应该怎么办 6.列举一周内各天的名字
12岁组	1.给14个单词下定义:如急速、功课、技能等 2.看出下文的荒唐处:比尔·琼斯的脚太大,以至于他必须从头上套下他的裤子 3.理解在一个复杂图片上所描述的情景 4.按相反顺序重复五个数字 5.给抽象单词下定义:如遗憾、惊奇 6.在不完整的句子中填入遗漏的单词,如一个人不能是英雄……一个人总可以是个人

该量表使用智力年龄,也叫心理年龄,简称智龄,即受测试者通过测验项目所属的年龄来测量人的智力。如果一个孩子只能通过该量表5岁组的全部项目,而不能通过6岁组的项目,那么这个孩子的智龄为5岁;如果他不仅通过了5岁组的全部项目,而且通过了6岁组的四个项目、7岁组的三个项目、8岁组的两个项目,而未通过9岁组的项目,那么这个孩子的智龄就是6岁6个月。很明显,一个孩子的智龄越大,他的智力发展水平就越好。

智龄是对智力的绝对水平的测量,它表明了一个儿童的智力实际达到了哪种年龄水平。早期的智力测验(比奈1905、1908年的测验)就是用它来表示儿童智力的发展水平的。但是,智龄的大小并不能确切地说明一个孩子的智力发展是否超过了另一个孩子。智龄相同的孩子,由于实际年龄不同,他们的智力是不一样的。为了将一个孩子的智力水平与其他同龄孩子进行比较,还必须考虑智龄与实际年龄的关系,并对个体的相对智力做出估计。德国心理学家施特恩(William Stern)首先提出智商的概念,推孟(Lewis Madison Terman)则采用智商的概念来表示智力的高低。

智商也称智力商数(intelligence quotient),用IQ表示,它是根据智力测验的作业成绩所计算出的分数,代表了个体的智龄(MA)与实际年龄(CA)的关系。其公式为:

$$智商(IQ)=智龄(MA)/实龄(CA)\times 100$$

按照这个公式,如果一个5岁儿童的智龄与他的实际年龄相同,那么这个孩子的智商就是

100,说明他的智商达到了正常 5 岁儿童的一般水平,如果一个 5 岁儿童的智龄为 6,那么他的智商就是 120 了。韦氏测验与比奈测验相同,都以 100 代表智力的一般水平,因此如果智商超过 100,说明个体的智商水平高;低于 100,则说明个体的智商水平低。

斯坦福-比奈用智龄和实际年龄的比率来表示智商,叫比率智商(ratio IQ)。比率智商有一个明显的缺点,即人的实际年龄逐年增加,但智力水平发展到一定阶段却可能稳定在一个水平上。这样,采用比率智商来表示人的智力水平,智商将逐渐下降。这是和智力发展的实际情况不符的。因此,斯坦福-比奈智力量表之后又经过多次修订,接受了后期韦氏提出的离差智商的概念,扩大了适用范围,成为目前世界上广泛流传的标准测验之一。该量表的目的是用于预测儿童学校学习的适应性,测量的内容主要集中在学校学习所需要的认知方面。比之早期量表,当今智力量表的内容有了扩展,不再局限于知识学习所需要的能力。

(三)韦克斯勒智力量表

继斯坦福-比奈量表之后,韦克斯勒(David Wechsler)编制了多套智力量表,1939 年编制韦克斯勒-贝勒维智力量表(Wechsler-Bellevue Intelligence Test)(表 9-5)用于测量成人智力;1949 年编制韦克斯勒儿童智力量表(Wechsler Intelligence Scale for Children,WISC),适

表 9-5 韦氏成人智力量表示例

测验名称		测验内容	测验实例
言语量表	常识	知识的广度	水蒸气是怎样来的? 什么是胡椒?
	理解	实际知识和理解能力	为什么电线常用铜制成? 为什么有人不给售货收据?
	心算	算术推理能力	刷一间房子 3 个人用 9 天,如果 3 天内要完成它需用多少人? 一辆汽车 45 分钟行驶 18 千米,20 分钟它走了多少千米?
	两物相似	抽象概括能力	圆和三角形有何相似? 蛋和种子有何相似?
	背数	注意力和机械记忆能力	按次序复述以下的数:1、3、7、5、4 倒数以下的数:5、8、2、4、9、6
	词汇	词语知识	什么是河马? "类似"是什么意思?
操作量表	图像组合	处理部分与整体关系的能力	将拼图小板拼成一个物体,如人手、半身像等
	填图	视觉记忆及视觉的理解性	指出每张画缺了什么,并说出名称
	图片排序	对社会情境的理解能力	把三张以上的图片按正确顺序排列,并说出一个故事
	积木拼图	视觉与分析模式能力	在看一种图案之后,用小木块拼成相同的样子
	译码	学习和书写速度	学会将每个数字与不同的符号联在一起,然后在某个数字的空格内填上正确的符号

用于5～15岁儿童,1974年重新修订该量表(简称 WISC-R),使之适用于6～16岁儿童,1991年发表了第三次修订版(简称 WISC-Ⅲ);1955年修订韦克斯勒-贝勒维智力量表,发表了韦克斯勒成人智力量表(Wechsler Adult Intelligence Scale,WAIS),1981年再次修订(简称 WAIS-R),使之适用于16～74岁的成人;1963年编制韦克斯勒学龄前儿童和学龄初期儿童智力量表(Wechsler Preschool and Primary Scale of Intelligence,WPPSI),适用于4～6.5岁儿童,1988年对该量表修订(简称 WPPSI-R),使用对象改为3～7.5岁儿童。这些量表测量了范围较广泛的智力。

韦克斯勒-贝勒维智力量表(表9-5)以弗农(Philip Ewart Vernon)的层次结构理论为基础,包含言语和操作两个分量表,可以分别度量个体的言语智力和操作智力。言语分量表包含的项目有,词汇、常识、理解、回忆、发现相似性和数学推理等;操作分量表包含的项目有,完成图片、排列图片、事物组合、拼凑、译码等。应用韦氏智力测验的量表不仅可以度量出智商的一般水平,而且可以度量出智商的不同侧面:言语智商和操作智商。两者虽然有很高的正相关(+0.77～+0.81),但用这两种量表测得的却是不同的智力。通过这些分量表测得的分数状况可以具体了解个体的智力构成特点,也可用来对学习困难学生进行诊断。

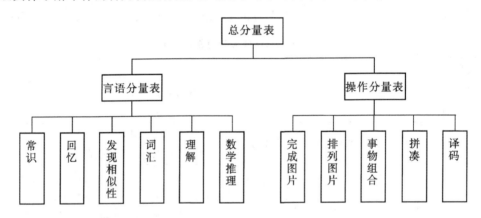

图9-5 韦氏智力测验的分量表组成

为了克服比率智商的缺陷,韦克斯勒把比率智商改成离差智商(deviation IQ)(图9-6)。离差智商以被测者的表现与同龄其他人的平均表现之比为基础,将人们的智商看作是平均数为100,标准差为15的正态分布,它表明被试的分数相对地处于同年龄标准化样组的均数之上或之下有多远,即以离差大小表明智力高低,离差大且为正数者智商高,离差大且为负数者智商低。提出离差智商的根据是:人的智力的测验分数是按正态分布的,大多数人的智力处于平均水平。这样,一个人的智力就可以用他的测验分数与同一年龄的测验分数相比来表示。公式为:IQ=100+15Z,其中 $Z=(X-M)/SD$。Z 代表标准分数,X 代表个体的测验分数,M 代表团体的平均分数。SD 代表团体分数的标准差。例如,某施测年龄组的平均分为85,标准差为10,某学生得分为95,那么他的得分比他所在年龄组的平均得分高出一个标准差,Z=1,IQ=115,智商高出同年龄组84%的人。

由于离差智商是对个体的智商在其同龄人中的相对位置的度量,因而不受个体年龄增长的影响。离差智商克服了比率智商的弊病,但也存在问题,容易造成对智力绝对水平的误解,例如一个人的离差智商在60岁和20岁时可能都是100,但60岁时的智力应比20岁时的智力

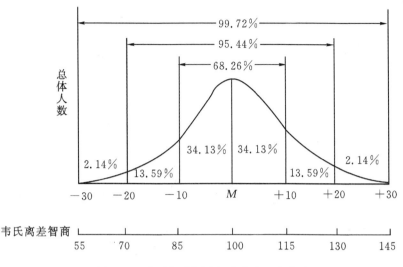

图 9-6 韦氏智力测验智商分布正态曲线

低一些。

(四)瑞文推理测验

瑞文推理测验(Raven's Progressive Matrices,RPM),简称瑞文测验,是由英国心理学家瑞文(John Carlyle Raven)于1938年设计的一种非文字智力测验(图9-7)。该测验以智力的二因素理论为基础,主要测量一般因素中的推理能力,尤其可以测量人的解决问题的能力、观察力、思维能力、发现和利用自己所需的信息及适应社会生活的能力。它的主要特点是适用年龄范围宽,测验对象不受文化、种族、语言的限制,并且可以用于一些生理缺陷者,如用于聋哑儿童。测验既可以个别进行,也可以团体实施,使用方便,省时省力,结果解释直观简单,测验具有较高的信度和效度。它可排除或尽量克服知识的影响,努力做到公平,这是斯坦福-比奈智力量表和韦氏智力量表所不能代替的。

瑞文测验有四个版本:标准型、彩色型、高级型 A 型和高级型 B 型。

1. 瑞文标准推理测验(SPM)

瑞文标准推理测验的测试对象要求 8 岁以上,由 5 个系列 60 个项目构成,具体包括:

A 系列　测知觉辨别力、图形比较、图形想象。
B 系列　测类同、比较、图形组合。
C 系列　测比较、推理、图形组合。
D 系列　测系列关系、图形组合。
E 系列　测组合、互换等抽象思维能力。

2. 瑞文彩图推理测验(CPM)

瑞文彩图推理测验的对象为 5~11 岁的儿童,由 3 个系列共 36 个项目构成。

3. 瑞文高级推理测验(APM)

瑞文高级推理测验的测试对象为高智力成人(SPM>55),该测验包含两套,第一套含有 12 个项目,第二套包含 36 个项目。

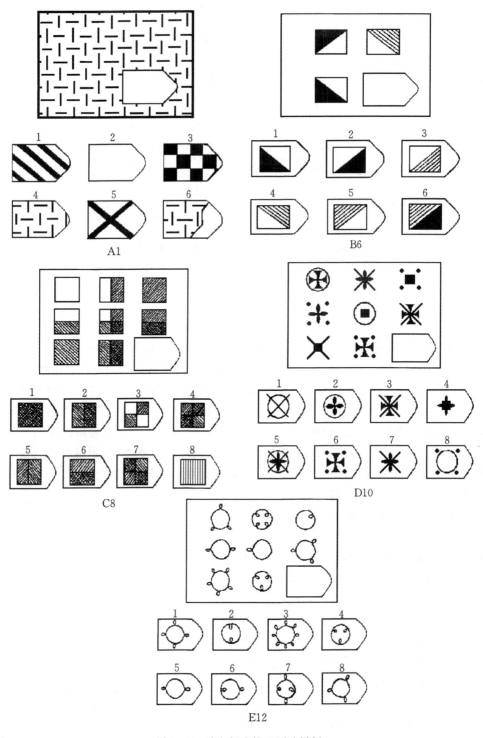

图 9-7 瑞文标准推理测验样例

瑞文推理测验与文字智力测验相比在对象上不受文化、种族与语言等条件的限制,适用年龄范围也很宽,且不排除一些生理缺陷者,可用于大规模筛选,在一定程度上可以克服个体受教育程度的影响,是文字测验所不能替代的。

二、特殊智力测验和创造力测验

(一)特殊智力测验

使用不同的方法和手段来度量不同的实践领域所需要的特殊智力,就叫特殊智力测验。特殊智力测验具有较强的针对性,因而对职业定向指导、安置和选拔从业人员,发现和培养具有特殊智力的儿童有重要意义。但这种测验发展较晚,因而测验的标准化问题尚未得到较满意地解决。

(二)创造力测验

创造力测验不同于一般智力的测验。智力测验的内容一般为常识性的,并有固定答案的问题,主要测量个人的记忆、理解和一般的推理能力。而创造力测验不强调对现成知识的记忆与理解,而强调思维的流畅性、变通性与超乎寻常的独特性。

1. 南加利福尼亚大学发散性思维测验

美国南加利福尼亚大学的吉尔福特(Joy Paul Guilford)和他的同事编制了一套发散性思维测验。测验的项目有:语词流畅性、观念流畅性、联想流畅性、表达流畅性、非常用途、解释比喻、用途测验、故事命题、事件后果的估计、职业象征、组成对象、绘画、火柴问题、装饰。前10项要求用言语反映,后4项则用图形内容反映。该测验适用于中学水平以上的人,主要从流畅性、变通性和表达独特性记分(有时也根据精细性记分)。例如,"组成对象"是要求被试用一些简单的图形(如圆形、长方形、三角形、梯形)画出指定的事物。在画物体时,可以重复使用任何一个图形,也可以改变其大小,但不能添加其他图形或线条。

2. 托兰斯创造思维测验

美国明尼苏达大学的托兰斯(Ellis Paul Torrance)等人编制了一个著名的创造力测验,该测验分为3套,共有12个分测验,为了减少被试的心理压力,用"活动"一词代替"测验"一词。三套测验分别为:语词创造思维测验、图画创造思维测验和声音语词创造思维测验。测验时根据4个标准评分:流利(中肯反应的数目);灵活(由一种意义转到另一种意义的数目);独特性(反应的罕见性)和精密(反应的详细和特殊性)。被试从整个测验中得到一个总的创造力指数,代表个体的创造性思维的水平。该测验适用于从幼儿到研究生的文化水平,普遍采用集体测试的方法,对于小学4年级以下学生,一般用个别口头测试。

3. 芝加哥大学创造力测验

美国芝加哥大学的心理学家盖泽尔斯(Jacob Getzels)和杰克逊(Phillip Jackson)等人根据吉尔福特的思想对青少年的创造力进行了深入的研究,在20世纪60年代编制了这套测验。这套测验包括下列5个项目:

①语词联想测验;
②用途测验;

③隐蔽图形测验；
④完成寓言测验；
⑤组成问题测验。

这套测验适用于小学高年级到高中阶段的青少年，适用于团体测试，并有时间限制。

目前尚无证据表明智商与创造力之间存在高相关，并且智商与创造力之间的相关高低可能与创造力测验的性质有关。可以肯定的是，高智商并不能保证高度的创造力，而低智商的人肯定只能得到创造力的低分数。

创造力是创造性活动的必要条件，因此，科学家试图编制创造力测验对其进行测量。由于创造力测验的研究历史较为短暂，测验的标准化程度还存在许多问题。某些测验虽然取得了一些进展，但是离预测和控制人的创造行为的实际应用，还距离很远。

三、智力测验的标准化问题

智力测验是衡量人的智力和智力发展水平的工具，其好坏直接关系到能否真实、准确地度量出人的智力。

编制标准化智力测验要经过标准化的过程，建立常模，并注意测验的信度和效度，这是评定测验质量优劣的主要技术指标。

(一)标准化与常模

测验者在编制测验时首先把测验实施于一个代表性样本，当其他人按照同样程序受测时，他们的分数就能够与由这一样本确定的标准进行比较，这种相对于一个前测样本来解释分数意义的过程叫作标准化。标准化测验在编制时要经历4个标准式的步骤：

①按照测验的性质选择具有代表性的测验题目。
②选取具有代表性的被试，确定标准化样本。
③施测程序的标准化。
④统计结果，建立常模。样本施测后，对结果加以统计处理，得出一个具有代表性的分数分布，即常模。常模包括最高分和最低分、样本的平均数、各种分数上的人数。

标准化测验的结果一般都形成一个正态分布，不管我们测量的是什么内容，其分数通常都集中在平均分数的两侧，而在智力测验中，这个平均分被定为100。为了使平均分接近100，智力测验会定期进行标准化。例如，如果用韦氏测验的最新版来测验，那么就必须对照最新版被测样本的标准，而非之前版本的样本标准。新西兰研究者詹姆斯·弗林(James Flynn)发现，智力测验的成绩随着版本的修订在不断上升(如图9-8)，这种现象被称为弗林效应，他第一次计算出了这一效应的大小。

尽管弗林效应的原因还是个谜，但是这一效应在全球20个国家得到验证，因此作为一种重要现象得到了广泛的认可，这意味着测验可能存在问题或者智力是可变的。无论用什么因素来解释这一现象，它的存在都驳斥了遗传论者所提出的一个观点：20世纪那些较低分数者的较高出生率，将会使人们的智力分数越来越低。弗林对于这一代人居然比他的祖辈聪明那么多感到难以想象，但是他认为这些数据很难被忽略。霍华德(Howard)认为国际象棋比赛中年轻选手在成绩上的优势提供了"说明人们的总体智力的确可能在不断提高的现实性证据"。

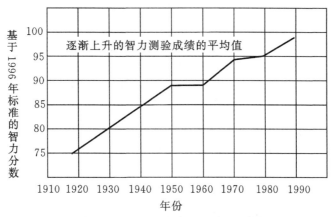

图 9-8 美国 1918—1989 年智力测验的成绩变化趋势

(二)信度

如果一个测验没有信度,那么即使将个人的测验分数与标准化样本的分数进行了比较也不能说明任何问题。一个好的测验必须能够可靠地得到一致的分数,这是测验具有信度的表现。为了考察一项测验的信度,研究者通常采用同一测验或测验副本来对人们进行重测。如果两次的分数大致相同或相关,那么就说明该测验是可信的。智力测验的信度系数一般为 +0.90。

(三)效度

高信度并不能保证测验对所要测量内容的实际测量程度,即效度。对于某些测验来说,具有内容效度就足够了,即测验涉及的是所研究的内容。其他测验是从他们与效标(即对测验所要评估内容的一项独立测量)的一致性程度来评估的。对一些测验来说,效标是未来的表现,智力测验一般需要有预测效度。但是正如批评者所批评的,智力测验的预测效度并不高,主要表现在预测效力随被测者受教育程度升高而降低,主要是因为使用大范围群体检测出具有较高效度的测验用于范围狭窄的群体时,就会导致预测效力下降。

(四)科学使用智力测验

1. 智力测验的局限性

推孟在修订了斯坦福-比奈智力量表之后,促进了智力测验的广泛应用,他的动机是通过评估儿童"对特别技术训练的适宜性"来"说明他们在先天禀赋方面存在差异",其目的是想通过智力测验的结果控制生育的选择,鼓励天才的出生,阻止低能者的繁衍。在他的帮助下,美国政府编制了新的测验来对新移民以及一战中的 170 万新兵进行评估,这些测验结果表明了某些心理学家所谓的一些民族劣等性,并进而导致 1924 年的移民法的出台,移民定额的缩减。这是全球首次大规模的智力测验,也是智力测验早期被滥用的一个真实例证。推孟后来也意识到测验分数不仅反映了人们先天的心理能力,也反映了他们的受教育程度以及对测验所涉及文化的熟悉程度。推孟本人"智力存在极显著的种族差异"的价值观影响了他对测验结果的解释以及使用,也让我们看到了科学客观背后隐藏的主观意识形态的影响。因此,无论是智力测验还是其他心理测验,在使用中都应当考虑测验的适用范围及其局限。综合智力测验的发展现状,研究者们对目前的智力测验存在以下质疑:

——测出的是智力还是知识技能?传统智力概念把智力看作是获取知识的能力,因此在智力测验的编制中主要以常识和经验为测量内容,考察的主要是个体的认知能力,因此许多学者对以传统智力概念为基础编制的智力测验提出质疑:我们究竟测出的是智力还是个体的知识技能。

——智力测验是否公平?弗林效应的存在证明了智力因社会的进步和发展而有所提高,这也就意味着不同受教育程度、不同营养、不同生活环境的个体在智力上存在差异,仅以智力测验的结果来衡量个体智力的高低有失公平。

——忽略了传统智力因素之外的因素。在智能不足的人中有一些特殊的个体,即学者综合征(Savant-Syndrome)患者,是指有认知障碍,但在某一方面,如对某种艺术或学术,却有超乎常人能力的人。如果使用传统智力测验对学者综合征的个体进行测验,那么这些具有特殊能力的人可能都会埋没在智力低下的人群中。

——测验结果不能决定成就大小,使用不当会影响个体的心理。传统智力测验只能反映个体当前的智力水平,不能描述发展的趋势和速度。目前的测验大部分属于速度测验,"快即聪明"原则不适合对潜能的测验。有研究者通过智力测验将天才儿童从"非天才儿童"中隔离出来进行教学,但是结果发现接受分班教学的学生在学业成就分数上并不比不分班的学生高,分班教学不仅会降低学生的自尊,而且有时还会产生"自我实现"的预言:那些被称为"非天才"的学生会受影响而的确不能成为天才(Lispey & Wilson,Braddock & Slavin)。这种把儿童分成天才和非天才的做法,主要是基于智力测验的结果,即把智力视为一种单一的特质,而非多种潜能,这种贴标签的方式忽视了天才标准是由我们而非自然制定的事实,因此可能造成不当的影响,限制个体的未来发展。

2. 使用智力测验的注意事项

鉴于目前智力测验发展的局限,在使用智力测验时首先要慎选测验对象,原则上非必要不使用;使用时对测试结果要客观评价,避免加入个人的主观解释,特别是在学校使用时,要避免教师期望与自验预言,测试结果必须由专业人员向必要知情人解释;在整个测验过程中,必须遵守操作规范,保证测验的标准化。

[延伸阅读]

比纳(奈)-西蒙的智力测量

比纳(Alfred Binet,1857—1911)的心理学之路充满曲折。比纳1857年出生在法国的尼斯,父亲是位医生,母亲则具有艺术天赋。他尚在年幼时,父母离异,他跟着母亲长大。可能由于这个在当时尚不多见的境遇,也可能由于他是家中唯一的孩子,也或出于他的天性,长大之后,他成为一个相当内向的人,在学生时代,他曾拿到法律学位,可又认为科学更有趣味,因此转而学医。后来又放弃学医,转而研究心理学,因为他在多年前已深深地迷恋于这门学科。在走向心理学这门学科时,比纳并不是接受正规培训,而是埋头于图书馆浩如烟海的书籍之中。他做过催眠实验,写过戏剧,还兴高采烈地花费大量时间来观察自己的两个孩子的思维发展过程。直到37岁那年,他才获得姗姗来迟的博士学位。尽管该学位的方向是自然科学,而不是心理学，但由于他当时在一所大学担任生理心理学实验室主任，加上他的络腮胡须、夹鼻眼镜和一头艺术地散布于前额上的卷发，他看上去也的确有那么一股子学气。然而，他最大的愿望是当一名心理学教授，却从未能实现，这与他不严谨的催眠实验的名声、所受的不正规教育及博士学位的错位有关。

接下来，比纳又冒出了一种奇怪的热情，他想证明，智力直接与大脑的体积相关，并可通过"测颅术"进行测量。他在1898—1901年发表了9篇论文，以论述在这一问题上的发现。这些论文全部发表在《心理学年刊》上。该杂志是他创办的，也由他做编辑。他再次走到了歧途上。在这一系列活动的初期，他宣布说，大脑尺寸与智力相关，这是"毋庸置疑的"事实。后来，他请老师将自己认为的班上智力最佳的学生和智力最差的学生挑选出来，他一一对其头颅进行测量，结果发现，头颅大小的差别几乎没有任何意义。他迅速对这些学生进行重新测量，并对得出的数据进行反思，而后得出结论说，大脑尺寸的确存在有规律的差别，但差别的程度非常微小，而且，这些差别只存在于每组最聪明和最不聪明的5个学生之中。于是，他抛弃了将测颅术当作测量智力的方法。到此时为止，人们很难想象得出，已届中年的比纳会很快干出一番相当具有学术内涵的成就，而且该项成就对全世界来说影响巨大。

他仍然保持着对智力测量的兴趣。他认为，智力不是高尔顿所设想的可用感觉和运动能力进行认识，而是认知能力的综合体现。比纳与实验室的一位同事开始在巴黎的一些儿童身上进行实验，并发明一系列测试方法以测验他们的能力，包括记忆测试（对词汇、音乐符号、颜色和数字的记忆）、词汇联想测试、语句完形测试等。他们的发现说明，如果知道如何统计这些数据，这一系列的相关测试可以测出智力。

一系列有利的事件进一步刺激比纳从事他的这项研究。1881年，法国实行强制性儿童普及教育。作为一个专业组织，比纳身为其中一员的儿童心理学研究处，于1889年敦促公共教育部，要其设法帮助那些学校里心理迟钝、难以跟上正常班级的儿童。1904年，公共教育部指定成立一个委员会，要研究这一问题，比纳亦为成员之一。该委员会一致认为，可以通过考试，确定出心理迟钝的儿童，并将其放在特殊的班级或学校里，让他们在那里接受合适的教育。至于如何考试，委员会未置一词。

比纳和西蒙自觉地承担了这份工作，试图编制一份考题出来。他们首先汇集了大量试题，这些试题来自不同的研究和实验项目，以及他们自己的设计。然后，他们来到一些小学，让3～12岁的学生试做这些试题。这些学生中，有老师认为一般的，有认为中下等的。他们还测试了在医院住院的有障碍儿童，他们大多是白痴、低能或弱智。他们煞费苦心地指导了几百名儿童进行这些考试。然后删去或修改一些不合适的题目，最后形成了著名的"智力量表"。1905年，他们在《心理学年刊》里将该表描述为"一系列越来越难的测试题，开始于可观察到的最低难度水平，结束于普通的智力标准，系列中的每组试题对应于某种不同的智力水平"。

在测定孩子们是正常还是心理迟钝时，比纳与西蒙萌生了一个了不起的创见：心理迟钝儿童的智力与正常儿童的智力并不是不同的智力，而是没有完全发育到该年龄段应有水平的智力；他们以小于自己的儿童的回答方式来回答这些问题，因此，智力可以这样确定：测量某个孩子的表现是否与其所在年龄段的正常孩子的平均能力相符。正如比纳和西蒙所言："因此，我们将能知道……一个孩子的水平在正常孩子的平均水平之上还是之下。如果能够理解正常人的智力发育的正常过程，我们就能确定一个人超前或落后多少年。一句话，我们将能确定出白痴、低能和弱智对应于这个表的哪一个等级。"按照年龄确定智力，汇集一套认知试题以测量心理年龄，就此替代了高尔顿的人体测量法，从而构成了智力测验运动的基础。

比纳和西蒙在发表该项成果之后，进一步考虑了自己所发现的一些缺点及别人提出的批评意见，先后于1908年、1911年对这套量表进行了大幅度的修订，包括给出一定的评分信息，如某一年龄的孩子应该回答的问题或完成任务的标准（如果该年龄组60%~90%的孩子都能通过某项测试，他们就认为该项测试适合于该年龄组的正常儿童）。1911年修订后的量表包括下列项目。

3岁：

指出鼻子、眼睛和嘴。

重复两位数字。

列举图画中的物体。

说出自己的姓氏。

重复一个由6个音节组成的句子。

6岁：

区别早晨和晚上。

通过用途定义一个词。（例如，"叉子是用来吃东西的。"）

照样子画一个菱形。

数出13便士。

在图画中指出画得丑的脸和好看的脸。

9岁：

从20苏比中找出零钱。

高于用途定义词汇。（例如，"叉子是一种进餐的工具。"）

分出9种钱币的价值。

按顺序报出月份的名字。

回答简单的"理解问题"。（如，问："错过火车后怎么办？"答："等下一趟车。"）

12岁：

抵抗暗示。（让孩子看四对不同长度的线条，然后问每对中哪一根长些；最后一对线条的长度是一样的。）

用3个给定的词汇组成一个句子。

3分钟内说出60个单词。

对3个抽象词进行定义（慈善、公正、善良）。

根据一个顺序打乱的句子，说出它的意义。

比纳和西蒙在选择测试材料时，尝试测量的是"天生智力"而不是后天死记硬背的学习，但比纳并不是高尔顿那样执着的遗传论者。他明确地宣称，该量表丝毫没有涉及这个孩子的过去或将来，而只是对其目前状况的一种评估。比纳提醒人们注意，这些测试结果，如果生硬地对其进行解释，则可能给一些孩子贴上错误的标签，或彻底地毁灭这些孩子的生活，因为他们在特别的帮助或培训下，有可能提高智力水平。他还骄傲地引用了一些例子。在他所创立的一所实验学校里，有许多智力低于正常水平的孩子在特殊班级里，智力水平已大大提高了。

比纳量表是一个巨大的成功。在很短的时间内，该量表就在美国、加拿大、英国、澳大利亚、新西兰、南非、德国、瑞士、意大利、俄国和中国得到广泛应用，并被翻译成日语和土耳其语。

在工业社会里显然需要这样一个测量标准。心理学家哥达德(H. H. Goddard)于1910年将此标准介绍给美国的心理学家,并于1916年写道:"如果说整个世界都在谈论比纳-西蒙标准,也根本算不上夸张。它不过是一个开始。"比纳卒于1911年,享年54岁,未能活到自己胜利的这一天。然而,即使真的活到这一天,他可能会悲伤地发现,这个标准虽为许多国家所采用,在法国却不受欢迎,更不被采用。直到1920年代,法国才开始使用这项标准,而且是一位法国社会工作者从美国带回来的。直到1971年,比纳才开始在法国受到人们的尊敬,有人在他对心理迟钝儿童进行教育实验的那所学校里举行仪式,以纪念他和西蒙。

(亨特.心理学的故事[M].李斯,王月瑞,译.海口:海南出版社,1999.)

思考题

1. 举例说明一般能力和特殊能力。
2. 试述智力的形成与影响因素。
3. 试述智商的概念与发展。
4. 试述智力测评与差异。
5. 什么是创造力?

第十章

人　格

无论是在现实生活中还是在文艺作品中,我们都能发现众多形象鲜明却又性格迥异的人,比如有人活泼开朗,有人忧郁惆怅,有人严谨缜密,有人冲动莽撞,有人顽强进取,有人畏惧退缩……这些都是人格差异的具体表现。除了能力以外,人格是心理学研究个体差异的另一个重要主题。人格是个体在心理和行为中表现出的自己独特的风格,是一种相对稳定的心理特征。汉语中有很多俗语都是用来描述人格的,比如"人心不同,各如其面""江山易改,禀性难移"。本章从人格的概念和特征着手,介绍了人格的重要构成:气质和性格,接着阐述了遗传和环境交互作用对人格形成和发展的影响,随后简要回顾了几种具有代表性的人格理论,最后介绍了目前常用的人格评估的测量工具。

第一节　人格概述

心理学上的人格类似于我们平常所说的个性,它既有先天的气质基础,又是后天性格刻画的结果。从心理学的角度说,能力与人格是决定人生成败的两大因素,但两者功能不同。能力助人获得机会,但使人成功的却是人格。所谓"性格即命运",正是在这个意义上说的。

一、人格的概念

在心理学领域,人格(personality)是心理特征的整合统一体,是一个相对稳定的结构组织,能够在不同时空背景下影响人的外显行为和内隐行为模式,同时它也是个体稳定的、有别于其他人的独特的心理倾向和行为模式。要理解人格这一概念,需了解其词源。人格的英文术语起源于拉丁词"persona",原意是指古希腊罗马时代的喜剧演员在舞台上扮演角色所戴的假面具,它代表剧中人物的角色和身份,表现剧中人物的某种典型心理。将人格视为面具有两层含义:其一,人格是指个体显露于社会的外在表现特征;其二,人格表现特征的背后有隐秘于个体内心的内在稳定特征,这种稳定特征使个体的行为保持着跨时间跨情境的一致性。所以,人格特征通常是指非认识性的,表现在人际交往活动中稳定的心理倾向和行为模式。心理学家对人格的认识并不完全统一,这是因为人格是一个相当复杂的问题。心理学家研究人格,主要是探索人格的类型差异,揭示人格形成的规律。不同人格心理学家研究的视角和方法不同,因此他们对人格的理解也不一样。目前学界较统一的观点是气质和性格是人格的主要内容。

二、人格的特征

(一)独特性

人格的独特性不仅表现在人格在个体之间是不同的，而且体现为不同民族的人格也具有差异。比如，古语说的"人心不同，各如其面"，指的就是人格在个体间的差异性。在民族层面，中华民族以勤劳和孝善为特点，而德意志民族则以理性和严谨著称。

(二)稳定性

人格的稳定性表现在人格在不同时间和空间中均表现出较高的一致性。汉语中的很多俗语都暗含了人格跨越时间和空间的稳定性的特点，比如"三岁看大，七岁看老"和"江山易改，禀性难移"。

(三)统合性

人格是由多种成分构成的一个有机整体，具有高度的内在一致性，受自我意识的调控。人格的统合性是心理健康的重要指标，只有人格各成分之间和谐一致，才是健全的人格。

(四)功能性

我们常说的"性格决定命运"指的就是人格的功能性。个体的人格倾向会为其认知方式、情感体验和行为方式打上深深的烙印，进而直接影响个体的学习、事业、婚姻，甚至命运。

第二节 气质和性格

人格是一个复杂的结构系统，包括了诸如气质、性格、自我调控等多种重要方面。本节主要讲述气质和性格这两个方面。

一、气质

(一)气质的概述

"气质"(temperament)这一概念与我们平常说的"禀性""脾气"相类似。在日常生活中，我们可以看到，有的人总是活泼好动、反应灵活，有的人总是安静稳重、反应缓慢，有的人不论做什么事总显得十分急躁，而有些人的情绪却总是那么细腻深刻。个体上述心理特征和行为反应的差异就是其不同的气质类型决定的。

气质是由生理尤其是神经生理结构和功能决定的心理活动的动力属性，表现为行为的能量和时间方面的特点。气质是个体与生俱来的，它不是个体产生心理活动的原因，而是使人的心理活动具有某种稳定的动力特征。所谓心理活动的动力特征,是指心理过程的强度(例如,情绪体验的强度、意志努力的程度)、心理过程的速度和稳定性(例如,知觉的速度、思维的灵活程度、注意力集中时间的长短)以及心理活动指向性特点(例如,有的人倾向于外部事物,从外界获得新印象;有的人倾向于内心世界,经常体验自己的情绪,分析自己的思想和印象)等方面在行为上的表现。气质不仅表现在情绪活动中,而且也表现在包括智力活动等各种心理活动中。它仿佛使人的全部心理活动都染上了个人独特的色彩。具有某种气质类型的人,常常在内容完全不同的活动中都能显示出同样性质的动力特点。例如,一个学生具有安静迟缓的气质特征,这种气质特征会在学习、工作、参加考试、当众演说、体育比赛等各种活动中表现出来。个人的气质特点不以活动的内容为转移,它表现的是一个人与生俱来的自然特性。

个体一出生,就具有由生理机制决定的某种气质。我们可以观察到,新生儿有的爱哭闹,四肢活动量大;有的则比较安静,较少啼哭,活动量小。这种先天的生理机制构成了个体气质的最初基础,并在儿童的游戏、作业和交往活动中表现出来。同时,由于生理成熟和外界环境的影响,在个体生长发育过程中气质也会发生改变。例如,在集体主义的教育下,脾气急躁的人可能变得较能克制自己;行动迟缓的人,可能变得行动迅速起来。一个人的气质具有极大的稳定性,但也有一定的可塑性。

(二)气质对个体的影响

气质是个体心理活动的稳定的动力特征并在其外部行为上得到体现。人的各种心理活动,如认识活动、情绪活动和意志行动中都会表现出其固有的气质特点,使其具有独特的个性色彩。那么,如何评价气质在人们实践活动中的作用呢?

首先,气质主要由生物性决定,对环境的依赖较小,不带有道德价值和社会评价的内涵。气质不能决定人的价值观,不能决定人的个性倾向性的性质,它仅使个性带有一定的动力色彩。价值观处于个性倾向性的最高层次,它在需要的基础上产生而又制约着一个人的需要、动机、兴趣爱好和理想、信念。一个人的个性倾向性的性质是由他的理想、信念和价值观所决定的。可见,具有不同价值观、理想、信念的人可能具有相同的气质特征;具有相同价值观、理想、信念的人也可能具有不同的气质特征。

其次,气质是先天的,没有好坏善恶之分。每一种气质类型都有优点和缺点,每一种气质类型的人都有可能在学业和事业上取得成就。例如,多血质的人情感丰富、反应灵活、易接受新事物,但同时又情绪不稳定、精力易分散。胆汁质的人直率热情、精力旺盛、反应迅速而有力,但同时又脾气急躁、易于冲动、准确性差。黏液质的人安静稳重,善于自制、忍耐,但同时对周围事物冷淡、反应缓慢。抑郁质的人情感体验深刻而稳定,观察敏锐,办事细致、认真,但他又过于多愁善感、行为孤僻、反应迟缓。所以,人们在进行职业选择时,应该充分了解自己的气质类型,选择与之匹配的职业活动,同时用人单位在选拔人才和安排工作时也应考虑个人的气质特点。

每一种职业活动都要求从事该项职业活动的人,必须具备某些气质特征,才能有助于活动的顺利进行。但是,我们的气质特征可能符合,也可能不符合职业活动的客观要求,并且不符合是常有的事。当个人的某些气质特征不适应于普通职业活动的客观要求时,可以通过两种途径使自己适应于职业活动。一条途径是扬长避短。每一种职业需要的气质特征都是多样的,彰显有利的气质特征并回避不利的特征可以让每个人都能在自己的职业生涯中有所收获。

另一条途径是调节工作态度,用意志力来克服个人在职业活动中有缺陷的气质特征。个人在一定程度上可以对自己的气质特点进行改造。众所周知,一个人的工作态度可以掩盖某种气质的自然表现。不论具有什么气质的人,当以积极的态度投入活动时,都会表现出精神振奋、情绪高涨、干劲十足、不知疲倦;当以消极的态度进行活动时,都会表现出精神不振、情绪低落、缺乏干劲、易产生疲劳感。虽然,态度对气质的掩盖只暂时起作用,但是在长期从事某种普通的职业活动中,具有职业道德修养和坚强信念的人,可以不断地调节自己的行为,这样,适应职业活动的特点也就发展起来了。因此,正常人在普通职业活动中的不适应,主要不是气质特征上的原因,而是由于他的工作态度和职业修养上的问题。

二、性格

性格(character)一词源于希腊语,是指人的一贯的和稳定的心理特性、思维和行为方式,意为雕刻的痕迹或戳记的痕迹。这个概念强调个人的典型行为表现和由外部条件决定的行为。我国心理学界倾向于把性格定义为个人对现实的稳定的态度和习惯化了的行为方式,与社会环境最密切的人格特征。

人类在生存和发展的过程中会受到多种因素,特别是社会环境的影响,这种影响通过认识、情绪和意志活动在个体的反应系统中保存并固定下来,并以某种稳定的形式表现在个体的行为中,最终形成个人所特有的行为方式。例如,一个人在各种情境中总是表现出热情忠厚、与人为善、虚心谦逊、严于律己、遇事坚毅果断、深谋远虑。这种对人对己对事的稳定态度和习惯化的行为方式所表现出来的心理特征,就是这个人的性格。因此可以将性格理解为个人在活动中与特定的社会环境相互作用的产物。

应当注意,并不是人对现实的任何一种态度都代表他的性格特征。在有些情况下人对待事物的态度具有情境性和偶然性。例如,一个人处理事情通常很果断,偶尔地表现出优柔寡断,那么优柔寡断就不能看作是此人的性格特性,而果断则是他的性格特征。同样地,也不是任何一种行为方式都可以表明一个人的性格特性,只有习惯化了的行为方式,才能表明其性格特性。例如,一个人在某种特殊情况下,一反机敏之常态,表现得行动呆板,我们就不能把呆板看作是此人的性格特征。总之,性格及其表现出来的态度和行为方式是比较稳定的,在不同的场合都会表现出来。

三、性格与气质的关系

性格与气质都是人格的重要组成部分,是描述个人典型行为的概念。这两个概念既有区别,又有密切联系。

性格与气质的区别主要表现在下列三个方面。第一,从起源上看,气质是先天的,一般产生在个体生存的早期阶段,主要体现为神经类型的自然表现。性格是后天的,在个体的生命开始时期并没有性格,它是人在各种社会活动中与社会环境相互作用的产物,反映了人的社会性。第二,从可塑性上看,气质的变化较慢,可塑性较小,改变相对较难。性格的可塑性较大,环境对性格的塑造作用是明显的,改变相对容易。第三,气质所指的典型行为是它的动力特征而与行为内容无关,因而气质无好坏善恶之分。性格主要是指行为的内容,它表现为个体与社会环境的关系,因而性格有好坏善恶之分。

同时,性格与气质又是密切联系、相互制约的。从气质对性格形成的影响上来看。首先,气质会影响个人性格的形成。因为性格特征直接依赖于教育和社会相互作用的性质和方法。气质作为性格形成的重要变量在个体发生的早期阶段就表现出来。有些婴儿喜欢哭或笑,有些婴儿安静,另一些婴儿很好动,这些气质特征必然会影响家庭环境,影响父母或其他哺育者的不同行为反应。一个人的性格就是在这种不同性质的教育和社会环境的相互作用的过程中逐渐形成的。其次,气质可以按照自己的动力方式,渲染性格特征,从而使性格特征具有独特的色彩。例如,同样是乐于助人的性格特征,多血质者在帮助别人时,往往动作敏捷,情感明显表露于外;而黏液质者则可能动作沉着,情感不表露于外。第三,气质还会影响性格特征形成或改造的速度。例如,要形成自制力,胆汁质的人往往需要做极大的努力和克制;而抑郁质的人则比较容易形成,他用不着特别抑制自己就能办到。再从性格对气质的影响上来看,性格也可以在一定程度上掩盖或改变气质,使它服从于生活实践的要求。例如,侦察兵必须具备冷静沉着、机智勇敢等性格特征。在严格的军事训练的实践活动中,这些性格特征的形成有可能掩盖或改造着胆汁质者易冲动和不可遏止的气质特征。

总之,性格和气质是密切联系的。在日常生活中,甚至在心理学文献中,都很难把性格和气质这两类心理特征严格区分开来。这是因为人同时具有生物属性和社会属性,人的发展是生物因素和社会因素相互作用的结果。我们不能排除生物因素来看待性格的形成和发展,也不能排除社会因素来看待人的气质。不过,为了研究工作的需要,把气质和性格适当加以区分还是有必要的。

第三节 人格的成因

人格是怎样形成的?是先天遗传还是后天环境,这是一个古老且争论不休的问题。当代心理学家在这一问题上达成了共识:人格是在遗传和环境的交互作用下形成和发展的。

一、生物遗传因素

由于人格具有较强的相对稳定性,心理学家因而更加注重生物遗传因素对人格的影响,并为此进行了多项研究。许多心理学家认为:双生子研究是研究人格遗传因素的最好方法。高特斯曼(Irving Isadore Gottesman)于1963年提出了研究双生子的原则:同卵双生子具有共同的基因,他们之间的差异可归结为环境因素的作用。异卵双生子的基因虽然有不同,但在环境上有许多相似性,比如母亲年龄、家庭环境等,因此也提供了环境控制的可能性。完整地研究这两种双生子,就可以看出不同环境对相同基因的影响,或者是相同环境下不同的基因的表现。

弗洛德鲁斯(Birgitta Floderus-Myrhed)在1980年对瑞典12898名双生子进行简式艾森克人格问卷的测试,结果发现男性同卵双生子在外倾性和神经质上的相关系数分别为0.54和0.50,女性同卵双生子在外倾性和神经质上的相关系数分别为0.66和0.58,而异卵双生子在这两个人格维度上的相关系数则分别为0.21和0.23。同卵双生子在外倾性和神经质上的相似性要显著高于异卵双生子,说明遗传在这两种人格维度中显示了较大作用。

艾森克(Hans Jürgen Eysenck)于1985年发表了其双生子研究的结果:在同一环境中成长的同卵双生子,其外倾性的相关系数为0.61,而在不同的环境成长的同卵双生子,其外倾性的相关系数为0.42;异卵双生子的外倾性相关系数为-0.17。上述三种情况在神经质维度上的相关系数分别为:0.53、0.38和0.11。由于同卵双生子在外倾性和神经质维度的相关系数显著高于异卵双生子,说明遗传因素在人格形成中具有重要作用;同样,由于不同环境下成长的同卵双生子其外倾性和神经质维度的相关均低于在相同环境中成长的同卵双生子,说明环境因素在人格的形成中也发挥了重要作用。

遗传对人格的影响是一个具有重要理论意义和实践价值的复杂问题。根据现有研究成果,心理学家对遗传的作用有如下较为一致的观点:

①遗传是人格形成过程中不可缺少的影响因素。

②遗传因素对人格的作用随人格特质的不同而不同。如在气质上,遗传因素的作用较重要;而在性格、价值观、信念等与社会因素关系紧密的特质上,后天环境的因素更重要。

③人格的发展受遗传与环境两种因素的共同影响。

二、环境因素

人既是一个生物个体,同时也是一个社会个体。人在胚胎状态时,环境因素对个体人格的影响就已经出现,这种影响会持续作用于个体的一生。环境因素是多种多样的,从自然环境、家庭环境、学校环境,到社会文化环境,均对人格的形成和发展具有非常重要的影响。

(一)自然环境

生态环境、气候条件、空间拥挤程度等自然物理因素都会影响个体人格的形成和发展。巴利(John William Berry)于1966年进行了一项非常著名的研究以说明自然环境对人格发展的影响。该研究以美国阿拉斯加州的爱斯基摩人和非洲的特姆尼人为研究对象。结果发现:生活在北半球高纬度地区的爱斯基摩人以渔猎为生,夏天在船上打鱼,冬天在冰上狩猎。过流浪生活,以帐篷遮风避雨。以肉为食,没有蔬菜。以家庭为单元,男女平等,没有持久、集中的政治和宗教约束。他们所表现出来的人格特征为坚定、自立和冒险。而非洲的特姆尼人则生活在灌木丛生地带,以农业为主,种田为生。居住环境和社会结构均较为稳定,有分化的社会阶层和完整的部落规则。他们的人格特征则以依赖、服从和保守为主要特征。

虽然上述研究能够在一定程度上说明自然环境对人格形成的影响,但是自然环境并不对人格起决定性作用。处于不同自然环境的个体也可以表现出相同的某种人格特征。相较于自然环境,社会文化环境和家庭环境对人格形成和发展的影响会更加深刻。

(二)社会文化环境

人都是在特定的社会文化中生活、学习和工作。政治制度、文化背景、个体的社会地位和经济地位都会对其人格的形成和发展产生深刻的影响。社会文化使社会成员的人格特征朝向相似性的方向发展,这种相似性具有维护社会稳定的功能,同时也使得每个人能稳固地"嵌套"在整个文化形态里。

社会文化对人格影响的程度受两方面因素的影响。首先,社会对顺应的要求是否严格。社会文化对其成员的顺应的要求越严格,其影响力越大。同时,社会文化对个体影响力的大小还受到其行为的社会意义的影响。个体行为的社会意义越大,社会就不会允许其有太多变化,而对于社会意义较小的行为,社会则允许他们有较大的变化。比如,个体具有某种极端偏离其社会文化所要求的人格特质,不能融入社会文化环境中,就可能被视为具有行为问题或心理问题。

社会文化对人格的塑造功能主要表现在不同文化的民族具有其固有的民族人格特征。美国人类学家米德(Margaret Mead)于1929年开始对新几内亚的三个原始部落进行研究,结果发现:居住在山丘地带的阿拉比修族,崇尚男女平等的生活原则,成员之间互助友爱、团结协作,没有恃强凌弱,没有争强好胜,一派亲和景象。居住在河川地带的孟都吉姆族,生活以狩猎为主,男女间有权力与地位之争,对孩子处罚严厉,这个民族的成员表现出攻击性强、冷酷无情、嫉妒心强、妄自尊大、争强好胜等人格特征。居住在湖泊地带的张布里族,男女角色差异明显,女性是这个社会的主体,每日操作劳动,掌握着经济实权,而男性则处于从属地位,其主要活动是艺术、工艺与祭祀活动,并承担孩子的养育责任。这种社会分工使女人表现出刚毅、支配、自主与快活的性格,男人则有明显的自卑感。

这三个民族居住在不同的自然环境中,具备不同的社会文化背景。所以这一研究不仅体现了不同的自然环境对人格具有塑造力,同时也反映了社会文化对人格的影响力。社会文化因素决定了人格的共同性特征,它使同一社会的人在人格上具有一定程度的相似性,从而形成了不同民族的典型人格特征。

(三)学校教育环境

学校是有目的、有计划地向学生传授知识和技能,进而影响其思想和行为的教育场所。教师、班集体和同伴都是学校教育环境的重要因素。

教师对学生的人格发展具有指导定向的作用。教师的言行对学生的性格会产生潜移默化的作用。教育心理学家勒温(Kurt Lewin)等人研究了不同管理风格的教师对学生人格的影响。他们发现在专制型、放任型和民主型的管理风格下,学生表现出了不同的人格特征:专制型管理风格的老师所管辖的学生其作业效率高,对领导依赖性强,缺乏自主行动,但常有不满情绪;放任型教师的学生则表现出作业效率低,任性,经常发生失败和挫折现象等特点;而民主型教师的学生完成作业的目标是一贯的,行动积极主动,很少表现出不满。

同时,教师的公正性对学生的人格也会产生重要影响。有关于教师公平性对中学生学业与品德发展的影响的研究发现:学生非常看重教师对他们的态度是否公正和公平。教师的不公正态度会使学生的学业成绩和道德品质下降。这种由教师期望引起的现象被称为"皮格玛利翁效应(Pygmalion effect)"。如果教师把自己的热情与期望投放在学生身上,学生会体察出老师的期望,并努力奋斗以实现老师的期望。

青少年主要的人际交往对象是其同伴群体。同伴群体对青少年人格的形成发展具有重要影响。同伴群体是一个结构分明的集体。在这个群体内既有上下级关系的"统治者"和"服从者",也有平行关系的"合作者"和"互助者"。在青少年时期,个体最大的焦虑不安就是来自同伴群体的拒绝。在这个相对自由的群体中,他们学习着待人接物的礼节和团体的规范,了解什么样的性格更容易被群体所接纳。可以说同伴群体对人格的发展具有"弃恶扬善"的作用。

(四)家庭环境

家庭是社会的细胞,是儿童最早接触的社会环境。家庭不仅具有自然的遗传因素,也有着社会的"遗传"因素。家庭的各种因素,例如,家庭收入水平,家长的职业,家庭结构,家庭的气氛,父母的教养方式,家庭子女数量,儿童在家庭中的作用等都会对儿童性格的形成起重要作用。

在家庭的诸因素中,父母的教养态度对儿童性格的形成具有深刻的影响。家庭对子女人格的影响主要表现在父母对子女的教育上。父母按照自己的意愿和方式教育着孩子,使他们逐渐形成了某些人格特征。研究者将家庭教养方式归为三类,不同的教养方式对孩子的人格特征具有不同的影响。第一类是权威型教养方式,这类家长对子女过于支配,孩子的一切由父母控制。在这种环境下成长的孩子容易养成消极、被动、依赖、服从、做事缺乏自主性等性格。第二类是放纵型教养方式,父母对子女过于溺爱,甚至达到失控状态。孩子通常具有任性、幼稚、自私、无礼、独立性差等特征。第三类是民主型教养方式,这类父母与孩子在家庭中处于平等和谐的气氛中,父母尊重孩子,给孩子一定的自主权和正确指导。这种教养方式促进孩子表现出活泼、快乐、直爽、自立、善于交往和富于合作等人格特质。

儿童在家庭中的地位的不同对儿童性格发展的作用也是不同的。苏联心理学家科瓦列夫对一对孪生女大学生进行了为期四年的观察发现,她们在同一家庭、同一小学和大学的历史系中接受教育,但性格有明显差异。姐姐比妹妹好交际,善谈吐,也比较果断、勇敢和主动。在谈话和回答问题时总是姐姐先回答,妹妹只表示同意或做些补充。造成姐妹俩在性格上的差异原因之一,是他们的祖母从小把她们中的一个定为姐姐,另一个是妹妹,并责成姐姐照管妹妹,对她的行为负责,做她的榜样,首先执行长辈委派的任务,这样,姐姐就较早地形成了独立、主动、善交际、果断等特点;而妹妹则养成了追随姐姐、听从姐姐的习惯。

除了上述家庭因素外,个体早期的亲子关系对其人格的影响也引起了很多研究者的关注。目前研究者们大都认为,个体早期的亲子状态是形成个体人格的基础。弗洛伊德(Sigmund Freud)和阿德勒(Alfred Adler)都认为5岁之前是人格形成的关键时期,母亲是决定一个人是否具有社会兴趣的主要因素。与母亲的关系是儿童的第一种社会关系,它为个体与其他人社会关系的建立提供了模式。如果母亲能为孩子创造一种积极的、合作的气氛,孩子就容易形成对社会的兴趣,发展起对他人健康、开放的态度。如果被过度忽视,就会变得冷酷,对人怀疑,对亲密的关系感到不舒服,不能对别人的感情给予回报。若受到过度溺爱,则会变得以自我为中心,特别依赖他人,认为他人理应满足自己的任何需要,只想获取不想付出。此后,美国发展心理学家爱因斯沃斯(Mary Dinsmore Ainsworth)观察并区分出三种依恋类型。第一种是安全型依恋,此类儿童的母亲对孩子表现得亲切关心,孩子乐观、信任母亲。在母亲离开时温和地反抗,母亲回来时亲近母亲,很容易受安慰。第二种是回避型依恋,此类儿童的母亲不大负责任,孩子对妈妈疏远冷漠。孩子在母亲离开时不表示反抗,在母亲回来时也无动于衷,只顾自己玩,他们未形成对人的依恋。第三种是焦虑-矛盾型依恋,此类儿童的母亲对孩子的需要不敏感,在母亲离开时,孩子极度焦虑,回来时表现得非常矛盾,既寻求与母亲接触,又反抗母亲的接触。纵向研究发现个体早期的依恋类型在某种程度上存在着延续性。

一项追踪14年的研究报告指出,婴儿期安全型依恋的孩子在童年早期、童年中期以及青春期的伙伴交往关系中,比其他两种类型显得更加积极健康,并且能够诱发出教师的热心回应。同时,也有许多研究表明,早期建立的依恋模式与成人阶段的爱情关系具有关联性,安全依恋的成人对他们的恋爱关系和人际关系更满意。研究者进一步观察分析其中的原因,发现安全型依恋的人更加易于感受人际关系中的爱、义务和信任,并且能够忽略同伴的缺点,予以容纳、同情和支持。回避型依恋的人害怕亲密,怀疑他人,他们不相信有真正的爱情。焦虑-矛盾型依恋的人与恋爱伴侣的关系也与童年时的方式相似。

家庭是社会文化的媒介,它对人格具有强大的塑造力。父母的教养方式的恰当性,会直接决定孩子人格特征的形成。儿童在家庭中的地位和作用,以及童年期的亲子关系都对个体人格的发展具有重要影响。此外,父母在养育孩子的过程中,表现出了自己的人格,并有意无意地影响和塑造着孩子的人格,形成家庭中的"社会遗传性"。

三、个体因素

(一)个体早期经验

中国有句俗语,"三岁看大,七岁看老。"言下之意,人的个性在很小的时候就已经大致决定了,童年是形成个性的重要时期。童年是个体神经系统迅速完善的时期,也是从无到有积累经验的时期。同时在幼年期,由于语言和理性思维欠缺,个体不会整理自己的经验,于是各方面接收的信息和引起的体验稳定地存在着,对个体的人格表现产生着深刻的影响。为此,精神分析学派的研究者从临床案例中得到了丰富的资料,他们对人格成长的规律有较多的探讨。弗洛伊德(S. Freud)提出了三层次的人格结构理论。出生时只有一种结构,即与原始欲望有关的本我(id)。在生命的头两年,人格的第二部分自我(ego)逐渐形成。大约5岁时候,人格的第三部分,超我(superego)开始形成。成长起来的人格在有意无意之间形成对社会的适应和对自己的限制,弗洛伊德认为,这些人格的调节作用在5岁之前基本形成。在弗洛伊德看来,这种早期经历是构成人格的主要内容。弗洛伊德具体划分了人格形成的阶段,由于强调人格形成于个体原始本能,他对人格成长阶段的划分也是依据这一本能发展的思路,即从身体器官的发育状况及相应的教养经验特征划分阶段。弗洛伊德提出了5个阶段:口唇期(出生到1岁半)、肛门期(1岁半到3岁)、性器期(3岁到6岁)、潜伏期(6岁到8岁)和最后一个阶段为生殖期,他认为前三个阶段是人格形成的重要时期。而这三个阶段正是个体出生后接受最基本的社会规范训练的时期。接受不同的教养规范会形成不同类型的超我和自我,进而形成不同的人格特征。弗洛伊德的设想得到了某些实证研究的支持。有研究发现,断奶较早(不到5个月)的个体比晚断奶的个体具有更多的悲观忧郁的性格特征。

一个人的人格特征实际上就是他的生活经历的一种反映,是他的生活历史的记录。虽然人格的形成和发展并不限于儿童、少年和青年时期,在人的整个生活中人格特征都在发生着不同程度的变化,但是个体早期的生活经验却对其人格具有极其深刻的影响。

(二)个体的心理状态

虽然前面提到自然环境、社会环境、学校和家庭因素都对人格的形成和发展起重要作用,但它们并不直接决定一个人的性格。这些因素都必须通过个体的内在心理活动才能发生作用。所以,人格的形成和发展还依赖于个体的内在心理状态。

苏联心理学家列维托夫提出了一种假说叫心理状态"转化"论。他认为,性格形成的最初阶段是心理状态,例如平静、激情、聚精会神、漫不经心等都是心理状态。心理状态是由多种因素所引起的,例如,漫不经心,既可能是迷恋个别客体而削弱了对其他客体的注意,也可能是缺乏认真的态度、责任感不强的表现;既可能由许多刺激或中等强度的刺激所引起,也可能由于强烈的刺激而引起。在各种情况下表现出来的漫不经心,影响着心理过程的进行。如果某种心理状态经常发生,那么它就有可能巩固下来,逐渐成为他的性格特征。

还有一种假说叫动机泛化论。苏联心理学家鲁宾斯坦认为,动机是构成性格的"建筑材料",性格的形成是动机的泛化和定型化。人的性格是由动机和人所掌握的行为方式的融合物所组成,但构成性格基础的不是行为方式本身,而是调节着相应的行为方式的泛化动机。这种动机开始只出现在一定的情境中,然后由于类似的情境不断出现,人就以类似的行为方式进行重复的反应。久而久之,这种行为方式的动机就扩展到类似的情境中去,逐渐转化为个性心理特征,并在个体身上巩固下来。性格的形成,实际上就是从与具体情境相结合的动机向稳定的普遍化的动机系统的过渡过程。此外,也有人认为,性格是在个人的生活态度中形成的,当态度变得根深蒂固并具有普遍化性质时,它就成了性格特征。

综上所述,人格是先天后天的"合金",是遗传与环境交互作用的结果。遗传决定了人格发展的可能性,环境决定了人格发展的现实性,其中教育起到了关键作用,个体的内在心理状态是人格发展的内部决定因素。

第四节 人格理论

人格具有异常复杂的心理结构,是研究个体心理特质和心理差异的重要领域。研究者从不同的角度出发对人格的结构进行了深入研究,提出了很多人格理论。本节主要对最具代表性的特质理论、类型理论和整合理论进行介绍。

一、特质理论

(一)奥尔波特的人格特质理论

为了反驳弗洛伊德的人格受制于童年经验的观点,人格心理学家奥尔波特(Gordon Willard Allport)于1937年首次提出了人格特质理论,即通过研究人格特质来分析人格。"特质"是人格最有效的分析单元。西方心理学中的人格特质论属于对人格静态结构进行定量分析的一种方法。

奥尔波特认为特质引发行为,"特质等值于动机"。他把人格特质分为共同特质(common traits)和个人特质(individual traits)(见图10-1)。共同特质是指某一社会文化形态下,大多数人或一个群体所共有的、相同的特质。个人特质则是个体身上独具的特质。个人特质又有三类不同的层次,第一类叫首要特质(cardinal traits),首要特质是指一个人具有的最典型、最有概括性的特质,它影响一个人行为的方方面面,比如林黛玉的多愁善感就是她的首要特质。首要特质是人格中的主导性倾向,对人的行为起着非常突出的支配作用。第二类叫中心特质(central traits),中心特质是构成个体独特性的几个重要的特质,每个人有5~10个,比如,林黛玉的清高、率直、聪慧、孤僻内向、抑郁、敏感,都属于中心特质。中心特质虽然不如首要特质支配范围广,但它仍旧代表了个体比较明显的人格特点。第三类叫次要特质(secondary traits),次要特质则是个体的一些不重要的特质,往往只在特殊情况下表现出来,只有关系非常近的人才知道。次要特质作用的范围较狭窄,相当于一些习惯和偏好。

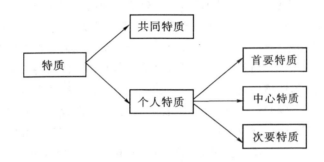

图 10-1　奥尔波特的人格特质结构图

奥尔波特认为,区分特质类型的关键在于强调人格特质具有不同的结构,位于不同层次的特质对人行为有不同的支配强度。同样一种人格特征,如果在一个人身上属于中心特质,而在另一个人身上属于次要特质,那么这两个人的个性差异可能较大。比如,两位妇女都很善良,但一位希望在社会生活中实现自己的人生价值,她认为帮助更多需要帮助的人比当个好妈妈更有价值,而另一位妇女以成为贤妻良母为中心特质,那么她们两人在工作、家庭、孩子等方面的表现就会有较大区别。

(二)卡特尔的人格特质理论

卡特尔(Raymond Bernard Cattell)用因素分析方法(factor analysis)对人格特征进行分析,提出了基于人格特质的一个理论模型(见图 10-2)。该模型共分成四个层次,即个别特质和共同特质,表面特质(surface traits)和根源特质(source traits),体质特质(constitutional traits)和环境特质(environmental traits),动力特质(dynamic traits)、能力特质(ability traits)和气质特质(temperamental traits)。

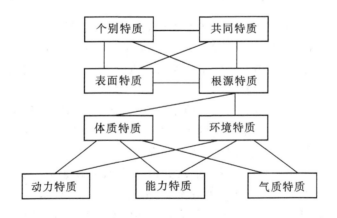

图 10-2　卡特尔的人格特质结构网络

个别特质和共同特质的概念与奥尔波特的人格特质理论观点相同。表面特质是指一组看来似乎聚在一起的特征或行为,但同属于一种表面特质里的特征,其间关系很复杂,因此这些特征虽有关联,但不一定一起变动,也不源于共同的原因。比如,一个孩子"爱干家务活",它的原因可能各种各样,可能为了得到零花钱,也可能是为了让妈妈多休息。而根源特质指的是行为之间存在一种关联,会一起变动而形成单一的、独立的人格维度。例如,乐群性是一种根源特质,一个人身上的乐群性的量影响着他的各个方面,如朋友的多寡,与什么人做朋友,交往的技能,即乐群性这一根源特质的外部表现就是表面特质。每一种表面特质都来自一种或多种根源特质,而一种根源特质却能影响多种表面特质。因此,根源特质是构成人格的基本要素。根源特质可以区分出两种特质:体质特质和环境特质。体质特质是由先天的生物因素决定,比如情绪稳定性等。环境特质则是由后天的环境因素因素决定,如有恒性等。卡特尔提出"多元抽象变异分析"(Multiple Abstract Variance Analysis, MAVA)用来确定各种特质中遗传与环境分别影响的程度。他发现遗传造成的差异和环境造成的差异呈负相关。环境对先天素质不同的人施加影响,使其趋向社会上的大多数。在卡特尔的人格特质理论中,第四层是动力特质、能力特质和气质特质。这三种特质位于模型的最下层,同时受遗传和环境两方面影响。动力特质具有动力特征,包括生理驱力、态度和情操。能力特质表现在知觉和运动方面的差异,包括流体智力和晶体智力。气质特质则是决定一个人情绪反应速度与强度的特质。

卡特尔利用因素分析的方法得出了16种根源特质。卡特尔认为这16种根源特性是相互独立的,它们普遍存在于各个年龄阶段和不同社会文化环境的人身上;每个人身上都具有这16种特质,只是在不同人身上表现有程度上的差异。所以,他认为人格差异主要表现在量的差异上,可以对人格进行量化分析。在此基础上卡特尔编制了一种人格测验工具叫作"卡特尔16种人格因素问卷"(Sixteen Personality Factor Questionnaire, 16PF)。这16个因素或分量表的名称及其高分者和低分者的特征见表10-1。16PF是我国应用很广的一种人格测验,尤其是在大学里,它是使用最多的一种人格测量工具。

表10-1 卡特尔的16种人格特质

	人格特征	高分者的特征	低分者的特征
A	乐群性	外向、热情、乐群	缄默、孤独、内向
B	聪慧性	聪明、富有才识	迟钝、学识浅薄
C	稳定性	情绪稳定而成熟	情绪激动不稳定
E	恃强性	好强固执、支配攻击	谦虚顺从
F	兴奋性	轻松兴奋、逍遥放纵	严肃审慎、沉默寡言
G	有恒性	有恒负责、重良心	权宜敷衍、原则性差
H	敢为性	冒险敢为,少有顾忌,主动性强	害羞、畏缩、退却
I	敏感性	细心、敏感、好感情用事	粗心、理智、着重实际
L	怀疑性	怀疑、刚愎、固执己见	真诚、合作、宽容、信赖、随和
M	幻想性	富于想象、狂放不羁	现实、脚踏实地、合乎成规
N	世故性	精明、圆滑、世故、人情练达、善于处世	坦诚、直率、天真

续表 10-1

	人格特征	高分者的特征	低分者的特征
O	忧虑性	忧虑抑郁、沮丧悲观、自责、缺乏自信	安详沉着、有自信心
Q1	实验性	自由开放、批评激进	保守、循规蹈矩、尊重传统
Q2	独立性	自主、当机立断	依赖、随群附众
Q3	自律性	知己知彼、自律严谨	不能自制、不守纪律、自我矛盾、松懈、随心所欲
Q4	紧张性	紧张、有挫折感、常缺乏耐心、心神不定、时常感到疲乏	心平气和、镇静自若、知足常乐

(三)现代的特质理论

1. 艾森克的"三因素"模型

艾森克(Hans Jürgen Eysenck)在其人格研究的早期,依据因素分析方法提出了人格的三因素模型(three factor model)。这三个因素分别为:外倾性(extraversion),它表现为个体内外倾向的差异;神经质(neuroticism),它指的是个体的情绪稳定性的差异;精神质(psychoticism),它表现为孤独、冷酷、敌视和怪异等偏于负面的人格特征。后来,在三因素模型基础上,艾森克引入了维度的概念,将该模型拓展为整合模型(详见整合理论部分)。

2. "大五因素模型"

目前在众多的人格理论中,最为流行的无疑是"大五因素模型"。研究者借助自然语言样本、利用词汇学方法对前人研究得到的特质进行了重新分析。1961年,塔佩斯和克瑞斯特尔(Ernest Tupes & Raymond Christal)对8组被试的相关系数矩阵进行了重新分析,被试从只受过高中教育的空军士兵到一年级的研究生,评定者包括同伴、监管者、教师以及有经验的临床医生,场所是在诸如军事训练课和妇女社团活动处等地方。在所有的分析中,他们发现了"五个相对显著和稳定的因素,除此之外没有什么值得重视的"。后续很多研究者都重复得到了稳定的五因素结构,这就形成了"大五因素模型"。这五个因素具体为:

开放性(openness):富于想象对务实,寻求变化对遵守惯例,自主对顺从;高分者具有想象、审美、情感丰富、求异、创造、智能等特质。

责任心(conscientiousness):有序对无序,谨慎细心对粗心大意,自律对意志薄弱;高分者通常表现为胜任、公正、条理、尽职、成就、自律、谨慎、克制等特质。

外倾性(extraversion):好交际对不好交际,爱娱乐对严肃,感情丰富对含蓄;高分者表现为热情、社交、果断、活跃、冒险、乐观等特质。

宜人性(agreeableness):热心对无情,信赖对怀疑;高分者表现出信任、直率、利他、依从、谦虚、移情等特质。

神经质或情绪稳定性(neuroticism):烦恼对平静,不安全感对安全感,自怜对自我满意;高分者表现为具有焦虑、敌对、压抑、自我意识、冲动、脆弱等。

这五个特质的第一个英文字母放在一起形成了"OCEAN"一词,代表了"人格的海洋"。美国人格心理学家戈登伯格(Lewis Goldberg)将这些因素称为"大五"。被称为"大五"并不是要反映它们多么重大,而是要强调这其中的每一个因素都极其广泛。所以,"大五"结构并不意味着人格差异可以被缩减到仅仅五个特质。更恰当地说,这五个维度代表着在最大限度上抽象出来的人格,而每一维度内部都包含了大量的差异更为具体的人格特征。

柯斯塔和麦克雷(Paul Costa,Jr & Robert McCrae)在前期研究的基础上于1990年依据"大五因素理论"编制了大五人格因素测定量表(修订版)(Neuroticism-Extraversion-Openness Personality Inventory-R,NEO PI-R)。该量表包含240个条目,涵盖了有关品格的词汇或行为表现。该量表属于人格理论中特质流派的人格测试工具,被誉为"人格心理学中的通用货币"。2010年研究者对该量表进行再次修订,更名为大五人格因素测定量表(第三版)(NEO Personality Inventory-3,NEO PI-3)。中文版的NEO PI-R由中科院心理所的张建新教授修订。目前大五人格结构在临床、心理健康教育和人力资源管理等多个实践领域均得到了广泛的应用。

二、类型理论

人格的类型理论产生于20世纪三四十年代的德国,主要用来描述一类人与另一类人的心理差异,即人格类型的差异。德国心理学家施特恩(William Stern)把人格类型概括为三种模式:单一型模式、对立型模式、多元型模式。

(一)单一类型理论

单一类型理论认为,人格是根据一群人具有的某种特殊人格来确定的。美国心理学家法利(Frank Farley)提出的T型人格(T-type personality),就是单一类型理论的代表。

法利认为,T型人格是一种好冒险、爱刺激的人格特征。根据冒险行为是积极的抑或消极的,T型人格又可以分为T+型和T-型两种。当冒险行为朝向健康、积极、创造性和建设性的方向发展时,就是T+型人格。有这种人格的人喜欢漂流、赛车等运动项目。当冒险行为具有破坏性时,就是T-型人格。这种人有酗酒、吸毒、暴力犯罪等反社会行为。在T+型人格中,又依据活动的特点可以进一步分为体格T+型和智力T+型。极限运动员代表的就是体格T+型,这类运动员通过身体运动(攀岩、登山等)来实现追求新奇,不断刷新纪录的动机。而一些科学家或思想家则代表了智力T+型,他们的冒险精神体现在科学技术的探索和创新上。

(二)对立类型理论

这种理论认为,人格类型包含了某一人格维度的两个相反的方向。

1. A-B型人格

弗里德曼和罗斯曼(Meyer Friedman & Ray Rosenman)描述了A-B人格类型,近年来人们在研究人格和工作压力的关系时,常使用这种人格类型。

A型人格(A-type personality)的主要特点是性格急躁,缺乏耐性。他们具有较高的成就欲,很强的上进心,有苦干精神,工作投入,有时间紧迫感、竞争意识,动作敏捷,说话快,生活处于紧张状态,但他们办事匆忙,社会适应性差,属于一种不安定性的人格。20世纪60年代的一项追踪研究发现,在257位冠心病的男性患者中,A型人格的人数是B型人格人数的两倍多。这说明具有 A 型人格的人更容易罹患冠心病。而 B 型人格（B-type personality）特点则是性情不温不火，举止稳当，对工作和生活的满足感强，喜欢慢步调的生活节奏，在需要审慎思考和耐心的工作中表现出色。

2. 内-外向人格

1913 年，瑞士人格心理学家荣格（Carl Gustav Jung）在慕尼黑国际精神分析会议上提出了内倾型和外倾型的性格，后来，他又在 1921 年发表的《心理类型学》一书中充分阐明了他对人格类型的划分。

荣格根据力比多（libido）的倾向性把人格划分为内倾和外倾两种。个体的力比多的活动倾向于外部环境，把兴趣和关注点指向外部客体，就是外倾性的人；力比多的活动倾向于自己，把兴趣和关注点指向主体，就是内倾性的人。外倾型（外向型）的人，重视外在世界，爱社交、活跃、开朗、自信、勇于进取，对周围一切事物都很感兴趣、容易适应环境的变化。内倾型（内向型）的人，重视主观世界、好沉思、善内省、常常沉浸在自我欣赏和陶醉之中，孤僻、缺乏自信、易害羞、冷漠、寡言、较难适应环境的变化。任何人都具有内向和外向两种人格，但其中一种可能占优势。

同时，荣格还指出，个人的心理活动有思维、情感、感觉和直觉四种基本功能。感觉（感官知觉）告诉你存在着某种东西；思维告诉你它是什么；情感告诉你它是否令人满意；而直觉则告诉你它来自何方和向何处去。一般地说，直觉就是允许人们在缺乏事实材料的情况下进行推断。按照内外倾向性与四种功能的组合，荣格描述了性格的八种类型。

1）外倾思维型（the extroverted thinking type）

外倾思维型的人思想特点是一定要以客观的资料为依据，以外界信息激发自己的思维过程。科学家是外倾思维型，他们认识客观世界，解释自然现象，发现自然规律，从而创立理论体系。达尔文和爱因斯坦这两位科学家在思维外倾方面得到了最充分的发展。外倾思维型的人，情感压抑，缺乏鲜明的个性，甚至表现为冷淡和傲慢等人格特点。

2）内倾思维型（the introverted thinking type）

内倾思维型的人除了思考外界信息外，还思考自己内在的精神世界，他们对思想观念本身感兴趣，收集外部世界的事实来验证自己的思想。哲学家属于这种类型，如德国哲学家康德就是一个标准内倾思维型的人。内倾思维型的人，具有情感压抑、冷漠、沉溺于玄想、固执、刚愎和骄傲等人格特点。

3）外倾情感型（the extroverted feeling type）

外倾情感型的人情感符合于客观的情境和一般价值。外倾情感型的人在"爱情选择"上，表现得最为明显。他们不太考虑对方的性格特点，而考虑对方的身份、年龄和家庭等方面。外倾情感型的人，思维压抑、情感外露、爱好交际、寻求与外界和谐。

4）内倾情感型（the introverted feeling type）

内倾情感型的人的情感由内在的主观因素所激发。内倾情感型的人，思维压抑、情感深藏在内心、沉默，力图保持隐蔽状态，气质常常是忧郁的。

5）外倾感觉型（the extroverted sensation type）

外倾感觉型的人头脑清醒，倾向于积累外部世界的经验，但对事物并不过分地追根究底。外倾感觉型的人，寻求享乐、追求刺激，他们一般情感是浅薄的，直觉压抑的。

6) 内倾感觉型 (the introverted sensation type)

内倾感觉型的人远离外部客观世界,常常沉浸在自己的主观感觉世界之中。内倾感觉型的人知觉深受自己心理状态的影响,似乎是从自己的心灵深处产生出来的。他们艺术性强,直觉压抑。

7) 外倾直觉型 (the extroverted intuitive type)

外倾直觉型的人试图从客观世界中发现多种多样的可能性,并不断地寻求新的可能性。他们对于各种尚处于萌芽状态但有发展前途的事物具有敏锐的感觉,并且不断追求客观事物的新奇性。外倾直觉型的人,可以成为新事业的发起人,但不能坚持到底。商人、承包人、经纪人等通常属于这类型的人。

8) 内倾直觉型 (the introverted intuitive type)

内倾直觉型的人往往试图从精神现象中发现各种各样的可能性。内倾直觉型的人,不关心外界事物、脱离实际、善幻想、观点新颖,但有点稀奇古怪。艺术家属于内倾直觉型。

荣格并没有简单地将人格划分为这八种类型,他的心理类型学只是作为一个理论体系用来说明性格的差异。在实际生活中,绝大多数人都是兼有外倾性和内倾性的中间型。上面用来说明每一种类型的模式都是典型的极端模式。纯粹的内倾型的人或外倾型的人几乎是没有的,只有在特定场合下,由于情境的影响而使其中一种态度占优势。每个人也能同时运用四种心理功能,只不过各人的侧重点不同,有些人更多地发挥这一种心理功能,另一些人更多发挥另一种心理功能。此外,外倾型或内倾型也并不影响个人在事业上的成就。例如,李白具有较明显的外倾性,杜甫具有较明显的内倾性,但是,他们都成为唐代的伟大诗人。

(三) 多元类型理论

这种理论认为,人格类型由几种不同质的人格特性构成。

1. 气质的类型学说

1) 气质的体液说

在心理学史上,"气质"是一个很古老的概念。早在古希腊医学家恩培多克勒(Empedocles)的"四根说"中就已经有了气质和神经类型学说的萌芽。恩培多克勒认为,人的身体是由四根(土、水、火、空气)构成:固体的部分是土根,液体的部分是水根,维持生命的呼吸是空气根,血液主要是火根。思维是血液的作用,火根离开了身体,血液变冷些,人就入眠;火根全部离开身体,血液就全变冷,人就死亡。他还认为,人的心理特性依赖身体的特殊构造;各人心理上的不同是由于身体上四根配合比例的不同。他认为,演说家是舌头的四根配合最好的人,艺术家是手的四根配合最好的人。这可以说是后来的气质概念的萌芽。

希波克拉底(Hippocrates of Kos)把"四根说"进一步发展为"四液说"。他在《论人类的自然性》这篇著作中写道:"人的身体内部有血液、黏液、黄胆汁和黑胆汁,所谓人的自然性就是指这些东西,而且人就是靠这些东西而感到痛苦或保持健康的。"他认为人体内的体液有四种:血液(blood)、黏液(slime)、黄胆汁(chole xanthe)、黑胆汁(chole melania)。根据哪一种体液在人体内占优势,人可以被分为四种类型:多血质、黏液质、胆汁质和抑郁质。在体液的混合比例中血液占优势的人属多血质,黏液占优势的人属黏液质,黄胆汁占优势的人属胆汁质,黑胆汁占优势的人属抑郁质。希波克拉底认为,每一种体液都是由寒、热、湿、干四种性能中的两种性能混合而成,血液具有热-湿的性能,多血质的人温而润,好似春天一般;黏液具有寒-湿的性能,黏液质的人冷酷无情,似冬天一样;黄胆汁具有热-干的性能,黄胆汁的人热而躁,如夏季一般;黑胆汁具有寒-干的性能,抑郁质的人冷而躁,有如秋天一样。这四种体液配合恰当时,身体便健康;在配合异常时,身体便生病。按照希波克拉底的原意,他所谓的四种气质类型,其含义是很广的——即决定人的整个体质(也包括气质),而不是单指现在心理学上的所谓气质。

希波克拉底的体液学说,在五百年后为罗马医生盖伦(Claudius Galenus,约129—199)所发展。他将四种体液做种种配合而产生出13种气质类型,并用拉丁语"temperameteum"一词来表示气质这个概念。这便是近代"气质"(temperament)概念的来源。希波克拉底关于四种气质类型的概念,一直沿用至今。但限于当时的条件,他用四体液来解释气质类型是缺乏科学依据的。

2)气质的生理学说

俄国生理学家巴甫洛夫(Ivan Petrovich Pavlov)在《神经系统类型的生理学说,即气质的生理学说》一文中把气质和神经系统类型看成是同一个东西。他认为:大脑皮质的神经过程(兴奋和抑制)具有三个基本特性:强度、均衡性和灵活性。

神经过程的强度是指神经细胞和整个神经系统的工作能力和界限。在一定的限度内,强的刺激引起强的兴奋,弱的刺激引起弱的兴奋。神经过程的均衡性是指兴奋和抑制两种神经过程间的相对关系。均衡的动物的兴奋过程和抑制过程的强度是相近的。不均衡的动物表现为或兴奋过程相对占优势,抑制过程较弱;或抑制过程相对占优势,兴奋过程较弱。神经过程的灵活性是指兴奋过程或抑制过程更迭的速率。它保证有机体能适应外界环境的迅速变化,表现在各种条件反射的更替是迅速还是缓慢,是容易还是困难等方面。

根据神经过程的强度、均衡性和灵活性,巴甫洛夫把动物和人类的高级神经活动类型划分为四种:强但不平衡型(兴奋型),强、平衡但不灵活型(安静型),强、平衡且灵活型(活泼型)和弱型(抑制型)。巴甫洛夫认为,兴奋型相当于胆汁质,活泼型相当于多血质,安静型相当于黏液质,抑制型相当于抑郁质(见表10-2)。

表10-2 高级神经活动类型与气质类型表

高级神经活动过程	高级神经活动类型	气质类型
强、平衡、灵活	活泼型	多血质
强、平衡、不灵活	安静型	黏液质
强、不平衡	兴奋型	胆汁质
弱	抑制型	抑郁质

后来研究发现:气质是心理特征,神经类型是气质的生理基础,气质不仅与大脑皮质的活动有关,而且与皮质下活动和内分泌腺的活动均有关联。所以,气质的特征和神经类型生理特性之间并不是一对一的关系。有时几种不同的气质特征依赖于同一神经过程的特性;有时一种气质特征依赖于神经过程的几种不同的特性。例如,情绪的兴奋性、注意集中的程度等是气质的不同心理特征;但是,它们都依赖于兴奋过程的强度。自制力这种气质的心理特征,不仅取决于兴奋过程的强度,同时也取决于抑制过程的强度以及兴奋和抑制的均衡性。

此外,虽然气质是个体心理活动的稳定的动力特征,但是在生活实践的过程中,它也是可以发生变化的。气质的变化,从生理机制上看,可能有两种情况:一是后天的暂时联系系统掩盖了神经类型的先天特征,但神经类型的先天特征本身并没有改变;二是暂时联系系统形成和发挥功能作用的过程中,神经类型的先天特性本身得到了某种改造。但到底属于哪种情况,现代科学还不能完全确定。

2. 性格的类型学说

德国心理学家斯普兰格(Eduard Spranger)认为,人以固有的气质为基础,同时也受文化的影响。他在《生活方式》一书中提出,社会生活有六个基本的领域(理论、经济、审美、社会、权力和宗教),人会对这六个基本领域中的某一领域产生特殊的兴趣和价值观。据此,他将人的性格分为六种类型(理论型、经济型、审美型、社会型、权力型和宗教型),每种都含有一定价值观成分。这种类型划分是一个理想模型,具体的个人通常是主要倾向于一种类型且兼有其他类型的特点。

1)理论型

理论型的人以追求真理为目的,能冷静客观地观察事物,关心理论性问题,力图根据事物的体系来评价事物的价值,碰到实际问题时往往束手无策。他们对实用和功利缺乏兴趣。多数理论家和哲学家属于这种类型。

2)经济型

经济型的人总是以经济的观点看待一切事物,以经济价值为上,根据功利主义来评价人和事物的价值和本质,以获取财产为生活目的。实业家大多属于这种类型。

3)审美型

审美型的人以美为最高人生意义,不大关心实际生活,总是从美的角度来评价事物的价值。以自我完善和自我欣赏为生活目的。艺术家属于这种类型。

4)社会型

社会型的人重视爱,有献身精神,有志于增进社会和他人的福利。努力为社会服务的慈善、卫生和教育工作者属于这种类型。

5)权力型

权力型的人重视权力,并努力去获得权力,有强烈的支配和命令别人的欲望,不愿被人所支配。以追求权力为目的的政治家属于这种类型。

6)宗教型

宗教型的人坚信宗教,有信仰,富有同情心,慈悲为怀。爱人爱物为目的的神学家属于这种类型。

3. 中国古今的人格分类

我国古代也有人提出类似气质的分类来表示人在心理特征上的差异。例如孔子把人分为"狂""狷""中庸"。他说:"不得中行而与之,必也狂狷乎？狂者进取,狷者有所不为也。"《子路》中孔子所说的"狂者"相当于胆汁质的人,"狷者"相当于抑郁质的人,"中行"一类的人相当于"中间型"。《黄帝内经·灵枢》中根据阴阳五行学说把人的某些心理特点与生理解剖特点联系起来,按阴阳的强弱,分为太阴、少阴、太阳、少阳,阴阳平和五类人,每种类型具有不同的体质形态和心理特点。又根据五行法则把人分为金、木、水、火、土五种类型,也各有不同的肤色、毛发、筋骨特点和情感特点,用来说明人的个别差异。

三、整合理论

特质理论和类型理论分别从不同的角度阐述了人格的差异。特质理论强调个体之间的人格差异,是一种量的差异,需要借助专门的心理测量工具进行评价;而类型理论强调的是群体之间的人格差异,是一种质的差异,通过观察就可以获得。上述两种理论各有优劣,为此,研究者将这两种理论综合起来,提出了人格的整合理论,更加全面系统地描述人格的结构。

英国心理学家艾森克(H.J.Eysenck)是人格整合理论的代表人物。他提出了人格的四层次理论,这一理论将原有的特质理论和类型理论有机地结合起来。四层次由下到上依次为"特殊反应水平",即日常观察到的反应,属于误差因子;"习惯反应水平",是由反复进行的日常反应形成的,属于特殊因子;"特质水平",由习惯反应形成,属于群因子;最上层是"类型水平",由多种特质构成,属于一般因子。如图10-3所示,在艾森克的人格层次模型理论中,最上层是类型水平,类似于类型理论中的不同人格类型,如内倾型;第二层次是特质水平,类似于特质理论的具体人格特质,不同的类型是由不同的特质构成的,比如持续性、主观性、羞耻性、可塑性和易感性等特质构成了内倾型;第三层是习惯反应水平,个体一贯的认知行为方式,是在日常中反复练习形成的;第四层是特殊反应水平,在具体情景的日常生活中个体认知和行为的方式。在不同的情景中特殊反应水平略有差异,即为误差因子。

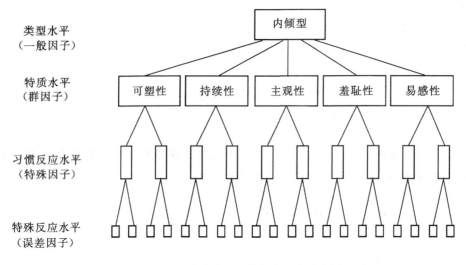

图10-3 艾森克的人格整合理论示意图

同时,艾森克还深入研究了人格维度。他认为,维度代表一个连续的尺度。每一个人都可以被测定在这个连续尺度上所占有的特定的位置,即测定每一个人具有该维度所代表的某一特质的多少。艾森克认为外-内倾、神经质和精神质是人格的三个基本维度。

艾森克的外-内倾概念,除了具有其本身的一般含义外,还与神经系统的兴奋过程与抑制过程相联系。兴奋过程可以易化正在进行的感觉、认知和活动;抑制过程可以干扰或影响有机体正在进行的感觉、认知和活动。他发现高外倾性的人兴奋过程发生慢、强度弱、持续时间短,而抑制过程发生快、强度强、维持时间长。这种人难以形成条件反射。高内倾性的人兴奋过程发生快、强度强、持续时间长,而抑制过程发生慢、强度弱、维持时间短。这种人容易形成条件反射。

艾森克对情绪性、自强度、焦虑(包括驱力)等进行研究后发现它们的概念都是同一的。他把这一维度称为神经质。在他的用语中,神经质与精神疾病并无必然的关系。艾森克指出情绪性(神经质)不稳定的人喜怒无常,容易激动;情绪性(神经质)稳定的人反应缓慢而且轻微,并且很容易恢复平静。他又进一步指出情绪性(神经质)与植物神经系统特别是交感神经系统的功能相联系。艾森克认为可以用外-内倾和神经质两个维度来表示正常人格的神经症以及精神病态人格。

艾森克认为精神质独立于神经质。它代表一种倔强固执、粗暴强横和铁石心肠的特点,并非暗指精神病。研究表明,精神质也可以用维度来表示,从正常范围过渡到极度不正常的一端。它在所有的人身上都存在,只是程度不同而已。得高分者表现为孤独、不关心他人、心肠冷酷、缺乏情感和移情作用、对旁人有敌意、攻击性强等特点;低分者表现为温柔、善感等特点。如果个体的精神质表现出明显程度,则易导致行为异常。艾森克认为精神质与神经质维度一起可以表示各种神经症和各种精神病。

艾森克将外-内倾和神经质作为两个互相垂直的人格维度,绘制成人格维度图(见图10-4)。艾森克在图10-4的两维空间组织起他认为基本的32种人格特质,且与古代的四种气质类型相对应。两个维度把人格分成四种类型:稳定内倾型、稳定外倾型、不稳定内倾型和不稳定外倾型。稳定内倾型表现为温和、沉着、宁静,相当于黏液质;稳定外倾型表现为活泼、随和、开朗,相当于多血质;不稳定内倾型表现为严峻、庄重、安静、焦虑,相当于抑郁质;不稳定外倾型表现为冲动、好斗、易兴奋等,相当于胆汁质。这种人格结构的图解为许多心理学家所接受。

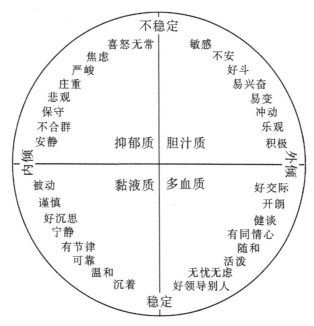

图10-4 艾森克的人格维度图

从图10-4上不仅可以看出人格的4种类型范围内所包含的32种人格特质,还可以根据个体某一高分数的特质,看图查出其所属的人格类型,或从维度的结合预测某个体可能会出现的特定的人格问题。应当注意,在现实生活中并不是每个人都能归入某一气质类型。除了少数人具有4种类型的典型特征外,大多数人均属于中间型或混合型,即较多地具有某一类型的特点,同时又具有其他类型的一些特点。

艾森克以外-内倾、神经质与精神质三种人格维度为基础,于1975年制订了艾森克人格问卷(Eysenck Personality Questionnaire,EPQ)。EPQ是一种自陈量表,有成人(共90个项目)和少年(共81个项目)两种形式,各包括四个量表:E,外-内倾;N,神经质;P,精神质;L,谎造或自身隐蔽(即效度量表)。由于该问卷具有较高的信度和效度,用其所测得的结果可同时得到多种实验心理学研究的印证,因此它亦是验证人格维度的理论根据。EPQ中文版有先后由陈仲庚、刘协和、龚耀先修订的版本。1984年,龚耀先修订的版本制订出EPQ的全国性城乡综合常模,还包括儿童和成人两式,分别适用于7~15岁儿童和16岁以上成人。

第五节 人格评估

在人际交往中,我们都希望知道自己或他人的性格。但是人格差异表现在许多方面,如何有效地评估个体的人格特征一直是心理学研究的重要议题。目前对一个人人格的评定可以通过多种方法来实现。下面介绍几种常用的方法。

一、自陈量表法

自陈量表又称自陈问卷,是测量人格最常用的方法。自陈量表法是一种对人格进行客观测量的工具。自陈量表是对拟测量的人格特征编制许多测验试题,要求被试以是非法或选择法的方式选择答案,从而把自己的人格特点陈述出来。它不仅可以测量外显行为,也可以测量自我对环境的感受。

(一)以经验建构的量表

以经验建构的量表中最具代表性的是明尼苏达多相人格量表(Minnesota Multiphasic Personality Inventory,MMPI)。由美国明尼苏达大学的心理学家哈撒韦(Starke Hathaway)和精神科医生麦金利(John Charnley McKinle)于1942年编制而成,是目前最为流行的人格测验之一。

MMPI是一种评估人格病理倾向的测量工具,其设计是将被试的反应与已知患有某种心理疾病的人的反应相比较来记分的。MMPI测量内容涉及健康状况、情绪反应、社会态度、心身症状、家庭婚姻等26类,共计566题,其中1~399题是与临床量表有关的题目。该量表包含14个分量表(其中包括10个临床量表,4个效度量表)。10个临床量表分别为疑病(Hs)、抑郁(D)、癔病(Hy)、精神病态(Pd)、男子气和女子气(Mf)、妄想狂(Pa)、精神衰弱(Pt)、精神分裂(So)、轻躁狂(Ma)、社会内向(Si);四个效度量表是说谎分数(L)、诈病分数(F)、校正分数(L)、疑问分数(Q)。MMPI适用于年满16岁、初中以上文化水平及无影响测验结果的生理缺陷的人群。它可以用于测试正常人的人格类型,也可以用于区分正常人和精神疾病患者,包括鉴别强迫症、偏执狂、精神分裂症、抑郁性精神病等。

下面是MMPI的一些例题,被试在每题后的"是""否"或"?"(表示无法肯定)三种答案中圈选一项。

①我早上醒来觉得睡眠充足，精神爽快。
②我易被声音闹醒。
③我喜爱阅读报上关于犯罪的文章。
④我的手脚经常很温暖的。
⑤有时我的思想飞驰得快，使我都来不及讲出来。

(二)由因素分析建构的量表

采用因素分析的方法建构的量表有很多，如卡特尔16种人格因素问卷，大五人格问卷等。本小节主要介绍卡特尔16种人格因素问卷(Sixteen Personality Factors Questionnaire, 16PF)。

卡特尔16种人格因素问卷是依据因素分析法得到的16种根源特质(见表10-1)而编制的。卡特尔认为，16种根源特质是各自独立的，它们普遍存在于各种年龄和社会文化环境不同的人身上。16PF由187个题目组成，每个题目后有3个答案，让受测者选择其中的一个。16PF不但能明确描绘16种基本人格特征，还能够根据实验统计结果所得的公式，用有关量表的标准分数推算出许多种次级人格因素，如适应与焦虑性、内向与外向性、感情用事与安详机警性、怯懦与果断性等。除此之外，16PF还可以根据前面的测验分数(标准分)进行一些运算，了解心理健康情况、是否会有成就、适应环境的能力、创造力等。16PF是应用很广的一种个性测验，尤其是在大学里，它是使用得最多的一种个性测量工具。在中国，MMPI多用于精神病院，而16PF多用于学校和企业。

下面是卡特尔16种人格因素问卷的一些例题，被试在每题后的3种答案中圈选一项。

①如果我有机会的话，我愿意：
A.到一个繁华的城市去旅行 B.介于A、C之间 C.游览清静的山区
②在接受困难任务时，我总是：
A.有独立完成的信心 B.不确定 C.希望有别人的帮助和指导
③我的神经脆弱，稍有点刺激就会使我战栗：
A.时常如此 B.有时如此 C.从不如此
④我喜欢从事需要精密技术的工作：
A.是的 B.介于A、C之间 C.不是的
⑤在需要当机立断时，我总是：
A.镇静地应用理智 B.介于A、C之间 C.常常紧张兴奋

人格自陈量表属于纸笔测验的一种，它的优点是：①题目数量固定，内容清楚；②实施简便，可用于团体施测；③评分方法确定，容易数量化或绘制人格侧面图。它的缺点是：①缺乏客观标准，不易建立效度；②测验内容通常涉及认知、情绪和行为等方面，对具体问题的答案可能会发生变化；③被试在回答问题时容易受社会期望的影响或隐瞒自己的缺点，产生反应偏向，降低测量的效度。

二、投射测验

"投射"一词在心理学上的含义是指个人把自己的思想、态度、愿望、情绪或特性等,不自觉地反应于外界事物或他人的一种心理作用。投射测验是以弗洛伊德的心理分析人格理论为依据的。心理分析理论认为,人的一些无意识的内驱力受到压抑,虽然不易觉察,但是却影响着人们的行为。投射测验具体操作是向被试呈现模棱两可或模糊不清、结构不明确的刺激材料(如墨迹或不明确的人物图片),要求被试对其做出描述或反应,让他在不知不觉中将其情感、态度、愿望、思想等投射出来。它主要用于对人格、动机等内容的测量。人格的投射测验主要有主题统觉测验和墨迹测验。

(一)主题统觉测验

主题统觉测验(Thematic Apperception Test,TAT)是美国心理学家默里和摩根(Henry Alexander Murray & Christiana Morgan)于1935年创制的。它由30张图片和一张空白图片组成。图片多数是人物,也有部分风景,但每张图片都至少有一个人物。每张图片(见图10-5)都是模棱两可的,可以做多种不同的解释。被试从中抽取20张图片和一张空白图片。当被试看到图片时,凭个人的想象,编造出一张图片上的故事。编造的故事必须包括:图片的情景、情景发生的原因、将来的演变、可能的结果以及个人的体会。主试根据故事的主题、故事中人物的关系、知觉的歪曲、不平常形式的特征、故事中反复出现的情节以及整个故事的情调(比如是悲观的还是乐观)等对被试的性格做出鉴定。

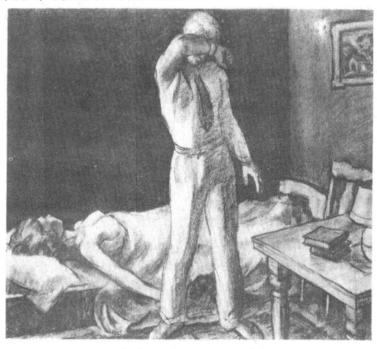

图10-5 主题统觉测验的图片之一

(二)罗夏墨迹测验

罗夏墨迹测验(Rorschach Ink Blot Test,RIBT)由瑞士精神病学家罗夏(Hermann Rorschach)所编制。它由 10 张图组成,其中 5 张黑色,5 张黑色加彩色(见图 10-6,扫描二维码可见)。施测时每次按顺序给被试呈现一张图片,同时向被试提出这样的问题:"这可能是什么?""你看见什么?"或"这使你想起什么?"回答过程中,允许被试自己转动图片,从不同角度去看。10 张图片都回答之后,被试再将图片看一遍,指明墨迹的哪一部分启发了他的回答。主试根据下列四项标准进行统计。①部位:被试是对墨迹全部反应还是对部分反应?②决定:被试的反应,是由墨迹的形状决定还是由颜色决定?把图形看成运动的还是静止的?③内容:被试把墨迹看成什么东西?是动物还是人或物体等?④独创性:被试的反应是与众一致还是与众不同?然后确定其性格。

图 10-6　罗夏墨迹测验的图片之一

投射测验的优点是:①没有标准的备选项,被试的反应不受限制,可以做出任意反应;②测验的材料为图片,对被试的文字阅读能力没有要求,可以用于文盲被试和多语言背景的跨文化被试者中。而投射测验的缺点也是显而易见的:①对被试的反应评价缺乏客观标准,测验的结果难以进行标准化的解释;②对特定行为不能提供较好的预测,比如测验发现某人有侵犯欲望,但是实际上这个人却很少出现侵犯行为;③因为投射测验属于个别测验,每次只能施测一个人,所以投射测验需要花费大量的时间和精力;④投射测验对主试的要求较高,施测时,主试一方面要记录被试的语言反应,同时还要注意被试的情绪表现和伴随的动作,另外对结果的解释,主试也必须经过特殊训练。

三、情 境 测 验

社会学习论者认为,如果能够把情境中的某些刺激与个体的行为对应起来,那么就可以创造某种环境来预测或监视个体的行为,这就是人格测验中情境测验的原则。因此,情境测验就是主试在某种情境下观察被试的行为反应,进而对其人格特点进行描述。情境测验主要用于教育评价和人事甄选,其中最常见的是情境压力测验。

情境压力测验(Situational Stress Test)是特别设计一种情境,让被试产生身临其境的压力,主试观察并记录被试在这种压力情境下的反应,进而了解被试的人格特质。在人事甄选时经常采用的无领导团体情境测验(Leaderless Group Situation Test)便是情境压力测验的一种。具体的做法是:在某一情境中安排几个互不相识的人,给他们一个任务,要求被试在规定时间内合力完成这项任务,如果被试不能完成,则每个人都会受到惩罚。不同的被试在相同的情境会做出不同的反应,面试官观测评估被试的组织协调能力、口头表达能力、辩论说服能力等各方面的能力和素质,以及自信程度、进取心、情绪稳定性、反应灵活性等个性特征,由此来综合评价被试之间的差别。

情境测验对测验的流程和无关变量的控制较为严格,重视对个体的语言和行为的深入分析,测验结果兼具科学性和精确性。但是由于该测验过分重视现实情境,忽视了个体行为经验和遗传因素对测验表现的影响,因此也受到批评。

四、自我概念测验

自我概念(self-concept)是"自我论"的中心,即一个人对自身存在的体验。自我概念是一个有机的认知机构,由态度、情感、信仰和价值观等组成,贯穿整个经验和行动,并把个体表现出来的各种特定习惯、能力、思想、观点等组织起来。在测量自我概念时,不仅要了解个人对自我的看法,还要了解个人"自我接受"以及"自尊"的程度,比较被试的"现实我""社会我"以及"理想我"三者之间的关系。目前常用的方法是下面三种。

(一)形容词列表法(adjective checklist)

形容词列表法是最便利的一种方法。首先,主试准备一份描述人格特质的形容词列表,如友善的、有野心的、羞怯的等,然后被试从中选择符合自己真实情况的词语,最后主试对被试的反应进行分析,判断被试对自己的评价情况。但是由于很多形容词具有社会褒贬性质,即存在社会赞许性,被试可能会为了维护个人自尊,不诚实作答。

(二)Q分类法(Q-sort)

Q分类法由美国心理学家斯蒂芬森(William Stephenson)于1953年所创立,被广泛用于自我概念、人格适应、身心健康等方面的研究。该方法让被试看多张描述人格的词语卡片,要求被试将这些词语与自己进行对照,从1~9九个级别中,选出最适合自己的等级。主试根据所排列的描述与适合程度可以测量被试的自我概念。同时,这种方法也可以用来鉴别人格特质的个体差异。

(三)WAI方法

WAI指的是英文Who Am I的首字母缩写,也被称为"20问"(Twenty Statement Test)。该方法是1954年由库恩和麦克帕特兰德(Manford Kuhn & Thomas McPartland)从自我态度的研究中发展出来的,其基本操作是对"我是谁?"这个问题自问自答,自由书写20种回答。主试对被试陈述的内容进行分类记数,并就各类别的反应频数分析被试的自我概念;有时也测定反应的重要度和好恶度等心理负荷,涉及被试对自我形象的态度与情感。与其他常用的研究自我概念方法相比,WAI法既不受文化限制,又可很好地测量出被试自然的反应。

【延伸阅读】

性格与躯体疾病

说到生病的原因,多数人会联想到传染性很强的病毒、繁殖速度快的细菌等,却往往忽视了性格对躯体健康的影响。其实,早在20世纪30年代,医学界就刮起了一股"身心医学"之风,开始探讨性格等心理因素和躯体疾病的关系。如今,临床医学不断证明,许多疾病的发生发展与性格密切相关。

最早被证明与躯体健康相关的人格特征是A型人格。简单地说,A型人格是指一种特定的行为模式而不是个体的整个人格面貌。这种行为模式最早于20世纪50年代末由弗里德曼和罗斯曼(M. Friedman & R. H. Rosenman)两位心脏病学家首次提出。该行为模式对我们如何看待人格差异以及人格与躯体健康的关系产生了重大的影响。

一次,弗里德曼医生让人为他候诊室里的家具重新做皮套。做皮套的人说他候诊室的沙发和椅子的皮套磨损得特别快。具体来说,椅子的前沿比其余部分磨损得更快。这似乎暗示着弗里德曼医生的心脏患者常坐在椅子的边缘,这种现象促使他想到心脏患者的整个行为也许与身体健康者有所不同。

通过早期研究和临床观察,两位心脏病学家弗里德曼和罗斯曼设计了一套反映一种特定的外显(可观察的)行为模式的模型。他们相信这一特定的行为模式与胆固醇水平的不断升高最终导致冠心病的临床现象密切相关。这种行为模式被称为A型人格,其特征如下:①一种要达到个人目的的强烈而持久的内驱力;②在所有情况下都有一种热衷于竞争的倾向;③一种对得到别人的承认和不能超越自己的持久的欲望;④不断卷入有最后期限的事务之中;⑤习惯于风风火火地完成各种活动;⑥心理和生理上的过分敏感。

研究者紧接着界定另一种被称为B型人格的外显行为模型,其特点与A型人格完全相反。这些行为的典型表现在于不具备以下这些特征:内驱力,进取心,时间紧迫感,对竞争的渴望以及最后期限的压力。

弗里德曼和罗斯曼选定了两组(或A型人格或B型人格)由各级别的经理主管和其他人员组成的被试,全部为男性。每组83人,其中A组的平均年龄为45岁,B组的年龄为43岁。首先,研究者用访谈的形式来了解被试父母的冠心病的既往病史,被试自己心脏病问题的既往病史,每周工作睡眠和锻炼的时间以及吸烟、喝酒和饮食习惯。在访谈过程中,研究者要确定被试是否具有其所在组行为模式的全部特征。其次,要求所有的被试用日记方式记录自己在一周时间内的饮食情况。给每名被试者指定一个编号,以便让它们在如实报告饮酒的情况时不感到为难。接下来,被试的饮食情况由一位医院中的营养学家进行归类和分析,该营养学家不了解被试的身份,也不知道被试属于哪个组。再次,对每名被试进行抽血以测量他们的胆固醇水平和血凝时间。通过详细询问被试以往的冠状动脉健康状况以及标准的心电图数据来确定其冠心病的状况。这些心电图数据由罗斯曼和另一名不参与该研究的心脏病学家分别加以解释和判断。

从访谈结果来看,两组被试的行为好像与研究者所界定的两种行为模式的轮廓非常吻合。A组被试长期为承诺、抱负和内驱力所牵制,他们渴望在所有活动中都力争上游,不管是专业活动还是娱乐活动。此外,他们也承认有强烈的获胜欲望。B组被试与A组被试相比有非常显著的不同,尤其表现在缺乏时间紧迫感。B组被试似乎满足于他们的生活现状,而且不愿意追求多个目标并避免竞争性的冲突情境。他们很少担心自身的提高问题,而且将更多的时间用于与家人在一起以及参加非竞争性的娱乐活动。

研究者对两组被试的有关血液检测和疾病情况的调查发现:虽然A组被试在多数测量指标上略高于B组,但两者仅在每天吸烟数量以及其父母患冠心病的几率方面存在显著性差异;同时 A 组被试的胆固醇水平明显高于 B 组,如果将典型的 A 型被试和 B 型被试进行比较,这一差异则会更大。

最后,使本研究得以载入史册的最重要的发现是,两组被试在临床冠心病的发病率上存在显著差异。A 组中有 23 名被试(28%)出现了明显的冠心病发病迹象,而 B 组中只有 3 名被试(4%)有明显的迹象。当研究者对典型 A 型被试和典型 B 型被试进行进一步检验时,研究所得到的证据变得更为可靠。A 组中的这 23 名被试全部具有典型的 A 型行为模式。而 B 组中的这 3 名被试则都不具有典型的 B 型行为模式。

1976 年,作为一项特别重要的后续研究,罗斯曼和弗里德曼发表了一项历经 8 年的研究成果。3000 名男性被试在该研究开始时被诊断为没有心脏病且具有 A 型行为模式,这些人患心脏病的几率是具有 B 型行为模式被试的两倍,其报告的冠状动脉问题是 B 型被试的 5 倍。然而,更为重要的可能是,A 型行为模式能够在独立于其他诸如年龄、胆固醇水平、血压或吸烟习惯等预测源的情况下预测人们是否会患冠心病。

为什么 A 型行为模式会引起冠心病?较为学界接受的回答是,具有 A 型人格的个体在面对应激事件时,易于在生理上变得异常激奋。这种极端激奋的状态不仅使身体产生过多的诸如肾上腺素等的激素,同时也提高了心率和血压。久而久之,这些对应激事件的过度反应会损害动脉进而导致心脏病的发生。

虽然 A 型人格与高血压心脏病等心脑血管疾病密切相关,但具有 A 型行为特征的人往往表现出乐于竞争、精力旺盛、有紧迫感、愿意为取得成就努力奋斗,做事尽善尽美,工作上要求也比较高。这类人往往受老板欢迎,比较容易成功。虽然 B 型人格的人表现出为人和善、宽容和乐观,喜欢从容不迫、悠闲自得、随遇而安的生活节奏。但是 B 型人格也并非全是优点。时间观念不强、安于现状也是 B 型人格的特征。为避免性格对人的躯体造成损害,A 型人格的人首先应该学会全面地看待问题,不要为一时得失焦躁、动怒,遇到挫折要冷静思考,找出缘由方能化逆境为顺境;其次,时常提醒自己过强的情绪反应不但会诱发健康问题,还可能把问题变得雪上加霜,从而理性说服自己控制情绪;第三,要在客观评估自身能力后制订恰当的目标,不盲目攀比,以免因完不成任务而过分懊恼;最后,要追求丰富的精神生活,培养业余爱好,多进行体育锻炼,尽量做到劳逸结合、张弛有度。

按照言行和情感的表达方式来划分人格类型,除了上述的 A 型人格和 B 型人格外,还有一种被称为 C 型人格的人格类型。C 型人格指那种情绪受压抑的抑郁性格,表现为内心冲突大,情绪压抑,抑制烦恼,委曲求全,逆来顺受,但内心却又极不服气。这类人常常给人以不急不躁的印象,日常生活和工作中能与人保持表面和谐,但是其内心却悲观失望,矛盾而痛苦。C 就是取 cancer(癌)的第一个字母,预示具有这种性格特征的人易患癌症,所以 C 型人格也被称为"癌症性格"。

C 型人格的特征主要表现为:

1. 过分压抑自己的负性情绪。即不善于表达或发泄诸如焦虑、抑郁、绝望等情绪,尤其是经常竭力压制原本应该发泄的愤怒情绪。这是 C 型人格的典型特点。

2. 行为退缩。由于负性情绪不能及时宣泄,而导致一系列退缩表现,如屈从于权势,过分自我克制、回避矛盾、迁就、忍让、宽容、依赖、顺从,为取悦他人或怕得罪人而放弃自己的爱好和需要。

3. 易出现无助、无望的心理状态。经常无力应付生活的压力,而感到绝望和孤立无援,往往表现出过分的克制、谨小慎微、没有信心等。

需要特别注意的是：我们生活中有些人从来不与人争执，被公认为"性格好"。但这种"性格好"通常有两种可能，一种是上面所说的 B 型人格，真正地想得开，随遇而安，所以对身体健康有益，而另外一种则是被动地屈服于别人，即使心里有所不满也极力压制，尽量避免表现出来，这种压抑出来的"好性格"绝对不是健康的行为模式，它可能与癌症和相关疾病的发生发展密切相关。

研究表明，C 型人格的人肿瘤发病率比一般人高 3 倍以上，并可以促进恶性黑色素瘤发生，癌细胞转移，使病变恶化。一方面，愤怒和长期受到压抑不能发泄出来，将导致慢性愤怒与紧张，可引起血压升高，胃肠抑制，交感肾上腺系统及肾素血管紧张素醛固酮系统活化，高血糖素、胰岛素系统变化，这种慢性而严重的应激状态，通过神经、体液系统降低免疫功能，影响免疫系统识别力，为肿瘤的发生创造条件。另一方面，肿瘤患者的愤怒、暴躁和绝望等恶劣情绪可通过交感肾上腺髓质系统，作用于免疫细胞如 T、B 淋巴细胞，吞噬细胞，NK 细胞，降低机体免疫力；同时通过丘脑下部垂体肾上腺轴系统作用于免疫细胞上的类固醇类受体，使 T、B 淋巴细胞减少并降低免疫力，并通过丘脑下部垂体肾上腺轴系统及肽类激素、腺垂体、内啡肽降低机体免疫力。此外，还有学者发现，压抑、紧张会损伤 DNA 自然修复过程，导致肿瘤发生。此外，压抑通过递质、激素可使细胞内调控正常增殖分化的原癌基因转化为癌基因，诱发癌变。这样使自稳的协调、有序的功能发生紊乱，人体处于反常的功能状态，打破了生命过程中的物质与精神生活之间良性平衡关系，使癌细胞处于易发生和发展状态。

此外，中华医学会一项调查显示，当内心遭遇焦虑、抑郁等不良情绪波动且无法有效排解时，容易诱发红疹、瘙痒等皮肤过敏症状，这种现象被称为"情绪性过敏"，长期如此容易患上湿疹、牛皮癣、银屑病等皮肤病。另外，国外研究指出，长时间精神压抑，还会导致胆囊炎、胆结石、消化道溃疡等消化系统疾病。

如何逃脱"癌症性格"的阴影呢？对具有 C 型人格的个体来说最重要的就是发泄、减压、提高自信心。第一，C 型人格的个体要找到健康的情绪宣泄途径，不要一味地压抑、克制。向他人倾诉、写日记、做感兴趣的事、定期运动等都有助于转移注意力，排解不良情绪。第二，更多地倾听自己的心声，而不是一味地迎合他人，学会善待自己，做个有原则、敢于说"不"的人。第三，人各有所长，每个人都有自己的闪光点，多参加社交活动，试着去展示自己，可以增强自信心。第四，客观对待他人对自己的评价，理性接受自己的缺点，但也不要责备自己，多关注正面评价。

最后，需要注意的是，人的性格相对固定，不会轻易改变，但随着年龄增长、处境变化，A 型性格的人可能出现 C 型性格的行为特点，偶尔沉闷；C 型性格的人也可能有 A 型性格的行为，情绪一下子爆发。针对不同时期不同的心理状态，人们调节情绪的方法也要及时调整。如果不良情绪长时间内得不到有效缓解，应该积极向专业心理医生寻求帮助。

(哈克.改变心理学的 40 项研究[M].白学军，等译.北京：中国轻工业出版社，2004.)

思考题

1. 试述人格的概念及其特征。

2. 气质学说主要有哪些？试对它们做出评价。
3. 试用巴甫洛夫学说解释气质。
4. 说明性格与气质的关系。
5. 举例说明影响人格形成和发展的因素。
6. 人格的特质理论主要有哪些？请详细说明"大五因素模型"理论。
7. 人格评估有哪些方法？试述自陈量表法的优缺点。

参考文献

[1] 黄希庭,杨宗义,刘中华. 5 至 9 岁儿童时间观念发展的实验研究[J]. 西南师范学院学报(自然科学版),1980(1):72-81.

[2] 黄希庭,郑涌. 心理学十五讲[M]. 2 版. 北京:北京大学出版社,2014.

[3] 荆其诚,彭瑞祥,方芸秋,等. 对象在不同仰俯角度的大小判断[J]. 心理学报,1963,79(3):175-185.

[4] 孟昭兰. 普通心理学[M]. 北京:北京大学出版社,1994.

[5] 莫雷. 关于短时记忆编码方式的实验研究[J]. 心理学报,1986,18(2):56-63.

[6] 彭聃龄. 普通心理学[M]. 修订本. 北京:北京师范大学出版社,2012.

[7] 时蓉华. 现代社会心理学[M]. 上海:华东师范大学出版社,1989.

[8] 时蓉华. 激发学习动机的实验研究[J]. 上海师资培训通讯,1989(2):14-18.

[9] 喻柏林,荆其诚,司马贺. 汉语语词的短时记忆广度[J]. 心理学报,1985,17(4):25-32.

[10] 袁文纲. 聋人与听力正常人短时记忆比较研究[J]. 中国特殊教育,2000(1):27-30.

[11] 张武田,彭瑞祥,司马贺. 汉语字词的短时记忆容量[J]. 心理学报,1986,18(2):23-29.

[12] COON D. 心理学导论[M]. 北京:中国轻工业出版社,2004.

[13] HOCK R R. 改变心理学的 40 项研究[M]. 白学军,等译. 北京:中国轻工业出版社,2004.

[14] ANDERSON B L, NAKAYAMA K. Toward a General Theory of Stereopsis:Binocular Matching,Occluding Contours,and Fusion[J]. Psychological Review,1994,101(3):414-445.

[15] BALLARD P B. Oblivescence and Reminiscence[J]. British Journal of Psychology Monograph Supplements,1913,1:1-82.

[16] BENNETT H L. Remembering Drink Orders:The Memory Skills of Cocktail Waitresses[J]. Human Learning Journal of Practical Research & Applications,1970,2(2):157-169.

[17] BERKMAN L F,SYME S L. Social Networks,Host Resistance,and Mortality:A Nine-Year Follow-Up Study of Alameda County Residents[J]. American Journal of Epidemiology,1979,109(2):186-204.

[18] BIEDERMAN I. Recognition-by-Components[J]. Psychological Review,1987:94.

[19] BLOCK R,ZAKAY D. Retrospective and Prospective Timing:Memory,Attention,and Consciousness[J]. British Medical Journal,2001,1(4082):694.

[20] BOUSFIELD W A,COHEN B H. The Effects of Reinforcement on the Occurrence of

Clustering in the Recall of Randomly Arranged Associates[J]. Journal of Psychology, 1952,36(2):67-81.

[21]BOWER G H,CLARK M C. Narrative Stories as Mediators for Serial Learning[J]. Psychonomic Science,1969,14(4):181-182.

[22]BRACKETT M A,MAYER M A. Convergent,Discriminant,and Incremental Validity of Competing Measures of Emotional Intelligence[J]. Personality and Social Psychology Bulletin,2003,29(9):1147-1158.

[23]BRADBERRY T,SU L. Ability-Versus Skill-Based Assessment of Emotional Intelligence[J].(2012-09-05)[2014-03-07]. Psicothema,2003:59-66.

[24]BRADDOCK J H I,SLAVIN R E. Why Ability Grouping Must End:Achieving Excellence and Equity in American Education[J]. Journal of Intergroup Relations,1993,20:51-64.

[25]BRINGLE R G. Psychosocial Aspects of Jealousy:A Transactional Model[M]// SALOVEY P. The Psychology of Jealousy and Envy. New York:Guilford,1991:103-131.

[26]BROWNG W,HARRIS T. Measurement of Life Events(Social Origins of Depression):A Study of Psychiatric Disorder in Women[M]. New York:The Free Press,1978:63-81.

[27]CARMICHAEL L,HOGAN H P,WALTER A A. An Experimental Study of the Effect of Language on the Reproduction of Visually Perceived Form[J]. Journal of Experimental Psychology,1932,15(1):73-86.

[28]CHOROVERS L,SCHILLER P H. Short-term Retrograde Amnesia in Rats[J]. J. Comp Physiol Psychol,1965,59(2):73-78.

[29]COHEN P,HANSEL C P,AMP C E M,et al. A New Phenomenon in Time Judgment[J]. Nature,1953,172(4385):901.

[30]COLEMAN A. A Dictionary of Psychology[M]. 3rd ed. Oxford:Oxford University Press,2008.

[31]CONRAD R,FREEMAN P R,HULL A J. Acoustic Factors Versus Language Factors in Short-term Memory[J]. Psychonomic Science,1965,3(1-12):57-58.

[32]CORBETTA M,SHULMAN G L. Control of Goal-directed and Stimulus-driven Attention in the Brain[J]. Nature Reviews Neuroscience,2002,3(3):201.

[33]CRAIK F I M,WATKINS M J. The Role of Rehearsal in Short-term Memory 1[J]. Journal of Verbal Learning & Verbal Behavior,1973,12(6):599-607.

[34]DARWIN C J,TURVEY M T,CROWDER R G. An Auditory Analogue of the Sperling Partial Report Procedure:Evidence for Brief Auditory Storage[J]. Cognitive Psychology,1972,3(2):255-267.

[35]EKMAN P,LEVENSON R W,FRIESEN W V. Automatic Nervous System Activity Distinguishes among Emotion[J]. Science,1983,221:1208-1210.

[36]EKMAN P,FRIESEN W V,SIMONS R C. Is the Startle Reaction an Emotion? [J].

Journal of Personality & Social Psychology,1985,49(5):14,16-26.

[37]BIGLER E D. Brain Morphology and Intelligence[J]. Developmental Neuropsychology,1995,11(4):377-403.

[38]FRAISSE P. Multisensory Aspects of Rhythm[M]//WALK R D P,HERBERT L. Intersensory Perception and Sensory Integration. New York:Springer,1981.

[39]GARDNER J K,QUALTER P. Concurrent and Incremental Validity of Three Trait Emotional Intelligence Measures[J]. Australian Journal of Psychology,2010,62:5-12.

[40]GARLICK D. Understanding the Nature of the General Factor of Intelligence:The Role of Individual Differences in Neural Plasticity as an Explanatory Mechanism[J]. Psychological Review,2002,109(1):116-136.

[41]GIBSON J J. A Theory of Perception(Book Reviews:The Ecological Approach to Visual Perception)[M]. Boston:Houghton Mifflin Harcourt,1979.

[42]GUERRERO L K,ANDERSEN P A. Jealousy Experience and Expression in Romantic Relationships[M]//ANDERSEN P A,GUERRERO L K. Handbook of Communication and Emotion:Research,Theory,Applications,and Contexts. Amsterdam:Elsevier,1998:155-188.

[43]GLEITMAN H,GILLETT E. The Effect of Intention upon Learning[J]. Journal of General Psychology,1957,57(1):137.

[44]HOFSTEDE G. Motivation,Leadership,and Organization:Do American Theories Apply Abroad? [J]. Organizational Dynamics,1980,9(1):42-63.

[45]HOHMANNG W. Some Effects of Spinal Cord Lesions on Experienced Emotional Feelings[J]. Psychophysiology,1966,3:143-156.

[46]HOWARD R W. Preliminary Real-world Evidence that Average Human Intelligence Really is Rising[J]. Intelligence,1999,27(3):235-250.

[47]HUBEL D H,WIESEL T N. Uniformity of Monkey Striate Cortex:A Parallel Relationship between Field Size,Scatter,and Magnification Factor[J]. Journal of Comparative Neurology,1974,158(3):295-305.

[48]HYDÉN H,EGYHÁZI E. Nuclear RNA Changes of Nerve Cells During a Learning Experiment in Rats[J]. Proceedings of the National Academy of Sciences of the United States of America,1962,48(8):1366-1373.

[49]JENKINS J G,DALLENBACH K M. Obliviscence during Sleep and Waking[J]. American Journal of Psychology,1924,35(4):605-612.

[50]JENKINS J J,RUSSELL W A. Associative Clustering during Recall[J]. J. Abnorm Psychol,1952,47(4):818-821.

[51]JONES B,HUANG Y L. Space-time Dependencies in Psychophysical Judgment of Extent and Duration:Algebraic Models of the Tau and Kappa Effects[J]. Psychological Bulletin,1982,91(1):128-142.

[52]KAUFMAN L,ROCK I. The Moon Illusion,i[J]. Science,1962,136(3520):953-961.

[53]KEPPEL G,UNDERWOOD B J. Proactive Inhibition in Short-term Retention of Ingle I-

tems[J]. Journal of Verbal Learning & Verbal Behavior,1962,1(3):153-161.

[54]KRUEGER W C F. The Effect of Overlearning on Retention[J]. Journal of Experimental Psychology,1929,12(1):71-78.

[55]LEUNER B. Emotional Intelligence and Emancipation: A Psychodynamic Study on Women[J]. Praxis der Kinderpsychologie und Kinderpsychiatrie,1966,15(6):196-203.

[56]LINDSAY P H,NORMAN D A. Human Information Processing[M]. New York:Academic Press,1977.

[57]LIPSEY M W,WILSON D B. The Efficacy of Psychological,Educational,and Behavioral Treatment[J]. Am Psychol,1993,48(12):1181-1209.

[58]LOFTUS G R. Acquisition of Information from Rapidly Presented Verbal and Nonverbal Stimuli[J]. Memory & Cognition,1974,2(3):545.

[59]LYON D O. Memory and the Learning Process[D]. West Midlands,UK:University of Warwick,1917.

[60]MacCANN C,JOSEPH D L,NEWMAN D A,et al. Emotional Intelligence is a Second-Stratum Factor of Intelligence:Evidence from Hierarchical and Bi-Factor Models[J]. Emotion,2014,14:358-374.

[61]MAYER J D,ROBERTS R D,BARSADE S G. Human Abilities:Emotional Intelligence [J]. Annual Review of Psychology,2008,59(1):507.

[62]MAYER J D,SALOVEY P. What is Emotional Intelligence? [M]//SALOVEY P,SLUYTER D. Emotional Development and Emotional Intelligence:Implications for Educators. New York:Basic Books,1997:3-31.

[63]MAYER J D,SALOVEY P,CARUSO D L,et al. Emotional Intelligence as a Standard Intelligence[J]. Emotion,2001,1:232-242.

[64]MIKOLAJCZAK,LUMINET,LEROY,et al. Psychometric Properties of the Trait Emotional Intelligence Questionnaire:Factor Structure,Reliability,Construct,and Incremental Validity in a French-Speaking Population[J]. Journal of Personality Assessment,2007,88(3):338-353.

[65]MILLER G. The Magical Number Seven,Plus or Minus Two[J]. Psychological Review,1956,63.

[66]MILNER B. Memory and the Temporal Regions of the Brain[J]. Biology of memory,1970.

[67]MOATES D R,SCHUMACHER G M. An Introduction to Cognitive Psychology:An Introduction to Cognitive Psychology[M]. Cambridge,MA:Wadsworth Pub. Co. ,1980.

[68]MORAY N,BATES A,BARNETT T. Experiments on the Four-eared Man[J]. Journal of the Acoustical Society of America,1965,38(2):196-206.

[69]PAIVIO A. Abstractness,Imagery,and Meaningfulness in Paired-associate Learning 1 [J]. Journal of Verbal Learning & Verbal Behavior,1965,4(1):32-38.

[70]PETERSON L R,PETERSON M J,MILLER A. Short-term Retention and Meaningfulness[J]. Revue Canadienne de Psychologie,1961,15(3):143-147.

[71] PETRIDES K V, FURNHAM A. On the Dimensional Structure of Emotional Intelligence[J]. Personality and Individual Differences, 2000, 29: 313-320.

[72] PETRIDES K V, FURNHAM A. Trait Emotional Intelligence: Psychometric Investigation with Reference to Established Trait Taxonomies[J]. European Journal of Personality, 2001, 15: 425-448.

[73] PETRIDES K V, FURNHAM A. Trait Emotional Intelligence: Behavioral Validation in Two Studies of Emotion Recognition and Reactivity to Mood Induction[J]. European Journal of Personality, 2003, 17: 39-75.

[74] PETRIDES K V, PITA R, KOKKINAKI F. The Location of Trait Emotional Intelligence in Personality Factor Space[J]. British Journal of Psychology, 2007, 98: 273-289.

[75] POSNER M I. Characteristics of Visual and Kinesthetic Memory Codes[J]. Journal of Experimental Psychology, 1967, 75(1): 103.

[76] POSNER M I. Short Term Memory Systems in Human Information Processing[J]. Acta Psychologica, 1967, 27(3): 267-284.

[77] ROLAND P E, FRIBERG L. Localization of Cortical Areas Activated by Thinking[J]. Journal of Neurophysiology, 1985, 53(5): 1219-1243.

[78] ROSCH E. Cognitive Representation of Semantic Categories[J]. Journal of Experimental Psychology General, 1975, 104(3): 192-233.

[79] Rundus D. Analysis of Rehearsal Processes in Free Recall[J]. Journal of Experimental Psychology, 1971, 89(1): 63-77.

[80] RUNDUS D, ATKINSON R C. Rehearsal Processes in Free Recall: A Procedure for Direct Observation[J]. Journal of Verbal Learning & Verbal Behavior, 1970, 9(1): 99-105.

[81] RUSHTON J P, ANKNEY C D. Brain Size and Cognitive Ability: Correlations with Age, Sex, Social Class, and Race[J]. Psychonomic Bulletin & Review, 1996, 3(1): 21-36.

[82] SALOVEY P, GREWAL D. The Science of Emotional Intelligence[J]. Current Directions in Psychological Science, 2005, 14: 6.

[83] SALOVEY P, MAYER J D. Emotional Intelligence[J]. Imagination Cognition & Personality, 1990, 9(6): 217-236.

[84] SCHILL K, ZETZSCHE C. A Model of Visual Spatio-temporal Memory: The Icon Revisited[J]. Psychological Research, 1995, 57(2): 88-102.

[85] SCRIBNER S, COLE M. Literacy without Schooling: Testing for Intellectual Effects[J]. Harvard Educational Review, 1978, 48(4): 448-461.

[86] SIMON H A. How Big is a Chunk?: By Combining Data from Several Experiments, a Basic Human Memory Unit Can be Identified and Measured[J]. Science, 1974, 183(4124): 482.

[87] SLAMECKA N J, CERASO J. Retroactive and Proactive Inhibition of Verbal Learning[J]. Psychological Bulletin, 1960, 57(6): 449-475.

[88] SPITZER H F. Studies in Retention[J]. Journal of Educational Psychology,1939,30(9): 641－656.

[89] STERNBERG S. Memory-scanning: Mental Processes Revealed by Reaction-time Experiments[J]. American Scientist,1969,57(4):421－457.

[90] TEASDALE T W,OWEN D R. Forty-year Secular Trends in Cognitive Abilties[J]. Intelligence,2000,28(2):115－120.

[91] TULVING E. Subjective Organization in Free Recall of "Unrelated" Words[J]. Psychological Review,1962,69(69):344.

[92] TULVING E,PEARLSTONE Z. Availability Versus Accessibility of Information in Memory for Words[J]. Journal of Verbal Learning & Verbal Behavior,1966,5(4):381－391.

[93] TURNBUL C M. The Forest People[M]. London:The Reprint Society,1961.

[94] UNDERWOOD B J. The Effect of Successive Interpolations on Retroactive and Proactive Inhibition[J]. Psychological Monographs,1945,59(3):1－33.

[95] VERNON P A,PETRIDES K V,BRATKO D,et al. A Behavioral Genetic Study of Trait Emotional Intelligence[J]. Emotion,2008,8(5):635－642.

[96] WALDFOGEL S. The Frequency and Affective Character of Childhood Memories[J]. Psychological Monographs-General and Applied,1948,62(4):39.

[97] WASON P C,JOHNSON-LAIRD P N. Proving a Disjunctive Rule[J]. Quarterly Journal of Experimental Psychology,1969,21(1):14－20.

[98] WAUGH N C,NORMAN D A. Primary Memory[J]. Psychological Review,1965,72(2):89－104.

[99] WICKENS D D,BORN D G,ALLEN C K. Proactive Inhibition and Item Similarity in Short-term Memory[J]. Journal of Verbal Learning & Verbal Behavior,1963,2(5):440－445.

[100] WILKINS M C. The Effect of Changed Material on Ability to Do Formal Syllogistic Reasoning[J]. Archives of Psychology,1928,16:83.

[101] WOODWORTH R S,SELLS S B. An Atmosphere Effect in Formal Syllogistic Reasoning[J]. Journal of Experimental Psychology,1935,18(18):451－460.

[102] ZIHL J,VON C D,MAI N. Selective Disturbance of Movement Vision after Bilateral Brain Damage[J]. Brain,1983,106(2):313－340.